César Vallejo

VOLUMEN 01 · 1910–1928

C O R R E S P O N D E N C I A

EDICIÓN DE

Carlos Fernández
Valentino Gianuzzi

TAMESIS

UNIVERSIDAD CÉSAR VALLEJO

Primera edición, 2023

Publicado en coedición por TAMESIS, una imprenta de Boydell & Brewer Ltd, PO Box 9, Woodbridge, Suffolk IP12 3DF (GB), www.boydellandbrewer.com/tamesis-books, y de Boydell & Brewer Inc., 668 Mt Hope Avenue, Rochester, NY 14620–2731 (US), www.boydellandbrewer.com

y por la UNIVERSIDAD CÉSAR VALLEJO S.A.C., Av. Alfredo Mendiola 6232, Panamericana Norte, Los Olivos, Lima (Perú)

ISBN 978-1-85566-407-4 (Tamesis, Serie B: Textos, edición en tapa dura)
ISBN 978-1-85566-409-8 (Tamesis, Serie B: Textos, O.C.)
ISBN 978-612-5114-06-8 (Universidad César Vallejo S.A.C., edición en tapa dura)
ISBN 978-612-5114-05-1 (Universidad César Vallejo S.A.C., O.C.)

Registro de catálogo CIP disponible en la British Library

Edición: Fondo Editorial de la Universidad César Vallejo

Diseño y diagramación: El Pasto Verde Records

Impreso en papel no ácido

César Vallejo
CORRESPONDENCIA
VOL. 1 (1910-1928)

AGRADECIMIENTOS

Debemos agradecer a muchas personas e instituciones que, a lo largo de los años, nos han brindado su ayuda para realizar esta edición.

Agradecemos, en primer lugar, a las personas que nos permitieron consultar los originales de algunas cartas que aquí transcribimos. Con su amabilidad de siempre, Josefina Espejo Luque nos dio acceso a las cartas que se guardan en el archivo de su padre, Juan Espejo Asturrizaga; Arnaldo Fernández Garrido nos envió copias de las postales que conserva en el archivo de su tío, José Eulogio Garrido; Jorge Kishimoto, con su desprendimiento habitual, nos procuró copias de las cartas que guarda en su archivo y nos puso en aviso de la existencia de otras misivas; Enrique Ballón Aguirre nos envió copias de las dos cartas de Franz Carl Weiskopf, así como de las dos invitaciones de Maurice de Waleffe; Álvaro La Rosa Talleri nos envió copia de una postal dirigida a su padre, Ernesto La Rosa; Fernando Villegas Torres nos facilitó una copia de la carta de Vallejo que se conserva en el archivo de Carlos Quízpez Asín; Rosi Gemmel nos otorgó una copia de la carta a María Jesús Vallejo de Bejarano; y Walter Sanseviero nos envió copia de las cartas y documentos en su archivo.

Debemos agradecer también a los siguientes repositorios institucionales que guardan cartas de Vallejo o dirigidas a él: la biblioteca de la Residencia de Estudiantes de Madrid, en la que tuvimos acceso al Archivo Juan Larrea gracias al permiso concedido por Juan Manuel Díaz de Guereñu; la Fundación Gerardo Diego, especialmente a Elena Diego, quien nos envió copia de las cartas de Vallejo a su padre; el Archivo Estatal Ruso de Arte y Literatura, que nos proporcionó copia de las cartas a Fedor Kelin y Bruno Jasieński; la Biblioteca Nacional del Perú, que guarda la correspondencia con Carlos C. Godoy y Luis Varela y Orbegoso; Penn State Libraries, Special Collections, de donde obtuvimos copia de las cartas dirigidas a Luis Alberto Sánchez; la Biblioteca Institucional del Ministerio de Cultura del Perú, que guarda la correspondencia a Luis E. Valcárcel; el archivo del Conservatoire

National des Arts et Métiers (CNAM), de París, que conserva las cartas de Vallejo a su antiguo director; los Archivos Nacionales de Francia, que guardan las dos cartas al Ministro del Interior francés; y el departamento de colecciones especiales de la Biblioteca Central de la Pontificia Universidad Católica del Perú, en especial María Estela Reaño Ortiz y Julio Núñez Espinosa, que nos enviaron copia de la carta de Luis Araquistáin. Por otro lado, el acceso al Archivo del Ministerio de Relaciones Exteriores de Lima, gracias a la intercesión de Alonso Ruiz Rosas, nos fue de gran ayuda para el proceso de anotación de las cartas. Una versión anterior del postfacio se publicó originalmente en la revista digital *Vallejo & Co.*, gracias al interés de Mario Pera.

Adicionalmente, y por diversos motivos, agradecemos a las siguientes personas: Clara Abril de Vivero, Carlos Aguirre, Andrea Aliaga, Gonzalo Bulnes Mallea ([†]), Verónica Caballero Reynoso, Jesús Cabel, Alfonso Chase, Nigel Dennis ([†]), Aku Estebaranz, Marcos Eymar, César Ferreira, Bill Fisher, Flavia Gandolfo, Ana García Herrá, Carlos García, Luis Eduardo García, Gea Gómez-Pablos, Stephen M. Hart, Luis M. Hermoza, Óscar Hidalgo Wuest, Miguel Huezo Mixco, Mobby Larson, Patricio Lizama, Chloé Lucas, Leonardo Martínez Carrizales, Alicia Orrego ([†]), Liliana Orrego ([†]), Marta Ortiz Canseco, Sofía Pachas Maceda, José Ignacio Padilla, Guido Podestá, Victoria Popova, Jorge Puccinelli Converso ([†]), Jorge Puccinelli Villanueva, Andrea Puente, Teodoro Rivero Ayllón, Andrea San Martín, Carmen San Martín, Roger Santiváñez, Gloria de Santos, Ricardo Silva-Santisteban, Patricia Soto, María Eugenia Tamayo, Ana Torres Terrones, Carlo Trivelli, Alfredo Valverde, Vanessa Vásquez, Álvaro Velarde La Rosa y Marcel Velázquez Castro.

Finalmente, agradecemos al equipo del Fondo Editorial de la UCV, en especial a su director, Joel Acuña, por acoger esta edición en su sello.

C. F. | V. G.

7

Presentación

A la memoria de
Abelardo Oquendo (1930-2018)

n un ensayo de 1986 dedicado a la correspondencia de César Vallejo, David Sobrevilla llamaba la atención sobre el significativo aporte que hacían las cartas a los estudios vallejianos. Según él, las misivas contribuían a la cronología y a la exégesis de la obra, a la construcción de la biografía y a la dilucidación de cuestiones ecdóticas.[1] Sin dejar de ser cierto todo esto, cualquier acercamiento crítico a la correspondencia como clave de acceso a la vida y obra de César Vallejo debe evitar posiciones excesivamente optimistas.

Una lectura atenta de las cartas, como la que aquí proponemos a través de nuestra anotación, hace surgir más preguntas que respuestas y pone de manifiesto, a la par que nuevas informaciones, importantes lagunas y carencias. Así, nos parece evidente que el uso de las cartas para cuestiones ecdóticas es limitado: ninguna de las misivas que se conocen hasta la fecha discute la composición de poemas específicos; tampoco nos explican por qué *Los heraldos negros* se publicó en 1919 (a pesar de que su aparición se había anunciado, como inminente, un año antes) ni aclaran las fascinantes escrituras y reescrituras de *Trilce*, ni la de los poemas publicados póstumamente. Lo mismo sucede con la composición de *Escalas, Fabla salvaje, El tungsteno* y *Rusia en 1931*. Dentro de esta limitación, encontramos en las cartas unos pocos datos que, por humildes que sean, conviene tener en cuenta: la fecha de

---

1 El artículo se recogió luego en David Sobrevilla, *César Vallejo, poeta nacional y universal y otros trabajos vallejianos*, Lima, Amaru Editores, 1994, pp. 153-208.

composición aproximada de un par de poemas incluidos en *Los heraldos negros;* una referencia a la entrega de *Trilce* a la imprenta; otra sobre los móviles de Vallejo al dar a conocer sus poemas inéditos a Luis Alberto Sánchez en 1927 y permitirle su publicación; además de una mención a la extensión de su libro «L'art et la révolution». Por último, destacan las alusiones que Vallejo hace a su «libro publicable de versos» en misivas a Juan Larrea de fines de 1935 y comienzos de 1936, particularmente importantes para la historia de la edición de la obra póstuma de Vallejo.

De la afirmación de Sobrevilla debemos rescatar que la recopilación de las cartas se justifica por una contribución central: no hay lugar a duda de que el aporte más importante que estas hacen es el biográfico. Gracias a ellas se conocieron por primera vez muchos datos, algunos de los que ya han sido contrastados con otros documentos: la fecha en que comenzó a trabajar como profesor en Trujillo, las circunstancias de su hospitalización en 1924, las fechas de algunos de sus viajes a Madrid, la manera en que llegó a colaborar con *Variedades, El Comercio* y *Bolívar,* cuándo comenzó a trabajar en los Grands Journaux Ibéro-Américains y luego en *La Razón* de Buenos Aires. Las cartas proporcionan un anclaje referencial ineludible para cualquier investigación biográfica.

Aunque ligado a lo biográfico, más complejo resulta concluir qué nos dicen las cartas sobre la personalidad de Vallejo, sobre el «rostro humano» del poeta, en palabras de Jesús Cabel.[2] Sacar conclusiones sobre cómo era Vallejo a partir de estos textos es arriesgado y, una vez más, es preciso ir en contra de una mirada idealizada. Vallejo fue un individuo en constante transformación, sujeto a importantes presiones sociales y económicas, y no exento de contradicciones. Es prudente, por tanto, tratar de analizar en detalle las circunstancias de cada misiva y quién es su destinatario. Es más, en nuestra opinión, el corpus epistolar ha condicionado, en exceso, muchos relatos biográficos que se han escrito sobre Vallejo hasta la fecha y, aunque en menor medida, la exégesis de su obra literaria. Las misivas de Vallejo a Pablo Abril de Vivero (en particular las del periodo de 1924-1927) han dado pie a una imagen de Vallejo en la que prima una «dramaticidad agónica», para citar a José Manuel Castañón.[3] Esa correspondencia contrasta con las que por esas mismas fechas mantenía con Juan Larrea, mucho menos trágica. Es una lástima que no conservemos las cartas que, por entonces, Vallejo escribió a Félix de Valle o Emilio

2   Jesús Cabel, «El rostro humano de César Vallejo a través de su correspondencia», en César Vallejo, *Correspondencia completa,* Lima, PUCP, 2002, p. XI.

3   José Manuel Castañón, *César Vallejo a Pablo Abril, en el drama de un epistolario,* Carabobo, Ediciones de la Universidad de Carabobo, 1960, p. 3.

Ribeyro que, seguramente, nos ayudarían a comprender mejor cómo el destinario condicionaba el tenor de los distintos mensajes del poeta, aun cuando se ocupasen de los mismos asuntos.

En cuanto a la etapa peruana, que no se conozca la inmensa mayoría de sus cartas a Antenor Orrego (como explicamos en el postfacio de esta edición) supone una gran carencia. Del mismo modo, la poca correspondencia con José Eulogio Garrido que parece haber sobrevivido da a entender que existieron más cartas; estas, sin duda, arrojarían nueva luz sobre una relación que ha tendido a infravalorarse. Quedan por aparecer, además, las cartas escritas a Federico Esquerre, Eloi B. Espinosa, Víctor Raúl Haya de la Torre y otros miembros destacados de la Bohemia de Trujillo. Las misivas a Juan Espejo Asturrizaga, Leoncio Muñoz y Óscar Imaña, nos dan una idea aproximada del valor de lo desconocido o, tal vez, perdido para siempre. Aparte de algunos hermosos pasajes en prosa, estos textos íntimos son fuentes de información sobre el valor que Vallejo atribuía al libro en la trayectoria literaria de un poeta, sobre su intención de doctorarse por la Universidad de San Marcos y de hacer publicar, en la prensa limeña, poemas de su amigo Imaña. Es de aplaudir que en el archivo de este último se conservaran cinco misivas significativas y un importante libro de recortes, que recogía todos los textos conocidos de la polémica que *Trilce* suscitó en Chiclayo, incluida la carta abierta a Vallejo que Imaña publicó en *El Tiempo* en marzo de 1923.

Otra gran laguna de la correspondencia de Vallejo es la casi total ausencia de mujeres entre sus corresponsales. Apenas conocemos una carta a su hermana María Jesús, pero se echan en falta misivas a su madre (para quien se envían saludos y se prometen cartas en la correspondencia con su hermano Víctor),[4] a Otilia Vallejo, con quien se le ha relacionado sentimentalmente, a Zoila Rosa Cuadra, «Mirtho», a Otilia Villanueva Gonzales y a Henriette Maisse. En cuanto a la correspondencia con Georgette de Vallejo, es muy poca la que se conoce, y aún así solo fragmentariamente. Esto se debe, sin duda, a que ella no estuvo interesada en publicarla, seguramente por considerarlo una intromisión en su vida privada y por no acceder a los pedidos de Juan Larrea, quien le instó repetidamente a ello. Conviene señalar, sin embargo, que Georgette de Vallejo recurrió a ellas en algunas ocasiones. En la

13

---

4   La correspondencia a sus parientes que se conserva, de hecho, es escasa, cuando debió ser copiosa, teniendo en cuenta que Vallejo vivió la mayor parte de su vida adulta lejos del hogar familiar. Estas cartas familiares, sin embargo, debieron haberse conservado hasta después de la muerte del poeta. André Coyné, por ejemplo, citaba un fragmento de una carta de 1924 que Vallejo envió a un primo suyo: «El peor presagio de una mala suerte es la inteligencia» («César Vallejo, hombre y poeta», *Letras*, n.° 46, Lima, 1956, p. 19).

polémica que mantuvo con José Miguel Oviedo en 1973, reprodujo, por primera vez, un fragmento en facsímil.[5] Ella tampoco dejó de mencionar, en sus apuntes biográficos, algunas de las cartas a Pablo Abril de Vivero, para apoyar sus opiniones. Un hallazgo reciente refuerza, además, la idea de que ella no quiso que todo el contenido de las misivas se conociese y nos parece muy probable que los originales se hayan destruido o mutilado, sin que hayan sobrevivido copias completas. Los fragmentos que sí se conservan dan una idea de la gran valía de estas cartas a su esposa, en las que Vallejo parece exponer sin reservas su opinión sobre su propia obra literaria: «Je sais bien qu'il y a chez moi une valeur géniale», confiesa en una de ellas.

Por otro lado, en materia literaria es poco lo que las cartas ofrecen. Casi no se conoce correspondencia «literaria» de Vallejo, si entendemos como tal aquella que revela algunas de sus opiniones sobre autores, lecturas o proyectos poéticos, narrativos y teatrales. Las únicas excepciones las encontramos en cartas muy contadas, que sobresalen dentro del corpus: la carta del 29 de enero de 1918 a Óscar Imaña, la dirigida a sus amigos de Trujillo, o la carta del 8 de agosto de 1934 a Fedor Kelin, en la que comenta su obra teatral *Presidentes de América*. Su correspondencia con Juan Larrea es escueta en información literaria —esta se centra mayormente en cuestiones sobre la distribución de *Favorables París Poema*— y basta comparar esas cartas con las que el poeta español intercambió con Gerardo Diego, llena de comentarios sobre poemas específicos y noticias del mundo literario, para darse cuenta de que cualquier intercambio de textos o discusión literaria entre Vallejo y Larrea se tuvo que dar de viva voz, más que por escrito. Son las cartas que Vallejo le escribe a los jóvenes poetas que se dirigen a él durante su vida parisina (Alejandro Peralta, Emilio Armaza, José Varallanos, Nazario Chávez Aliaga, Juvenal Ortiz Saralegui, entre otros) las que más se acercan a este tipo de correspondencia, si bien estas misivas se hallan motivadas por los envíos de libros que las preceden. En sus breves mensajes, Vallejo siempre anima a los poetas y es elogioso con su obra (quizá siguiendo la deferencia que con él tuvo José María Eguren). Aún así, estas cartas revelan algunos aspectos que Vallejo creía importantes acerca del quehacer poético, aunque formulados de manera muy escueta y, generalmente, metafórica. El tono de la prosa de estos mensajes, tan diferente del de la mayoría de su correspondencia, sugiere que Vallejo sabía que se darían a la publicidad tarde o temprano. Este es un asunto que suele pasarse por alto, pero

---

5 Georgette de Vallejo, «Sobre los inéditos de Vallejo», *El Comercio. Suplemento Dominical*, Lima, 11 de noviembre de 1973, pp. 32 y 36.

que merece ser estudiado con detenimiento ya que existen indicios suficientes para creer que, desde relativamente pronto, Vallejo fue consciente de la valía de su trabajo poético. Pese a sus detractores, sus composiciones recibieron elogios encendidos de algunos de los lectores más cualificados de su país y tuvieron un efecto sobre destacados creadores peruanos contemporáneos que, con distintos grados de inmediatez y de adhesión, se rindieron a su obra poética. Aunque poco reseñada en la prensa, la edición madrileña de *Trilce* tuvo, sin duda, un efecto canonizador, no solo en el corto plazo. El libro de Vallejo gozó de la rara distinción de ser reeditado por iniciativa de los miembros del grupo literario español más reconocido del siglo pasado, y además le permitió ganar algún dinero.

Uno de los aspectos sobre la obra de Vallejo que las cartas revelan es, más bien, de índole pragmática, ya que en ella es un motivo recurrente el constante intento de Vallejo por tratar de vivir de su escritura. Sabemos, gracias a las cartas, el relativo valor que el poeta atribuía a su novela incaísta (titulada primero *El candor de la tierra* y luego *Hacia el reino de los Sciris)*; en un primer momento, pensaba enviarla a un concurso literario en París; posteriormente intentó vendérsela al gobierno de Leguía. Sus afanes periodísticos también están documentados en las cartas a Luis Varela y Orbegoso y a Ricardo Vegas García, así como en los intentos de editar la revista *La Semaine Parisenne*. En la década de 1930, por otro lado, trata infructuosamente de montar sus obras de teatro, para lo que le escribe a Louis Jouvet, Gerardo Diego y Fedor Kelin. Sin duda, el dinero juega un papel importante en esta correspondencia y la abundancia de misivas en las que se solicita socorro económico convierte el tema en leitmotiv. Pero no todas las peticiones de auxilio financiero son iguales y es fácil, cuando se leen con detenimiento, encontrar matices distintos en ellas. La retórica de las cartas que envió a Pablo Abril de Vivero, Juan Larrea, Alcides Spelucín, Gerardo Diego o Fedor Kelin pone de manifiesto que los vínculos que le unían a cada corresponsal eran únicos, que estos fueron cambiando y que se vieron condicionados por importantes diferencias de clase, ideológicas y de jerarquía literaria (social o sentida). Vallejo fue tan consciente de su pobreza material como de la valía de su trabajo literario e hizo cuanto estuvo en su mano por no comprometerlo, aunque esto lo llevase a evidentes frustraciones. En carta del 23 de febrero de 1925 le confiesa a Juan Larrea: «Hay que trabajar, como tú muy bien lo dices. Pero también hay que vencer circunstancialmente. Hay que imponerse a los demás, hay que exigir a los demás vasallaje, dineros, la dicha, a que tenemos derecho [...]. Esto me digo y me repito. No basta que valgas en ti y ante ti; menester es que valgas en los otros y ante los otros, hoy, y mañana y siempre».

El poeta tampoco fue ajeno a la geopolítica literaria, de la que se ocupó con lucidez en varios artículos periodísticos y con la que lidió en primera persona: en su condición de escritor latinoamericano afincado en París y de autor de literatura proletaria con pretensiones de establecerse en Rusia. Las cartas a Fedor Kelin, que ahora se incorporan en su integridad al corpus de la correspondencia, sugieren que el apartamiento de la vida literaria parisina entre 1932 y 1935 quizá deba ser visto como un reenfoque de sus esfuerzos hacia la aventura rusa. Sabemos que, tras su retorno a París en 1932, tuvo una estancia precaria en la capital francesa, pues debía renovar su residencia anualmente y estaba prohibido de cualquier actividad política. Sea como fuere, este retraimiento no fue definitivo, como se observa en sus últimas cartas a Larrea y en múltiples cartas abiertas colectivas, que ponen de relieve su intensa colaboración con la causa antifascista tras el alzamiento militar en España.

De hecho, en cuanto a la práctica política, el decantamiento de Vallejo hacia el marxismo también se puede trazar parcialmente con la ayuda de la correspondencia. En ella se ve, primero, una relación eventual con la actividad política, incluyendo su participación en la vida universitaria (véase la carta a abierta a Orrego de 1918) y, más tarde, sus ambiguas relaciones con el gobierno de Augusto B. Leguía (sobresale su duda sobre si debía publicar la entrevista que hizo al hermano del presidente), breves referencias a sus primeras lecturas marxistas, su visión esperanzada sobre el futuro de la Rusia soviética y su emocionada reacción ante los eventos de la guerra civil española.

Valga esta corto e incompleto recorrido por los aportes y limitaciones de las cartas para encabezar la labor de recopilación, edición y anotación de los textos que aquí se presenta. Las notas tratan, en primer lugar, de recuperar información mínima sobre los contextos de las misivas y sobre sus referentes mismos, sean estos personas, publicaciones o eventos. Además, otro de los propósitos de las notas es el abordaje crítico a las cartas, poniendo de manifiesto su inestabilidad como fuentes de información «objetiva». Durante el proceso de anotación hemos puesto hincapié en contrastar la información que en ellas se da, sobre todo con fuentes contemporáneas, y luego comparando los testimonios posteriores. Durante el proceso de anotación también hemos podido corregir las fechas de algunas cartas que se habían datado erróneamente y que hasta ahora ocupaban un lugar equivocado en las ediciones existentes.[6] Además, la persona familiarizada con la vida de César Vallejo

---

6   Es el caso de la nota a Pablo Abril de Vivero del 6 de mayo de 1926 y de las cartas a Idelfonso Pereda Valdés del 9 de enero de 1927, a Ricardo Vegas García del 2 de marzo de 1927, a Abril de Vivero del 11 de julio de 1929 y a Gerardo Diego del 7 de enero de 1932.

encontrará en estas notas información que corrige datos biográficos incorrectos que se han perpetuado hasta nuestros días. Entre ellas se encuentran desde cuestiones de detalle (la fecha de llegada a Lima de Vallejo en 1917, el número aproximado de viajes a España que realizó entre 1925 y 1927, sus viviendas en Madrid, el hecho de que nunca participó en el homenaje a Federico García Lorca junto a Pablo Neruda), hasta hechos más trascendentes para entender su desarrollo vital (como sus verdaderas intenciones de mudarse a Rusia en los años 30).

Finalmente, nuestra aproximación crítica es también un llamado a que se realicen nuevos trabajos de archivo que ayuden a incrementar el corpus de la correspondencia de una figura clave de la poesía del siglo XX.

Carlos Fernández
Valentino Gianuzzi

Enero de 2023

Sobre el texto

HISTORIA EDITORIAL

La reunión de cartas de César Vallejo ha sido un trabajo lento y progresivo dentro de los estudios vallejianos. Este fue iniciado por Ernesto More, quien, con ocasión de su «Anecdotario de César Vallejo», reprodujo cinco misivas de Vallejo a su abogado Carlos C. Godoy, publicadas en 1949. Posteriormente, con motivo del veinte aniversario de la muerte del poeta, algunos destinatarios publicaron, íntegra o parcialmente, varias cartas: Luis Alberto Sánchez, Juan Larrea y Xavier Abril. El primero reprodujo, además, una carta a Manuel Vázquez Díaz, y el último dio a conocer por primera vez fragmentos de las cartas escritas a su hermano, Pablo. Por su parte, en 1959, Georgette de Vallejo aludió a varias cartas escritas a ella durante el tercer viaje de Vallejo a Rusia, así como a cartas escritas a Vallejo que ella conservaba en su archivo. En 1960, Aurelio Miró Quesada Sosa dio a conocer las cartas dirigidas a él.[7]

El primer intento de recopilación de cartas en una edición fue infructuoso y estuvo a cargo de dos estudiantes universitarios de San Marcos. Rolando Andrade y José Cacciano Chiri le dirigen a Juan Larrea, desde Lima, el 11 de mayo de 1960, la siguiente carta que vale la pena reproducir por extenso, pues permanecía inédita hasta ahora:

> Trabajamos el año pasado en Piura y Trujillo. Obra[n] en nuestro poder las cartas que nos proporcionaron el Dr. [Nazario] Chávez en Piura, los hermanos y familiares de Vallejo en Santiago de Chuco y Huamachuco; las cartas que Vallejo escribió desde Lima y posteriormente desde París al Dr. Godoy[,] el abogado que lo defendió cuando fué acusado de incendiario, lo mismo que algunas cartas de don José Eulogio Garrido. En Lima nos han proporcionado material los srs. Mariátegui, que guardan cartas de Vallejo al padre, el Sr. Juan Espejo Asturrizaga y el Dr. Luis E. Valcárcel actual Decano de nuestra Facultad. Desgracia tremenda fué para nosotros cuando el maestro Antenor Orrego, nos hiciera la sentida confesión de que su correspondencia epistolar con Vallejo había sido saqueada por la última dictadura; lo cual nos indujo aún más a seguir en nuestra tarea porque más tarde se podrían perder.
>
> Entre los amigos de Vallejo que se encuentran en el extranjero, hemos querido dirigirnos en primer lugar a usted entusiasmados por tan cordial acogida

---

7   Las primeras apariciones de cada misiva se detallan en el «Índice cronológico de cartas» al final de esta edición.

que nos dispensa. Enviaremos cartas para solicitar copias mecanografiadas de las misivas vallejianas a los Drs. Spelucín, Diego (de quien nos han dicho que vendrá el mes entrante a Lima), Xavier Abril, su hermano Pablo y si usted pudiera guardar algunas más mucho se lo agradeceríamos. Salazar Bondi [sic] nos hablo [sic] de un señor Antonio [«Toño»] Salazar que actualmente es Encargado de Negocios de la Embajada del Salvador en París y que quizás tenga algunas cartas.

La edición del libro que contenga estas cartas de Vallejo a sus amigos, está de antemano asegurada; inclusive conversando con Sebastián Salazar nos dijo que podría pedírsele un prólogo a Rafael Alberti, el que hace unos cuatro días estuvo en esta capital.[8]

Por razones que desconocemos, esta edición no llegó a materializarse, y sus impulsores no participaron activamente en la vallejística.

A partir de la década de 1960, el corpus se fue incrementando significativamente. En 1965, Juan Espejo Asturrizaga recogió, en un apéndice de su biografía, la mayoría de las cartas que hasta entonces se encontraban diseminadas, agregando además parte de la correspondencia con Víctor Vallejo. En 1969 se dieron a conocer las importantes cartas a Óscar Imaña. Desde las páginas de la revista *Aula Vallejo* (1961-1974), que Juan Larrea editaba desde su exilio en Córdoba, Argentina, se dieron a conocer varias cartas de Vallejo a su familia, a Juan Domingo Córdoba, a Gerardo Diego y a Larrea mismo, así como a otros corresponsales. Pero el hito que incrementó significativamente el corpus epistolar de Vallejo fue la publicación de su extensa correspondencia con el poeta y diplomático peruano, afincado en Madrid, Pablo Abril de Vivero, quien ha permanecido como su corresponsal más importante, no solamente por la cantidad de cartas, sino porque estas tuvieron una periodicidad relativamente constante entre los años 1924 y 1930. Estas cartas se habían dado a conocer fragmentariamente desde 1958, pero fue la edición de 1975, publicada por Juan Mejía Baca, la que finalmente las dio plenamente a la luz, integrando además 31 cartas de Abril de Vivero remitidas a Vallejo.[9] Esta correspondencia se publicó gracias a la mediación del poeta español José Manuel Castañón, quien prologó el libro, y cuyo trabajo había sido instigado por Juan Larrea. Al menos desde marzo de 1964 Juan Larrea estuvo en correspondencia con Castañón, que había publicado

---

8   La carta se conserva en el Archivo Juan Larrea de la Residencia de Estudiantes de Madrid.

9   César Vallejo y Pablo Abril de Vivero, *Cartas: 114 de César Vallejo a Pablo Abril de Vivero, 37 de Pablo Abril de Vivero a César Vallejo*, Lima, Juan Mejía Baca, 1975.

Pasión por Vallejo, el año anterior, libro que incluía su ensayo «César Vallejo a Pablo Abril en el drama de un epistolario», aparecido como folleto en 1960. El papel de Larrea fue central para que se publicaran esas misivas, como lo muestra su correspondencia con Castañón y con Juan Mejía Baca.

En 1982, fue Castañón mismo quien publicó todas las cartas conocidas hasta entonces en su histórica edición del *Epistolario general,* basándose en una labor de recopilación y transcripción llevada a cabo, en su mayor parte, por Juan Larrea, según se desprende de los materiales de pre-publicación de su archivo. Este libro puso a disposición de los lectores, por primera vez, la totalidad de cartas a Gerardo Diego y, salvo por una, las enviadas a Larrea, además de recoger casi la totalidad del material epistolar de Vallejo que hasta esa fecha se conocía.[10]

Más de una década después, Jesús Cabel recopiló veintisiete cartas que Castañón no había incluido en su edición o que se dieron a conocer posteriormente, como las dirigidas a Ricardo Vegas García, divulgadas por Jorge Puccinelli. Fue el propio Cabel quien se encargó del siguiente hito editorial, la *Correspondencia completa* publicada en 2002, que además de incluir las veintisiete cartas recopiladas por él, publicó por primera vez algunas otras, incluyendo las dirigidas a Luis Varela y Orbegoso. En 2011 Cabel puso al día su edición incorporando cuatro cartas nuevas.[11]

23

CORPUS DE NUESTRA EDICIÓN

Esta edición recoge todas las cartas que conocemos escritas por César Vallejo y dirigidas a él, ordenadas cronológicamente. A las cartas coleccionadas en la edición de Jesús Cabel de 2011, nuestra edición suma las siguientes: doce cartas a Fedor Kelin, tres cartas a Luis E. Valcárcel, cuatro cartas a Víctor Vallejo, dos postales a José Eulogio Garrido, dos cartas al director del Conservatorio de Artes y Oficios de París, dos cartas dirigidas al Ministro del Interior de Francia, misivas nuevas a Xavier Abril, Carlos C. Godoy, Bruno Jasieński, Ernesto La Rosa Llosa, Juan Larrea, José Martínez San Agustín, Luis Alberto Sánchez, Tristan Tzara, Gonzalo Ulloa y un telegrama sobre los sucesos de Santiago de Chuco. A estas también se

---

10   César Vallejo, *Epistolario general,* Valencia, Pre-textos, 1982.

11   César Vallejo, *A lo mejor soy otro... 27 nuevas cartas,* recopilación, estudio y notas de Jesús Cabel, Lima, Delgado Villanueva Editores, 1998; y César Vallejo, *Correspondencia completa,* edición de Jesús Cabel, Lima, PUCP, 2002; 2.ª ed., Valencia, Pre-textos, 2011.

suman fragmentos de cartas a Georgette Philippart, y notas de saludo a Rosa Espejo Asturrizaga y José Carlos Mariátegui.[12]

Adicionalmente, con el fin de que esta edición sea un derrotero para trabajos futuros, y siguiendo la iniciativa de Jesús Cabel, que ha incluido algún material para-epistolar en sus ediciones, hemos decidido ampliar el registro de la correspondencia de dos maneras. En primer lugar, hemos incluido los documentos burocráticos de carácter postal (comunicados, solicitudes, avisos) que se conocen. Así, se incluyen tres solicitudes académicas, una circular, un aviso notarial, un convenio y nueve solicitudes judiciales enviadas durante la estancia de Vallejo en la cárcel, firmadas primero por el poeta y luego juntamente con su abogado. La importancia de incluir estos documentos es que muchas veces vienen a llenar vacíos, tanto cronológicos como temáticos, en la biografía del poeta, para los que no existen cartas correspondientes. Además, en algunos casos, se trata de documentos redactados por el propio Vallejo, pero que no han tenido lugar hasta ahora en las ediciones de sus escritos. En segundo lugar, hemos decidido incluir también las trece cartas abiertas y telegramas colectivos suscritos por Vallejo y publicados en la prensa, que muestran, especialmente durante la década de 1930, su compromiso con diferentes causas antifascistas. A estas sumamos dos noticias sobre telegramas colectivos que, aunque no incluyen el texto mismo de la comunicación, pueden dar una idea de su contenido. Estas cartas públicas proporcionan un contraste con el carácter privado de las otras misivas, y ponen de manifiesto las tomas de posición de Vallejo como intelectual. También incluimos un comunicado con motivo de la fundación de la célula parisina del Partido Socialista del Perú, una carta colectiva dirigida a Vicente Huidobro y la resolución del II Congreso Internacional de Escritores de 1937.

Finalmente, también agregamos al corpus dos cartas firmadas por Georgette de Vallejo: una, dirigida a Concha Meléndez, porque es muy posible que Vallejo haya ayudado en su redacción; y otra, dirigida a Luis José de Orbegoso, porque provee información sobre arreglos literarios póstumos de Vallejo y cierra el que parece ser su último intercambio postal.

Por contraste, no coleccionamos en el cuerpo de esta edición tres cartas que sí aparecen en las ediciones de Jesús Cabel. Damos razón de la exclusión de las dos cartas dirigidas a Antenor Orrego, datadas en 1922, en un ensayo que aparece como

---

12   Mientras preparábamos esta edición, se publicó una nueva edición de Jesús Cabel, que incorporaba las cartas a Valcárcel, Víctor Vallejo y tres de las doce cartas a Kelin (*Correspondencia completa*, edición y compilación de Jesús Cabel, Lima, Universidad Ricardo Palma, 2022).

postfacio a esta edición. En el caso de la tercera que no recogemos, una postal dirigida a Desirée Lieven, su autoría nos parece dudosa.[13]

Finalmente, en cuanto a las cartas remitidas a Vallejo, el corpus es significativamente menor. El grueso de esta correspondencia está formado por las 31 cartas de Pablo Abril de Vivero que el poeta y diplomático conservó en copia e hizo públicas en 1975. A estas se agregan las de diversos remitentes —José Bergamín, Henry A. Holmes, Louis Jouvet, José Carlos Mariátegui, Antenor Orrego, André Pierre, Lauro Caribé da Rocha, Jacob Roitman—, publicadas por Enrique Ballón Aguirre, además de dos cartas inéditas de Franz Carl Weiskopf y dos invitaciones de Maurice de Waleffe. Estas misivas le fueron legadas a Ballón Aguirre por Georgette de Vallejo, y parecen ser lo único que se ha conservado del archivo de cartas remitidas al poeta. Por otra parte, en el Archivo Juan Larrea se conservan las cartas, hasta ahora inéditas, dirigidas a Vallejo y Larrea por Luis Cardoza y Aragón, Alfonso Reyes, Alberto Rojas Jiménez y Luys Santa Marina, con motivo de la aparición de la revista *Favorables París Poema*. Se agregan también cartas de Luis José de Orbegoso y Antenor Orrego (conservadas en copia), cartas abiertas dirigidas a Vallejo de Óscar Imaña y Vicente Huidobro, la famosa carta de José María Eguren, el borrador de una carta de Fedor Kelin y una carta de Luis Araquistáin.

PROCEDENCIA DE LAS CARTAS

Para esta edición ha sido una prioridad intentar volver a las fuentes para transcribir los textos de los documentos originales. Por lo que hace a las cartas escritas por Vallejo, basta compulsar estos originales con las ediciones anteriores de la correspondencia para darse cuenta de que, no pocas veces, las transcripciones que hasta ahora circulaban no eran del todo fiables, ya porque había errores de lectura o erratas de edición, ya porque el texto procedía de transcripciones erradas o

---

13   Esta postal, datada «Moscú, 27 de junio de 1928», se publicó por primera vez en José Luis Ayala, *El cholo Vallejo*, Lima, Fimart, 1994, p. 78. Su texto es el siguiente: «Desirée: / El paisaje es el mismo pero todo ha cambiado. Cuando esté ahí te detallaré mis impresiones, te envío la rosa más hermosa que esta mañana arranqué para ti de mi corazón. / César V.». Al no haber visto el original o una copia de esta postal, dudamos no solo de su integridad textual, sino también de la propia autoría de Vallejo. Este escepticismo tiene varios motivos: primero, la fecha está errada, pues Vallejo estuvo en Moscú entre fines de octubre y comienzos de noviembre de 1928; segundo, lo inusual de la firma (César V.), que no coincide con su manera de firmar; tercero, el tratamiento de familiaridad para con la destinataria; y cuarto, el remitente parece estar describiendo un lugar que ya había visitado antes, mientras que Vallejo visitó Moscú en 1928 por primera vez.

incompletas, y no había sido revisado o corregido. En la mayoría de los casos, nuestro texto procede de imágenes digitales en color y de alta calidad de los documentos originales. En los casos en que no hemos tenido acceso a ellos, casi siempre por desconocer el paradero del original, la transcripción procede de una fotocopia del original o de un facsímil anteriormente publicado. En los muy pocos casos en que no hemos contado con imágenes de la carta nos hemos tenido que conformar con reproducir transcripciones ya publicadas. Así mismo, cuando se trata de una carta o documento publicado en la prensa durante la vida de Vallejo, recurrimos a la revista o periódico original.

En el índice cronológico de cartas, al final de nuestra edición, damos la información detallada sobre su primera publicación, la fuente de nuestra transcripción y el paradero del documento original, si lo conocemos. Resumimos aquí la procedencia de las cartas de Vallejo a sus corresponsales más importantes:

—*Pablo Abril de Vivero:* las 117 cartas se conservan en la Biblioteca Nacional de Uruguay. Hemos transcrito el texto de una copia de los originales que se publicó en Uruguay en una edición reducida. Tuvimos acceso a ella gracias a Jorge Kishimoto.[14]

—*Juan Larrea:* las 40 cartas se conservan en el Archivo Juan Larrea de la Residencia de Estudiantes de Madrid. Las hemos transcrito de una digitalización de los originales.

—*Gerardo Diego:* 13 de las 14 cartas a Gerardo Diego se guardan en el Archivo de la Fundación Gerardo Diego. Las hemos transcrito de una digitalización de los originales.

—*Fedor Kelin:* las 12 cartas se conservan en los papeles de Kelin en el Archivo Estatal Ruso de Arte y Literatura (RGALI, por sus siglas en ruso). Las hemos transcrito de una digitalización de los originales.

---

14 Se trata de una edición en caja que contiene las cartas facsimilares como folios sueltos. La edición no tiene fecha, pero fue publicada hacia 2007 por el Ministerio de Educación y Cultura, República Oriental del Uruguay, Dirección General de Biblioteca Nacional. Existe también una edición facsimilar posterior, editada por Andrés Echevarría (*Cartas de César Vallejo a Pablo de Vivero*, Montevideo, Biblioteca Nacional, 2013), pero que omite algunos telegramas.

—*Juan Domingo Córdoba Vargas:* las 12 cartas se reproducen facsimilarmente en el libro de Córdoba Vargas (1995); también se conservan en fotocopia en el Archivo Juan Larrea. Transcribimos los textos de digitalizaciones de las fotocopias, salvo en el caso de las tarjetas postales, que transcribimos de los facsímiles. Desconocemos el paradero de los originales.

—*Luis Varela y Orbegoso:* las 8 cartas se conservan en el archivo Varela y Orbegoso, parte de la colección Raúl Porras Barrenechea de la Biblioteca Nacional del Perú. Las hemos transcrito directamente de los documentos originales.

—*Carlos C. Godoy:* 8 de las 9 cartas se guardan en el Archivo Juan Mejía Baca de la Biblioteca Nacional del Perú. Las hemos transcrito de una digitalización de los originales. La tarjeta postal solamente se conserva en fotocopia.

—*Ricardo Vegas García:* las 8 cartas las reproduce facsimilarmente Jorge Puccinelli en sus ediciones de los artículos de Vallejo (1987 y 1997), de donde las transcribimos. Desconocemos el paradero de los originales.

—*Luis Alberto Sánchez:* las 7 cartas se conservan en los papeles de Luis Alberto Sánchez, Penn State Libraries, Special Collections. Las hemos transcrito de una digitalización de los originales.

—*Óscar Imaña:* las 5 cartas se reproducen facsimilarmente en *Visión del Perú* (1969), de donde las hemos transcrito. Desconocemos el paradero de los originales.

—*Aurelio Miró Quesada Sosa:* copias fotostáticas de las 5 cartas se guardan en el Archivo Juan Larrea, de donde las hemos transcrito. Desconocemos el paradero de los originales.

—*Luis E. Valcárcel:* las 3 cartas se conservan en el Archivo Valcárcel de la Biblioteca Institucional del Ministerio de Cultura, Lima. Nuestro texto proviene de una digitalización de los originales.

En cuanto a la correspondencia dirigida a Vallejo, la procedencia de los textos es diversa. Las cartas escritas por Pablo Abril de Vivero no se conservan, hasta donde alcanzamos, en los papeles de este, aún por catalogar, depositados en la Biblioteca

Central de la Universidad Católica del Perú, por lo que solo podemos reproducir aquí el texto de su única publicación en 1975. La gran mayoría de las otras cartas dirigidas a Vallejo proceden del archivo de Enrique Ballón Aguirre o, en el caso de las misivas dirigidas a Larrea y Vallejo, del Archivo Juan Larrea.

NORMAS DE TRANSCRIPCIÓN

Nuestra práctica de transcripción ha sido bastante conservadora, por lo que hemos tratado de mantener los cambios editoriales al mínimo. Al transcribir los textos, hemos procedido de la siguiente manera:

—*Descripción.* La descripción de la carta se ofrece al principio entre corchetes, indicando su naturaleza documental (carta, tarjeta postal, telegrama, solicitud, etc.), si es una misiva manuscrita o mecanografiada, y su destinatario y remitente. También se especifica, de saberlo, si la carta tiene más de una página y si es una cuartilla (folio doblado en dos para crear cuatro páginas).

—*Membretes y motivos.* Los membretes se transcriben de forma completa, fuera de los corchetes de la descripción, la primera vez que aparecen. Subsiguientemente, el membrete solo se indica dentro de la descripción y de forma abreviada. Así, por ejemplo, los tres membretes diferentes de los Grands Journaux (uno en castellano, otro en francés y otro en francés con la indicación «Sala de lectura») se transcriben completos en su primera aparición: el castellano, en la carta del 8 de junio de 1925; el francés, en la carta a Pablo Abril del 25 de noviembre de 1925; y el de la sala de lectura, en la carta del 22 de marzo de 1932. En los demás casos, solo indicamos el membrete en la descripción. (De la misma forma, el membrete completo de *La Semaine Parisienne* aparece en la carta del 8 de abril de 1926 y el de *Bolívar* en la carta del 10 de noviembre de 1929.) En estas transcripciones, las diferentes líneas del membrete están separadas por una barra. En el caso de las tarjetas postales, se da una breve descripción del motivo gráfico, cuando este se conoce, así como la leyenda de la imagen, completa o en parte.

—*Fechas y firmas.* Hemos sangrado las salutaciones y hemos colocado las fechas y firmas hacia el margen derecho. Las fechas, sin embargo, permanecen al final o al principio de la carta, tal como aparecen en el original. De no haber fecha o lugar en la carta original, los proporcionamos al principio, entre corchetes. Cuando la fecha está parcialmente membretada en el papel, la transcribimos tal cual sin hacerlo notar; estas fechas membretadas se pueden identificar, sin embargo, porque están todas en francés («Paris, le...»). En el caso de las postales, copiamos al principio de la carta la dirección del destinatario tal como aparece en la mitad derecha de la postal. En las postales que no indican el día, incluimos la fecha del matasellos.

—*Correcciones.* Se corrigen silenciosamente las erratas evidentes y se actualiza la ortografía (la acentuación de monosílabos, pronombres y mayúsculas). No corregimos, sin embargo, los pocos casos del uso de *i* por *y*. Tampoco corregimos los casos en que se escribe mal un nombre propio o una palabra en idioma extranjero, para dejar constancia de esos errores. Además, no corregimos algunos usos habituales de Vallejo, así vayan en contra de la norma (por ejemplo, *talvez, vayna,* o los derivados de *dirigir,* que Vallejo escribe casi siempre con jota), pero sí normalizamos usos incorrectos vacilantes (*aún/aun, más/mas, porqué/por qué, lijera/ligera,* etc.). En cuanto a tachados de Vallejo o de sus corresponsales, solo dejamos constancia de ellos cuando se trata de palabras o partes de palabras legibles que indican una intención de escritura diferente. No transcribimos correcciones ortográficas menores hechas durante la escritura o mecanografiado, aunque estas sean visibles en los originales.

—*Abreviaturas.* Desarrollamos algunas abreviaturas, sobre todo las realizadas a los bordes del papel original (q' por *que*), mas no aquellas de los encabezamientos, salutaciones, fechas, o las abreviaturas epistolares comunes, como, por ejemplo, «Ud.» *usted,* «atta», *atenta,* «ppdo.», *próximo pasado,* «pte.», *presente* o «V.», *vale.* Las abreviaturas de los meses y de las monedas (*frs.* y *ptas.,* por francos o pesetas) también permanecen tal como aparecen en las fuentes.

—*Puntuación.* Respetamos la puntuación que va en contra de la norma, tales como múltiples puntos suspensivos, ausencia de signos de interrogación y exclamación de apertura, o comas que separan sujeto y verbo principal.

—*Transcripción de material no-autorial.* No transcribimos algunos textos ajenos a los autores de la carta, aunque sean legibles en los originales. Así, no incluimos la numeración de cartas hechas con fines archivísticos; los proveídos y encabezamientos de las solicitudes legales; el texto de los sellos de algunas misivas; ni todas las leyendas de las postales. Siempre transcribimos, luego de la descripción que

29

encabeza la carta, las anotaciones marginales del corresponsal que indican si la carta ha sido respondida.

—*Añadidos editoriales.* Los añadidos editoriales (acotaciones, fechas restituidas, letras faltantes o apellidos para desambiguar nombres) se insertan entre corchetes. Dentro de una carta mecanoscrita, indicamos entre corchetes cuando se hace una acotación manuscrita sustancial (de más de una palabra), pero no advertimos si se hacen correcciones manuscritas mínimas de puntuación o acentuación. Por otro lado, entre llaves ({}) se incluyen lecturas de textos, usualmente letras o partes de una palabra, que se han perdido por el deterioro del papel de la carta o de la tinta, pero que se pueden conjeturar.

—*Lagunas y lecturas inciertas.* Las lagunas del texto están marcadas con puntos suspensivos entre corchetes: [...]. Las palabras o frases que no se han podido descifrar se indican con la palabra *ilegible* entre corchetes. Las palabras cuya lectura es incierta se siguen del símbolo [?]. Los errores ortográficos o de escritura que se mantienen en la transcripción se siguen de la acotación [*sic*].

—*Traducciones.* En el caso de cartas que no están escritas en castellano, hemos incluido el texto original seguido de una traducción. No traducimos, sin embargo, las citas que hacemos a pie de página de textos escritos en idioma extranjero. Salvo que se indique lo contrario, todas las traducciones de las cartas son nuestras. Las traducciones del alemán de las dos cartas de Franz Carl Weiskopf han sido revisadas por Carmen San Martín.

NOTAS Y APÉNDICES

Hemos recogido en apéndices los comentarios paratextuales de Vallejo en libros ajenos —algunos de los cuales debieron remitirse en cartas—,[15] así como el texto de todas las dedicatorias de Vallejo de las que tenemos noticia. Aunque se trata de textos menores, estos añaden información referente a aspectos más personales de

---

15 Esta iniciativa ya la había tomado Jesús Cabel, al incluir dos de estas notas en sus ediciones de 2002 y 2011. No aparecen, sin embargo, en su reciente edición de 2022.

la recepción de la obra de Vallejo y, en algunos casos, ponen de relieve aspectos de su vida y de su red de amistades.

En cuanto a la anotación, como hemos precisado ya, hemos intentado dar la información necesaria para que el lector comprenda los referentes de estas: fechas, eventos, lugares y publicaciones, entre otros. También se identifican las personas mencionadas y se ofrece en nota un resumen de su relación con Vallejo. El índice onomástico final permite navegar por las menciones que se hacen de estas personas en las cartas. Así mismo, intentamos contextualizar los eventos que se narran recurriendo, en la medida de lo posible, a documentos de la época, correspondencias de otros o, finalmente, a testimonios posteriores sobre estos hechos, intentando contrastar diferentes versiones.

Especificamos en nota si la carta se publicó, completa o parcialmente, durante la vida de Vallejo. También vinculamos partes de las cartas con fragmentos relevantes de la obra del poeta. En nota a cada carta damos la información sobre el destinatario, de ser la única carta dirigida a este. Para los destinatarios con más de una carta, remitimos a los «Perfiles biográficos» al final de este volumen. Anotamos también algunos usos léxicos y cuestiones de ambigüedad semántica. Las referencias bibliográficas en las notas se dan completas la primera vez que aparecen y, posteriormente, de manera abreviada.

Con afán de dejar constancia de un trabajo por hacer, hemos anotado, así mismo, aquellas referencias a personas o asuntos que no hemos podido identificar o esclarecer con certeza. Con ello damos cuenta del carácter no definitivo de esta edición de la correspondencia (aún incompleta) de César Vallejo.

C. F. | V. G.

PÁGINAS ANTERIORES: algunos integrantes de la Bohemia de Trujillo, hacia 1916. De izquierda a derecha, sentados: José Eulogio Garrido, Juvenal Chávarry, Domingo Parra del Riego, César Vallejo, Santiago Martin Lynch, Óscar Imaña; y de pie: Luis Sánchez Ferrer, Federico Esquerre, Antenor Orrego, Alcides Spelucín y Gonzalo Sáenz Sumarán. (Archivo Juan Espejo Asturrizaga.)

Correspondencia
[1910-1928]

01 [CARTA MANUSCRITA DE CV A VÍCTOR VALLEJO, CON EL MEMBRETE:] NEGOCIACIONES AZUCARERAS | ROMA Y CHIQUITOY[16] | VÍCTOR LARCO HERRERA[17] | TRUJILLO – PERÚ

Hacienda «Roma», 25 de Nov. de 1910

Sr Víctor C. Vallejo

Stgo. [de] Chuco

Mi queridísimo hermanito:

Tengo gran alegría formular la pte. para saludarle con un abrazo bien estrechado por el día de su santo que fue el 23,[18] anhelando que el cielo permita, que los mil años de vida que le conceda, le encuentren con perfecta salud i con mejor porvenir, para el consuelo de nuestros amados padres y de sus hermanos que de veras le quieren.

Nosotros quedamos bien. Lo mismo Néstor en Trujillo.[19]

Hasta mi próxima, soy su hermano que le quiere

César A.

16   Las haciendas costeñas Roma y Chiquitoy eran importantes centros de producción de azúcar del valle de Chicama (a unos 30 kilómetros al noroeste de Trujillo), ambas propiedad de la familia Larco Herrera. André Coyné indicó que, antes de viajar a Lima por primera vez, Vallejo «pasa unos meses en la hacienda azucarera Roma ayudando al cajero» («Apuntes biográficos de César Vallejo», *Mar del Sur*, n.º 8, noviembre-diciembre de 1949, p. 48). Por otra parte, Juan Espejo Asturrizaga, afirma que Vallejo trabajó en la hacienda Roma como ayudante de cajero a su regreso de Lima, en 1912, y reproduce una foto de Vallejo y su hermano Néstor en la hacienda, que fecha en ese año (*César Vallejo: itinerario del hombre*, 1892-1923, Lima, Mejía Baca, 1965, pp. 29-30 y frente a la p. 64); esta carta apunta a que Vallejo estuvo en Roma en 1910, antes de viajar a Lima. Además, otras cartas recientemente descubiertas, también dirigidas a Víctor, ubican a Vallejo en Trujillo entre julio y noviembre de 1912, por lo que, de haberse dado, la estadía en Roma en 1912 que menciona Espejo pudo ser más corta de lo que hasta ahora se ha pensado.

17   Víctor Larco Herrera (1870-1939), hacendado, político y filántropo peruano, fue senador por el departamento de La Libertad entre 1904 y 1919. Dirigía la hacienda de Chiquitoy desde la muerte de su padre, en 1888. En 1901, compró la hacienda Roma de uno de sus familiares. Fue dueño del diario *La Reforma* de Trujillo, donde Vallejo publicaría varios poemas a partir de 1915.

18   Sobre Víctor Clemente Vallejo, véase «Perfiles biográficos». Según Oswaldo Vásquez Vallejo, Víctor nació el 24 de noviembre de 1870 (*César Abraham Vallejo: ascendencia y nacimiento*, Trujillo, Universidad Nacional de Trujillo, 1992?, p. 20). Esta carta corrige el día al 23 de noviembre, día de San Clemente.

19   No es posible saber a quién incluye Vallejo en el plural de primera persona. Podemos especular que alguno de sus hermanos, quizá Manuel o Miguel, lo haya acompañado a trabajar a Roma. Sobre Néstor Vallejo, véase «Perfiles biográficos».

02 [SOLICITUD MANUSCRITA DE CV A FEDERICO VILLARREAL, DECANO DE LA FACULTAD DE CIENCIAS DE LA UNIVERSIDAD MAYOR DE LIMA, CON LA APROBACIÓN MECANOGRAFIADA DE VILLARREAL Y SU FIRMA AUTÓGRAFA. FOLIO OFICIAL CON EL ESCUDO NACIONAL DEL PERÚ Y EL MEMBRETE:] 1911-1912 | SELLO 3° - 20 CENTAVOS

Señor Decano de la Facultad de Ciencias.[20]

Abraham C. Vallejo, natural de Santiago de Chuco, i ex-alumno de la Facultad de Letras de la Universidad de La Libertad,[21] deseando ingresar a la sección de Ciencias Naturales de la Universidad Mayor;[22] ruego a Ud. se digne hacerme matricular en el 1.er año de dicha sección, con cuyo objeto me es grato adjuntar los certificados[23] i recibos respectivos.

Por tanto a Ud. suplico se sirva atender mi solicitud.

Lima, Abril 1911.

38

20 El matemático e ingeniero peruano Federico Villarreal (1850-1923) se desempeñó como Decano de la Facultad de Ciencias de la Universidad de San Marcos entre 1903 y 1917, y luego entre 1919 y el año de su muerte. Es posible que Vallejo nunca lo haya conocido en persona, pero años después lo mencionaría como un peruano eminente en un par de artículos sobre el Perú («El Perú», *L'Amérique Latine,* París, 4 de julio de 1926, p. 2; y «Aniversario de su independencia», *Par-Sud-Am,* n.º 54, París, 30 de julio de 1926, pp. 0-1; estos dos artículos olvidados se pueden ver en César Vallejo, *El Perú,* Mánchester, Trafalgar Square, 2021).

21 Existe una matrícula en la Facultad de Letras de la Universidad Menor de la Libertad (hoy Universidad Nacional de Trujillo) del 2 de abril de 1910 que reza: «El infrascrito, Abraham C. Vallejo y Mendoza, natural de Santiago de Chuco, de diez y ocho años de edad y domiciliado en la Calle de San Martín N° 150 queda matriculado en el primer año de estudios de la Facultad de Letras, en esta Universidad. | Nota: Se extiende en la fecha esta matrícula por ordenarlo así, por decreto, el Sr Rector. | Trujillo Abril 2 de 1910. | [Firma] Por Abraham C. Vallejo | Néstor P. Vallejo» (Archivo de la Universidad de Trujillo, libro de matrícula de 1910, p. 103, n.º 59). Vallejo se vio obligado, sin embargo, a suspender sus estudios (véase Juan Espejo Asturrizaga, *César Vallejo: itinerario del hombre,* 1965, p. 27). En marzo de 1913 se volvería a matricular en Trujillo, esta vez en la facultad de Letras.

22 En Lima, Vallejo optó por matricularse en la Sección de Ciencias Naturales. Como sucedió con su primera matrícula en Trujillo, también tuvo que interrumpir sus estudios en la Universidad de San Marcos en Lima, en un momento hasta ahora no determinado de 1911.

23 En el Archivo Histórico Domingo Angulo de la Universidad Nacional Mayor de San Marcos se conserva también un documento, fechado el 2 de abril de 1910 y firmado por Eleazar Boloña, que certifica que Vallejo se había matriculado en la Facultad de Letras de Trujillo, «en las clases de Literatura Antigua y Castellana, Civilización Antigua, Filosofía Subjetiva, pertenecientes al primer año de esta facultad» (Facultad de Ciencias. Libro Archivo, 1908-1910. Tomo 1, Caja 186).

Abraham C. Vallejo[24]

Lima, 19 de abril de 1911.

Por presentado con la matrícula que se acompaña, matricúlese a Don Abraham C. Vallejos [sic] en el primer año de la sección de Ciencias Naturales, previo pago de los respectivos derechos, regístrese y archívese.

Villareal

1912

03 [CARTA MANUSCRITA DE CV A VÍCTOR VALLEJO. DOS PÁGINAS. EN EL MARGEN SUPERIOR DERECHO, DE VÍCTOR VALLEJO:] C/ EN 15 AGTO.

Trujillo, 18 de Julio de 1912

Sr. Víctor C. Vallejo

Santiago de Chuco

Mi querido hermanito:

El sábado llegué a esta ciudad sin novedad,[25] donde me hallo en unión de mis hermanos Nestítor y Miguelito,[26] con buena salud. Y anhelamos que Ud. se encuentre bien en compañía de nuestros papacitos y hermanitos todos.

---

24 Este documento es de los pocos que se conocen en que César Vallejo firma con su segundo nombre, Abraham.

25 Vallejo se embarcó en el puerto del Callao (Lima), en el vapor *Urubamba,* el miércoles, 10 de julio de 1912 y llegó al puerto de Salaverry (Trujillo) el sábado, 13 de julio («Pasajeros», *El Comercio,* Lima, 10 de julio de 1912, p. 4).

26 Sobre Néstor Vallejo, véase «Perfiles biográficos». Se sabe muy poco de la vida de Miguel Ambrosio Vallejo Mendoza (1889-1915) undécimo de los hermanos, quien no parece haber estudiado en la universidad. Su muerte a los 26 años inspiró dos poemas de Vallejo: «A mi hermano muerto» (publicado en *Cultura infantil,* n.º 33, Trujillo, agosto de 1917, p. 5) y «A mi hermano Miguel», incluido en *Los heraldos negros* (1919). También se hace referencia a él en los poemas III y XXIII de *Trilce* (1922) y en dos poemas en prosa: «La violencia de las horas» y «Lánguidamente su licor», publicados póstumamente. Además, quizá haya sido inspiración del protagonista, llamado Miguel, del cuento «El niño del carrizo», también publicado póstumamente (*Novelas y cuentos completos,* Lima, Moncloa, 1967, pp. 307-310).

Estamos gestionando por ver si conseguimos matricularme en la Universidad de esta ciudad, para no perder el año del todo. Hoy o mañana veremos el resultado, y en el correo siguiente ya le avisaremos.[27]

Respecto a Nestítor le diré, que ya se encuentra restablecido de salud enteramente, después de la fiebre que tuviera en el mes anterior; por esto no es posible su viaje a esa por ahora, porque talvez más sufriría con las peripecias del viaje tan molestoso de 3 días, que estando acá, donde ya van a comenzar las vacaciones del 1.er semestre en el Colegio y la Universidad,[28] y entonces estará más descansado para restablecerse más. Yo había pensado reemplazarlo en San Juan, ahora mismo, pero discutiendo el punto, no creemos aceptable eso por ahora, sino más bien el siguiente año que Nestítor ya curse el último año de Jurisprudencia para graduarse de Bachiller en esa Facultad.[29] Como repito, hoy no se puede hacer la sustitución, tanto porque razones poderosas no lo permiten, cuanto porque Nestítor está bien ahora.

Deseamos que Uds. todos gocen de la fiesta con tranquilidad, que otro año ya veremos si la pasamos juntos.[30]

Salude Ud. a Manuelito,[31] y en nombre de Nestítor y el mío, reciba un abrazo de cariño que le envía su hermano que le ama

César

---

27 Vallejo se llegaría a matricular en el primer año de Letras en Trujillo recién en marzo de 1913. La matrícula reza: «El infrascrito D. Abraham C. Vallejo y Mendoza, de veintiun [*sic*] años de edad, natural de Santiago de Chuco, domiciliado en la calle de La Libertad N° [vacío]; se inscribe en el primer año de la Facultad de Letras de esta Universidad. | Trujillo, marzo 22 de 1913 | [firma:] Abraham Vallejo» (Archivo de la Universidad de Trujillo, 1913, libro de matrícula, n.° 40).

28 Néstor Vallejo trabajaba en el Colegio Nacional de San Juan en Trujillo al tiempo que cursaba la carrera de Jurisprudencia en la Universidad Menor de la Libertad.

29 Néstor se graduaría como bachiller en Jurisprudencia en septiembre de 1914, con una tesis titulada «La delincuencia de los Menores». Dos años más tarde lo haría como doctor en la misma universidad, con la tesis «La segunda enseñanza en el Perú», defendida en septiembre de 1916.

30 Se trata de la fiesta del Apóstol Santiago, santo patrón de Santiago de Chuco, que se celebra durante la segunda mitad de julio y los primeros días de agosto.

31 Sobre Manuel Vallejo, véase «Perfiles biográficos».

04 [CARTA MANUSCRITA DE CV A VÍCTOR VALLEJO. DOS PÁGINAS. EN EL MARGEN SUPERIOR DERECHO, DE VÍCTOR VALLEJO:] C/ EN 28 OCT.

Trujillo, 16 de Octubre de 1912

Sr Víctor C. Vallejo
Stgo de Chuco
Mi queridísimo hermanito:

Correspondo con gran placer su cartita de 10 de los corrientes, por la que sé que está Ud. bien y que <u>Dios</u> mantiene a nuestros amados papacitos y hermanitos con buena conservación. Nosotros quedamos por acá buenos y sin novedad.

He hablado con don Arturo respecto a asunto del arrendamiento de la Cofradía de «Cunguay»[32] y como está enfermo, me dice que el sábado hablará al respecto con el Director de la Beneficencia Sr. Urquiaga[33] y según lo que resulte haremos las gestiones del caso comunicándole inmediatamente el resultado; pues parece que no habrá inconveniente en conseguir lo que deseamos, según me manifiesta don Arturo.[34]

Respecto al puesto que tenía yo en el Centro Escolar de esta ciudad, tengo que comunicarle que hace 3 días que ya no lo tengo,[35] porque habiendo estado reemplazando a un señor Rodríguez que había pasado a otra colocación, este joven por orden del Ministerio ha sido repuesto en su colocación anterior, razón por la que yo he quedado sin ella. No obstante esto, el Director del Centro que ha aquilatado mi labor se empeña en reponerme en mi puesto,[36] porque es muy posible que el joven Rodríguez vuelva tam-

41

---

32   Chacra en el Departamento de La Libertad, ubicada al sur de Santiago de Chuco.

33   Alberto Urquiaga era el director de la Beneficencia de Trujillo en 1912.

34   Ignoramos el apellido de «don Arturo», a quien se menciona también en la carta siguiente. Aunque no se conocen los detalles exactos sobre este asunto legal, al que se hace referencia también en las tres cartas siguientes, las misivas dan a entender que la familia Vallejo quería solicitar a la Beneficencia de Trujillo (que administraba las cofradías de Santiago de Chuco) el arrendamiento de una propiedad en Cunguay y que este arrendamiento tenía como posible obstáculo a un miembro de la familia Uceda. La solicitud parece estar catalizada por la muerte de los arrendatarios. Cunguay aparece mencionado en la novela *El tungsteno*, junto a otros caseríos: «De Chocoda se puede pasar a Conra y después a Cunguay, de un solo tiro» (*El tungsteno*, Madrid, Cenit, 1931, p. 89).

35   A juzgar por esta carta y la del 10 de noviembre de 1912, César Vallejo empezó a trabajar como profesor en el Centro Escolar de Varones 241 de Trujillo en el segundo semestre de 1912, con una breve interrupción en su puesto entre fines de octubre y comienzos de noviembre.

36   No cocemos el nombre de Rodríguez, a quien Vallejo estuvo reemplazando. El director del Centro Escolar 241 era Julio E. Mannucci (1891-1980), quien a partir de 1913 comenzaría a editar la revista *Cultura infantil* en donde se publicaron los primeros poemas de Vallejo en Trujillo. Ahí publicaría

bién a su colocación (que no es la del Centro) debido al concurso de méritos que para ello pende actualmente de la Dirección del ramo, y que en breve se resolverá. Caso de que no sea así, hemos pensado con Nestítor que me reciba en el día de Escribano de Estado.[37]

Deseamos conocer más de cerca lo que Ud. piensa respecto a los candidatos a la Diputación por esa prov.[?] para que nosotros podamos hacernos a este o aquel partido. Últimamente sé que además figuran como candidatos por la suplencia un Sr. Ismael Ganoza (hijo de don Agustín) y un Señor Chávez de Lima (demócrata), hermano del aviador. Esto sé por Aurelio Calderón.[38]

Sentimos mucho que la familia siempre siga desorganizada, sin duda porque no hay en ella una persona que la sirva de respeto debido a las malas tendencias de las hermanas; y esto hace que Nestítor se vea obligado a no preocuparse en favorecerla en algo. Qué desgracia![39] Esto al lado de la continua lucha que sostenemos por mejorar nuestra condición, lucha en la que no tenemos más apoyo que el <u>Altísimo,</u> nos hace lamentarnos con verdadera pena. Ojalá que el <u>Todopoderoso</u> mire con ojos piadosos semejante vida de intranquilidad e infortunio nuestra.

Salude Ud. a mis hermanos Manuel y Augusto,[40] y Ud. reciba el cariño de su hermano

César

---

diez poemas en total, entre 1913 y 1917. Sobre esta publicación puede verse Carlos Fernández y Valentino Gianuzzi, *César Vallejo y la revista Cultura Infantil,* Madrid, Del Centro, 2022.

37   No nos consta que Vallejo se recibiese de Escribano de Estado y, según la carta del 10 de noviembre de 1912, parece que estos planes no se llevaron a cabo debido a la reposición de Vallejo en su puesto como profesor.

38   Vallejo se refiere a las elecciones de Senadores y Diputados de 1912 (véase Gabriella Ciaramonti, «Elecciones en Trujillo (La Libertad) antes y después de las reformas de los años 1895 y 1896», *Elecciones,* n.° 7, Lima, 2007, p. 229). Los candidatos a diputados suplentes por Santiago de Chuco mencionados aquí son Ismael Ganoza Chopitea (1888-1963), hijo del ex Ministro de Justicia Agustín Ganoza y Cavero; y Juan Chávez Dartnell (1886-1963), hermano del aviador Jorge Chávez (1887-1910). El doctor Aurelio Calderón Rubio (1878-?) promovió en 1916 el decreto para crear la Provincia de Quiruvilca. Calderón fue cercano a la familia Vallejo. Era hermano de Ulises Calderón Rubio, casado con María Encarnación Vallejo Mendoza (1878-1919), sexta de los hermanos. El 3 de junio de 1920 dio un discurso, junto al poeta, en un mitin popular organizado por el Concejo Municipal de Santiago de Chuco, y en agosto de ese año fue acusado, también junto a Vallejo, como uno de los implicados en los sucesos de Santiago de Chuco.

39   Miguel Pachas Almeyda especula que este pasaje hace referencia a una falta de consenso en una toma de posición política: «su familia estuvo desorganizada como para actuar en forma unitaria en el proceso electoral y político de ese momento. María Aguedita y Victoria Natividad no solo se mantuvieron al margen de la ansiada unidad sino que, al parecer, confrontaron políticamente a sus hermanos». De ahí que Néstor haya decidido «no hacer nada por apoyar económicamente a sus hermanas» (*¡Yo que tan solo he nacido!: Una biografía de César Vallejo,* Lima, Juan Gutemberg, 2018, p. 69).

40   Augusto José Vallejo Mendoza (1876-1955) fue el quinto de los hermanos Vallejo Mendoza. No se conoce correspondencia de César con él.

Trujillo, 23 de Octubre de 1912

Sr. Víctor C. Vallejo

Stgo. de Chuco

Mi querido hermano:

Sin ninguna suya a qué referirme, le saludo, deseando que esta encuentre gozando de buena salud a mi mamacita, papacito y hermanos. Yo y Néstor quedamos bien.

Hoy he hablado con don Arturo, quien me manifiesta que ha hablado respecto del asunto con el Sr. Llontop[41] y mañana presentará un recurso a la Beneficencia pidiendo que habiendo fallecido los dos hermanos arrendatarios del fundo, le adjudiquen a él esta cofradía y que en el día se le otorgue la escritura; presentando el recurso, la Beneficencia pide informe a Uceda sobre si es o no cierto que han fallecido los arrendatarios, para lo que don Arturo le va a dirijir una carta recomendando el asunto para que emita el informe favorablemente. Una vez en este estado, la Beneficencia manda extender la escritura de arrendamiento sin más trámite. Con lo que haya, le avisaré próximamente.

Esperamos recibir con el correo de mañana respuesta suya respecto al asunto de mi inscripción en el Registro de Electores,[42] pues deseamos que a la mayor brevedad se corone nuestro propósito.

Deseando que toda la familia se conserve buena, se despide su hermano que le ama.

César

Diga Ud. a mi mamacita que por pmo.[?] correo le escribiré, y que correspondo efusivamente su recuerdo amoroso.

V.

43

---

41   Podría tratarse del hombre de leyes Augusto R. Llontop (1876-1965), quien había sido Inspector de Instrucción Primaria de la Provincia de Trujillo hasta 1908.

42   Sobre el registro de Vallejo para las elecciones, véase la nota a la carta del 10 de noviembre de 1912.

. . . .

Trujillo, 6 de Novbe 1912

Sr. Víctor C. Vallejo
     Stgo. de Chuco
Mi querido hermanito:
Recibí su atta de 28 de octbre pp{do} que tengo el placer de dar respuesta.

En los dos correos pasados no le hemos escrito porque tanto yo como Nestítor hemos estado enfermos en cama. Nestítor desde hace 15 días enfermo en cama fuera de San Juan, y solamente hoy se halla mejorado, aunque todavía está en cama; este ha sido el motivo por el que no le ha escrito, pues desde el 16 ha estado enfermo.

Con don Arturo he hablado respecto al asunto de «Cunguay» quien me manifiesta que en este correo va para informe donde Uceda la solicitud, porque tiene seguridad que estand{o} él de por medio, aquel no se meterá; y caso que así fuese, con el informe no se puede nada, porque si el informante pretende el fundo, tendrá que solicitarlo también como particular de la Beneficencia y porque en este caso, el informe siempre se concreta a decir «ha muerto o no ha muerto». Caso de que Uceda se meta, dice don Arturo que saldremos siempre triunfantes porque lo ganaremos acá en la Beneficencia. Por otro lado, este es el mejor trámite que se puede dar a la solicitud; otro cualquiera sería más mor{o}so[?] y difícil. Me dice también don Arturo que el Procurador de la Beneficencia Sr [*ilegible*][43] le ha manifestado que el trámite corrido en la solicitud es el único que se le puede dar, y que sin él no se puede solucionar la solicitud.

Sin tiempo para más, se despide su hermano que le ama y espera sus letras

César

---

43   No podemos descifrar el apellido del procurador, que podría ser «Ríos», «Arias», «Frías» o algo similar. Cabel lee, incorrectamente, «Beneficencia Pública» («"Lejos por siempre jamás": dos cartas inéditas de César Vallejo», *Boletín de la Real Academia Peruana de la Lengua*, vol. 48, n.º 48, julio-diciembre de 2009, p. 173).

....

Trujillo, 10 de Novbr. 1912

Sr. Víctor C. Vallejo

Stgo. de Chuco.

Mi querido hermanito:

Sin ninguna suya a qué referirme, le dirijo la pte. deseando que <u>Dios</u> mantenga a Ud., mi papacito, mamacita y hermanitos todos con buena salud. Hace varios correos que no recibimos carta alguna de Uds., sin saber a qué obedece; pero suponemos que Ud. no nos escribe por sus muchas ocupaciones y que mi papacito tampoco por sus ocupaciones también o por su malestar. El <u>Altísimo</u> quiera que no haya ocurrido novedad alguna con Uds. Nestítor continúa mejor.

Como el Jueves 7 fui repuesto al puesto que tenía en el Centro Escolar, ya no hay urgencia por recibirme de Escribano de Estado, reservándome para el sigte. año en que lo haré con paciencia, pues para entonces se subsanará la cuestión esa de la carta de ciudadanía que le había solicitado, porque me inscribiré como elector para las elecciones de mayo próximo.[44]

Nestítor procura prepararse para salir bien en sus exámenes, y a fines del pte. mes y en el entrante, su labor tiene que ser pesada por haber perdido mucho tiempo del año en sus enfermedades. Dios permita que salga bien.

Hay aquí una mujer que quiere vender una casita ubicada en esa, barrio de Cajabamba, y Nestítor ha conseguido de ella la carta que le incluyo para don Aurelio Anticona, a fin de que con esa orden, entregue a Ud. los papeles de dicha casa.[45] Una vez que si le fuese posible y no molestoso recibir esos papeles que aseguran la propiedad de la casita, toma Ud. nota de ella, fijándose en qué estado está, cuántas piezas tiene, en qué calle se halla, y sobre todo cuánto podrá costar en la actualidad y si vale la pena hacerse de ella; todo lo que nos avisará cuando pueda para según

45

---

44 Debe referirse a las elecciones del tercio legislativo de 1913. En marzo de 1913 Vallejo cumpliría 21 años y entonces podría registrarse para las elecciones. Es muy probable que para hacerlo necesitase la «carta de ciudadanía», seguramente ligada a su partida de bautismo, que le había solicitado a su hermano en Santiago de Chuco.

45 No existen hasta la fecha más informaciones que las que facilita esta carta acerca de este asunto. No hemos podido identificar a Aurelio Anticona. Un personaje con ese apellido aparece en *El tungsteno* (1931) como el ordenanza del subprefecto Luna.

eso ver lo que se pueda hacer. Todo esto lo hará Ud. si tiene tiempo y si no le distrae de sus ocupaciones que importan desde luego, más.

Respecto al asunto Cunguay, siempre se ha tramitado lo solicitado, como le comuniqué en mi anterior. Ya veremos el informe de Uceda y si se opone o asevera que ya está arrendado, en cuyo caso don Arturo tiene ya preparada el arma con que lo vencerá.[46]

Esperando ver sus letras, se despide su hermano que le ama

César

1914

08 [TELEGRAMA COLECTIVO A RICARDO PALMA SUSCRITO POR CV.][47]

[Trujillo, junio de 1914]

Ricardo Palma.[48]

Lima.

Universitarios suscritos felicitámosle efusivamente por reingreso Biblioteca Nacional.[49]

46   La familia Vallejo debió haber conseguido finalmente la propiedad de Cunguay. Según Oswaldo Vásquez Vallejo: «El señor [Francisco de Paula] Vallejo disponía de propiedades, tales como su fundo de "Irichugo" mencionado en una poesía de Vallejo; también los terrenos "Conrra" y "Cunguay", como pequeñas chacras cerca a la población» (*César Abraham Vallejo: ascendencia y nacimiento*, 1992?, p. 26).

47   Se publicó en «Los universitarios y el maestro Palma», *La Industria*, Trujillo, 9 de junio de 1914, p. [2]. Estaba precedido de la siguiente nota: «Al saberse aquí la reposición del ilustre tradicionista don Ricardo Palma en su puesto de Director de la Biblioteca Nacional, los estudiantes universitarios de esta ciudad le dirigieron el siguiente telegrama de felicitación:». Luego del telegrama de los universitarios, la nota continuaba con la respuesta de Ricardo Palma: «l el maestro ha agradecido la muy merecida atención que se ha tenido con él, en el despacho siguiente: / Miraflores, junio 3 de 1914 / Antenor Orrego.— Trujillo / Gracias mil por felicitación universitarios. / Ricardo Palma. / Con la mayor complacencia hemos trascrito los despachos anteriores por relacionarse con la figura más prominente de nuestras Letras».

48   El célebre escritor Ricardo Palma (1833-1919), entonces la figura literaria más prestigiosa en el Perú, era famoso sobre todo por sus *Tradiciones*. En la entrevista que le hizo en 1925 Armando Maribona para el *Diario de la Marina* de La Habana, Vallejo comparó desfavorablemente a Palma con Manuel González Prada: «Otra cosa fue Ricardo Palma, otra cosa más ligera, más sutil aunque menos grande» (Armando Maribona, «Postales parisienses», *Diario de la Marina*, La Habana, 9 de agosto de 1925, p. 2; se reprodujo en Carlos Fernández y Valentino Gianuzzi, «Una entrevista a César Vallejo olvidada», *La República*, Lima, 16 de noviembre de 2008, p. 7).

49   Ricardo Palma dirigió la Biblioteca Nacional del Perú entre 1883 y 1912, año en que fue obligado a renunciar. Asumió ese cargo, controversialmente, Manuel González Prada, quien, a su vez, renunció el 18 de mayo de 1914. Palma asumió nuevamente, como director honorario, la dirección de la

46

Antenor Orrego, A[paricio]. Castañeda, Óscar Malca, Julio Rodríguez, Pedro Guerrero, Antonio Castillo, Elías Iturri, Ruperto Asmat, Luis Aranguri, Amadeo Rivera, César Vallejo, Mario Saldaña, Luis Arbulú, Emiliano Castañeda, Alejandro Rodríguez, Mario Spelucín, Artidoro Rodríguez, Amador Mondoñedo, Lizandro Rodríguez, [José] M. Rodríguez.[50]

1915

09 [CARTA MANUSCRITA DE CV A MANUEL VALLEJO. DOS PÁGINAS.]

Trujillo, 2 Mayo 1915

Sr. Manuel N. Vallejo

S[antiago de]. Chuco.

Mi querido hermanito:

Correspondo a la cartita tuya que vino dirigida a Nestítor; haciendo votos porque tu salud no sufra quebranto alguno, así como la de nuestros amados padres y hermanitos todos. Nosotros sin novedad.

Son las 2 de la mañana, hora en que fue interrumpida mi labor en escribir mi tesis de Bachiller, para escribirte estas líneas.[51] Estoy triste, y mi corazón se presta en esta hora a recordar con hondo pesar de ti, de la familia, de dulces horas de tierna hermandad y de alegres rondas en medio de la noche lluviosa. Estoy triste, muy triste! Hoy mi vida de estudio y meditación diaria, es qué distinta de la vida disipada

47

---

biblioteca, lo que fue considerado un desagravio. Sobre la rivalidad entre Palma y Prada, pueden verse: Bruno Podestá, «Ricardo Palma y Manuel González Prada: historia de una enemistad», *Revista Iberoamericana*, n.º 78, enero-marzo de 1972, p. 127-132; y Mónica Albizúrez Gil, «Reconsideraciones sobre el asalto de Manuel González Prada a la Biblioteca Nacional de Lima», *Revista de Crítica Literaria Latinoamericana*, n.º 68, 2008, pp. 97-119.

50   Entre los universitarios firmantes, aparte de Vallejo, podemos identificar a los siguientes: Antenor Orrego (sobre él, véase «Perfiles biográficos»); Aparicio Castañeda, amigo de Vallejo que posteriormente se desempeñaría como fiscal en las investigaciones sobre los sucesos de Santiago de Chuco que resultaron en el encarcelamiento del poeta; Elías Iturri quien, años después, en 1920, como juez ad hoc, tomaría la declaración de Vallejo tras los sucesos de Santiago de Chuco y ordenaría su arresto (véase Espejo Asturrizaga, *César Vallejo: itinerario del hombre*, 1965, p. 96; sobre él véase también la nota a la declaración ante el Tribunal de Trujillo del 15 de diciembre de 1920); y Mario Spelucín, hermano del poeta Alcides Spelucín (sobre este último, véase «Perfiles biográficos»).

51   Vallejo había terminado sus estudios de Bachiller en Letras en diciembre de 1914 y conseguiría el título en septiembre de 1915, tras la sustentación de su tesis. Como consta en las solicitudes siguientes, Vallejo inició los trámites para la defensa a mediados de mayo y defendió su tesis «El Romanticismo en la poesía castellana» el 22 de septiembre. Obtuvo la calificación final de sobresaliente.

de la sierra. Aquí mis horas son contadas; y me falta tiempo para vivir laborando por nuestro porvenir. Antes, ahí me levantaba a las once; hoy antes de las seis, cuando aún raya el día estoy en pie, en mi habitación solitaria, solito con mis libros y mis papeles. Y bajo la frente pensando que sí es cierto que ya no estoy en mi Santiago, en el seno de los míos, que ya todo eso pasó, pero volveré alguna tarde de Enero caminito a mi tierra, mi querida tierra. Por eso, con esta esperanza trabajo con entusiasmo todo el día, y cansado, cansado, cuando la tarde cae otra vez me vuelve el recuerdo dorado de ti, de la familia, de tantas otras cosas dulces. Y me pongo triste, muy triste, hermano mío! Esta es mi vida.

Dame razón detallada de aquella vecinita pequeñita, de aquella criatura de color moreno y de talle delgadito de quien te conté que me obsequió un pañuelo. Cuídala qué hace, cuál es su conducta y si talvez da oídos a alguien. Y te ruego que siempre me hables de ella cuando me escribas, pues la recuerdo mucho y la sueño todas las noches; y por eso talvez estoy triste, tan triste.[52]

Sabrás que estoy en San Juan, con un buen sueldo.[53] Ya estoy arreglando todo aquello que dejé pendiente con algunos amigos de esa. Tú no te mortifiques por este lado.[54]

Con los otros, tú desempéñate como siempre: lata y más lata.

Siempre que tú me contestes, yo quiero escribirte largo en todos los correos; y esperando por momentos ver tus letras, se despide tu hermano que te quiere y te extraña.

César

[En vertical, en el margen izquierdo de la primera página:] Indícale a mi hermano Víctor que hoy le escribe Nestítor y que yo le escribiré el miércoles. Vale.

[En vertical, en el margen izquierdo de la segunda página:] Dile a mi mamacita, papacito y mi Aguedita[55] que el miércoles les escribo. A mi mamacita le enviaremos su remesa el mismo día sin falta. Vale.

---

52 A pesar de que se ha especulado mucho sobre la identidad de la vecina a la que se refiere Vallejo, a nuestro juicio no es posible identificarla con certeza.

53 Vallejo empezó a trabajar como preceptor auxiliar del primer año de la sección primaria en el Colegio Nacional San Juan de Trujillo el 23 de marzo de 1915 (Juan de Dios Lora y Cordero, *Colegio Nacional de «San Juan». Memoria correspondiente al año escolar de 1916*, Trujillo, Imprenta Comercial, 1916, anexo 1).

54 Juan Larrea ha especulado que se refiere a deudas económicas contraídas con amigos de Santiago de Chuco («Valor de la verdad», *Aula Vallejo*, n.º 11-12-13, Córdoba, Argentina, 1974, p. 209).

55 María Águeda Vallejo Mendoza (1886-1963) fue la novena de los hermanos Vallejo Mendoza. Se le menciona, como «Aguedita», en el poema III de *Trilce*.

Señor Rector de la Universidad de la Libertad.[56]

César A. Vallejo, alumno del centro de su digna dirección, ante Ud. con respeto expongo: Que habiendo concluido los estudios correspondientes a la Facultad de Letras, y necesitando tener constancia de ello, para los usos que me conviniere, vengo en solicitar de Ud. ordene que por Secretaría se me expida constancia de dichas pruebas, así como del acuerdo del Consejo Universitario por el que se me concedió la Contenta de Bachiller en dicha Facultad. Es justicia.[57]

Trujillo, a 15 de mayo de 1915.

A. César Vallejo

Señor Rector de la Universidad de la Libertad.

César A. Vallejo, alumno del centro de su digna dirección, ante Ud. con respeto expongo:

Que habiendo cursado los dos años de la Facultad de Filosofía y Letras, como lo acredita el certificado de exámenes que acompaño, ruego a Ud. se sirva declararme expedito para optar el grado de bachiller en dicha facultad.

Es justicia.[58]

Trujillo, 19 de mayo de 1915.

A. César Vallejo

---

56   José María Checa y Calle (1835-1927) fue abogado, político y docente peruano. En el siglo xix había sido diputado por la provincia de Ayabaca, director del Colegio Nacional de San Juan de Trujillo y, entre 1911 y 1912, fue Presidente de la Corte Superior de Justicia de La Libertad. Fue rector de la Universidad Menor de La Libertad entre 1909 y 1918.

57   En la transcripción del texto se indica también que se expiden, con fecha 17 de mayo, las constancias solicitadas, que incluyen las notas de los exámenes de 1913 y 1914, así como la constancia de la Contenta de Bachiller, premio por obtener el primer puesto en la mayoría de cursos, y que le exoneraba al pago de los derechos de graduación.

58   En la fuente también se indica que la solicitud fue aprobada el 4 de junio de 1915, y que el día 7 del mismo mes Vallejo fue notificado de esta aprobación.

Señor Rector de la Universidad de la Libertad:

César A. Vallejo, alumno de la Universidad de su dirección, ante Ud. con el debido respeto expongo:

Que habiendo sido declarado expedito para optar el Grado de Bachiller en la Facultad de Filosofía y Letras, según aparece del expediente de su referencia, ocurro a US. a fin de que se sirva señalar día y hora en que debe efectuarse la actuación de dicho grado, con cuyo objeto acompaño los tres ejemplares de la tesis correspondiente;[59] manifestando a US. que de los certificados que corren en el expediente citado consta también que, por acuerdo del Consejo Universitario de su digna presidencia, se me adjudicó la Contenta para este grado, en virtud de la cual estoy exonerado del pago de los derechos respectivos. Es justicia &. Trujillo, Setiembre 16 de 1916 [*sic por* 1915].[60]

A. César Vallejo.

50

[59] Un facsímil del ejemplar mecanografiado de la tesis que se conserva en la Universidad de Trujillo se puede consultar en Gladys Flores Heredia, *La tesis de César Vallejo: El Romanticismo en la poesía castellana (1915). Propuesta de edición crítica*, tesis para optar el Grado Académico de Doctor con mención en Literatura Peruana y Latinoamericana, Universidad Nacional Mayor de San Marcos, 2018, pp. 301-353.

[60] En la transcripción del texto también consta que con fecha 20 de septiembre se designaron los replicantes (Eleazar Boloña y Julio F. Quevedo), los otros miembros del jurado de la tesis (Cecilio Cox y Saniel Chávarry) y la fecha de la defensa: el día 22 de septiembre. El día 20 se notificó la información a Vallejo. La documentación también incluye el informe de la defensa, que transcribimos: «En el General de estudios de la Universidad de La Libertad, siendo las cinco y cuarto de la tarde del día miércoles veintidós de setiembre de mil novecientos quince, se reunió el jurado designado por el decreto precedente, bajo la presidencia del señor Rector Don José María Checa y con asistencia de los señores Catedráticos nombrados para constituirlo, Doctores: Don Eleazar Boloña, Don Julio F. Quevedo, Don Saniel Chávarry y don Guillermo E. Ramírez, en reemplazo de Don Cecilio Cox, que era el nombrado i que no concurrió a última hora, i con la concurrencia de los alumnos universitarios. / Abierta por el señor Rector la actuación académica, a invitación suya ocupó la tribuna el graduando Don César Abraham Vallejo i dió lectura a su tesis titulada: "El romanticismo en la Literatura Castellana"; terminado que hubo le objetaron sucesivamente los catedráticos replicantes Doctores Quevedo i Boloña a quienes contestó de modo satisfactorio. / Recibidas así las pruebas reglamentarias para el Bachillerato, se procedió a calificarlos por el jurado, actuando como escrutadores los señores Catedráticos Boloña i Chávarry i obteniéndose el siguiente resultado; 19-20-17-18-20- notas que, sumadas, arrojan un total de 94, del que, dividido entre el número de cédulas correspondientes a los cinco miembros del jurado, resulta un promedio de dieciocho puntos cuatro quintos, por lo que fue aprobado el graduando con el calificativo de sobresaliente. / Proclamado por el señor Rector el resultado de la calificación, confirió al graduando Don César A. Vallejo, con las formalidades de estilo, el grado de Bachiller en la Facultad de Filosofía y Letras. / Terminada así la actuación académica se extendió para constancia la presente acta que firmaron los señores miembros del

Trujillo, 16 Julio 1916

Mi querido hermanito Manuelito:

Stgo. [de Chuco]

Hemos estado un poco resentidos contigo, por tu silencio, silencio que nos duele aún más, porque no te has dignado ponernos una letra participándonos tu enlace. Porque si bien es cierto que nosotros no significamos nada, sin embargo debes saber que te queremos mucho, mucho, y que por lo mismo nos has herido en el alma, olvidándonos y no teniéndonos ~~pre~~ en cuenta en un asunto tan delicado!

Pero ya lo sabemos por Víctor, y disimulamos todo lo demás.

Ahora bien, hoy por hoy no tenemos más tiempo, sino para enviarte un amoroso abrazo y un ósculo de felicitación por tu acertado matrimonio con la Srta. Juana, a quien como tú sabes, la hemos guardado siempre sincero afecto y consideración.[61] Hoy es nuestra hermana querida, y en ella vemos que será una noble compañera tuya en el azaroso camino de la vida. Elevamos nuestros votos al Cielo porque seas feliz a su lado, para que de este modo nuestros amados papacitos pasen sus últimos años también felices; y que tus pobres hermanos todos, tengan la dicha de verte venturoso. Ámala mucho, y como es tierna, puedes educarla armonizándola conforme a tus ideales. Sírvete decirle que en el pmo. correo le escribiremos, pues en este momento, 11 de la noche, me siento enfermo del corazón y no tengo fuerzas para más.

Como esta carta llegará el Jueves 20, te rogamos gires a nuestro cargo una letra a seis días, por £40.xx, cuarenta soles, para que los entregues antes del 23 a nuestra mamacita para que le sirva en algo en la fiesta.[62] Como tú comprendes, en la casa han de necesitar para comprarse su ropita con anticipación; así es que procura por todos los medios entregar a nuestra mamacita ese monto[?] el viernes o sábado a lo más. Y ansiamos por momentos tu respuesta sobre este punto que nos interesa tanto. Por Dios no te descuides.

51

---

jurado; de todo lo que certifico. (Firmado) José María Checa. Gmo. E. Ramírez. Julio F. Quevedo. E. Boloña. Saniel Chávarry, Alejandro Morales».

61 Se trata de Juana Armandina Ciudad Escobedo. Manuel y Juana fueron padres de Francisco Manuel Vallejo, que sería el ahijado del poeta.

62 Se refiere a la fiesta del Apóstol Santiago, santo patrón de Santiago de Chuco.

No tengo tiempo para más.

Te envío un fuerte abrazo y ruego a Dios porque pases una bonita fiesta en compañía de nuestros amados papacitos, mi Víctor, mi Aguedita y demás hermanitos y tu señora.

Tu hermano que te ama

César

Dile a mi hermano Víctor que en el otro correo le escribí, enviándole mi tesis y que tenga esta por suya.[63]

Vale.

1917

14 [CARTA DE JOSÉ MARÍA EGUREN A CV.][64]

Barranco, 15 de julio de 1917.

Señor César Vallejo

Sus versos me han parecido admirables, por la riqueza musical e imaginativa y por la profundidad dolorosa. Conocía algunas composiciones de su pluma, habiendo preguntado por usted, en más de una ocasión; con el sentimiento de no

63   La primera publicación en volumen de Vallejo fue el folleto de su tesis de bachiller: *El Romanticismo en la poesía castellana*, Trujillo, Tipografía Olaya, 1915. La tesis está dedicada al catedrático Eleazar Boloña y «A mi hermano Víctor, a cuya insinuación y aliento debe el folleto su publicidad, en prueba de cariño y gratitud».

64   Se publicó en «Los versos de César Vallejo y el poeta José María Eguren», *La Reforma*, Trujillo, 21 de julio de 1917, p. [3]. La carta estaba precedida de la siguiente presentación, anónima pero atribuible a Antenor Orrego, quien actuaba de redactor en ese diario trujillano desde mediados de 1915: «Con íntimo alborozo espiritual, como un triunfo que es nuestro, publicamos la carta que el gran poeta, José María Eguren, dirige a César Vallejo, con motivo de haberle enviado éste algunos versos suyos. Las altas y generosas palabras de Eguren tiene especial significación, tratándose como se trata de un poeta que ha realizado una admirable y excelsa labor literaria en el Perú. / Parte de este triunfo nos pertenece, porque fue en "La Reforma" donde César Vallejo, hizo las primeras revelaciones dolorosas de su talento. Aún recordamos el efusivo calor con que estrechamos la mano del joven poeta, al entregarnos el primer original de sus versos, que denunciaban ya desde entonces una poderosa y fuerte individualidad literaria. / La carta dice así:». Cabe notar que los tres primeros poemas aparecidos en *La Reforma* fueron «Primaveral» (25 de septiembre de 1915), «Campanas muertas» (13 de noviembre de 1915) y «Aldeana» (1 de enero de 1916); este último poema apareció acompañado de una nota encomiástica, también atribuible a Antenor Orrego. El poeta peruano José María Eguren (1874-1942) fue uno de los referentes poéticos de Vallejo durante estos años, como se desprende de la dedicatoria de su ejemplar de *Los heraldos negros* (véase el apartado «Dedicatorias» al final de esta edición). Antes de 1917 había publicado *Simbólicas* (1911) y *La canción de las figuras* (1916). Vallejo lo entrevistó en 1918, pocas semanas después de su llegada a Lima («Con José María Eguren», *La Semana*, n.º 2, Trujillo, 30 de marzo de 1918, pp. 2-3).

haber practicado la prosa, pues sus poesías se prestan para un estudio maestro.[65] En este vapor escribo a los redactores de la revista «Renacimiento» de Guayaquil, y con palabras elogiosas, por cierto bien merecidas, les prometo sus poesías; pero, no deseando separarme de los originales que me envió, le suplico que mande otros a J. A. Falconí Villagómez director de «Renacimiento» Guayaquil –casilla 639– «Renacimiento» tiene agentes en todo América.[66] Y reciba el sincero aplauso de S. S.

José M. Eguren

---

15 [CARTA MANUSCRITA DE CV A JOSÉ MARÍA EGUREN.]

....

Trujillo, 29 de Julio 1917

Sr. José María Eguren
        Barranco

Hondamente conmovido leí su atenta carta, cuyos términos le agradezco de veras. Ella me ha reanimado mucho, en estos días en que me sentía tan mal; pues aquí hay quienes me atacan con tanta rudeza.....![67] Mil gracias, señor Eguren; su gentileza y su bondad me han hecho mucho bien; mil gracias.

En estos días, atento a la indicación de Ud., enviaré a la revista Renacimiento de Guayaquil algunos de mis versos; y Dios quiera que gusten.

Me permití entregar a la publicidad el contenido de su citada carta, al reclamo solícito que me hicieron de ella, —Ud. perdone.— Hoy le envío por este mismo vapor un número de «La Reforma» en que fue publicada.[68]

53

---

65   Algunos poemas de Vallejo, tomados de *La Reforma*, se habían reproducido en 1916 en el periódico *Balnearios*, con el que Eguren colaboraba y que se editaba en Barranco, donde residía. Días antes de escrita esta carta, cuatro sonetos de Vallejo habían aparecido, también tomados de *La Reforma*, en Lima («Nostalgias imperiales», *El Tiempo*, 6 de julio de 1917, p. 5).

66   En los pocos números de la revista *Renacimiento* de Guayaquil a los que hemos tenido acceso no aparecen poemas de Vallejo. La publicación fue dirigida por José Antonio Falconí Villagómez (1894-1967) y entre los peruanos que participaron en ella se encuentran Eguren, Enrique Bustamante y Ballivián (1883-1937), Alcides Spelucín y Abraham Valdelomar; este último fue el representante literario de la revista en Lima.

67   Vallejo se refiere a la polémica, recogida en las páginas de *La Reforma, La Industria* y *La Opinión Pública*, que suscitaron sus poemas aparecidos en la prensa trujillana. La versión más completa de esta polémica se puede consultar en Carlos Fernández y Valentino Gianuzzi, *César Vallejo: textos rescatados*, Lima, Universidad Ricardo Palma, 2009, pp. 69-104.

68   Como ha quedado anotado, la carta se publicó en la página literaria de *La Reforma* (21 de julio de 1917, p. [3]). En esa misma página se publicaron también «El pan nuestro», de Vallejo, así como poemas de Alcides Spelucín, Felipe Alva y Juan Espejo Asturrizaga.

Hago votos fervientes por su salud, y me reitero de Ud. su afectísimo

César Vallejo

Adhesión y un voto de aplauso.

La juventud universitaria de Trujillo, aquilatando el valor moral que en el fondo encierra el artículo que con el título «El Ocaso del patriotismo» ha publicado el Catedrático doctor don Ricardo Rivadeneira en el diario «La Industria» de hoy, e impulsado por los sentimientos de patriotismo que con gesto altivo y noble ha interpretado el doctor Rivadeneira, DÁMOSLE UN VOTO DE APLAUSO; y solidarizándonos con él, hacemos nuestros los conceptos que ha emitido, que son también el genuino sentir de la juventud.⁷⁰

Trujillo, setiembre 5 de 1917.

A[paricio]. Castañeda, Antenor Orrego E., F[ederico]. Esquerre, N. León D., S[antiago]. Martin L[ynch]., Dileo Herrera, O[scar]. Imaña, Andrés Placencia, Isaac Castillo R., Augusto Barrantes, Ramón López Lavalle, J[osé]. M. Rodríguez S., César A. Vallejo, M. L. Ruiz García, Julio N. Rodríguez, Alejandro C. Álvarez, Pedro Guerrero H., Guillermo Gulman, Ruperto Asmat, Víctor Inchaústegui, H. S. Córdova, Antonio Castillo, Ruperto Pimentel, L[eoncio]. Muñoz R., Emiliano Castañeda, Enrique Araujo C., D. S. Cabrejo, José María Peña, Manuel Vásquez, Jaime Benites,

---

69   Se publicó en «Vida universitaria», *La Industria*, Trujillo, 6 de septiembre de 1917, p. 2. Estaba precedida de la siguiente nota: «Una manifestación. / Con motivo de haber aparecido en el número de ayer de nuestro diario un artículo suscrito por el doctor Ricardo Rivadeneira, criticando la actitud del Comandante del Regimiento N° 3 por haber ordenado que la banda militar de ese cuerpo toque en una recepción dada por el señor Cónsul de Chile, la juventud universitaria se adhirió a la opinión del doctor Rivadeneira, haciéndole pública manifestación de simpatía en su domicilio particular y luego en el "Cine Ideal" donde se encontraba. / En la noche se dio una función cinematográfica en honor del Dr. Rivadeneira». El doctor Ricardo Rivadeneira (1872-1954) fue profesor de la Universidad Menor de la Libertad, de la que llegó a ser rector, como lo había sido su padre. Ambos se dedicaron también al derecho y la política.

70   El artículo de Ricardo Rivadeneira aquí aludido se publicó en *La Industria* el 5 de septiembre de 1917, pp. 2-3 y criticaba duramente el hecho de que una banda militar peruana hubiese tocado en un evento organizado por el Cónsul de Chile en Trujillo, Pedro A. Pacheco. Las tensiones entre Chile y el Perú continuaban luego de la Guerra del Pacífico (1879-1893) que resultó en la ocupación chilena de los territorios peruanos de Tacna y Arica. Este conflicto no se solucionaría hasta 1929.

Leopoldo Ortiz, Antonio Villacorta C., Roberto Tirado, C. E. Quiñones P., José Gálvez C., Alfredo C. Manucci, Enrique Echevarría, M. E. Condemarín del C., Juvenal Chávarri, Arcesio Condemarín, G. Vásquez Battistini. C. A. Espejo Y., Antenor Guerra García, V. Carranza, Guillermo Vílchez, F. M. Ortega, Víctor M. Rocha, A. Landívar, R. G. Rodríguez, Manuel I. Cevallos, G. E. Campos V., Carlos Gómez, Eloy Espinosa, Juan L. Delgado, Juan de Dios Ganoza, J. Villalobos, V. M. Zavaleta, Ernesto A. Torres, J. Risco, Luis J. Acevedo, M. F. Moreno Manrique, Sergio D. Cubas, Mario Saldaña, C. A. Alfaro, Carlos J. Mendoza, E. Benites L., Amador Mondoñedo, Max F. Benites L., Artidoro Rodríguez, J. Chero D., Antonio Navarro P., Luis G. López Lavalle, Julio Eugenio Orbegoso, Agustín Santa María, Elías Iturri, Luis Aranguri, — (Siguen las firmas de todos los estudiantes universitarios).

---

17 [CARTA MANUSCRITA DE CV A VÍCTOR VALLEJO.]

....

Trujillo, 11 de Setiembre de 1917

Sr. Víctor C. Vallejo

Stgo. de Chuco

Mi queridísimo hermanito:

Sin ninguna suya a qué referirme, tengo el agrado de dirigirle la pte. deseando que cuando sea en sus manos, Ud. en unión de nuestros papacitos y hermanitos se hallen gozando de buena conservación. Yo y Nestítor bien.

Por este correo va una carta certificada a mi mamacita en que va una carta, entrega [sic] para que el Calonge[71] entregue a mi mamacita veinte soles que le enviamos, como su mensualidad de agosto, cuya carta me dice Nestítor que se sirva Ud. reclamarla del correo y fiscalizar el rumbo que corre la pequeña suma; pues deseamos aliviar a nuestros padres en algo, hemos resuelto pasarles 20 soles al mes y nos sería muy triste que esto no suceda, empleando dicha cantidad en cosas a las que nosotros no tenemos obligación de ninguna clase. No hemos hecho el envío por el conducto de Ud., porque no ha habido cómo hacer el giro; pues si sirve indica [sic] la

---

71   Es posible que una familia con este apellido haya residido en Santiago de Chuco. Manuel R. Calonge declararía en el juicio contra César Vallejo en septiembre de 1920 (véase Gladys Flores Heredia y Francisco Távara Córdova (dirs.), *Expediente Vallejo*, Lima, Poder Judicial del Perú. Fondo Editorial, 2021, vol. I, p. 176). También es posible que Vallejo esté usando la forma arcaica de «Canónigo».

forma cómo podemos remitirle en lo sucesivo dicha suma, para que Ud. le entregue en sus propias manos a nuestra mamacita, díganos para cuando en esa forma.

Sin más por ahora y en mi deseo de que todo le sea propicio por ahí, se despide su hermano que le ama.

César

1918

---

18 [CARTA MECANOGRAFIADA DE CV A ÓSCAR IMAÑA, CON FIRMA AUTÓGRAFA. DOS PÁGINAS.]

....

Lima, 29 de enero 1918. –

Mi querido Óscar: Hoy todavía te puedo contestar tu cariñosa tarjetita. Ya les he dicho: aquí, yo no sé por qué, se van las horas y días tan prontamente. Perdóname. Bueno?... Ya sabes cuánto te quiero, y cuántos motivos tengo para acordarme de ti a cada instante.

Me parece, o en efecto, hay no sé qué fuerte dolor en todas las cartas que ustedes me escriben. Toda vez que leo alguna de ellas, yo no sé por qué me duele el corazón. Será que los hermanos bohemios ausentes, son más bohemios cada día;[72] o será que yo los amo más a la distancia. Un mes hace que les abrazaba a bordo del Ucayali,[73] para separarnos y siento haberse operado en mi espíritu no sé qué construcción sentimental que nunca presentí. Ahora paso una vida cómo diría! No sé fijarla en expresión alguna; pero lo que sí sé es que estoy tranquilísimo y reidor. La cursilería de otros días, ya no volverá jamás. Me siento pulcro, claro, nítido, fuerte, enhiesto, olímpico ¡vamos! Te gusta así? Te contentas que me sienta así? Bueno. Pues, tal mi reino de adentro! Y tú?..... En esta mañana en que te escribo, me acuerdo de tantas

56

---

72 El grupo literario al que pertenecía Vallejo en Trujillo se conocía como «la Bohemia». En una crónica publicada en *Balnearios* el 22 de octubre de 1916, el poeta peruano Juan Parra del Riego hacía un retrato de los distintos miembros del grupo y señalaba a José Eulogio Garrido y Antenor Orrego como sus líderes. Parra también se refería a Vallejo e Imaña como los poetas más significados (el artículo se puede leer en Juan Parra del Riego, *Obra reunida*, Lima, Biblioteca Abraham Valdelomar / Academia Peruana de la Lengua, pp. 256-265).

73 Vallejo partió del puerto de Salaverry, a bordo del vapor *Ucayali*, el día 27 de diciembre de 1917 a las 11:30 a.m. Hasta ahora se había afirmado que Vallejo llegó a Lima el día 30, siguiendo las informaciones de Juan Espejo Asturrizaga (*César Vallejo: itinerario del hombre*, 1965, p. 66). Lo cierto es que el *Ucayali* era un vapor de ruta directa, y llegó al puerto del Callao, en Lima, el día 28 (véase «Pasajeros», *La Industria*, Trujillo, 28 de diciembre de 1917, p. [2]; y *El Comercio*, edición de la tarde, Lima, 28 de diciembre de 1917, p. 2).

cosas nuestras y lejanas. Los días de diciembre, insalubres, estúpidos, llenos de tedio; los exámenes huachafos e imbéciles, con los ojos insomnes y ungidos de éter y dolor; los Vegas Zanabrias, los Chavarrys....[74] Oh, horror.... Mejor no me acuerdo! Me va a doler la muela y voy a caer en la desgracia de manchar esta carta toda luz de amor fraternal, con sombras tan negras y fatídicas.... Mejor no!

Como te decía, me acuerdo en esta mañana simpática, de todas nuestras últimas emociones de Trujillo. Pero ¡dale! Siempre ha de venir a colación alguna imagen detestable, alguna silueta heroína de Hoyos y Vinent,[75] algún recuerdo de carne ciega y de lujuria cotizable..... Como te decía, todas esas noches largas en que conversábamos los dos interminablemente, todos esos rasgos de noble y completa comprensión espiritual entre los dos amigos, entre los dos hermanos, todos pasan en esta hora en que estoy lejos de tantas malas gentes. Y, en camisa, acalorado, mi melena que está más larga, mi solitario cuarto, lleno de pena, me parece verte acercarte a mí, afectuoso, solícito, asustado, nervioso, como en aquellos días pasados, y creo verte moverme a sosiego y a sonrisa, diciéndome: No, hombre! Va; y tú crees eso!.... Y después, te recuestas en tu cama con tu abrigo viejo, y te pones a leer en silencio algún verso maravilloso de la Lírica Francesa.....[76] Pero, zas!.... Resucito en Lima, aquí, lejos de ti, otro César, otro desasosiego, otra clase de inquietudes, otra vida, otro calor de amistad, menos espontáneo, menos verdadero, menos lírico, menos grande, menos azul! Y me da ganas de llorar......

Qué me cuentas de tu estado de alma? Tus amores, tus crisis nerviosas, tus torturas metafísicas, tus cuidados pequeños, tus sensaciones urbanas y de tantos imbéciles que hay en la vida. Cuéntame Osquítar; no te quedes en silencio, no te calles. Que tus confidencias, tus emociones, tus latidos de corazón siempre fueron los míos.

Tu chiquilla estará siempre bonísima e inteligente y simpática, con su selecta expresión de bondad y distinción espiritual. Aún cuando no soy amigo suyo, tú

---

74 Carlos Vega Zanabria y Saniel Chávarry fueron profesores de la Universidad Menor de la Libertad. El primero fue profesor de Vallejo y de Imaña en 1917, en el curso de Derecho Civil del tercer año de la carrera de Jurisprudencia; sería uno de los vocales del Tribunal Correccional de Trujillo durante el proceso judicial de 1920, por el que Vallejo estuvo en la cárcel. El segundo formó parte del jurado que examinó la tesis de bachiller del poeta.

75 Antonio de Hoyos y Vinent (1884-1940) fue célebre por sus novelas decadentistas. Según Lily Litvak, sus heroínas eran «enfermas, decadentes, religiosas, torturadas, místicas y amantes voraces» (*Imágenes y textos: estudios sobre literatura y pintura 1849-1936*, Ámsterdam, Rodopi, 1998, p. 184).

76 Es conocida la fascinación que la lírica francesa de preguerra ejerció sobre la Bohemia de Trujillo. Se suele citar la antología de Enrique Díez Canedo y Fernando Fortún, *La poesía francesa moderna* (Madrid, Renacimiento, 1913), como una de sus fuentes principales.

sabes con cuánta simpatía alentaba tu cariño hacia ella. Salúdala con mi más rendido homenaje de respeto. Igual saludo para su señorita hermana María.[77]

Y las chicas de pacotilla?[78] Lolita siempre con ganas monjiles? Marina siempre frívolamente pasional y coupletista? Zoila Rosa me escriben que ya tiene otro chico de testa rubia y amiguísimo mío![79] Es cierto? Entonces estará sufriendo nuevamente aquel dulce deseo de llorar de que nos habla Benavente?[80] Isabel sigue claramente enamorada de Clark y de sus <u>fox trots</u>?[81] Virginia, la buena y suave, siempre suave y siempre buena? (Espérate... quién más? quién más? Espérate... Ah...) Cómo sigue la pobre María? Pobrecita, no?[82]

Saluda muy atentamente a la señora Concepción; y a todas las chicas de quienes te hablo, un recuerdo cariñoso.

Y Muñoz? Y Benjamín? Y Espejo? Y Federico?[83] Y.....? Un abrazazo estupendo, inmortal, ruidoso, troglodítico, mamarracho, sin límites, sin vergüenza.... (Vaya, a fuerza de sin y sin y sin, metí un sinvergüenza. Bueno. Pero no importa. Ya ves, disparato muy mal. Qué hacer.)

Por aquí, cosas de Lima. Qué te contaré? Valdelomar, González Prada, Eguren, Mariátegui, Félix del Valle, Belmonte, Camacho, Zapata López, Julio Hernández,

---

77 No sabemos a quién se refiere.

78 Un pasaje del libro de Juan Espejo Asturrizaga sobre las amistades femeninas de los bohemios nos invita a pensar que las jóvenes aludidas a continuación son: Lola Benítez, Marina Osorio, Zoila Rosa Cuadra e Isabel Macchiavello (véase *César Vallejo: itinerario del hombre*, p. 54). No conocemos el apellido de Virginia, ni el de la señora Concepción.

79 Fue Juan Espejo Asturrizaga el primero en referirse a la relación de César Vallejo y Zoila Rosa Cuadra, que parece confirmar esta carta. Mucho antes, Antenor Orrego narró, en el prólogo a *Trilce*, la ruptura entre César Vallejo y Mirtho, el seudónimo por el que se la conocía entre los bohemios, según devela el propio Espejo Asturrizaga. Zoila Rosa Cuadra Ugarte (1901?-1966) se casaría con Máximo Castillo Hernández el 6 de enero de 1921, durante la estancia de Vallejo en la cárcel de Trujillo (Juan Espejo Asturrizaga data el matrimonio, erróneamente, en 1920; véase *César Vallejo: itinerario del hombre*, 1965, p. 54).

80 Vallejo alude aquí al poema-canción «El reino de las almas», incluido en la obra teatral de Jacinto Benavente *Los intereses creados* (1907): «El jardín en sombra no tiene colores, / y es en el misterio de su oscuridad / susurro el follaje, aroma las flores / y amor... un deseo dulce de llorar» (acto I, cuadro segundo, escena X). Vallejo ya había citado el último verso como epígrafe de su poema «Amor», publicado en *La Reforma* el 4 de agosto de 1917, reproducido en *La Semana*, n.º 2, Trujillo, 30 de marzo de 1918, p. 14, y recogido luego, sin epígrafe, en *Los heraldos negros* (1919).

81 Posible referencia a un miembro de la familia trujillana Clarke.

82 Vallejo pregunta aquí por la salud de María Rosa Sandoval, quien fallecería días después, el 10 de febrero de 1918 en Otuzco, aquejada de tuberculosis. Según la partida de defunción, la enfermedad duró cuatro meses (Teodoro Rivero Ayllón, *Itinerario de un poeta alucinado: vida y obra de Francisco Xandóval*, [Trujillo], Trilce Editores, 1997, p. 84).

83 Se refiere a los bohemios Leoncio Muñoz, Eloi B. Espinosa, apodado «Benjamín», Juan Espejo Asturrizaga y Federico Esquerre (sobre ellos, véase las notas a la carta siguiente).

Góngora, ...[84] Todo un puchero literario. Porque has de saber que el fenómeno es también letrero o digo literato.[85] Ya verás, cómo será esto de cursi y falso. Con Clemente Palma aún no soy amigo; menos con Gálvez.[86] Ya conocerán ustedes Sudamérica? Es verdaderamente escandaloso este semanario. Qué burradas y cacaninas. Yo no conozco ni de vista al tal Pérez Cánepa. Sé que es un animal nomás y que su mujer tiene mucho dinero.[87] Y que Raúl Porras le pegó una paliza el otro día en la puerta del Excelsior.[88] Lima, está así. Es de correr con el sombrero en la mano, al escape. More en

---

84   Se trata de una lista de personalidades de Lima: los escritores Abraham Valdelomar (1888-1919), Manuel González Prada (1844-1918) y José María Eguren (1874-1942), el torero sevillano Juan Belmonte (1892-1962), y los periodistas José Carlos Mariátegui (1894-1930), Félix del Valle (1892-1950), Fabio Camacho (director de la revista *Mundo Limeño*), Eduardo Zapata López (1890-?), Julio Alfonso Hernández (1886-?) y Luis Góngora (1892-1930).

85   El torero Juan Belmonte, apodado «el Fenómeno», solía socializar con los círculos literarios y periodísticos. Valdelomar escribió un tratado estético tomando al torero como pretexto: *Belmonte, el trágico: ensayo de una estética futura, a través de un arte nuevo* (Lima, Tip. de la Penitenciaría, 1918). Vallejo elogia el libro en su primera crónica; según él: «será una de las obras más serias y más robustas de Valdelomar. Una explicación originalísima de la ltey del ritmo universal, valiéndose de un pasaje pitagórico, y una disecación luminosa del mito romántico del Genio, sobre la base de la naturaleza orquestónica del ritmo» («Con el Conde de Lemos», *La Reforma,* Trujillo, 18 de enero de 1918, pp. [2-3]).

86   El escritor, periodista y director de la revista *Variedades,* Clemente Palma (1872-1946) era el crítico literario peruano más conocido en esta época. Había publicado un libro de relatos, *Cuentos malévolos* (prólogo de Miguel de Unamuno, Barcelona, Salvat, 1904 y segunda edición aumentada con prólogo de Ventura García Calderón, París, Ollendorf, 1914). Vallejo lo llama «gran imaginativo» en una crónica escrita en Europa («La tumba bajo el Arco del Triunfo», *Mundial,* n.º 310, Lima, 21 de mayo de 1926) y lo señala como un destacado escritor peruano en la entrevista que le hizo en 1925 Armando Maribona (véase Fernández y Gianuzzi, «Una entrevista a César Vallejo olvidada», 2008, p. 7). Por su parte, José Gálvez Barrenechea (1885-1957) gozaba de fama gracias a su labor como poeta, periodista y docente. Había publicado dos libros de poemas, *Bajo la luna* (París, s. e. 1908) y *Jardín cerrado* (París, s. e. 1912), así como su tesis de doctor: *Posibilidad de una genuina literatura nacional (El peruanismo literario)* (Lima, Casa Editora Moral, 1915).

87   El periodista y escritor Carlos Pérez Cánepa (1899-1941) fundó a fines de 1917 la revista ilustrada *Sudamérica,* de la que fue director entre el 22 de diciembre de ese año y el 24 de mayo de 1919. *Sudamérica* se continuó publicando al menos hasta fines de 1920. En el número fechado el 2 de marzo de 1918, Abraham Valdelomar publicó «La génesis de un gran poeta», en el que elogiaba la poesía de Vallejo. El 19 de julio de 1919, la revista publicó un aviso sobre la reciente aparición de *Los heraldos negros* acompañado de una fotografía de Vallejo en medallón. Por su parte, hacia agosto de 1918, Pérez Cánepa preparaba una antología de poesía contemporánea peruana en la que planeaba incluir a Vallejo; la antología nunca se publicó (la lista de poetas por antologar apareció en *La Crónica,* Lima, 31 de agosto de 1918, p. 5). Pérez Cánepa contrajo matrimonio en 1916 con Dorliska Jiménez, y vivía con ella y su familia en la Casona Jiménez (hoy el 701 del Jirón de la Unión), ubicada frente al célebre café-bar, Palais Concert.

88   El historiador peruano Raúl Porras Barrenechea (1897-1960) era en estas fechas un activo representante universitario. Su rivalidad con Carlos Pérez Cánepa parece datar del tiempo en que codirigía la revista *Alma Latina* (1915-1916) a juzgar por lo que afirma Luis Alberto Sánchez (en el prólogo al libro de Porras Barrenechea, *Pizarro,* Lima, Editorial Pizarro, 1978, p. xvi). El Excélsior era un teatro de Lima situado en la calle Baquíjano, hoy cuadra siete del Jirón de la Unión.

La Paz de director del mejor diario paceño: El Fígaro. Fernán Cisneros en New York. Gibson y Rodríguez en Arequipa.[89] He aquí la generación intelectual del presente. Los Belaúndes, Gálvez, Miró Quesadas, Riva Agüeros, Lavalles, Barretos,.... están desde hace tiempo en el canasto, ante la consideración de Lima; es decir, como intelectuales.[90]

Beingolea se fue el otro día por no sé qué rincón a vender broches, blondas y no sé qué adefesios en unión de unos turcos, y no se sabe de él nada.[91]

Carlos Parra está también en La Paz. Juan sigue en Buenos Aires.[92]

Rivero Falconí, Falcón, Luis Rivero, Meza, magras![93]

Y yo.... espantado; y como ave que baja a un suelo desconocido y salta y revuela y se posa de nuevo, y ensaya el punto propicio en que ha de plegar las alas y detener el vuelo, voy pasando los días con uno, con otro, y ¡a ninguno me doy todavía! Con el Conde creo entenderme más. Y con él estoy más a menudo y me siento mejor con él.[94]

89   El periodista peruano Federico More (1889-1955) fue director transitorio de *El Fígaro* de la Paz en reemplazo de Tomas Elío Bustillos (Raúl de la Quintana Condarco y Ramiro Duchén Condarco, *Pasión por la palabra: el periodismo boliviano a través de sus protagonistas*, La Paz, Producciones CIMA, 1992, p. 135). Luis Fernán Cisneros Bustamante (1882-1954) fue un conocido periodista peruano, hijo del poeta romántico Luis Benjamín Cisneros, y poeta él mismo. Por su parte, los poetas César A. Rodríguez (1889-1972) y Percy Gibson (1885-1960) vivían en Arequipa pero habían publicado extensamente en la prensa limeña.

90   Aparte de José Gálvez, se refiere a los escritores Víctor Andrés Belaúnde (1883-1966), Óscar Miró Quesada (1884-1981), José de la Riva Agüero (1885-1944), Juan Bautista de Lavalle (1887-1970) y Federico Barreto (1862-1929).

91   Manuel Beingolea (1881-1953) fue un escritor y periodista peruano recordado hoy fundamentalmente por su narrativa. El propio Vallejo haría referencia a él como uno de los cuentistas más significados del Perú en la citada entrevista que le hizo en 1925 Armando Maribona (véase Fernández y Gianuzzi, «Una entrevista a César Vallejo olvidada», 2008, p. 7).

92   Los hermanos Carlos (1896-1939) y Juan Parra del Riego (1894-1925) se dedicaron a la literatura. Su hermano Domingo formó parte de la Bohemia de Trujillo entre 1916 y mayo de 1917. Juan visitó Trujillo entre el 15 y el 27 de septiembre de 1916 y tres semanas más tarde apareció en *Balnearios* la crónica ya mencionada sobre la Bohemia de Trujillo. A mediados de 1917 viaja a Chile y de ahí pasa a la Argentina (véase Parra del Riego, *Obra reunida*, 2016, pp. 13-18).

93   Ramón Rivero Falconí (1898?-1970) fue un poeta y periodista, colaborador de *Variedades*. El escritor y periodista César Falcón (1892-1970) fue, junto con José Carlos Mariátegui, director de *Nuestra Época* (1918) y *La Razón* (1919). Exiliado en 1919, se trasladó a España donde colaboró con varios diarios españoles y luego pasó a Inglaterra como corresponsal del diario madrileño *El Sol*. De regreso a España en 1929 publicó varias novelas y ensayos y coincidió con Vallejo en Europa. Luis A. Rivero fue un poeta que colaboraba en las revistas limeñas *Variedades*, *Stvdium* y *Sudamérica*. Ladislao F. Meza (1892-1925) fue un escritor y periodista que colaboraba en *El Tiempo* y *El Comercio* y, posteriormente, en la revista *Mundial*. La interjección coloquial *magras* denota desdén, rechazo o negación.

94   El escritor Abraham Valdelomar era conocido por el seudónimo «El Conde de Lemos». La primera crónica de Vallejo desde Lima fue la ya citada entrevista a Valdelomar («Con el Conde de Lemos», *La Reforma*, Trujillo, 18 de enero de 1918, pp. [2-3]). Vallejo también escribió una nota necrológica tras su muerte («Abraham Valdelomar ha muerto», *La Prensa*, edición de la tarde, Lima, 4 de noviembre de 1919, p. 2). Valdelomar, por su parte, elogió la poesía de Vallejo en un artículo («La génesis de

Mujeres? Las hay lindas. Yo felizmente me siento en caja. Y talvez...

Saluda muy atentamente al doctor Puga y a su señora.

Y cariñitos a Poyito y tus demás sobrinitas.[95]

Qué se dice de mi viaje entre esos trujillanos imbéciles?

Adiós, con un fuertísimo abrazo y con mi corazón que no quiere que me olvides nunca

César

---

un gran poeta. Cesar A. Vallejo, el poeta de la ternura», *Sudamérica*, n.º 11, Lima, 2 de marzo de 1918, p. 10) y planeaba escribir un prólogo, que nunca se materializó, a su primer libro de poemas («Hablando con el señor Valdelomar», *La Reforma*, Trujillo, 10 de mayo de 1918, p. 2). Vallejo mantuvo a Valdelomar en muy alta estima, pues incluye su nombre, junto a los de Ricardo Palma y Manuel González Prada, como uno de los escritores peruanos de más valía en dos artículos sobre el Perú ya citados (véase Vallejo, *El Perú*, 2021, pp. 23 y 35).

95   Debe tratarse del doctor cajamarquino Miguel Absalón Puga, casado con Celia Imaña, hermana de Óscar, y de las hijas de la pareja. Se hace referencia a un personaje apellidado Puga en el cuento de Vallejo «Viaje alrededor del porvenir», publicado en alemán en 1932 y en castellano póstumamente.

Lima, feb. 27.918.

Antenor, José Eulogio, Federico, Óscar, Leoncio, Espejo, Benjamín![96]

Alea jacta est!

Salud, grandes y queridísimos amigos y hermanos de mi alma!

He aquí un día feliz! La Tierra es un enorme corazón de mujer joven! «Hay ganas de volver, de amar, de no ausentarse......» Y he aquí que este verso mío, escrito todavía en Trujillo, se acomoda al momento: de algo ha de servir su caprichosa vaguedad sugerente.[97] No es cierto? Oh, santa elasticidad ideal del simbolismo! Oh... la Francia lírica moderna!

Pensaba partir de aquí, y aborrecí a esta vida, y sentí como un deseo de desarraigarme, de no estar, de no rozarme con nada, de escurrirme, de espiritualizarme totalmente acaso.... Y ya ven, ustedes: hoy he amanecido al otro lado de las cosas.

---

96   Sobre Antenor Orrego, José Eulogio Garrido y Óscar Imaña, véase «Perfiles biográficos»; sobre Juan Espejo Asturrizaga, la nota a la carta del 12 de junio de 1922; y sobre Leoncio Muñoz, la nota la carta del 20 de noviembre de 1922. Federico Esquerre (1889-1968) se unió a la Bohemia de Trujillo en paralelo con Vallejo y llevaron casi los mismos cursos durante la carrera universitaria. Esquerre había defendido la poesía de Vallejo durante la polémica de Trujillo de 1917. Publicó en la prensa algunos ensayos sobre derecho y política internacional y Vallejo alaba «su artículo sobre la liberación de Polonia [que] vale por una revelación y por un triunfo» («La intelectualidad de Trujillo», *El Comercio*, Lima, 4 de marzo de 1918, p. 3). A principios de la década de 1920 formó parte de la redacción de *La Libertad* y de *El Norte* en Trujillo. Eloy B. Espinosa (1900-1947), llamado «el Benjamín», fue uno de los miembros más jóvenes de la Bohemia de Trujillo, y el primero en publicar un libro (*Fogatas*, Lima, Tip. Unión, 1919) que Vallejo reseñó en un artículo hasta ahora desconocido. En él escribe: «Espinosa se muestra como un gran intuitivo, sobre [*sic* por sabe] revelar una bien razonada y digerida cultura literaria. Es, repito, un poeta puro. No tiene nada de literato. Por eso, él apunta una fuerza original, única. Porque es un caso de intuición artística, en peso neto. Lo que asemeja e iguala a los poetas entre sí, destruyéndoles lo que tienen de individual e inconfundible, es sin duda, la maldita literatura» («Fogatas», *El Comercio*, Lima, 28 de abril de 1920, p. 2). En 1927, Espinosa participó en el número único de la revista *Jarana* donde escribió un artículo en respuesta a «Se prohíbe hablar al piloto», de Vallejo («Poesía, biología, y otras cosas más», *Jarana*, n.° 1, 31 de octubre de 1927, p. 6). Se desempeñó como abogado y publicó *Orientación del Código penal peruano de 1924* (Lima, Talleres Gráficos de la Penitenciaria Penal, 1929). Textos de estos escritores se pueden encontrar en Carlos Fernández y Valentino Gianuzzi (eds.), *La Bohemia de Trujillo: textos rescatados*, Lima, Academia Peruana de la Lengua, 2022.

97   Vallejo cita el primer verso de su poema «Los anillos fatigados», recogido en *Los heraldos negros* (1919).

Viva la Vida! Queridos hermanos, viva la Vida! Porque la suerte está echada! Alea jacta est!

Clemente Palma: mi gran amigo! Ustedes se reirán. Pero ya ven. Clemente Palma: uno de mis mayores admiradores. Así, como suena. Y de golpe! Ustedes se reirán. Y yo también me río con ustedes.[98] Ayer se embarcó a esa en compañía de Patroni. Van hasta Casa Grande. Asuntos de la economía de La Crónica. Algo con los alemanes. Es todo. Su viaje ha sido de un momento a otro. Yo estuve la última vez con él nada menos que el sábado, y él no sabía que habría de marcharse.[99] Me dice que publique en el día mi libro que ya conoce. Versos para Variedades. La mar. Casi se aloca con una composición que he escrito aquí y que se titula «Dios».[100] Es un buen hombre. El único defecto que tiene es un criterio estrictamente académico. Yo naturalmente me río de esto. Son cosas atrasaditas y miserables. Es todo. Me dice: A mí me creen un ogro. Pero ya ve usted.... Y esto lo dice sonriendo con cierto dolor penitente y beatífico. Por último me dice tantas cosas encomiásticas, que es tonto contarles ahora. Y lo que no me perdona es que yo escriba solo para intelectuales. Y que no me dé a entender a las gentes de cultura general. Yo le respondo: Sí, eso es cierto, no... pero..... Y no le digo más. Ya les digo. Es un hombre muy franco en estas cosas. Y ya ven que este atrincherado disparador de dardos del cacareado Correo Franco, se me presenta como un quemador de incienso.[101] Qué cosas estas.

---

98 Clemente Palma había comentado desfavorablemente la poesía de Vallejo en dos ocasiones. En 1911 se mofó de un soneto suyo que Vallejo envió a la revista *Variedades* y que solo se conoce fragmentariamente por la cita satírica que se hace de él («Correo Franco», *Variedades*, n.° 197, Lima, 9 de diciembre de 1911, p. 1487). Vallejo debió comentar esto con sus amigos bohemios, ya que fue Alcides Spelucín quien rescató el fragmento del olvido («Contribución al conocimiento de César Vallejo y de las primeras etapas de su evolución poética», *Aula Vallejo*, n.° 2-3-4, Córdoba, Argentina, 1962, p. 38). Años después, Palma se burló de «El poeta a su amada» en *Variedades* en septiembre de 1917. El poema no lo había enviado Vallejo a la revista, sino sus detractores en Trujillo, que consideraron la dura crítica de Palma una victoria propia y así lo hicieron notar en las páginas de *La Opinión Pública* (véase Fernández y Gianuzzi, *César Vallejo. Textos rescatados*, 2009, pp. 101-102). Esto explica el énfasis de Vallejo en su cambio de fortuna.

99 Según una nota social de *La Reforma*, Clemente Palma llegó a Trujillo el miércoles, 27 de febrero de 1918, acompañado de José S. Patroni, gerente de la revista *Variedades* y del diario *La Crónica*. Casa Grande era una hacienda azucarera propiedad de la familia Gildemeister, aludida aquí como «los alemanes».

100 No se conoce ningún poema de Vallejo publicado en *Variedades*. El poema «Dios» apareció en *El Tiempo*, Lima, 1 de abril de 1918, p. 6 (facsímil en Fernández y Gianuzzi, *César Vallejo. Textos rescatados*, 2009, p. 26).

101 Correo Franco era el título de una sección, sin firma pero atribuida a Clemente Palma, de la revista *Variedades*, en la que se respondía, casi siempre en clave satírica, a los autores que habían remitido sus colaboraciones literarias para ser publicadas.

No? Y yo me sonrío para mi capote; y me solazo, como ustedes comprenderán. De Trujillo regresará hasta después de 8 días a lo más, según me dice Góngora.

Góngora (y disimulen la repetición involuntaria), fumando su pipa snobista y muy quemada ya, dígase de paso, me decía ayer: A Palma le ha gustado mucho su libro. Y me agrega: Cuidado, que él no encomia a nadie así nomás; y a cualquiera le dice en las barbas su franqueza. Y en esto que estamos zas! Hernández entra gritando:[102] Esto mata, caramba. Usted Vallejo, no ha sido periodista nunca? —No. —Ni lo sea nunca; porque adiós musas. Y yo entonces me acuerdo de Antenor que decía lo mismo. Y pienso en que cómo será mi vida económica. Y.... Bueno. A otra cosa.

Anoche comimos juntos con Valdelomar, Gamboa y su hermano.[103] Después de endilgarnos numerosas biblias en el Palais,[104] nos pusimos chispos y así pasamos la noche. Les recordamos a ustedes a cada instante. A todos. Nos acordamos de aquella noche del llanto general en la habitación de José Eulogio, y de las golondrinas que no volverán.....[105] Sí; aquellas golondrinas del año pasado, con quienes hacíamos revuelos de besos y risas y músicas y versos y cantos ~~y versos~~ en una amable casa amiga, en una jaula auspiciosa y de donde no me llegan ahora los menores ecos de vida. Sí; nos acordamos de todo esto; y Valdelomar se sonreía al vernos emocionados y vibrantes. Le enseñé al Conde los acápites de la carta de Antenor y

102   Luis Góngora y Julio A. Hernández eran escritores que por estas fechas trabajaban en la redacción de *La Crónica*. El primero publicaría, bajo el seudónimo Aloysius, una elogiosa reseña del primer libro de poesía de Vallejo («Los heraldos negros, por César A. Vallejo», *La Crónica*, Lima, 28 de julio de 1919, pp. 3-4).

103   Parece dejar constancia de este encuentro una fotografía de Abraham Valdelomar y César Vallejo junto a Julio C. Gamboa, hermano de Alejandro, a quien Vallejo había dedicado «El pan nuestro», (publicado en *La Reforma*, 21 de julio 1917, p. 3 y recogido luego en *Los heraldos negros*). Véase César Vallejo, *Iconografía*, edición de Carlos Fernández y Valentino Gianuzzi, Lima, Biblioteca Abraham Valdelomar / Academia Peruana de la Lengua, 2017, p. 25.

104   El Palais Concert fue un conocido café-bar, ubicado en la actual cuadra 7 del Jirón de la Unión. Era un punto de reunión de los círculos artísticos limeños. Según Osmán del Barco, en entrevista con Ernesto More, Vallejo exhibió en las vitrinas de ese local *Los heraldos negros* en el momento de su aparición (More, «Anecdotario», *1949*, 3 de octubre de 1949). La biblia es un cóctel hecho a base de pisco.

105   Cuenta Espejo Asturrizaga: «Ya tarde regresamos a la ciudad y José Eulogio Garrido nos invitó a su garzoniere. [...] De pronto se generó una discusión entre Antenor [Orrego] y José Eulogio. El tema: dos poetas, dos tendencias: Bécquer y Rubén Darío. La discusión por momentos se hizo agria. José Eulogio expresaba que Bécquer era emoción pura que le hablaba al corazón, mientras que Rubén era intelectualismo que solo estaba en su cerebro, en fin los argumentos como en mesa de ping-pong salían vivaces de uno y otro. Por fin José Eulogio con voz entrecortada y casi llorosa empezó a leer: "Volverán las oscuras golondrinas – en tu balcón sus nidos a colgar – y otra vez con el ala a sus cristales – jugando llamarán"...y continuó, mientras todos llorábamos. [...] Vallejo recordó este episodio en muchas oportunidades, pues él, que siempre fue fácil a las lágrimas, parece que fue el que inició el lagrimeo» (*César Vallejo: itinerario del hombre*, 1965, p. 56).

que se refieren a su nuevo libro; y me los ha pedido. Me encarga que le salude y le agradezca a «tan simpático chico», según palabras textuales.[106] Después..... Hacia la playa de la Magdalena en auto y a 75 de velocidad. Es una alameda parecida a la de Huamán.[107] La noche linda; la luna espléndida. El humo de un enorme puro encenizaba el azul del aire despejado. La playa. Al borde de un escarpado peñoncito. Las olas revueltas y espumantes. Alguien con manos invisibles, mar afuera, lavaba intangibles tules con un jabón inacabable y de nieve. Y las lavazas iban, venían sin sosiego. Allá, a la derecha, La Punta muestra sus luces; y con ellas, finge esa lengua de tierra, el hocico gigantesco de un caimán que se metiera al mar, abiertas las fauces de dientes luminosos, para aprehender la presa que se escapa. Oh, qué lindo! Y a la izquierda, Chorrillos brillante y lejano.[108] Después... el retorno... el malecón solitario, y alguna pareja de novios juntos, muy juntos, calladitos, suspirando, y mirando «la noche dormida que sobre los amantes tiende de su velo el dosel nupcial; la noche que prende sus claros diamantes en el terciopelo del cielo estival».[109] Por último, nos echamos en mitad de la alameda, sobre la grama, bajo finos eucaliptus apacibles, bajo la noche, bajo lo dulce, bajo la belleza máxima, bajo Dios! Y Valdelomar nos cuenta una historia de amor suya, de este modo: Una chica bonita e inteligente a quien yo quería con mis 24 años ingenuos y románticos. Ella también me amaba. Y por aquí — por este sitio, nos paseábamos en las noches de luna. Después, vino un bandolero cualquiera, la enamoró y se la tiró! Ella, después, se asustó de lo que había hecho; sus padres la desterraron a Moquegua, porque era de una familia decente, a quien naturalmente afrentaba aquella falta de la muchacha descabezada. Y hace poco supe que había muerto ya. (Aquí el Conde se pone triste; y después nos dice): Al saber su muerte yo escribí unos versos epitáficos que empiezan así. «Cuando te vi la última vez....»[110]

---

106   Algunas semanas después de escrita esta carta, Valdelomar visitó Trujillo con motivo de su gira artística por el norte del Perú y conocería personalmente a Antenor Orrego y algunos otros miembros de la Bohemia. No sabemos con certeza cual es el «nuevo libro» de Valdelomar al que se refiere la carta, pero podría tratarse de *El caballero Carmelo,* libro de cuentos que Valdelomar publicaría en marzo de ese año.

107   La alameda de Huamán era un lugar de recreo de Trujillo.

108   La Punta es un distrito del puerto del Callao. Por su parte, Chorrillos era un balneario que hoy es parte de la ciudad de Lima. La playa de la Magdalena del Mar es parte del actual distrito del mismo nombre.

109   Vallejo vuelve a citar aquí unos versos del poema-canción «El reino de las almas», parte de la obra teatral *Los intereses creados* (1907) de Jacinto Benavente (acto I, cuadro segundo, escena X).

110   Se trata del poema «In Memoriam Rosa Gamarra Hernández» (fallecida el 12 de marzo de 1913). El texto completo del poema, que hasta donde alcanzamos no se publicó en la prensa periódica,

Y aquí nos sorprende la hora alta. Y nos regresamos a Lima. Oh, qué nocturno más hermoso, que nunca olvidaré!

Antier que recibí cartas de ustedes, estuve en La Punta con Clovis.[111] Asistimos a un ocaso archisublime. Desde la terraza del chalet de Aspíllaga,[112] recitábamos versos al buen viento de la tarde que pasaba. La sinfonía en gris mayor de Rubén...[113] Y más que nada, unos estupendos versos de responso a Verlaine de un poeta uruguayo que yo no conocía. Qué responso más dolorido y místico! Varela los recitó; y mientras los decía, yo miraba el verdemar crepuscular y lloraba..... Una estrofita decía:

> ...Y hasta la misma Vida,
> madrastra de los buenos,
> quizás arrepentida,
> lloró mucho por ti!........[114]

Qué cosa más linda! Y qué cosa más cierta y dolorosa, también!

Tal mis últimas emociones, queridos hermanos. Todo me hace creer que tengo el vino alegre y que me siento feliz.

Y ustedes? Cómo los quisiera tener aquí! Cómo me desespero por aquel ambiente fraternal y único de nuestras horas pasadas! Cómo me valdría la voz de ustedes aquí donde hay tanta falsedad y puerilidad, con las que uno lucha a cada paso! Créanme, hermanos, que les lloro a cada rato.

Ojalá se acuerden ustedes de mí siempre, y no me olviden. Un mes se han pasado sin escribirme. Y esto me resiente... es claro. Para qué me han engreído!

---

se incluye en Abraham Valdelomar, *Obras completas,* edición de Ricardo Silva-Santisteban, Lima, Petroperú, 2001, vol. I, p. 494.

111 Sobre Clovis, seudónimo de Luis Varela y Orbegoso, véase «Perfiles biográficos».

112 Vallejo debe aludir aquí a Ántero Aspíllaga, candidato a la presidencia del Perú por el partido civilista en las elecciones de 1919. En julio de 1918, lanzó el periódico *La Ley* en Lima para promover su candidatura. Anteriormente, Aspíllaga había fundado el diario *La Reforma* de Trujillo en noviembre de 1911.

113 Rubén Darío recogió su «Sinfonía en gris mayor» en *Prosas profanas y otros poemas* (1ª ed. 1896, 2ª ed. 1901).

114 El poeta al que se refiere Vallejo es Daniel Elías (1885-1928), que, pese a nacer en Gualeguaychú (Argentina), vivió parte de su vida en Uruguay. Los versos citados pertenecen al soneto «Paul Verlaine» aparecido en la revista *Caras y Caretas* de Buenos Aires el 14 de agosto de 1915; se reprodujo en *Variedades* de Lima (n.° 392, 4 de septiembre de 1915, p. 2569). Vallejo trastoca algunas palabras del poema cuyos últimos versos, en la versión de *Variedades,* son: «¡Qué mala fué la Vida, qué déspota contigo!... / ¡Y tú que le cantabas! ¡Y tú que eras su amigo!... / Madrastra de los buenos la Vida es siempre así... / ¡Qué triste fué tu suerte, qué triste tu partida!... / ¡Lloraron todos, todos! Hasta la misma Vida, / quizás arrepentida, lloró mucho por ti...».

Estoy decidido a editar mi libro.[115] No hay más. Y ni más a Trujillo.[116] Ya les comunicaré todo lo nuevo que haya.

Que todo les sonría, que todo les sepa a miel en la vida, y sobre todo, que se amen tanto o más que antes, son los deseos del hermano que les quiere y les extraña tanto

César

Saludos de Domingo y Julio.[117]

Antenor: A Julio le di su recado, dice que le ha escrito ya y que al contrario usted es quien no le escribe.

vale.

[A mano:] Mi artículo sobre Valdelomar se ha reproducido en un periódico de Ica, según he visto.[118]

V.

---

20 [CARTA MANUSCRITA DE CV A ÓSCAR IMAÑA. DOS PÁGINAS.]

....

Lima, Agosto 2 de 1918.

Óscar querido:

Son las 2 de la mañana, y te escribo. Sabrás cómo estoy en este momento? Adivinarás qué pasa en mi alma? Ahí veremos. Si adivinas.

Estoy solito. En un escritorio que tú no conociste nunca. Con una luz que tampoco viste. Todo desconocido. Todo para que tú lo adivines. Tengo frente a mí

115 Pese a que se publicitó su aparición en dos avisos de la prensa (Anónimo, «Libro nuevo: Los heraldos negros», *El Tiempo*, Lima, 31 de marzo de 1918, p. 10; y Antenor Orrego, «Un libro nuevo de César A. Vallejo: Los heraldos negros», *La Semana*, n.º 4, Trujillo, 13 de abril de 1918, p. 15), *Los heraldos negros* no sé publicó hasta julio de 1919.

116 Aunque con esta frase Vallejo parece comunicar a sus amigos su resolución de no regresar a Trujillo, lo cierto es que tardaría aún algunos meses en renunciar a su puesto como profesor en el Colegio Nacional de San Juan. Vallejo gozó de dos licencias con derecho a sueldo según varias notas sociales aparecidas en la prensa de Trujillo en 1918 (véanse *El Federal* del 22 de marzo y el 6 de junio, *La Industria* del 2 de abril y *La Reforma* del 7 de junio).

117 Vallejo alude al ya mencionado Domingo Parra del Riego. Julio Gálvez Orrego (1896-1940?) fue sobrino de Antenor Orrego, hijo de su hermana, Mercedes Victoria Orrego y de José Adolfo Gálvez. Viajaría con Vallejo a Europa y conviviría con él durante los primeros meses en París. Para más información sobre su vida en Europa, véanse las notas a la carta de Orrego a Vallejo del 16 de noviembre de 1929 y a la carta colectiva del 8 de agosto de 1932.

118 El artículo es «Con el Conde de Lemos», publicado originalmente en *La Reforma*, Trujillo, 18 de enero de 1918, pp. [2-3]. No hemos localizado la reimpresión de Ica a la que se refiere Vallejo.

raros muebles que esperan no sé a quiénes. Una mosca vulgar ronda en voz gruesa y aguardientosa, perezosa y nauseabunda. Pelea con otra en el aire. Producen un sonido como de celuloide que se quema. Veo después varios sobres con ajenas direcciones. Luego, varios sombreros de invierno colgados en corro atisbador. Me restrego la pantorrilla derecha en la parte posterior: algún insecto nocturno y vivarracho y fugitivo. Canta un gallo en tiempos matemáticamente iguales. De nuevo pasa la mosca sobre mi peluca desgreñada y sucia. Te explicas. Suspiro. Me canso. Un ronquido vecino me trae gordos resuellos de siesta porcina. El Hombre está lejos de mí.

Un alerta vozarrón. Es un auto que pasa predicando que en los caminos uno debe ir muy advertido.... Dos golpes de mi «corazón delator», suenan en la casa.[119]

Estoy constipado, y a veces mis narices se ven en apuros sonoros y angustiosos. Pasa el último, sin novedad. Otro suspiro. Leve, minutesca pausa, que apenas me da tiempo para enumerarla. Pasa.

No tengo cigarrillos. Voy a fumar mi pucho reincidente. No tiene mayor culpa este humilde cachaquito,[120] que el haberse pasado la noche en guardia misteriosa de sabe Dios qué orden menudo e invisible de fuerzas subhumanas. Pobre amigo mío. Y nada le salva. Al hecho. (.........). Ya lo estoy festinando. Y para más cacha,[121] ha sido el último fósforo también.

Sueños familiares, conocidos hay en la casa. Pobres. Que duerman. Hombres y mujeres. O que hagan... lo que se les venga en gana. En la vida despierta, se sufre mucho. Pobres. Y se me acabó el pucho.

Contemplo una figura de almanaque. Un hombre fornido que clava un puñal a otro que se retuerce y se queja a sus pies. Este asesinato dura 24 horas. Es raro.

Alguien se ha retirado en antes de mi presencia. Se fue preocupado, después de suplicarme. Yo le dije que no, que se recoja, que no se preocupe. Ahora yo le recuerdo conmovido, y ruego a Dios por esa persona. Que duerma sin sobresalto, apaciblemente.

Hay una cuerda tendida. Tendida hacia la noche de mañana. Y vibra intensamente. Adiós.

César.

---

119 Vallejo alude aquí al cuento de Edgar Allan Poe (1809-1849) «The Tell-Tale Heart».

120 De «cachaco», peruanismo despectivo que significa «policía; militar; soldado».

121 Peruanismo que significa «burla; guasa» (véase Lauro Pino, *Jerga criolla y peruanismos*, Lima, s. e., 1968, p. 19).

Lima, a 13 de setiembre de 1918.

Señor:[122]

Habiéndose clausurado el día de ayer el «COLEGIO BARRÓS» que fundó y dirigió el ilustre maestro Pedro M. Barrós, fallecido últimamente, el cuerpo docente y disciplinario de dicho establecimiento ha resuelto fundar el «INSTITUTO NACIONAL», cuyo espíritu pedagógico, ideales y organización técnica sean en lo posible, los mismos que hemos desplegado siempre.

Los estudios y exámenes del nuevo centro de enseñanza están sujetos a previa autorización del Ministerio de Instrucción, concedida en fecha; y tienen valor oficial.

Solo los altos y permanentes intereses de la juventud estudiantil han pesado en nuestro ánimo, para enfrentar tan ardua y abnegada labor: y, como substancialmente, el aliento espiritual de un Colegio radica en su profesorado, ya que este elemento va a continuar siendo el mismo en nuestro caso, abrigamos firme esperanza y profunda fe en que el «INSTITUTO NACIONAL» que va a iniciar sus labores, haga obra efectiva de educación y cultura; y que sea digno de la tradición y prestigio de su personal de maestros y educandos.

Abrigamos para nuestro noble propósito el apoyo comprensivo y generoso de los padres de familia que, como Ud., nos han distinguido siempre con su consideración y simpatías.

[Firmado: El cuerpo docente][123]

69

---

122   El 6 de septiembre de 1918 falleció el director del colegio en el que laboraba Vallejo, Pedro M. Barrós (1836-1918). Vallejo asumió la dirección del plantel, ahora con el nombre del Instituto Nacional. Como narra Juan Espejo Asturrizaga: «Días más tarde (12 de septiembre), la familia, representada por su hijo el doctor Óscar C. Barrós, dirige una comunicación al Director General de Instrucción Pública, informándole que, como consecuencia de este deceso, quedaba clausurado el referido plantel. El cuerpo docente y disciplinario pidió al doctor Barrós que los dejara continuar la labor educativa de su Director, pero la familia se negó rotundamente que se continuara usando el nombre de "Colegio Barrós", fallecido su fundador; sin embargo consintió en que el cuerpo docente dirigiera una circular a los padres de familia, ofreciendo continuar el sostenimiento del plantel con el nombre de "Instituto Nacional"». Como también informa Espejo Asturrizaga, Vallejo fue el encargado en redactar la circular (*César Vallejo: itinerario del hombre*, 1965, p. 69).

123   Esta firma entre corchetes no se encuentra en nuestra fuente. La tomamos de la reproducción que hace Juan Espejo Asturrizaga, *César Vallejo: itinerario del hombre*, 1965, p. 70.

«Solicita certificado»[124]

Señor Subprefecto e Intendente de la Policía. S.S. César A. Vallejo, vecino de esta capital, ante usted conforme haya derecho expone: Que necesitando acreditar ante la Dirección General de Instrucción, mi salud y condiciones de moralidad y costumbres, ocurro a usted a fin de que, conforme a los incisos B y C del artículo 500 del Reglamento General de Instrucción Media, se sirva ordenar que certifiquen los médicos de Policía sobre el estado de mi salud y el Jefe de la Sección de Vigilancia de ese despacho, sobre mi conducta.[125] Por tanto: a usted suplico preste atención a mi pedido por ser de justicia.

Lima, 3 de Octubre de 1918. Firma: César Vallejo

Lima, 8 de Octubre de 1918. Cumplan por los médicos de policía, la Sección de Vigilancia y devuélvase al interesado señor Intendente. Don César A. Vallejo, se encuentra en estado de perfecta salud. Lima, 10 de Octubre. M. Pflucker[126] Señor Intendente: El recurrente es persona de buenos antecedentes y observa buena conducta. Firma. Lima, Octubre 1 [sic][127] del 1918.

70

---

124   Esta solicitud era necesaria para ejercer el cargo de director del Instituto Nacional, en el que Vallejo comenzó a trabajar como profesor en 1918.

125   El artículo 500 reza como sigue: «Para ser director o profesor de colegio particular, se necesita: A) Ser mayor de 21 años. B) Observar una conducta intachable, acreditada mediante el certificado de moralidad expedido por el Subprefecto o Párroco respectivo, si se trata de peruano, o por el agente diplomático o consular, si el solicitante es extranjero. C) Gozar de salud y no tener defecto físico que le imposibilite para el magisterio, lo que se comprobará mediante el certificado de médico titular o de policía, únicamente. D) Poseer la capacidad necesaria, la que se acreditará con título académico de universidad nacional o extranjera o con el certificado de capacidad que determinan los artículos 40 a 44 para los profesores de enseñanza media oficial» (*Reglamento General de Instrucción Media: especial academias y cursos libres*, Lima, Ministerio de Instrucción, 1912, p. 114).

126   Manuel Pflucker se desempeñaba en ese momento como médico de la policía (*Almanaque de El Comercio*, año XXVII, Lima, 1918, p. 151).

127   La fecha debe ser posterior al 3 de octubre, por lo que el 1 octubre es una fecha errónea. Jesús Cabel la corrige por 11 de octubre en Vallejo, *Correspondencia completa*, 2002, p. 26.

Lima, Octubre 16 de 1918

Mi querido hermanito Manuel

Santiago [de] Chuco

No he recibido hasta hoy ni una sola letra de ustedes de Santiago. Todo en silencio. Yo vivo muriéndome; y yo no sé a dónde me irá a dejar esta vida miserable y traidora.

En este mundo no me queda nada ya. Apenas el bien de la vida de nuestro papacito. Y el día que esto haya terminado, me habré muerto yo también para la vida y el porvenir y mi camino se irá cuesta abajo. Estoy desquiciado y sin saber qué hacer, ni para qué vivir. Así paso mis días huérfanos lejos de todos y loco de dolor.[128]

Tu hermano que te ama

César

71

[Lima, octubre de 1918]

Mi querido Antenor:

Recibí tu carta del 3.

---

128 La madre de Vallejo, María de los Santos Mendoza Gurrionero, había fallecido el 8 de agosto de 1918, de ahí el tono trágico de esta carta. Según Juan Espejo Asturrizaga, «el 9 de agosto, César recibe un telegrama de Santiago de Chuco. Le daban la dolorosa noticia del fallecimiento de su señora madre el día anterior. Lo firmaba su hermano Víctor. Vallejo quedó anonadado. Posteriormente, Víctor en carta emotiva le daba detalles de los últimos momentos de la mamá querida. La enfermedad había sido breve, una angina, según el diagnóstico del médico del lugar. Fallecía a los 68 años» (*César Vallejo: itinerario del hombre*, 1965, p. 70). La figura de la madre ocupa un lugar preponderante en la obra de Vallejo, sobre todo en algunos poemas de *Trilce* y en los primeros poemas en prosa escritos en Europa.

129 Se publicó en «Maestro de la juventud», *La Prensa*, Lima, 18 de octubre de 1918, pp. 3-4, con la siguiente presentación: «El poeta César A. Vallejo ha dirigido la siguiente carta al señor Antenor Orrego, Presidente del Centro Universitario de La Libertad, con motivo de la elección hecha por la Universidad de Trujillo en favor del doctor Mariano H. Cornejo como Maestro de la juventud:».

Alejado de la vida universitaria, me llega la noticia de la elección de don Mariano H. Cornejo para Maestro de la Juventud.[130] Y he vibrado de entusiasmo por este bocinazo de rebeldía y de virtudes mozas. Bien por mis antiguos camaradas de Trujillo. Han tirado la ficha más blanca y más hermosa en esto de designación de Maestro. Así como otro claustro ha acogotado su enhiesta hidalguía de principios.[131]

Yo, como usted, soy anti-universitario; odio el claustro, la casilla, la reja, la traba. Sueño en un futuro sin universidades, en que la cultura sea libre, como consecuencia de una disciplina sentimental más intuitiva, de una moral subjetiva más transparente hacia la cual caminan todos los ensayos de civilización. Veo redivivir este primitivismo saludable y fecundo. Yo quemaría todos los claustros. Me iría con el aire, el cielo, los campos, la calle, el hogar. Aprender en el dolor y el placer cuotidianos, realizarse en la tangible filosofía del esfuerzo perenne y en la contemplación directa, personal. Amo más a Jesús perseguido por el error armado a través de los espinosos caminos egipcios que discutiendo con los doctores de la ley en el templo sonoro. Yo quemaría todos los claustros.[132]

Aborrezco a los maestros en palabras, que nunca soñaron, que nunca sufrieron y que no saben sino tragar infolios y parir volúmenes relucientes. De estos está plagado el Perú y sobre todo Lima. Nuestras universidades los fabrican a maravilla y en grandes lotes. Prefiero los maestros que nunca dijeron lecciones de pupitre, esos cuyas palabras son de carne viva, hechas del ritmo supremo de su vida y de su ejemplo. Por allí ha dicho un periódico del sur que no debía elegirse Maestro de la Juventud a

130 El 8 de octubre de 1918, la Federación de Estudiantes del Centro Universitario de La Libertad, bajo la presidencia de Antenor Orrego, eligió por inmensa mayoría a Mariano H. Cornejo (1866-1942) como «Maestro de la Juventud» (véase *La Reforma*, Trujillo, 9 de octubre de 1918, p. 2). Cornejo fue un político y sociólogo peruano; más tarde, tras desempeñar distintos cargos en el segundo gobierno de Augusto B. Leguía, fue nombrado embajador del Perú en Francia, cargo que ejerció hasta la caída de Leguía en 1930. César Vallejo y él se conocieron por primera vez, hasta donde sabemos, en París (véase la carta del 14 de julio de 1923).

131 Según Alcides Spelucín, el «otro claustro» al que aquí estaría aludiendo Vallejo es el de Lima que, al elegir Maestro de la Juventud al entonces candidato presidencial Augusto B. Leguía, rendía tributo al «caudillaje político» («Contribución al conocimiento», 1962, p. 120). La designación de Maestro de la Juventud era un tácito respaldo político por parte de los universitarios. Cabe notar que los universitarios de la Universidad San Agustín de Arequipa también eligieron a Leguía como Maestro de la Juventud ese año.

132 Esta postura antiacademicista de Vallejo se halla también en la carta de Mariano H. Cornejo a Orrego —agradeciendo el título— así como en la respuesta de este (véanse *La Reforma*, Trujillo, 19 y 21 de octubre de 1918, p. 2).

quien no fue nunca universitario.[133] ¡Qué necedad! No saben de la brillantez genial. La cuestión está de alejarse de los móviles circunstanciales de partidos.

Ustedes han elegido a Cornejo. Mayor postura idealista.

¿Se acuerda usted de nuestras charlas antiguas sobre este raro ejemplo de hombre, de cuyo metal de artista no se da cuenta aún la ramplonería de hoy?[134] Cuánto he gozado que usted y Federico hayan guiado esta elección.[135] Ella significa el homenaje más puro y fervoroso que el Perú rinde por órgano de la juventud trujillano al gran soñador, al más romántico paladín de nuestros principios nacionalistas. Yo no quiero detenerme sino en este lado del gesto: el consorcio espontáneo de la juventud que es ideal con el mayor artista que trabaja y sufre en el hierro mismo de las ruedas del Estado, la comunión triunfal de los que sueñan y esperan; y la justicia, la comprensión, el amor, el aplauso nítido y cristiano de la conciencia del país hacia el soñador, hacia el hombre que concreta el idealismo republicano de la raza.

Pasarán los predominios menudos de partido, las teorías regionalistas. La nación, la raza, los valores autóctonos, internos y permanentes, cuyos derroteros acaban ustedes de defender y ovacionar en la figura apostólica de Cornejo, seguirán naciendo y creciendo eternamente.

Y si en esta elección hay alguna política es el ideal y la esperanza; y si algún regionalismo existe será el haber embrazado en las horas de amanecer, la cifra más alta y más genuina de la ecuación espiritual del país.

Un abrazo para todos ustedes.

César A. Vallejo.

---

133 Desconocemos la publicación a la que se refiere Vallejo, quien parece aludir al hecho de que Augusto B. Leguía, pese a carecer de formación universitaria, había sido elegido maestro de la juventud por el Centro Universitario de la Universidad Mayor de San Marcos.

134 Hemos corregido conjeturalmente el texto de la segunda parte de esta oración. El texto de *La Prensa* es incorrecto: «de cupo metal de artista de se da cuenta aún la ramplonería de hoy?».

135 Federico Esquerre fue secretario del Centro Universitario de la Universidad Menor de la Libertad en el año académico de 1918, de ahí que Vallejo también le atribuya un papel en la elección.

....

[Lima,] 2 de Diciembre de 1918

Mi querido hermanito Manuel:

Santiago de Chuco.

He tenido al fin la alegría de recibir cartita tuya, después de las numerosas cartas que yo te he escrito desde Marzo de 1917 en que me alejé de ustedes.[137] He gozado y he llorado al leer tus tiernas, conmovedoras y tristes letras. He gozado dolorosamente, horriblemente. Cuánto recuerdo y cuánta felicidad que se ha ido para siempre. Oh Manuelito de mi corazón! A qué me sabía un destino tan negro; lejos por siempre jamás de nuestra madrecita del alma! Oh queridísimo hermanito. ¡Qué horror!

Han pasado 114 días desde el inolvidable 8 de Agosto; y para siempre vivo en la fe de Dios y estoy seguro de que mamacita está viva, allá en nuestra casita, y que mañana o algún día que yo llegue, me esperará con los brazos abiertos, llorando mares.[138] Sí..... Yo no puedo aceptar que la haya llevado Dios tan temprano para el amor y la esperanza de sus hijos que han luchado para conquistarse un porvenir que había de ponerse a los pies de nuestra santísima madrecita Santitos! Oh Manuelito mío, hermano queridísimo!

Así, con el corazón hecho pedazos te escribo ahora. Espero que Néstor vendrá a fines de este mes y entonces veremos y acordaremos todos nuestros asuntos de un modo definitivo.[139] Nosotros te avisaremos inmediatamente. Y entre tanto, no te desesperes y te ruego en nombre de nuestro amor fraternal que tengas paciencia

---

136 Según Juan Espejo Asturrizaga, tras un juicio de desahucio, el colegio que dirigía Vallejo se trasladó del local original del Colegio Barrós, Jirón Áncash 506, a la calle Bajada de Santa Clara 910. Ahí, Vallejo ocupó un cuarto como vivienda (*César Vallejo: itinerario del hombre*, 1965, p. 69).

137 De las numerosas cartas, solo tenemos constancia de una, fechada el 16 de octubre de 1918. Vallejo había visitado Santiago de Chuco más recientemente a comienzos de 1917, durante las vacaciones universitarias. En marzo de 1917 ya estaba de regreso en Trujillo.

138 Vallejo ficcionaliza este deseo en el cuento «Más allá de la vida y la muerte», publicado en 1921 en la revista *Variedades* (n.º 746, 17 de junio de 1922, pp. 1429-1432) y recogido en *Escalas* (1923). El poema LXV de *Trilce* también parece inspirado en un regreso a Santiago de Chuco.

139 No tenemos constancia de que, finalmente, Néstor viajase a Lima en la fecha mencionada.

unos meses más. Paciencia, un poquito de paciencia. Oh hermanito mío! Cuánto he luchado yo, y cómo he aprendido a no desesperar jamás. Y cómo he aprendido a creer en que hay siempre delante un porvenir que no es todo oscuro. Ya te avisaremos. La cuestión está en que no te pierdas en silencio, y que nos pongamos al tanto continuamente, para ver qué partido se toma.

A papacito le escribí en uno de los vapores pasados. A mi hermano Víctor que tenga esta por suya, y que le escribiré por vapor próximo.

Mis caricias para Augustito.[140] Cómo está? Y dónde está? Dame razón de él que por su silencio parece para mí sepultado.

En este mes hace un año que estoy en Lima.

Cuiden muchísimo a papacito. Yo no tengo nada que advertirles sobre este único tesoro que nos queda en el mundo. Allá el cariño y la ternura de ustedes que viven amparados por su tierna compañía.

No te pierdas en silencio. Y con mis cariños para Juanita y para ti, se despide tu hermano que te ama y te extraña muchísimo.

César

26 [MENSAJE MANUSCRITO DE CV A SUS AMIGOS DE TRUJILLO, EN UN EJEMPLAR DE «LOS HERALDOS NEGROS».]

Hermanos:

Los heraldos negros acaban de llegar.[141] Y pasan con rumbo al Norte, a su tierra nativa.[142]

Anuncian de graneado: que alguien viene por sobre todos los himalayas y todos los andes circunstanciales.

---

140 Augusto José Vallejo Mendoza, el quinto de los hermanos Vallejo Mendoza; al parecer, no solía vivir en Santiago de Chuco.

141 El primer libro de poemas de Vallejo, *Los heraldos negros,* apareció hacia julio de 1919. Bajo el epígrafe «Los heraldos negros», se publicaron dos poemas del libro, «Setiembre» y «Los anillos fatigados», en *La Razón,* el periódico de José Carlos Mariátegui, el 11 de julio de 1919, p. 5. La primera reseña, anónima, se publicó en *Sudamérica,* n.º 80, Lima, 19 de julio de 1919, seguida de otras, generalmente favorables. Estas se pueden consultar en Vallejo, *Poesía completa,* edición de Ricardo Silva-Santisteban, Lima, PUCP, 1997, vol. I, pp. 277-297.

142 Antes de viajar a Lima, el 27 de diciembre de 1917, Vallejo había publicado en la prensa trujillana por lo menos veintiséis poemas que serían recogidos luego en *Los heraldos negros.*

Detrás de semejantes monstruos azorados y jadeantes, suena por el recodo de la aurora un agudísimo y absoluto «Solo de aceros».......[143]

Paremos la oreja! –

×××

Confesión: Y al otro lado: el buen muchacho amigo, el sufrido Korriskosso de antaño, el tembloroso ademán ante la vida.[144]

Y si alguna ofrenda {a} este libro he de hacerla con todo mi corazón, esa es para mis queridos hermanos de Trujillo

César
{Lima [julio] de 1919}[145]

1920

---

27 [TARJETA POSTAL DE JOSÉ CARLOS MARIÁTEGUI A CV.][146]

. . . .

Señor
César A. Vallejos [sic]
Colegio Barrós
Lima
Perú – Sud América

---

143   Según Juan Espejo Asturrizaga, «Solo de aceros» era el título que Vallejo pensaba dar, en un principio, a su segundo libro de poemas (César Vallejo: itinerario del hombre, 1965, p. 106).

144   «Korriskosso» era el apodo con el que se referían a Vallejo los miembros de la Bohemia de Trujillo. El nombre proviene de un personaje del cuento de Eça de Queiroz «Un poeta lírico».

145   Esta datación solo se conserva en la transcripción que hizo André Coyné, primero en dar a conocer esta dedicatoria, ya que los bordes del ejemplar original han sido recortados.

146   Sobre José Carlos Mariátegui, véase «Perfiles biográficos». En «Los escritores jóvenes del Perú» (El Norte, Trujillo, 4 de abril de 1925), Vallejo elogia así Mariátegui: «José Carlos Mariátegui, otro brillante escritor, es un apóstol que se ha consagrado con fe austera e idealista al problema del equilibrio social. Mariátegui no predica solamente para el Perú o América sino para la humanidad. Sus conferencias se dirigen, en las personas de los obreros y estudiantes de Lima, a los estudiantes y obreros del mundo. Su obra periodística, las sólidas Voces de El Tiempo representan la solidaridad del pensamiento peruano con el pensamiento contemporáneo de justicia universal. Mariátegui ha asimilado la cultura y las agitaciones de la cultura europea, viviendo varios años en el mismo continente. No estudia a los hombres sino los acontecimientos, fija el rol de las pasiones, de la ciencia, de las mentiras, y de las verdades en la constitución social. No se crea que al proceder así cae en la utopía o el ensueño. Mariátegui sabe escribir artículos que fulminan ministros y adquieren una importancia social inmediata». Por su parte, Mariátegui elogiará públicamente la poesía de Vallejo a partir de 1926 (véase la carta a este del 10 de diciembre de 1926).

Con el saludo cordial del amigo y la estimación invariable del literato que lo comprende y admira[147]

José Carlos Mariátegui
Roma, 26 de febrero de 1920.

---

28 [AVISO NOTARIAL FIRMADO POR CV.][148]

....

Instituto Nacional.

Traspaso

Pongo en conocimiento del público que, teniendo que ausentarme de esta capital,[149] he traspasado el plantel de enseñanza que con el nombre de Instituto Nacional he dirigido, al señor Manuel Rabanal,[150] quién ha asumido el activo y pasivo de dicho colegio, según contrato especial que hemos firmado en la fecha.

Lima, 20 de abril de 1920
8 v int.[151]   César A. Vallejo.

77

---

147   Mariátegui le envió ese mismo día una postal similar de saludo a José María Eguren: «Mensaje leal y sincero de un admirador de su arte y de un amigo de su espíritu» (Archivo José Carlos Mariátegui, en <archivo.mariategui.org/index.php/carta-a-jose-maria-eguren-26-2-1920>).

148   Se publicó en *La Reforma*, Trujillo, 26 de abril de 1920, p. [3].

149   Vallejo regresó al norte con la intención de viajar a Santiago de Chuco para las fiestas patronales. Llegó al puerto de Salaverry en el vapor *Aysen* el 1 de mayo de 1920, según nota social aparecida en *La Reforma* ese día.

150   Según informa Juan Espejo Asturrizaga (aunque escondiendo sus nombres tras iniciales), Manuel Rabanal Cortegana (1906-1982) y Flavio A. Becerra Suárez (c.1897-1967), colegas de Vallejo en el colegio Barrós, asumieron con él la administración del Instituto Nacional. De acuerdo con su narración, Vallejo fue despojado de la dirección del Instituto, debido a su negativa a contraer matrimonio con Otilia Villanueva, cuñada de Rabanal. Espejo fecha el cambio de administración hacia mayo de 1919: «Les firmó un documento cediendo todos sus derechos de propiedad del Instituto y su renuncia como director del plantel» (*César Vallejo: itinerario del hombre*, 1965, pp. 75-76). Este aviso, sin embargo, parece indicar que el traspaso se realizó mucho más tarde, en abril de 1920. Sobre Otilia Villanueva, véase Carlos Fernández y Valentino Gianuzzi, «"Trilce" y Otilia Villanueva Gonzales», *Vallejo & Co,* 23 de febrero de 2021, en <www.vallejoandcompany.com/trilce-y-otilia-villanueva-gonzales/>.

151   Este código indica que se trata de un aviso pagado.

Santiago de Chuco

Trujillo [*sic*]. Agosto 3 de 1920.

Reforma.

Trujillo.

Hoy tropa sublevóse instigada Alférez Carlos Dubois quien procedió sugestionados por elementos contrarios régimen. Tropa ebria abaleó a pueblo indefenso asesinando honorable ciudadano Antonio Ciudad. Población unánime indignada por alevoso crimen acompañó a Subprefecto[153] a restablecer garantías defender autoridad citada que portóse cumpliendo su deber. Dubois y Telegrafista Puente autores estos crímenes fugaron.[154] Detalles Correo.

---

152 Se publicó, bajo el título «Sublevación de la tropa en Santiago de Chuco. Salvaje atentado contra el pueblo», en *La Reforma*, Trujillo, 4 de agosto de 1920, p. 2, precedido de esta nota: «Por el telegrama que publicamos en seguida nos informamos que en Santiago de Chuco se ha sublevado la tropa faltando á sus más elementales deberes de disciplina. El pueblo ha sido inicuamente atropellado por los mismos que deben ser los más celosos guardadores del orden y de las garantías individuales. Un pacífico y distinguido ciudadano ha sido infamemente asesinado y muchos respetables hogares de Santiago han sufrido inauditas tr[o]pelías. / Telegramas particulares confirman lo anterior y dicen que el subprefecto, señor Meza, cumplió celosamente su deber de autoridad, de funcionario y de ciudadano. / Estamos en plena e irritante inmoralidad. La tropa no siente escrúpulos de ninguna especie, emplea las armas que le ha confiado el Estado en la consumación de los más horrorosos actos criminales y desconoce la legítima autoridad de sus superiores. / En nombre del vecindario de Santiago de Chuco que ha sido vejado sangrientamente por la soldadesca, en nombre de la sociedad entera que se ve seriamente amenazada por este acto de indisciplina, en nombre de la tranquilidad y seguridad de los ciudadanos, pedimos al prefecto y al gobierno el castigo severo del oficial que ha promovido la sublevación. Si en esta ocasión no se reprime enérgicamente á los delincuentes se sentará el peor y más inmoral precedente para la tropa. / El telegrama á que nos referimos es el siguiente:». Cabe notar que el telegrama siguiente, de cariz muy similar y datado el mismo día, fue enviado desde Cachicadán; es posible que este también haya sido enviado desde ese pueblo que, por lo demás, pertenece a la provincia de Santiago de Chuco.

153 Ladislao Meza Carballido era el Subprefecto de Trujillo en ese momento. Era padre del escritor y periodista Ladislao F. Meza Landavery, a quien Vallejo había conocido en Lima.

154 Para más detalles sobre los sucesos de Santiago de Chuco, véase Coyné, «Apuntes biográficos de César Vallejo», 1949, pp. 64-68 y Espejo Asturrizaga, *César Vallejo: itinerario del hombre*, pp. 94-96. Aunque las causas de estos sucesos aún no han sido esclarecidas del todo, se suele afirmar que se trató de un enfrentamiento entre dos facciones de familias rivales, una allegada al pardismo y otra, que incluía a los Vallejo, al leguiísmo. Entre los eventos violentos del 1 de agosto de 1920 estuvieron la muerte de Manuel Antonio Ciudad por parte de la tropa sublevada, bajo el mando del alférez Carlos Dubois, varios tiroteos posteriores en el que murieron dos o tres gendarmes, así como el saqueo y posterior incendio de la casa y tienda de la familia Santa María, por el que Vallejo, entre otros, fue acusado. Sobre la participación de Vallejo en estos eventos, véanse Stephen M. Hart, «Was

César Vallejo, Benjamín Ravelo, Héctor Vásquez, Demetrio García, Julio Campana, Octavio Delgado, Francisco Vázquez, Manuel Vallejos [*sic*], Óscar Jiménez, Néstor Medrano, Luis Ruiz, Marcos Paredes, José García, Marcial Vásquez, Alberto Alfaro, Pedro Pelaes, y otras firmas más.

---

30 [TELEGRAMA DE CV AL PREFECTO DE TRUJILLO, JOSÉ B. GOYBURU.]

Stgo de Chuco, Cachicadán, 3 de Agto de 1920

Sr Prefecto Goiburu

Trujillo

Hoi sublevóse tropa instigada por elementos revoltosos abusaron siempre contra garantías ciudadanas. Tres muertos. Pueblo fue atacado por policía embriagada. Subprefecto Meza cumplió su deber. Ruego enviar fuerza armada con oficial consciente su deber. Sublevación instigada por oficial Dubois i telegrafista Puente[155] que fugaron.

Vallejo

---

31 [CARTA ABIERTA DE CV A LOS EDITORES DEL DIARIO «LA REFORMA» DE TRUJILLO.][156]

Huamachuco,[157] agto. 12 de 1920.

Señores editores de «La Reforma».

Trujillo.

César Vallejo Guilty as Charged», *Latin American Literary Review,* vol. 26, n.º 51, enero-junio de 1998, pp. 79-89; y su *César Vallejo: A Literary Biography,* Londres, Tamesis, 2013, pp. 76-84.

155 De acuerdo con Coyné, las oficinas del telégrafo fueron saqueadas («Apuntes biográficos de César Vallejo», 1949, p. 66). Según Juan Espejo Asturrizaga, el telegrafista, César Puente, y el telefonista, Augusto Paredes, escondieron los aparatos para evitar que el subprefecto informe a las autoridades acerca de la revuelta. Quizá por esta razón este telegrama está enviado desde Cachicadán, a 18 kilómetros de Santiago de Chuco.

156 Se publicó bajo el título de «Los sucesos de Santiago de Chuco» en *La Reforma,* 17 de agosto de 1920, p. [2].

157 Es posible que, tras los eventos violentos, Vallejo haya viajado a Huamachuco, donde trabajaba su hermano Néstor como juez suplente en el juzgado de ese pueblo. Vallejo regresaría a Trujillo, pues el 25 de agosto presta su declaración ante el juez ad hoc Elías Iturri. Esta se puede leer en Flores Heredia y Távara Córdova (dirs.), *Expediente Vallejo,* 2021, vol. I, pp. 47-51.

Muy señores míos:

En la fecha dirijo a «La Industria» de esa ciudad las siguientes palabras:[158]

«Huamachuco, agto 12 de 1920.

Señores editores de "La Industria".

Trujillo.

Muy señores míos:

Acabo de leer, en el número del 7 del presente mes de ese prestigioso diario, una denuncia telegráfica dirigida a particular por Carlos Santa María de Santiago de Chuco, sobre supuesta culpabilidad de varios caballeros y mía en el incendio y saqueo habidos, según el denunciante, en su tienda de comercio de aquella ciudad.[159]

Me he quedado sorprendido y admirado de la calumnia tan brutal con la que pretende morderme dicho Santa María. Protesto enérgicamente de ella, en tanto hago valer mis derechos en frente de semejante infamia, ante la justicia.

No faltaba más.

Que aguarde ese Santa María el fallo penal por tamaña calumnia que hoy denuncio.[160]

Ruego a ustedes señores editores la publicación de la presente.

---

158 No hemos encontrado la carta en *La Industria*.

159 Reproducimos a continuación el telegrama aludido de Carlos Santa María, dueño de la tienda incendiada durante los sucesos de Santiago de Chuco, publicado el 7 de agosto de 1920, precedido de una breve nota de la redacción de *La Industria*: «Sin comentarios publicamos el siguiente telefonema dirigido a una respetable casa de comercio de esta ciudad. Domingo 1° — Vicente Simena [*sic* por Jiménez] e hijo, juez Martínez e hijo, doctor Calderón e hijo, César Vallejo, hermano, José Moreno, Héctor Vásquez acompañados muchos criminales, saquearon mi establecimiento comercio, incendiando después destruyéndola completamente mi propiedad. Salvé milagrosamente vida, encuéntrome miseria. Espero apoyo Uds ante Prefecto, Tribunal y Ministro de Gobierno. Detalles correo. CARLOS SANTA MARÍA».

160 Hasta donde alcanzamos, Vallejo no entabló ninguna demanda por calumnia. Carlos Santa María respondió en la prensa al mensaje de Vallejo, así como a otras cartas publicadas en periódicos trujillanos: «Al llegar a esta ciudad el día de ayer, me he encontrado y he leído la serie de publicaciones que viene haciendo el diario "La Reforma", tendientes a desvirtuar la verdad de mi acusación y de los hechos luctuosos ocurridos en Santiago de Chuco el 1° de Agosto último. / Bien se comprende que todos los artículos que se publican son suscritos por los mismos autores de los delitos cometidos, quienes pretenden disculpar su crimen con falsas aseveraciones y hechando [*sic*] la culpa al pueblo de Santiago de Chuco, extraño por completo a las pasiones y venganzas de los delincuentes. / La mejor prueba de q' no he calumniado al poeta (?) César Vallejo, ni al cabecilla principal Héctor Vásquez, ni al Alcalde (que vergüenza!) Vicente Jiménez, ni a otros "honrados ciudadanos" y "Personas notables" de Santiago de Chuco, está en el hecho de que el señor Juez Instructor nombrado por el Tribunal Correccional ya ha dictado orden de detención definitiva contra todos esos individuos, como lo dictará seguramente contra el célebre doctor Martínez Céspedes y demás secuaces (autores inspiradores de esos artículos de "La Reforma"), — La prueba de la verdad de mis afirmaciones se halla igualmente en que todos los criminales han fugado de Santiago de Chuco, sin que sea conocido hasta hoy su paradero, excepto Pedro Lozada, que es el único detenido, sin duda por ser el menos "notable" de los

Muy agradecidos por este favor atto. y S.S.

César A. Vallejo.»

De ustedes, señores editores, atento servidor.

César A. Vallejo.

---

32 [CARTA MANUSCRITA DE CV A ÓSCAR IMAÑA. DOS PÁGINAS NUMERADAS.]

....

Trujillo, octbre 26 1920. –

Mi querido Óscar:

He leído tu carta que escribes a Antenor últimamente. – Por ella veo que estás arruinado de tedio y de Pacasmayo.[161] – Es una vayna.[162] – A mí me tienes aquí lo tan roído de monotonía que tú. – Qué vamos a hacer, Óscar. – Aguanta, aguanta. –

Supongo que ya tendrás noticia de que estoy enjuiciado civil y criminalmente en Santiago de Chuco, y que luego estoy perseguido por la Justicia y a las puertas del Panóptico. – Ahí tienes lo que me pasa por vivir. – Ya ves. – De allí que me esté desde hace dos meses oculto, y desde hace un mes viviendo en Mansiche, con Antenor y Julio.[163] –

Cuándo te vienes por aquí, para reírnos harto juntos. – Ojalá te dieras un pequeño saltito. – Creo que esto es bien fácil. – Es cuestión de 15 soles a lo más. – Anda, vente; no seas haragán.

Quizás en pocos días más se resuelva el juicio; y se resuelva a mi favor. – Lo dificulto. – Pero quizás. – Yo te lo comunicaré. –

81

---

acusados» (C. Santa María, «Los sucesos de Sntgo. de Chuco», *La Industria,* Trujillo, 8 de septiembre de 1920, p. 2).

161 Concluida su formación universitaria, Imaña parece haber residido temporalmente en Pacasmayo, ciudad costera situada a unos 100 kilómetros de Trujillo. Se embarcó para esa ciudad el 12 de agosto de 1920 («Social», *La Reforma,* 12 de agosto de 1920, p. 2).

162 La palabra «vayna», con ortografía idiosincrática de Vallejo, significa en este contexto «molestia» o «contrariedad».

163 Mansiche era una pequeña localidad rural a las afueras de Trujillo que hoy es parte de la ciudad y en la que Antenor Orrego vivió al menos desde mediados de 1920, en una propiedad que llamaban «el Predio». Durante el último periodo de residencia de Vallejo en Trujillo, Julio Gálvez Orrego, sobrino de Antenor, convivió con él en Mansiche.

Probablemente dentro de dos meses emprenderemos viaje fuera del Perú, con Antenor. – Al menos así lo pensamos. – Y por lo que toca a mí, creo que así será.[164] – Y tú? Cuándo?

Antes de salir, proyectamos editar un libro, obra de todos nosotros juntos. – Él será la cristalización de nuestra vida fraternal de tantos años y de nuestra mejor época juvenil, quizás. – Mándanos tus versos y lo que creas conveniente escribir en verso o prosa. – Tú escogerás. – El libro será de 200 pág. – No te parece bien?[165] –

Acabo de dormir después de almuerzo, y he despertado un poco resfriado. – No te quedes en silencio. – Escríbeme siempre por conducto de Antenor. – Perdona que no sea más extenso; me siento algo mal. –

Un fuertísimo abrazo

César

---

33 [SOLICITUD MECANOGRAFIADA DE CV ANTE EL PRESIDENTE DEL TRIBUNAL CORRECCIONAL DE TRUJILLO, CON FIRMA AUTÓGRAFA.]

....

82

Señor Presidente:

César A. Vallejo, ante Ud. respetuosamente digo:

Que desde el 6 del pte. me encuentro detenido en la cárcel de esta ciudad,[166] sin que hasta la fecha se me haya hecho saber personalmente o en mi domicilio orden alguna de detención.

---

164 Luego de salir de la cárcel y volver a Lima, en 1921, Vallejo planeaba viajar al sur del Perú y luego a Bolivia y Argentina, como parte de una gira artística que finalmente no se realizó (véase Carlos Fernández y Valentino Gianuzzi, «La gira artística que nunca comenzó», *La República*, Lima, 19 de diciembre de 2012, p. 29). Antenor Orrego menciona en el prólogo a *Trilce* (1922), que Vallejo tenía planes de viajar fuera del Perú antes de visitar Santiago de Chuco en 1920.

165 Este proyecto nunca llegó a materializarse. No obstante, la antología se anunció entre el 29 de octubre y el 10 noviembre de 1920 en las páginas de *La Reforma* del siguiente modo: «'Helios' Aparecerá próximamente este libro que contiene las mejores producciones de doce escritores trujillanos. Volumen ilustrado de 200 páginas en octavo. Para pedidos dirigirse a 'La Industria' o a esta imprenta».

166 Vallejo fue arrestado en Trujillo el día 6 de noviembre de 1920. Cuenta Espejo Asturrizaga: «El refugio de César era conocido solamente por sus amigos íntimos. Si acaso la policía tuvo conocimiento de su presencia en este lugar no lo molestó nunca. Pero alguien llegó el viernes 5 de noviembre a la casa y le manifestó a César que había llegado de Santiago de Chuco don Héctor Vásquez, que tenía orden de prisión, así como él y que la policía estaba enterada de la presencia de ambos en Trujillo y se aprestaba a apresarlos. Que no era lugar seguro donde se encontraba y que lo mejor era que se fuera a Trujillo a casa del doctor Ciudad. [...] César temeroso de ser apresado y escuchando las razones del informante, viajó a Trujillo en la madrugada del 6, quedándose en casa del doctor

Como no se ha cumplido con la terminante disposición del art. 65 del C. de Procedimientos en materia criminal,[167] que prescribe la notificación dentro de los plazos que señala, me asiste el perfecto derecho para quejarme por detención arbitraria; i pido al Tribunal Superior que en mérito de la vista fiscal i de la simple confrontación puntualizada en dicha disposición, se sirva ordenar mi inmediata libertad i proveer lo demás que convenga.

Es justicia, &.-

Trujillo, noviembre de 27 de 1920.

César A. Vallejo

---

34 [SOLICITUD MECANOGRAFIADA DE CV Y CARLOS C. GODOY ANTE EL PRESIDENTE DEL TRIBUNAL CORRECCIONAL DE TRUJILLO, CON FIRMAS AUTÓGRAFAS.[168] FOLIO OFICIAL CON EL ESCUDO NACIONAL DEL PERÚ Y EL MEMBRETE:] 1919-1920 | SELLO 1° - 5 CENTAVOS

Sr. Presidente.

César A. Vallejo, en la instrucción seguida contra mí y otros por delitos supuestos expongo:

Para los efectos legales, designo como mi defensor, al Dr Carlos C. Godoy que autoriza esta solicitud.[169]

Trujillo, 2 de diciembre de 1920.

Carlos C. Godoy   César A. Vallejo

Andrés A. Ciudad, calle de San Martín N° 221, donde ya encontró a Héctor Vásquez. / La policía, que realmente estaba enterada del arribo a Trujillo de Vásquez, allanó la casa del doctor Ciudad con el objeto de apresarlo y se halló con la gran sorpresa de no solo encontrar a la persona que buscaba, sino también al poeta César Vallejo» (*César Vallejo: itinerario del hombre,* 1965, p. 98).

167 El artículo 65 reza como sigue: «El acusado a quien no se hubiere notificado antes de las 24 horas la orden de detención provisional, o después de los 10 días la orden de detención definitiva, podrá quejarse al Tribunal Superior por detención arbitraria, quien, sin otro trámite que la vista fiscal y la confrontación con los avisos que tenga el juez, resolverá lo conveniente. Si considera la queja fundada, podrá ordenar la libertad del acusado, o confiar la instrucción á otro juez» (*Código de procedimientos en materia criminal,* Lima, Imprenta Torres Aguirre, 1920, pp. 24-25).

168 Según las firmas adicionales en este mismo documento, los vocales del Tribunal Correccional eran Francisco Antenor Tejeda, Santiago Vásquez, Carlos Vega Zanabria y el vocal suplente Alejandro Morales. El secretario era Julio E. Manucci, amigo de Vallejo.

169 Sobre Carlos C. Godoy Collantes, véase «Perfiles biográficos».

Señor Presidente del Tribunal Correccional:

Héctor Vásquez[170] i César A. Vallejo, detenidos por los sucesos de Santiago de Chuco, a U. con el debido respeto decimos:

Que el Tribunal Correccional no ha tenido oportunidad todavía de examinar este proceso; pero estamos seguros de que cuando lo estudie, adquirirá la convicción de que ha sido generado solo por las pasiones políticas, prontas a la calumnia i a otras manifestaciones de la delincuencia, cuando falta en sus agentes el elemento morigerador de la honradez moral. A esto exclusivamente se debe nuestra complicación inmotivada en los desgraciados sucesos de Santiago de Chuco. Nuestros opositores en política creyeron llegada la ocasión propicia para denunciarnos como criminales, atribuyéndonos la responsabilidad de aquellos sucesos;[171] exhibiéndonos como delincuentes, a ciencia cierta de que no lo éramos ni lo hemos sido nunca, porque, felizmente, estamos conformados de muy distinta manera, pues hemos nacido no para el mal, i es prueba de esto nuestra vida, regida siempre por los austeros principios de la justicia i el respeto al derecho ajeno.

No ha llegado para nosotros tampoco la oportunidad de ocuparnos detenidamente de aquella instrucción i de poner de manifiesto no solo las incorrecciones, sino las infracciones de la ley que se han cometido en su actuación; hay tiempo para esta tarea salvadora de nuestras personalidades, a la vez que reparadora de la justicia i de la moralidad social.

---

170 Héctor Vásquez Ruiz fue uno de los inculpados, junto a Vallejo, por los sucesos de Santiago de Chuco. Fue cercano a la familia Vallejo.

171 Ha narrado Juan Espejo Asturrizaga: «La situación política en Santiago era sumamente candente. Los grupos de antiguos amigos del régimen fenecido (Pardismo) no se resignaban el haber perdido sus prebendas y el dominio político de la provincia. El grupo de leguiístas trataba de contrarrestar esta oposición y con este motivo la tensión día a día tomaba caracteres graves. La familia y los amigos de César todos pertenecían al grupo de los que estaban en el poder y con ellos en su mayor parte el pueblo. Necesariamente César, tenía que estar con ellos. Habían ocurrido algunos hechos de violencia durante los días que estuvimos en Santiago y se hablaba de que habrían de ocurrir otros mayores. César temía por sus familiares y, aunque su espíritu ya más equilibrado y libre de estas rencillas pueblerinas, por su cultura y su vida en la capital de la República le ponían en una actitud de espectador, habían hechos que le tocaban muy a fondo, cuando éstas se rozaban con sus familiares» (*César Vallejo: itinerario del hombre*, 1965, p. 91).

El juez de instrucción encontró, según su criterio, causas determinantes de nuestra detención, i la dictó, creyendo talvez que así llenaba satisfactoriamente su misión.[172] Discutir si en realidad esa causa existió, queda igualmente reservada para mejor ocasión, ya que nuestro propósito es que el proceso toque a su término i que se expida el fallo a que hubiere lugar.

Pero por ahora, i aun cuando el auto de detención no se nos ha comunicado en ninguna forma desde que fuimos presos, i por tal motivo es perfectamente procedente la queja por detención arbitraria, de cuyo recurso nosotros hicimos uso ante el Tribunal Correccional; nuestro ánimo no es reproducirlo por el presente, en el que solicitamos nuestra libertad incondicional, i subsidiariamente, bajo fianza; i para conseguirlo, se ha de servir el Tribunal Correccional tomar en cuenta las siguientes consideraciones, estrictamente legales:

No es punto que pueda remitirse a discusión i menos a duda el que sea el Tribunal el llamado a resolver esta solicitud de conformidad con nuestros justos deseos. La ley no consigna disposición prohibitiva de ninguna forma; i entonces cabe la aplicación de todo principio de legislación i de derecho, que, a mayor abundamiento, consagra nuestra Carta Política, de que nadie está impedido de hacer lo que la ley no prohíbe; i el C. de Procedimientos en materia Criminal no priva al Tribunal Correccional de otorgar la libertad de los detenidos, cuando haya razón legal i cuando, como en el caso que nos ocupa, ya no sea posible hacer uso de dicho recurso ante el juez instructor.

Sentado este axioma, pasamos a fundamentar nuestra petición:

Por lo mismo que los sucesos que tuvieron como teatro la ciudad de Santiago de Chuco, fueron varios i de naturaleza tan compleja, no es posible, legalmente, que en el expediente corran actuaciones precisas i categóricas que importen la acusación de los denunciados i las pruebas o declaración de su culpabilidad. Basta recordar que el asalto a la casa de los señores Santa María se realizó por una muchedumbre, que no hizo otra cosa sino protestar de la muerte que la tropa sublevada dio al honrado

---

172 Se refieren al juez Elías Edmundo Iturri Luna Victoria (1896-1953), quien dictaminó la orden de detención de Vallejo y otros once acusados, entre ellos Víctor y Manuel Vallejo, Héctor Vásquez, Aurelio Calderón Rubio y Pedro Lozada. Vallejo acusa directamente a Iturri en declaraciones tras su puesta en libertad: «La Corte de Trujillo comisionó para levantar el sumario respectivo a un juez ad hoc, llamado Elías Iturri, quien suplantó escandalosamente la instrucción, cometiendo todo género de legicidios para cumplir con venal compromiso contraído anteriormente, comprometiendo, en el juicio, a los vecinos más notables del lugar y, muy en especial, a mí. / Iturri ha tenido y tiene para escuchar su actuación un buen padrino en el seno de Tribunal Correccional, y, así es como se explica, que esa instrucción haya sido aprobada contra todo derecho y toda conciencia» («La prisión de César Vallejo en la cárcel de Trujillo», La Crónica, Lima, 8 de mayo de 1921, p. 2). Antenor Orrego también hace una referencia velada a él en su prólogo a Trilce: «camarada de estudios universitarios, que se prestó a fraguar la más inicua instrucción curialesca».

vecino de Santiago señor Antonio Ciudad, momentos antes. I ni cabe decir que esa muchedumbre realizó el asalto, porque de autos consta que a esa casa penetró únicamente el Subprefecto y las personas que él designó; i que no se faltó a nadie i menos se cometieron actos de violencia con sus moradores. En un suceso o acontecimiento de esta índole i con tales características, no solo es difícil, sino imposible, señalar individualmente a los autores de los delitos denunciados por Santa María, delitos, que por otra parte, no se cometieron i que se inventaron únicamente con un fin preconcebido: el de perdernos, para alejarnos de Santiago de {Chuco} [...][173] [...]ción en la política de esa provincia. I por lo que hace al incendio, nadie puede, honradamente, designar a su autor o autores, por mucho que haya sido el empeño de los acusadores para hacer recaer sobre nosotros la responsabilidad de otro delito.

Tenemos conocimiento que los testigos a quienes se apeló por parte de los denunciantes, han incurrido en tan notables contradicciones, que sus testimonios no pueden estimarse como verídicos, ni mucho menos. I es natural que así sea, si se tiene en cuenta que no es tarea fácil adiestrar a más de treinta personas, para que depongan uniformemente; i esto que no sería posible tratándose de testigos a quienes hubiere constado algo de lo ocurrido, resulta simplemente utópico, con personas buscadas ex-profeso para faltar a la verdad i conseguir por tan inmoral medio el plan político preparado de antemano, aunque para esto haya sido preciso escarnecer a la justicia, agraviar la majestad de la ley i mancillar sin el menor escrúpulo la reputación de muchos hombres de bien.

Con un proceso cuyo aspecto legal era el que dejamos anotado, cabe afirmar que el juez instructor no tuvo elemento legal de criterio para decretar la detención de los acusados, invocando únicamente la contradicción que dice haber advertido en las instructivas de los mismos, i en el mérito que a su juicio pudiera haber arrojado cualquiera otra diligencia. Si esas contradicciones existen, no pueden ser sino de detalles, ya que no es posible suponer que alguno de ellos se haya declarado delincuente i verdaderamente responsable.

Parece, señor Presidente, que la detención se dictó a raíz de la instructiva de uno de los acusados, don Pedro Óscar Lozada.[174]

---

173 Al facsímil le falta una línea de texto en el borde inferior de la página. Aunque la transcripción de Patrón Candela trae la lectura: «de Santiago de Chuco, de la acción», la laguna debe incluir varias palabras más.

174 Pedro Lozada —según Juan Espejo Asturrizaga «de antecedentes nada honestos, y a quien utilizaban para mandados y otros servicios»— estuvo entre los incriminados por los delitos del 1 de agosto. Sobre él, véase Hart, *César Vallejo: A Literary Biography*, 2013, pp. 78-84.

Pero al respecto debemos llamar la atención del Tribunal, que Lozada ha manifestado no haber rendido tal declaración, puesto que tres días después de la fecha en que aparece actuada, se ha dirigido por medio de un recurso al Promotor Fiscal don Rodolfo Ortega, significándole que se encontraba preso en la cárcel de Santiago i que no obstante los días trascurridos, no se le había tomado su instructiva. I ese recurso lo remitió el Promotor, con el oficio respectivo, al juez instructor, llamando su atención y haciéndolo en forma urgente.

[...][175] [tie]ne su domicilio en la calle del Progreso número 511 y en la calle San Martín número 422 de esa Capital el Dr. Ciudad.

Es justicia &.

Trujillo, diciembre 15 de 1920.

A. Cerna Rebaza   Héctor Vásquez

Andrés A. Ciudad[176]   César Vallejo

---

36 [CARTA DE CV A GASTÓN ROGER.][177]

87

....

[Trujillo, diciembre de 1920]

Recordado amigo:[178]

Encuéntrome, desde hace un mes, preso en la cárcel de esta ciudad, enjuiciado calumniosamente por un hato de crímenes vulgares que yo nunca he cometido. Es el ambiente provincial. Los rescoldos equívocos de maledicencia lugareña. —Soy del terruño. —Soy víctima ahora de una de esas tantas infamias gratuitas o brutalmente caramboleadas que abundan, apestando a murciélago, en cada montón de casas distritales. Porque soy del terruño de los que me acusan, y porque ocasionalmente

---

175   Aquí faltan dos carillas completas en el original que no hemos podido conseguir.

176   Andrés Ciudad y Alejandro Cerna Rebaza se desempeñaban como defensores de Héctor Vásquez. Fue en casa del primero donde se detuvo a Vásquez y a Vallejo (véase la nota a la solicitud del 27 de noviembre de 1920).

177   La carta apareció en *La Prensa*, edición de la tarde, el 20 de diciembre de 1920, p. 1, con una presentación de Gastón Roger y seguida de un artículo de Víctor Raúl Haya de la Torre; ambos textos pueden verse en Vallejo, *Poesía completa,* 1997, vol. II, pp. 152-154.

178   El periodista peruano Ezequiel Balarezo Pinillos (1892-1937), que firmaba Gastón Roger, debió haber conocido a Vallejo durante su estadía en Lima entre 1918 y 1920.

estuve en Santiago de Chuco, ahora meses, cuando hubo matanzas e incendios en esa provincia. Es el ambiente provincial. Eso es todo.

Y además se me ha empapelado a toda impunidad y a todo descaro. Y como me hallo en grave peligro de ser condenado por el Tribunal Correccional, uno de estos días, ojalá usted que ha estimado en algo mi obra artística,[179] quiera suscitar entre los demás amigos de Lima, algún gesto de simpatía y de interés en mi favor, con ocasión del ultraje y del daño moral de que se me quiere hacer víctima, a espaldas de mi inocencia y de la ley.[180] Tengo para mí, que esta delicadeza de ustedes vendría a insinuar la absolución a que tengo derecho en semejante tinterillaje.

Los días son contados para la audiencia respectiva; y casi estoy seguro de la gentileza con que ha de ser acogida por la viril intelectualidad limeña, mi presente demanda fraternal.

Suyo con todo afecto.

Cesáreo [*sic*] Vallejo

---

37 [SOLICITUD MECANOGRAFIADA DE CV Y CARLOS C. GODOY ANTE EL PRESIDENTE DEL TRIBUNAL CORRECCIONAL DE TRUJILLO, CON FIRMAS AUTÓGRAFAS. FOLIO OFICIAL CON EL ESCUDO NACIONAL DEL PERÚ Y EL MEMBRETE:] 1919-1920 | SELLO 1° - 5 CENTAVOS

Sr. Presidente.

César A. Vallejo, en la instrucción contra mí y otros por los sucesos de Santiago de Chuco expongo:

No habiéndose definido mi situación legal hasta hoy, a pesar de que el proceso ingresó el 21 de setiembre último y a pesar de encontrarme detenido hace ~~dos meses y medio,~~ ruego al Tribunal se sirva, en mérito del dictamen emitido por el Sr. Fiscal, Dr. Castañeda,[181] ordenar mi libertad inmediata, medida reparadora que se

---

179 Gastón Roger había reseñado favorablemente *Los heraldos negros* en las páginas de *La Prensa*, edición de la tarde, Lima, 1 de septiembre de 1919, p. 2.

180 Aunque existen noticias de un documento de apoyo firmado por los intelectuales limeños (véase *El Comercio*, Lima, 22 de diciembre de 1920, p. 7), no conocemos el contenido exacto ni quiénes fueron los firmantes de este documento.

181 El doctor Aparicio Castañeda, que actuó como fiscal interino en parte del proceso, y que dictaminó en favor de la libertad de Vallejo, había conocido al poeta en la Universidad de La Libertad, al menos desde 1914. El texto de este dictamen se reproduce íntegramente en Patrón Candela, *El proceso Vallejo*, 1992, pp. 305-307. En él Castañeda sostiene que el juicio a Vallejo es improcedente «porque en las declaraciones del Subprefecto ante el Juez Instructor Ad-hoc cuando dicha autoridad se dio

ha de servir el Tribunal acordar en el día, a fin de poner término a mi injustificada detención.

Trujillo, 23 de diciembre de 1920

Carlos C. Godoy   César A. Vallejo

---

38 [SOLICITUD MECANOGRAFIADA DE CV Y CARLOS C. GODOY ANTE EL PRESIDENTE DEL TRIBUNAL CORRECCIONAL DE TRUJILLO, CON FIRMAS AUTÓGRAFAS. DOS PÁGINAS. FOLIO OFICIAL CON EL ESCUDO NACIONAL DEL PERÚ Y EL MEMBRETE:] SELLO 1° S/. 0 - 5 | 1921-1922

....

Sr. Presidente.

César A. Vallejo, en la instrucción seguida con motivo de los sucesos ocurridos en Santiago de Chuco, expongo:

Van a trascurrir tres meses desde que se me puso en detención y sin embargo, aún no se define mi situación en este proceso, pues, a pesar de que el Sr. Fiscal interino, Dr. Castañeda, al amparo de lo dispuesto en la primera parte del art. 196 del C. de P. en M. C.[182] opinó en el sentido de que no procedía el juicio respecto de mí, y que por lo tanto se debía decretar mi libertad inmediata, el Tribunal Correccional no se ha pronunciado sobre este extremo del dictamen referido, irrogándome con su omisión los perjuicios inherentes a toda detención indebida.

Es por tal causa, que me veo precisado a insistir en mi petición de libertad, rogando al Tribunal se sirva resolverla, si lo estima necesario, con audiencia del Sr. Fiscal

---

cuenta de los acompañantes que habían traicionado su confianza, no menciona al referido Vallejo entre los que rompieron las puertas del teléfono y telégrafo como lo atribuye el testigo Ravelo; ni nada tiene de particular que estuviera en la esquina de Santa María donde dice haberlo visto el testigo Marcial Sánchez, ya que el Sub-prefecto dándole un arma lo mismo que [a] otros para que rondaran la población ha podido estar en ese lugar con el mencionado objeto. El Sub-prefecto presenta a César Vallejo como haber estado cerca de él hasta cuando terminaron los sucesos y de haberlo ayudado a escribir los partes y despachos sobre el particular, manifestando con ello que el referido Vallejo no tomó participación alguna en los hechos delictuosos de que se trata» (p. 307). Castañeda contó algunas anécdotas sobre Vallejo en «El poeta Vallejo», *La Industria*, Trujillo, 6 de enero de 1940, aunque ninguna relacionada con los sucesos de Santiago.

182 El artículo 196 del Código de Procedimientos en Materia Criminal reza como sigue: «El fiscal puede opinar por que no procede el juicio, ya sea por haber prescrito el delito, o por no resultar responsabilidad de la instrucción. En este caso, el tribunal dictará la resolución que corresponda, o confirmando la opinión del fiscal, o mandando ampliar la instrucción, o remitiendo los autos a otro fiscal para que dictamine» (*Código de procedimientos en materia criminal*, 1920, p. 64).

en propiedad, que ha asumido ya el ejercicio de sus funciones, — con cuyo trámite puede estimarse satisfecha la exigencia del citado artículo 196 en su última parte.

La solución reclamada es tanto más necesaria si se considera, que comprendidas en el enjuiciamiento más de veinte personas; y debiendo el Ministerio Fiscal formular acusación individual contra la mayoría; la absolución de este trámite, el estudio de los autos por los defensores de cada uno de los ausentes, y las posibles postergaciones de la audiencia por la falta de solicitud de los testigos a quienes se cita para el debate oral, impedirán que este se verifique con la celeridad apetecida, de modo que con tales antecedentes, no es aventurado suponer que trascurra un semestre o más antes de que pueda expedirse el fallo pendiente debiendo entre tanto sufrir el peticionario los perjuicios que origina toda detención inmotivada. Es sin duda, en estas consideraciones de equidad que se fundó el Fiscal Dr. Castañeda al expedir el dictamen aludido por el que sin infringir ningún precepto legal, quiso poner término a la detención que venimos sufriendo, los que en concepto de aquel magistrado, no tenemos responsabilidad proveniente de la instrucción que se tramita.

En mérito de las razones expuestas, e invocando la ilustrada justificación del Tribunal, me permito suplicarle se sirva diferir a esta petición, oyendo previamente al Sr. Fiscal, y sirviendo tener presente al resolver, que, no mediando prohibición legal, se prive al Tribunal Correccional de la facultad de proceder en la forma solicitada, es indiscutible el derecho que le asiste para decretar mi libertad en el día, o sea, antes de que se verifique la audiencia respectiva.

Trujillo, 4 de enero de 1921

Carlos C. Godoy   César A. Vallejo.

---

39 [SOLICITUD MECANOGRAFIADA DE CV Y CARLOS C. GODOY ANTE EL PRESIDENTE DEL TRIBUNAL CORRECCIONAL DE TRUJILLO, CON FIRMAS AUTÓGRAFAS. FOLIO OFICIAL CON EL ESCUDO NACIONAL DEL PERÚ Y EL MEMBRETE:] SELLO 1° S/. 0 - 5 | 1921-1922

Sr. Presidente.

César A. Vallejo, en la instrucción seguida con motivo de los sucesos de Santiago de Chuco, expongo:

Devueltos los autos por el Sr. Fiscal ruego al Tribunal Correccional se sirva proveer en seguida mis reiteradas peticiones sobre mi libertad, que aún no han sido resueltas.

Trujillo, 13 de enero de 1921

Carlos Godoy   César A. Vallejo

Trujillo, 12 Febrero 1921

Óscar:

Te {po}ngo estas líneas todavía desde la cárcel. – Qué te parece. – Yo hubiera querido escribirte anunciándote ya mi libertad; pero estos abogados!...

Sé que ya estás en Pacasmayo. – Y todavía sé que has de darte tu salto de un momento a otro por aquí. – Ojalá así sea, y que me sea dado ir a Salaverry a tenderte mis brazos. –[183]

Dos Fiscales ya han opinado por mi libertad, y sin embargo la Corte hasta hoy no se produce sobre mi situación. – Ni porque Morales forma parte de la Sala. –[184] El tinterillaje es cosa más que endiablada. –

Tú puedes imaginarte cómo la pasaré ahora. – A veces me falta paciencia y se me oscurece todo; muy pocas veces estoy bien. – Llevo ya cerca de cuatro meses en la prisión; y han de flaquear ya mis más duras fortalezas. –

Recibimos el memorial de las damas de Chiclayo. – Hoy hago un telegrama a la señora de Cornejo, expresándoles mis agradecimientos por tan simpático gesto. –[185]

En mi celda leo de cuando en cuando; muy de breve en breve cavilo y me muerdo los codos de rabia, no precisamente por aquello del honor, sino por la privación material, completamente material de mi libertad animal. – Es cosa fea esta, Óscar. –

También escribo de vez en vez, y si viene a mi alma algún aliento dulce, es la luz del recuerdo... ¡Oh el recuerdo en la prisión! Cómo él llega y cae en el corazón, y aceita con melancolía esta máquina ya tan descompuesta...

No sé qué harán de mí en resumidas cuentas estas gentes. – Ya veremos. –
Tu hermano

César

91

---

183   Óscar Imaña se embarcó en Chiclayo con rumbo a Pacasmayo el 12 de enero de 1921 («Sociales», *El Tiempo,* Chiclayo, 12 de enero de 1921, p. [3]). Vallejo se refiere aquí al puerto de Salaverry, situado entonces a las afueras de Trujillo y hoy parte del área metropolitana de la ciudad. Hasta donde alcanzamos, Imaña y Vallejo no se volverían a ver en persona.

184   Alejandro Morales Morillo fue profesor de Vallejo en la Universidad Menor de la Libertad. Vallejo fue su alumno en el curso de Derecho Penal Filosófico y Positivo en el año 1916.

185   No conocemos hasta la fecha el contenido de este memorial, ni la identidad exacta de la señora de Cornejo.

Sr. Presidente:

César A. Vallejo, en la instrucción seguida con motivo de los sucesos de Santiago de Chuco, expongo:

Mi situación actual en este proceso es tan anómala, que me veo en el caso de ocurrir por última vez al Tribunal Correccional, a fin de que se sirva definirla en el día, protestando en caso contrario la correspondiente queja ante la Corte Suprema de Justicia, sin perjuicio de la acción que pudiera ejercitar el Ministerio Fiscal conforme al inc. 2° del art. 15 del C. de P. en M. C.[187]

Es inexplicable, Sr. Presidente, que bajo el imperio del nuevo C. de P. en M. C., cuya característica es la rapidez en la tramitación, hayan podido trascurrir más de cuatro meses, sin que el Tribunal Correccional acuerde mi libertad, o me remita a los resultados de la audiencia pública respectiva; y sin embargo, tal es la penosa situación que sobrellevo desde el 6 de octubre del año pasado, fecha de mi detención.[188]

El art. 6° del citado Código pre[s]cribe, que los plazos que en él se señalan son fatales; que solo pueden ser prorrogados cuando expresamente lo autoriza esa ley y que <u>incurren en responsabilidad, todos los funcionarios judiciales y del ministerio fiscal que no se sometan rigurosamente a ellos.</u>[189]

---

186 El texto íntegro se publicó en *La Reforma* de Trujillo, como parte del artículo anónimo «Actitud inexplicable del tribunal», el 22 de febrero de 1921, p. 2.

187 El artículo 15, que enumera las atribuciones del Ministerio Fiscal, reza en su segundo inciso como sigue: «Vigilar y exigir, bajo responsabilidad, que se observen todos los plazos establecidos por este Código para la instrucción y para el juicio» (*Código de procedimientos en materia criminal*, 1920, p. 8).

188 Paradójicamente, en un artículo propagandístico sobre el Perú escrito en Europa («El Perú», *L'Amérique Latine*, París, 20 y 27 de junio y 4 de julio de 1926, p. 2), Vallejo se refiere a la rapidez burocrática debida a los nuevos códigos gestados durante los primeros años del gobierno de Leguía: «La tramitación de los juicios penal y civil ha sido encauzada hacia formas más sobrias y científicas; el procedimiento penal, sobre todo, es ahora de una rapidez y simplicidad que garantizan los intereses de la sociedad y nada tiene que envidiar a la justeza y precisión jurídicas de Francia» (el texto completo de este artículo olvidado se reproduce en César Vallejo, *El Perú*, 2021, pp. 7-24).

189 Es cita casi textual del artículo 6, que reza como sigue: «Los plazos señalados en este Código se consideran fatales; sólo pueden ser prorrogados cuando expresamente lo consigna la ley. Incurren en responsabilidad todos los funcionarios judiciales y del Ministerio Fiscal que no se someten rigurosamente a ellos» (*Código de procedimientos en materia criminal*, 1920, p. 5).

Este principio fundamental de nuestro procedimiento en materia criminal, no ha sido observado desgraciadamente por el Tribunal Correccional; explicándose solo así, el que, en casi cinco meses que han trascurrido desde que ingresó la instrucción —que no ha sido ampliada— no se hayan podido evacuar todavía los trámites brevísimos que deben proceder al debate oral, y que conforme a la ley no pueden requerir más de 30 días perentorios por tratarse de términos que no son susceptibles de prórroga. En efecto, conforme al art. 194 del C. referido,[190] la instrucción que ingresó al Tribunal el 20 de setiembre del año último, <u>debió pasar dentro del término improrrogable de 24 horas a poder del señor Fiscal</u> quien, a tenor del art. 195 del mismo C., <u>solo pudo disponer de ocho días improrrogables también</u>, para formular la acusación respectiva y para opinar en caso necesario, por la improcedencia del juicio respecto de todos o de algunos de los acusados a quienes debería en tal caso otorgarse inmediata libertad.[191]

Con el mérito de este dictamen, correspondía al Tribunal, con arreglo al art. 196 <u>resolver inmediatamente</u>, de conformidad con la opinión fiscal en cuanto al sobreseimiento y libertad propuestos, si no acordaba ampliar la instrucción, o remitirla a dictamen de otro Fiscal.[192]

Adoptado este último temperamento, el Tribunal estaba obligado a pronunciarse con el nuevo dictamen a la vista —que debió expedirse dentro del término de ocho días— sobre la improcedencia del juicio planteada por el primer Fiscal y en consecuencia sobre la libertad de los detenidos pedida por aquel, sin perjuicio de señalar día y hora para la audiencia pública y de resolver dentro de tercero día sobre los demás puntos contemplados en el artículo 200 de la citada Codificación.[193]

---

190 El artículo 194 reza exactamente como sigue: «Recibida la instrucción por el presidente del Tribunal correccional, si el informe del juez opina por la culpabilidad del acusado remitirá inmediatamente al fiscal la instrucción con todos los antecedentes que existan en secretaría y hará notificar al acusado que nombre defensor. Lo dispuesto en este artículo se cumplirá en el plazo improrrogable de 24 horas, bajo responsabilidad del Presidente» (*Código de procedimientos en materia criminal*, 1920, pp. 63-64).

191 El artículo 195 reza como sigue: «Recibida por el Fiscal la instrucción y los antecedentes, este formulará el escrito de acusación en el plazo improrrogable de ocho días» (*Código de procedimientos en materia criminal*, 1920, p. 64).

192 Véase el artículo 196 en la nota a la solicitud del 4 de enero de 1921.

193 El artículo 200 reza como sigue: «Dentro de los tres días que el Tribunal reciba el escrito de acusación, se reunirá para resolver los siguientes puntos: 1.º, si le corresponde el conocimiento de la causa, o si debe remitirla al jurado; 2.º, cuáles son los testigos y peritos que deben ser citados para la audiencia; 3.º, a quién debe encomendarse la defensa del acusado, en los casos en que éste no ha nombrado defensor; 4.º si es obligatoria a concurrencia de la parte civil; 5.º, el día y hora en que tendrá lugar la audiencia pública para el debate oral y la resolución de la causa» (*Código de procedimientos en materia criminal*, 1920, p. 65).

Todos estos trámites —salvo el caso de ampliación de la instrucción que no es este— deben evacuarse, repito, dentro de un término breve, que no debe exceder de treinta días.

Ahora bien, entre esta trayectoria que es la legal, y la que ha seguido la instrucción, hay diferencias tan sustanciales, que me veo obligado a llamar seriamente la atención del Tribunal, a fin de que, regularizando el procedimiento, ponga término inmediato a la prolongada detención que estoy sufriendo indebidamente.

Ingresados los autos al Tribunal, se pasaron a dictamen del Fiscal suplente, doctor Lizarzaburu, quien después de *más de* cuarenta días los devolvió sin dictamen, pasando entonces al señor Fiscal interino, doctor Castañeda, quien, al dictaminar, opinó por la improcedencia del juicio respecto del infrascrito y de algunos otros acusados que se encuentran también detenidos, y que en su concepto debían ser puestos en libertad inmediatamente.

Este dictamen que fue emitido a fines de Diciembre último, debió motivar conforme a la ley, una resolución inmediata del Tribunal respecto a la situación de los acusados cuya libertad solicitó el Ministerio público, resolución que no se pronunció entonces, ni se ha pronunciado hasta hoy, a pesar de mis reiteradas instancias y de los mandatos imperativos de la ley que el Tribunal está en el deber de acatar.

Es cierto que el señor Fiscal doctor Castañeda no absolvió el trámite íntegramente, pues omitió formular acusación contra los enjuiciados que en su concepto eran responsables de los delitos que han dado margen a esta instrucción; pero esta omisión, que estuvo fundada quizás en la necesidad de poner término inmediato a la detención de los no culpables, no debió ser óbice, para que el Tribunal, procediendo con criterio de equidad y en ausencia de disposición prohibitiva, resolviera esa cuestión previa, ya sea aceptando la opinión del señor Fiscal interino, o mandando ampliar la instrucción, o remitiendo los autos a dictamen del señor Fiscal en propiedad, doctor Quirós Vega; para que, a la vez que absolviera el trámite omitido de la acusación, se pronunciara sobre el mérito de la improcedencia del juicio planteada por su predecesor.

Pero el Tribunal no procedió así. Mirando con cruel despreocupación el punto relativo a nuestra libertad — mandó pasar los autos a su ministerio única y exclusivamente para que integrara el dictamen del señor Fiscal interino, poniendo de lado la cuestión referente a nuestra libertad, que, según todas las apariencias, debe seguir indefinidamente en la condición de irresoluble.[194]

---

194   A partir de aquí los subrayados de esta solicitud están hechos en tinta, y podrían no ser de los autores.

Entre tanto, y a pesar de mediar en pro de mi libertad, el dictamen no repudiado, del señor Fiscal interino doctor Castañeda; de las generosas peticiones que en una verdadera emulación de nobleza han formulado a mi favor, los distinguidos miembros de la prensa local y la de Chiclayo; las de respetables matronas de aquella capital; las de la juventud universitaria de esta ciudad; la de la Federación de Estudiantes de Lima; los intelectuales de Arequipa, y de mediar además la recomendación especial que el señor Ministro de Justicia hiciera al Tribunal sobre la rapidez del procedimiento en esta instrucción,[195] el proceso no avanza desgraciadamente; las peticiones de dictamen al señor Fiscal se escalonan en forma desesperante, y el juicio tiende a empantanarse bajo la red de un procedimiento, que siendo de una simplicidad elemental, se va complicando de tal manera, que nos sugiere el recuerdo fatídico de la legislación procesal derogada.

Si el propósito del Tribunal Correccional es mantenerme en detención hasta que se verifique la audiencia, tal propósito sería implicante con su actitud pasiva ante el dictamen del señor Fiscal interino, doctor Castañeda, puesto que, con arreglo al artículo 196 del Código tantas veces citado, el Tribunal estaba obligado en caso de no conformarse con la opinión de aquel funcionario, a pedir dictamen inmediatamente a otro señor Fiscal, y de ninguna manera a cruzarse de brazos ante tal situación, con daño evidente para los enjuiciados que, en concepto del señor Fiscal interino, sufren detención inmotivada.

Yo creo y espero que el Tribunal Correccional al proveer este recurso, ordenará mi libertad sin ningún trámite previo, ya que sería inexplicable que, con motivo de esta solicitud y después de más de cincuenta días de encontrarse en poder del Tribunal el dictamen del señor Fiscal doctor Castañeda, se pretendiera hoy apelar al medio ilegal y extemporáneo de pedir dictamen sobre el particular a otro señor Fiscal.

95

---

195 Vallejo enumera varios memoriales de apoyo solicitando su liberación y que habían aparecido en la prensa peruana: el de los periodistas de Chiclayo apareció en *La Reforma* el 10 de diciembre de 1920; el de los estudiantes universitarios de Trujillo y el de los periodistas de la misma ciudad, en *La Industria* el 11 y el 17 de diciembre, respectivamente (estos se reproducen facsimilarmente en Patrón Cándela, *El proceso Vallejo*, 1992, pp. 341-344 y 346-348); y el memorial de los intelectuales de Arequipa, en *El Comercio* de Lima el 23 de diciembre de 1921. Fue este último memorial, enviado al Ministro de Justicia, el que generó la recomendación especial a la que se refiere Vallejo (véase el intercambio de telegramas en *El Comercio*, el 23 de diciembre de 1920, p. 5 y el facsímil del telegrama en Patrón Candela, *El proceso Vallejo*, 1992, p. 337). El Ministro de Justicia en esa fecha era Óscar C. Barrós (1875-1963), hijo de Pedro M. Barrós, a quien Vallejo debe haber tratado cuando se creó el Instituto Nacional. El expediente también conserva un telegrama de la Federación de Estudiantes del Perú, firmada por su presidente Juan Francisco Valega (facsímil en Patrón Candela, *El proceso Vallejo*, 1992, p. 351). Por otro lado, no conocemos el memorial de las damas de Chiclayo, que se menciona también en carta a Óscar Imaña del 12 de febrero de 1921. Existe también un memorial de los profesores de Huamachuco, que apareció en *La Reforma* el 10 de enero de 1921.

Otro sí: — Para el caso de que el Tribunal no decretara mi libertad, pido se me confiera copia certificada de las siguientes piezas: del decreto que dio ingreso a la instrucción; del que mandó pasar los autos al Fiscal suplente doctor Lizarzaburu; de la anotación puesta por este funcionario al devolver la causa sin dictamen; del decreto que mandó pasar la instrucción al señor Fiscal interino; del dictamen del doctor Castañeda; del decreto que mandó pasar los autos al señor Fiscal propietario, del dictamen que expidió entonces el doctor Quiroz Vega; de mis solicitudes sobre libertad, y de este recurso y su proveído.

Trujillo, a 14 de Febrero de 1921.

Carlos C. Godoy   César Vallejo

---

42 [SOLICITUD MECANOGRAFIADA DE CV Y CARLOS C. GODOY ANTE EL PRESIDENTE DEL TRIBUNAL CORRECCIONAL DE TRUJILLO, CON FIRMAS AUTÓGRAFAS. DOS PÁGINAS. FOLIO OFICIAL CON EL ESCUDO NACIONAL DEL PERÚ Y EL MEMBRETE:] SELLO 1° S/. 0 - 5 | 1921-1922

Sr. Presidente.

César A. Vallejo, en la instrucción seguida con motivo de los sucesos de Santiago de Chuco, expongo:

Se me ha notificado el auto por el que, a la vez que se ordena mi libertad,[196] se manda pasar los autos al Sr. Fiscal para que formule acusación contra el recurrente por el delito de asalto a las oficinas telegráficas y telefónica de Santiago de Chuco.

Este mandato del Tribunal, no lo considero legal, por cuanto, el derecho de acusar es atributivo exclusivamente del Ministerio Público, quien puede o no formular acusación a su arbitrio, quedando al Tribunal en el caso de no concordar con la opinión fiscal, el camino señalado por la última parte del art. 196 del C. de P. en M. C.[197]

El Tribunal pudo, pues, en el presente caso pedir dictamen oportunamente al Sr. Fiscal propietario —es decir dentro de los tres días de presentado el dictamen del Sr. Fiscal interino, Dr Castañeda— (art. 200);[198] pero no ordenarle que acuse después de más de dos meses de presentado el anterior dictamen.

---

196   Vallejo fue puesto en libertad el 26 de febrero de 1921.

197   Véase el artículo 196 en la nota a la solicitud del 4 de enero de 1921.

198   Véase el artículo 200 en la nota a la solicitud del 14 de febrero de 1921

En mérito de lo expuesto a Ud. pido se sirva declarar insubsistente la resolución discutida en la parte a que dejo hecha referencia; sirviéndose en caso contrario, ordenar se me otorguen las copias que solicité en el otro sí de mi anterior escrito y a las que se agregarán las de los autos de 24 del mes próximo pasado y la de este recurso y su proveído.

OTRO Sí: habiéndose formado cuaderno aparte con los actuados últimos referentes a mi libertad; pido al tribunal se sirva mandar se agreguen a la instrucción por tratarse de un incidente que no debe correr en cuaderno separado.

Trujillo, 3 de marzo de 1921

Carlos C. Godoy   César A. Vallejo

---

43 [SOLICITUD MECANOGRAFIADA DE CV Y CARLOS C. GODOY ANTE EL PRESIDENTE DEL TRIBUNAL CORRECCIONAL DE TRUJILLO, CON FIRMAS AUTÓGRAFAS. FOLIO OFICIAL CON EL ESCUDO NACIONAL DEL PERÚ Y EL MEMBRETE:] SELLO 1° S/. 0 - 5 | 1921-1922

Sr. Presidente.

César A. Vallejo, en la instrucción seguida con motivo de los sucesos de Santiago de Chuco, expongo:

No estimando arreglada a la ley la resolución de 8 de los corrientes[199] — interpongo recurso de nulidad que se servirá en concederme.

El arto. 196 del C. de P. en M. C. en su última parte no faculta al Tribunal Correccional para que ordene al nuevo Fiscal que formule acusación; lo autoriza simplemente para pedirle dictamen, dictamen que puede o no contener acusación contra el enjuiciado que obtuvo opinión favorable del anterior Fiscal — la ley deja pues, al criterio del nuevo Fiscal el formular o no la acusación respectiva, y desde este punto de vista la cita que hice del arto. 196 ~~no~~ es del todo pertinente, puesto que

---

199   La resolución reza como sigue: «Trujillo, marzo 8 de 1921: En lo principal, estando arreglada la resolución de la que se reclama en la parte que se hace referencia a la última parte del art. 196.° del Código de Procedimientos en Materia Criminal, por la cual la cita que se hace de dicha disposición legal es contraproducente: DECLARARON: sin lugar la insubsistencia que se solicita; debiendo expresarse por el recurrente el objeto con que se pide copia para proveer el pedido subsidiario a que a este respecto formula; Al otrosí, debiendo agregarse el incidente de que se trata al expediente principal: declararon sin objeto lo que se solicita. [Firmado]: Tejeda, Vásquez, Vega Z., Suplente D. Morales, Mannucci» (Patrón Candela, *El proceso Vallejo,* 1992, p. 376).

el Tribunal no se ha limitado a pedir dictamen al Sr. Fiscal, Dr. Quiroz Vega, sino que le ha ordenado formular acusación contra mí por determinado delito.

Otro sí: aun cuando en lo principal de mi penúltimo recurso expresé claramente mi propósito de ocurrir en queja ante la Corte Suprema, queja que debía recaudar con las copias que solicité en el otro sí de aquella solicitud, el hecho de haber alcanzado ya mi libertad y de haberse concedido además recurso de nulidad a quien no es parte en el juicio criminal, me inducen a no insistir en mi pedido anterior, esperando que el Tribunal Supremo al revisar la instrucción se pronuncie también sobre el alcance del arto. 196 de C. de P. citado.[200]

Trujillo, 15 de Marzo de 1921. –
Carlos C. Godoy   César A Vallejo

---

44 [MENSAJE MANUSCRITO DE CV, ANTENOR ORREGO Y FEDERICO ESQUERRE PARA ROSA ESPEJO ASTURRIZAGA, EN UNA TARJETA PERSONAL DE ORREGO.]

98

Antenor Orrego E. [luego, a mano:], César Vallejo y Federico Esquerre saludan a su distinguida amiguita, señorita Rosa Espejo Asturrizaga,[201] en el día de su cumpleaños.

Trujillo, Abril 12 de 1921.[202]

●

---

200 Véase el artículo 196 en la nota a la solicitud del 4 de enero de 1921.

201 Rosa Espejo Asturrizaga (1904-1984) era hermana de Juan y Carlos, cercanos a Vallejo en Trujillo y Lima. El 16 de abril de 1929, Rosa contrajo matrimonio con el poeta Francisco A. Sandoval (luego conocido como Francisco Xandóval). Se sabe de un ejemplar de *Los heraldos negros* dedicado a ella (véase «Dedicatorias»).

202 De la fecha de esta tarjeta se desprende que Vallejo no regresó a Lima en marzo, «a los pocos días del agasajo que le brindaron sus amigos», como sostuvo Juan Espejo Asturrizaga en *César Vallejo itinerario del hombre*, 1965, p. 105. Posteriormente hemos podido establecer, gracias a una nota publicada en la prensa de Lima, que Vallejo llegó a la capital el 22 de abril de 1921 («Relación de pasajeros», *La Crónica*, Lima, 24 de abril de 1921, p. 12).

Lima, 7 Noviembre 1921

Sra. María Jesús vda. de Vejarano [*sic*][203]
        Santiago de Chuco

Mi querida hermanita:

Con atraso recibí tu cartita. Y como posteriormente he estado enfermo durante cerca de un mes, no he podido contestarte sino hoy. Excúsame pues mi silencio.

He visitado a Noé en la Escuela Militar.[204] Está muy bien y muy contento. Dice que no recibe carta de ustedes hace cerca de dos meses, y que por su parte siempre les escribe. En Enero dará examen para su ingreso a la División Superior que es lo que desea y es necesario. No tengas pues cuidado; debes estar tranquila y con la esperanza de ver logrado a tu hijo muy pronto.

Le he dicho, como es natural, que se venga a verme a Lima siempre,[205] para estar juntos siquiera algún rato. Descuida pues que yo lo vigilaré y le ayudaré con todo mi cariño en todo lo que pueda.

Con fuertes abrazos para ti y todos tus hijitos, se despide tu hermano que te quiere

César

99

---

203 María Jesús Vallejo Mendoza (1868-1957) fue la primogénita de la familia Vallejo Mendoza. Muy joven, contrajo matrimonio con Lucas Bejarano Ramírez (1857-1919), a quien Vallejo menciona en el poema en prosa «La violencia de las horas», publicado póstumamente: «Murió Lucas, mi cuñado en la paz de las cinturas, de quien me acuerdo cuando llueve y no hay nadie en mi experiencia». Esta es la única carta a ella de la que tenemos noticia.

204 Vallejo alude a su sobrino, Héctor Noé Bejarano Vallejo (1901-1970), que llegaría a ser general de división del ejército peruano.

205 La Escuela Militar de Chorrillos, a la que asistió el sobrino de Vallejo, se encontraba en las afueras de Lima y hoy está ubicada dentro del área metropolitana de la capital.

[Lima, enero de 1922]

Señor Presidente de la Cámara de Diputados:

Los suscritos, organizadores del homenaje tributado a José Santos Chocano a su arribo al país,[207] acudimos al Congreso Nacional, en la forma que sea de derecho, a fin de expresar lo siguiente:

Todos los elementos representativos del Perú, con satisfactoria y honrosa unanimidad, se han adherido a las manifestaciones de viva simpatía y justificada admiración hechas a nuestro insigne poeta, desde el momento en que pisó de nuevo el territorio nacional. Las sociedades Obreras, los Centros intelectuales, la juventud universitaria, la prensa, y, de modo particular, el Parlamento, se han apresurado a atestiguar al insuperable cantor de nuestra raza y de nuestras glorias, que en su país se sabe rendir a su genio, el mismo fervoroso culto, por lo menos, que se le dispensa en los pueblos de habla española y en el resto de las colectividades civilizadas del globo.

Puede afirmarse que nadie ignora, entre nosotros, lo que significa para los prestigios de la intelectualidad peruana contar, en una época en que las facultades del espíritu han alcanzado su más alto vuelo, con un intelectual de la valía de José Santos Chocano, reconocido por el orbe entero, como el primer lírida contemporáneo de lengua española; de una lengua enaltecida por verdaderas cumbres de la poesía antigua y moderna.

En consecuencia, la noticia de que el Poder Ejecutivo se ha apresurado a acoger favorable y efusivamente la iniciativa de algunos señores diputados en el sentido de

100

---

206   Se publicó en «Los intelectuales piden para Chocano sueldo de Plenipotenciario», *La Prensa*, Lima, 9 de enero de 1922, p. 1.

207   El escritor modernista José Santos Chocano (1975-1934) fue quizá el poeta peruano vivo más célebre a principios del siglo veinte. Vallejo lo menciona en su tesis de 1915 y lo conoció en persona hacia fines de 1921, luego de su regreso a Lima tras 17 años de ausencia. Según Luis Alberto Sánchez, Vallejo estuvo en la estación de La Colmena de Lima junto con otros escritores, esperando a Chocano a su retorno desde Costa Rica (*Aladino, o vida y obra de José Santos Chocano*, Ciudad de México, Libro Mex, 1960, p. 372). Esta carta colectiva confirma que Vallejo participó de los preparativos para el homenaje de recibimiento de Chocano. No obstante, Espejo Asturrizaga sostiene que Vallejo asistió con dos amigos al acto de bienvenida «confundido y anónimo entre quienes siguieron al poeta por las calles de Lima hasta su antigua casa» (*César Vallejo: itinerario del hombre*, 1965, p. 106).

que a la medalla de oro tan unánimemente acordada al poeta por ambas ramas del Congreso, se agregue el otorgamiento al mismo, de una pensión vitalicia,[208] llenará de júbilo y de orgullo a toda la República, a todos los peruanos, que anhelen, con justo motivo, ver a su ilustre compatriota libre de las preocupaciones que impide la lucha menuda por la existencia y entregado de modo absoluto y definitivo, a su proficua labor literaria, en la que sin duda le esperan nuevos y más ruidosos triunfos, con beneficio para su nombre y mayor gloria para su patria.

Dados los sentimientos que predominan en el Parlamento —testigo en estos instantes de la adhesión calurosa del país al Cantor de «Epopeya del Morro»—[209] no cabe ni la sospecha de que la pensión que se conceda a Chocano resulte inferior a la altísima jerarquía que ocupa el insigne vate, quien, dondequiera que se presente, asumirá, por derecho propio según ya se ha dicho, las funciones de Embajador de nuestras ideas y de nuestra avanzada cultura.

Hemos creído sin embargo necesario —más como una satisfacción para el carácter que espontáneamente se nos ha concedido de representantes de la intelectualidad peruana, que como un estímulo para el Congreso nacional— formular votos eficaces porque la pensión a que nos referimos no baje de doscientas libras mensuales, y permita así al beneficiado vivir con el decoro que exige, antes que su propio nombre, el nombre de su país, inseparable hoy de sus prestigios y de sus glorias.

En tal virtud:

Suplicamos al Parlamento nacional se digne tomar en consideración las ideas y propósitos antes expresados y proceder de acuerdo con ellos.

Carlos Rey de Castro, José Gálvez, José María Valleriestra, José Augusto de Izcue, Rafael Belaúnde, José María Eguren, Andrés A. Aramburú, Marcial Helguero y Paz Soldán, Félix del Valle, Raymundo Morales de La Torre, Juan Bautista de Lavalle, Juan Pedro Paz Soldán, Ezequiel Balarezo Pinillos, Alberto J. Ureta, Víctor Criado y Tejada, Federico Barreto, Ricardo Vegas García, Raúl Porras Barrenechea, Luis Alberto Sánchez, Jorge Guillermo Leguía, Horacio H. Urteaga, José Fiansón, Manuel Beingolea, Federico Blume, Alberto Ulloa, Domingo Martínez Luján, Manuel Moncloa, Adán Espinoza Saldaña, Scipión Llona, J. Alcántara Latorre, Julio A. Hernández, Ricardo Walter Stubbs, Armando J. Herrera, Alejandro Ureta,

---

208 La solicitud de una pensión vitalicia para Chocano surgió de una petición del diputado José Antonio Encinas, quien en diciembre de 1921 ya había presentado un proyecto de ley para otorgarle una medalla de oro, como «poeta nacional». El proyecto de la pensión recibiría firme oposición por parte del grupo antileguiísta en el parlamento y sería infructuoso (Sánchez, *Aladino*, 1960, pp. 382-387).

209 *La Epopeya del Morro* (Lima, Imprenta de El Comercio, [1899]) fue un largo poema inspirado en la Batalla de Arica y por el cual Chocano recibió la Medalla de Oro del Ateneo de Lima en 1899.

Carlos Solari, Manuel G. Abastos, Guillermo Luna Cartland, César Antonio Ugarte, Pablo Abril de Vivero, José Madueño, Carlos Neuhaus Ugarteche, Manuel Beltroy, Humberto del Águila, Edgardo Rebagliati, José Chioino, Jorge Holguín de Lavalle, Carlos Ríos Pagaza, Juan F. Valega, Héctor Argüelles, Roberto Lama, Alberto Rey y Lama, César A. Vallejo y Alfredo Herrera.[210]

---

47 [CARTA MANUSCRITA DE CV A JUAN ESPEJO ASTURRIZAGA.]

....

Lima, 12 de Junio 1922.

Juan:[211]

Recién hoy te puedo escribir.

Sabía que estás por allá desde hace un mes más o menos. Mi deseo es que estés ya completamente restablecido y pronto para volver a Trujillo.[212] Si todavía no estás del todo bien, conviene que te aguantes allí algún tiempo más, a fin de que tu alivio

210 De esta lista de personajes, aparte de los ya anotados, se encuentran escritores y poetas contemporáneos a Chocano y de generaciones anteriores como Carlos Rey de Castro (1866-1933), José Antonio de Izcue (1872-1924), Marcial Helguero y Paz Soldán (1873-1935), Raymundo Morales de la Torre (1885-1936), Juan Pedro Paz Soldán (1869-1935), Alberto Ureta (1885-1966), José Fiansón (1870-1952), Federico Blume (1863-1936), Domingo Martínez Luján (1871-1933), Manuel Moncloa Ordóñez (1880-1952), Adán Espinoza Saldaña (1878-1965); escritores contemporáneos a Vallejo como Humberto del Águila (1893-1970) y José Chioino (1898-1960); el músico José María Valle Riestra (1858-1925), autor de la ópera *Ollanta*; los hombres de leyes Rafael Belaúnde Diez-Canseco (1886-1972), Alberto Ulloa Sotomayor (1892-1975), Manuel G. Abastos (1893-1983), Edgardo Rebagliati (1895-1958); los periodistas Andrés Avelino Aramburú Salinas (1883-1933), director de la revista limeña *Mundial*, Ricardo Walter Stubbs (1888-1970), Armando Herrera (1886-?), Alejandro Ureta, Guillermo Luna Cartland, Carlos Ríos Pagaza (?-1971), Héctor Argüelles y Roberto Lama; los políticos Víctor Criado y Tejada (1879-1960) y Alberto Rey y Lama; los historiadores Jorge Guillermo Leguía (1898-1934), Horacio H. Urteaga (1877-1952), César Antonio Ugarte (1895-1933); los ilustradores José Alcántara Latorre (1888-?) y Jorge Holguín de Lavalle (1894-1973); el crítico de arte Carlos Solari; el secretario de la Sociedad Geográfica de Lima, Scipión Llona (1864-1943); el educador José Leonidas Madueño (1887-1966), Juan Francisco Valega (1895-1988), Alfredo Herrera y Carlos Neuhaus Ugarteche (1897-1980).

211 El poeta, profesor y periodista Juan Espejo Asturrizaga (1895-1965) comenzó a publicar poemas en *La Reforma* a mediados de 1917 y formó parte de la Bohemia de Trujillo entonces. Se trasladó a Lima para cursar estudios universitarios en 1919 y allí estrechó sus lazos con Vallejo. Su relación siguió siendo cercana en 1920, año en el que viajaron juntos a Santiago de Chuco. Según el propio Espejo Asturrizaga, ambos se vieron por última vez en Lima a fines de julio de 1921. Fue autor de cuentos, poemas y crónicas, y de *César Vallejo: itinerario del hombre (1892-1923)*, documentada biografía sobre los años peruanos de Vallejo.

212 Como anota el mismo Juan Espejo Asturrizaga, Vallejo remitió esta carta a Cachicadán, localidad de aguas termales cercana a Santiago de Chuco, donde pasaba una temporada de convalecencia (*César Vallejo: itinerario del hombre*, 1965, p. 197).

sea definitivo en esta vez.[213] Paciencia no más. Paciencia, Juan. Hay que sufrir un poco en la vida. Tú sabes cuánto he sufrido y sufro y sufriré yo. La vida es así. —

He leído cosas tuyas nuevas en «Perú», «La Industria» y otros periódicos,[214] y he gozado mucho con tus emociones cada día más puras y definitivas. Supongo que pensarás en editar tu libro sin pérdida de tiempo.[215] Pues tú sabes que esta es la forma de hacer obra, más pura y seria. Aguardo noticias tuyas sobre todo esto.

Estoy un poquito enfermo y por eso aquí termino. Después te escribiré más largamente.

Recibe con un fuertísimo abrazo, todo el cariño de tu hermano

César

---

48 [CARTA MANUSCRITA DE CV A ÓSCAR IMAÑA. DOS PÁGINAS.]

. . . .

Óscar:

Ayer tuve noticias tuyas. Tello, nuestro viejo compañero de claustro, me dijo que estabas en Chiclayo.[216] Hace tiempo que recibí tu última, pero sin lugar de procedencia; de tal manera que yo no sabía adónde dirijir mi respuesta. Hasta hoy que por fin sé dónde estás. Y te escribo con todo el cariño que siempre nos unió como hermanos.

---

213 Es probable que la estancia previa de Juan Espejo Asturrizaga en Cachicadán esté relacionada con la dolencia que hizo que lo operaran en Lima en el verano austral de 1920 (véase Espejo Asturrizaga, *César Vallejo: itinerario del hombre,* 1965, p. 87).

214 *Perú* fue una revista trujillana, dirigida por José Eulogio Garrido, de la que aparecieron una veintena de números entre noviembre de 1921 y septiembre de 1922. No se conserva una colección completa de la revista, de la que solo conocemos algunos números y casi todos los índices de contenidos. En esta revista Juan Espejo Asturrizaga publicó, antes de la fecha de esta carta: «Poemas en prosa» (n.º 9, 5 de marzo de 1922) y «Bocetos serranos» (n.º 14, 15 de mayo de 1922). No conocemos ninguna publicación de Juan Espejo Asturrizaga en el periódico trujillano *La Industria* anterior a esta carta, pero se conservan en su archivo varios recortes de poemas fechados que Vallejo pudo conocer, entre ellos: «Requiem» (publicado en *La Libertad,* Trujillo, 28 de julio de 1921), «Soberbia» y «Al partir» (ambos fechados al calce «Julio 1921»), y «Estampas» y «Marzo llorón» (ambos fechados al calce «1922»). Algunos de estos poemas se pueden encontrar en Fernández y Gianuzzi (eds.), *La Bohemia de Trujillo: textos rescatados,* 2022.

215 A pesar de que se conservan manuscritos de varios libros de poemas en el Archivo Juan Espejo Asturrizaga, no se ha publicado ninguno de ellos hasta la fecha.

216 Se refiere a José Ignacio Tello Vélez, que en 1914 cursó con ellos al menos cuatro cursos universitarios: Filosofía Objetiva, Sociología, Literatura Moderna y Civilización Peruana. Imaña se encontraba en la ciudad norteña de Chiclayo como profesor del Colegio Nacional San José. Permanecería ahí por lo menos hasta comienzos de 1923, pues participaría de la polémica de Chiclayo sobre *Trilce* (véase su carta abierta a Vallejo del 9 de marzo de 1923).

Supe que te habías hecho ya abogado.[217] Y tuve gran placer por ello. Porque, como tú sabes, todo eso es necesario para esta vida. Desgraciadamente, yo trunqué la carrera, y no sé todavía cómo será mi porvenir.[218] Dios conmigo.

Recibí los hermosos versos que adjuntabas a tu citada. En estos días los haré publicar en la forma que tú me indicas.[219] Perdona que no lo haya hecho ya; pues, como tú supondrás, vivo muy lejos del ajetreo literario capitalino, y no me veo con estas gentes de pluma casi nunca. De allí mi falta contigo. Pero en estos días lo haré, querido Óscar.

Repito. Antenor que estuvo, aquí en Marzo, ha visto lo alejado que vivo de los escritores de aquí.[220] Completamente. A la viva fuerza se me arrancó el otro día un cuento para «Variedades».[221] Fue una cuestión exclusivamente de amistad y nada más. Así, pues, vivo. Y así vivo feliz y contento. No te parece bien? Sí.

Tengo en prensa mi segundo libro. Ya te lo enviaré. Llevará prólogo de Antenor.[222]

Saluda al Dr. Puga y a toda tu familia y tú recibe el abrazo cariñoso de tu hermano que nunca te olvida

César
Lima, Julio 1.º 1922 –

104

---

217 Imaña se había recibido como abogado el 23 de noviembre de 1921.

218 Vallejo interrumpió sus estudios de Jurisprudencia a fines de 1917, al terminar el tercer año de un total de cinco.

219 No hemos localizado poemas de Imaña en la prensa limeña de 1922.

220 Antenor Orrego llegó a Lima en el vapor *Aysen,* junto a su sobrino Julio Gálvez Orrego, el 16 o 17 de marzo («Pasajeros», *La Crónica,* Lima, 19 de marzo de 1922, p. 10). Ha contado luego Orrego sobre este viaje: «Fueron días de embrujo poético y de embriaguez fraternal. Éramos felices. Nos reuníamos con frecuencia en Magdalena, en San Miguel, en rincones acogedores de Lima con algunos amigos y estudiantes de San Marcos». Según este relato, en ese viaje Vallejo le pidió a Orrego que prologara *Trilce.* Aunque Orrego tenía planes de salir del país, regresó a Trujillo convencido por Alcides Spelucín para fundar el diario *El Norte (Mi encuentro con César Vallejo,* Bogotá, Tercer Mundo Editores, 1989, pp. 77-78).

221 Se trata del cuento «Más allá de la vida y la muerte» (*Variedades,* n.º 746, 17 de junio de 1922, pp. 1429-1432), que posteriormente se incluiría en *Escalas* (1923).

222 *Trilce,* el segundo libro de poemas de Vallejo, se publicó en Lima, en octubre de 1922, en los Talleres Tipográficos de la Penitenciaría, precedido de unas «Palabras prologales» de Antenor Orrego.

49 [CARTA MANUSCRITA DE CV A LEONCIO MUÑOZ. EN LA ESQUINA IZQUIERDA SUPERIOR, MEMBRETE DE UN ESCUDO NACIONAL DEL PERÚ, CON LA LEYENDA:] COLEGIO NACIONAL | DE | NTRA. SRA. DE GUADALUPE | DIRECCIÓN[223]

Mi querido Leoncio.[224]

Un fuerte abrazo para ti y los demás hermanos.

No sé cómo enviarte trece soles para que me saques mi título de bachiller en Letras, de la Universidad de esa.[225] Cuesta 12.50. Supongo que recibirías mi anterior, en que te hablaba de este mismo asunto. Tengo todo listo para mi doctorado y me tienes estancado, sin poder dar un solo paso, por causa de mi título.[226] Si tú ves forma de que José Félix Quesada te proporcione esos trece soles, yo vería después cómo reembolsárselos. Así dile de mi parte.[227]

Avísame el resultado.

Otro abrazo

César

---

223 Luego de regresar a Lima, Vallejo se reincorporó al plantel del Colegio Guadalupe a mediados de agosto de 1921. Trabajaría ahí como preceptor auxiliar de la sección primaria hasta marzo de 1923.

224 Leoncio Muñoz Rázuri (1895-1973) fue uno de los miembros de la Bohemia de Trujillo. Cursó estudios de Letras y Jurisprudencia y perteneció a la promoción dos años posterior a la de Vallejo, Esquerre e Imaña. Colaboró con el diario *El Norte* de Trujillo y se graduó de abogado en 1924.

225 Ignoramos si Muñoz llegó a remitir a Vallejo copia de su título de Bachiller en Letras. Lo que sí sabemos es que este ya le había sido expedido el 19 de septiembre de 1918, según consta en las actas de la Universidad de Trujillo. Vallejo parece haber necesitado el título en ese entonces para su nombramiento como director del Instituto Nacional.

226 Vallejo se había matriculado en la Universidad de San Marcos en los siguientes cursos del doctorado en Letras el 15 de mayo de 1919: Historia de la Filosofía Moderna, Pedagogía, Sociología (2°) Estética (2°) Literatura Antigua (2°), Literatura Moderna (2°), Literatura Castellana (2°) e Historia de América (véase César Vallejo, *Desde Europa: crónicas y artículos (1923-1938)*, Lima, Fuente de la Cultura Peruana, 1987, p. XLIV). Aprobó al menos tres de las asignaturas mencionadas —Historia de América, Pedagogía e Historia de la Filosofía Moderna— ya que así se hace constar en las actas de la Universidad. No tenemos constancia de que Vallejo haya vuelto a cursar estudios en San Marcos. Véase Carlos Fernández y Valentino Gianuzzi, «El doctorado de César Vallejo», *Vallejo & Co.*, 26 de noviembre de 2020, en <www.vallejoandcompany.com/el-doctorado-de-cesar-vallejo>

227 Se trata del hermano de Crisólogo Quesada. Sobre este último véase la nota de la carta del 26 de abril de 1926.

PD. Dile a Antenor que me envíe unos 5 ejemplares más de «Notas Marginales». He visto que ya está de venta en las librerías; pero yo necesito de los otros ejemplares, para dárselos a los amigos escritores.[228] No te olvides.

César

Lima, Novbre 20 1922 –

---

50 [CARTA DE CV A MANUEL VALLEJO.]

. . . .

Lima, 15 de Diciembre de 1922

Mi querido hermanito Manuel:

Mañana se regresa Nestítor a esa, con el propósito de volver dentro de poco, como hemos convenido con él aquí. Su viaje a esta capital ha surtido buen éxito como él les conversará largamente; pues se ha conseguido los más importantes propósitos que trajo, a fin de que no se rían de nosotros esas gentes de por allí.[229]

Ha tenido que regresar al Norte, por los justos motivos que él les referirá. De otro modo, de aquí no más se habría marchado hacerse cargo de su puesto de Agente Fiscal de la provincia del Dos de Mayo en el departamento de Huánuco.

Nestítor lleva algunos ejemplares de mi última obra que salió a luz en esta capital en el mes de octubre pasado.[230]

También con él te envío un reloj pulsera, como regalito para mi Panchito que, según me indica Nestítor, ya está grande y tiene otros sus hermanitos menores. Conserve ese reloj, y que Panchito pueda usarlo en mi nombre, apenas pueda llevarlo ceñido a su pulso. Así le he dicho a Nestítor te diga.[231]

---

228 Se refiere al primer libro de Antenor Orrego, *Notas marginales* (Trujillo, Tipografía Olaya, 1922). La primera alusión en prensa de la que tenemos noticia apareció en *La Industria* el 31 de octubre de 1922, p. 1. Posteriormente sería reseñado en Lima, quizá gracias a los ejemplares distribuidos por Vallejo, por José León Bueno, en *La Crónica* (4 de diciembre de 1922, p. 13); por Ladislao Meza, en *El Tiempo* (6 de enero de 1923, p. 6); y por Luis Alberto Sánchez, en *Mundial* (n.º 141, 23 de febrero de 1923).

229 Néstor Vallejo llegó a Lima procedente de Salaverry el 9 de septiembre de 1922 en el vapor *Urubamba* («Pasajeros», *La Crónica*, 12 de septiembre de 1922, p. 12). Desconocemos qué asunto lo llevó a Lima.

230 Se refiere a *Trilce;* no conocemos ningún ejemplar dedicado a miembros de su familia.

231 Francisco Manuel Vallejo Ciudad (1919-?), sobrino y ahijado del poeta. Llegaría a ser profesor, periodista y miembro del Instituto de Estudios Vallejianos de Trujillo.

A Juanita le envío un cariñoso abrazo como recuerdo que le recuerda [sic] siempre por su nobleza y bondad para con todos nosotros.

Adiós hermanito, que Dios te conserve lleno de salud, en unión de papacito y todos los hermanos.

César

1923

---

51 [CARTA ABIERTA DE ÓSCAR IMAÑA A CV.]²³²

....

Al autor de «Trylce»²³³

César:

Se te discute de calle en calle aquí en Chiclayo. Eso ya dice bastante en favor de este ambiente. Hay afán de cultura.

Es claro que la mayoría o declara no comprenderte, o te niega. Eso ya lo sabía y más lo sabías tú: «este cristal es pan no venido todavía».²³⁴

¿Cómo la incomprensión iba a decir no comprendo? Tenía que lanzarse contra los que formamos las izquierdas previstas en uno de tus poemas.²³⁵

Mis afirmaciones rotundas, cierto día en que Sassone hundía sus dientes en el racimo, sin sabor para él de uno de tus poemas, fueron las que iniciaron la tormenta que yo he dejado caer y caer sintiendo a cada instante más a flote tu espíritu.²³⁶

107

---

232 Se publicó por primera vez como «Carta del Dr. Imaña» en *El Tiempo* de Chiclayo, el 9 de marzo de 1923 o pocos días después. Esta carta abierta forma parte de una larga polémica sobre *Trilce* sucedida a principios de 1923 y en la que estuvieron involucrados varios autores locales. La polémica está conformada por numerosos artículos, ensayos y poemas satíricos, y se conoce principalmente por un álbum de recortes. Se ha reditado en Jorge Puccinelli Villanueva, *El escándalo acerca de Trilce y el diario El Norte*, Lima, Fuente de Cultura Peruana, 2020.

233 En todos los artículos de la polémica de Chiclayo, el título del libro de Vallejo permanece escrito con «y». No queda claro por qué tanto agresores como defensores utilizan esta grafía.

234   Imaña cita el cuarto verso del poema XXXVIII de *Trilce*: «Este cristal aguarda ser sorbido / en bruto por boca venidera / sin dientes. No desdentada. / Este cristal es pan no venido todavía».

235 Una nueva referencia al poema XXXVIII, que termina: «Este cristal ha pasado de animal, / y márchase ahora a formar las izquierdas, / los nuevos Menos. / Déjenlo solo no más».

236 Felipe Sassone (1884-1959) fue un exitoso periodista, narrador y dramaturgo peruano afincado en Madrid, casado con la actriz sevillana María Palou. A fines de 1922 y comienzos de 1923 se encontraba de gira artística por el Perú, durante la que visitó Chiclayo. Aunque no hay ningún texto de Felipe Sassone en lo que se conoce de la polémica, se desprende que Imaña debe haberse visto impelido por las críticas de aquel hacia Vallejo para animar a José León Barandiarán a que escribiese en favor de *Trilce*.

Hay quienes te defienden con bravío apasionamiento, con plenaria comprensión de lo que desde ahora es cristalino para ellos, y presintiendo, acaso, que los más nebulosos de tus poemas son los que contienen más espíritu y los que han de revelar, a los que vengan, las trabazones más íntimas de las cosas.

Es claro que todavía tu público no ha nacido del todo. Para los de hoy no podrás tener la transparencia que para los venideros. Te adentras demasiado para que te puedan seguir, y luego te sitúas, con aire marcadamente metafísico, en puntos inabordables para las mayorías, que niegan todo lo que verían tan claro si pudieran, de algún modo, empinarse hasta mirar desde las mismas cumbres que dominas «en la fatalidad de la armonía».[237]

Es claro que en muchos hay una buena voluntad de comprenderte, y de penetrar en tu libro como en una mansión extraña; pero van con la cabeza demasiado erguida de sentirla tan sabia, y como nada se les brinda, y como los ritmos que llevaron a otros a tan interminables alturas se callan con su férrea actitud que les dice: «es demás, es demás»; saldrán desconcertados y heridos en lo más alto de su vanidad que no podrá humillarse hasta decir: «no comprendo».

Y son ellos los que se lanzan contra nosotros y más aún contra mí que no he polemizado, que dije no más, a cuantos me quisieron escuchar, la inmensidad sin bordes de tu libro.

Es que no han querido seguir el penetrante consejo que a los lectores se les da en el prólogo: «Si sabes algo, haz como si no supieras nada; la virginidad emotiva y rítmica de "Trylce" niégase a ser poseída por el presuntuoso ensoberbecimiento del que "todo lo sabe", quiere carne pura, que no está maculada de malicia. No vayas a juzgar; anda a amar, anda a temblar».[238]

Han salido del libro, ayunos de emoción, rebosando sarcasmos que celan decepciones. Sabían demasiado, tanto que su propio pensamiento y su propio corazón se hallaban arrinconados entre balumbas de ideas ajenas y de mixtificadas emociones. ¡Y cómo se iban, así no más, a despojar de tanto!

Pero también se han acercado espíritus sencillos y si han salido sin probar ni gota, se han marchado desolados diciendo: «No era para mí»; y si algo se les dio, por ese algo han de ir retornando; y a medida que vivan, en plena transparencia, se les irá dando hasta en sus más turbias esencias, el espíritu de «Trylce», y se habrán de

---

237 Imaña cita el poema LIV de *Trilce,* cuya segunda estrofa empieza: «A veces doyme contra todas las contras, / y por ratos soy el alto más negro de los ápices / en la fatalidad de la Armonía».

238 Imaña cita el fragmento final de la tercera parte del prólogo que Antenor Orrego escribió para la primera edición de *Trilce.*

pasmar del nuevo sentido que cada día tomarán tus poemas de los cuales muchos serán ilimitados.

Sin embargo, hay quienes quieren que se les explique verso por verso cada poema. Yo bondadoso, para algunos, me explayé, limito la emoción. ¡Qué saber hallarán digo para mí cuando me quedo solo, a esta esencia tan diluida en agua o en otras esencias de sabor tan distinto!

Eso que se da así, desvitalizado ya, no es tuyo, es un cadáver del poema. Eso ya no puede embriagar con la ilusión germinal de cosas nuevas, ni menos despertar lo que en cada espíritu quisiera hacerse eterno. Ha perdido su virtud multiesente,[239] ya no será distinto a cada corazón, ni ha de iniciar, de instante en instante, vibraciones que, continuándose hacia adentro, han de poner en pie lo que haya en cada uno de más original.

Tal sugestión tiene tu obra que es indudable que en muchos espíritus, despertara de su interminable sueño subconsciente, meditaciones que irán a buscar su más directa conexión con lo desconocido, hacia donde se debe ir libre, atajando las tomas del pasado, tal como has ido tú.

Para los que sentimos cada uno de tus poemas en su forma prístina, como algo que vive y que cambia día a día, tiene tu alma el prestigio de un crepúsculo nuevo, en el cual extendemos, a tientas, hacia uno y otro lado, las manos que tienen la sensación de algo que no tarda en ser luz hacia un lado, y que hacia el otro lado ya no tarda en ser sombra.

¿Cómo has podido escribir tales poemas, César? ¡Y que haya todavía quien nos repita: «No hay nada nuevo bajo el sol»! Y que ese mismo sea quien cierta noche, de la que ya te hablé, haya dicho sentencioso, ante la aprobación de muchos, de los que acaso nunca te comprendan: «Ni siquiera es original en tales disparates», hallando más de veinte poetas que te han influenciado!

Ya te dije que ese alguien es Sassone, y ante su autócrata palabra, piensa cómo se engallaría cierto comandante,[240] que sordo a toda armonía, para la que no halla cordaje en su espíritu, te negó desde el primer instante, y se ha estado riendo durante mi ausencia, jactanciosamente, desde las columnas de «El Tiempo», hasta que llegó

---

239 Debe tratarse de un vocablo derivado del neologismo *multiesencia*.

240 Imaña se refiere al comandante Carlos A. de la Jara, quien participó en la polémica con textos satíricos firmados con el seudónimo de The Good Black (véase Vallejo, *Artículos y crónicas,* ed. de Jorge Pucanelli, Lima, BCP, 1997, pp. 671-672, 724 y 754-757).

Pepe León de Lima,[241] y con dos o tres artículos llenos de íntima comprensión de tu obra y de tu profunda vibración cordial, produjo tal sensación que se acallaron las risas, hasta ir humildemente a buscar tu libro, para saber a quién dar la razón, que te la darán no en «El Tiempo», sino con el tiempo.

Aun el comandante ensayó otra risotada llena de erudición; pero Monsieur Treville, Cachorro, Jorge Darmar y Azorín velaron la risa a lo mejor;[242] y me ha dado qué pena; tan contento que se estaba sin que yo dijera para el público lo que solía decirle, sin darme cuenta de herir, tan a fondo, su vanidad galoneada. Pero ya todo eso, es pasado; puede ensayar nuevas risotadas el señor comandante hasta cuando quiera. Felizmente, por haber salido después, hemos llegado hasta donde él ya no podrá llegar.

Yo he forjado teorías para explicar el caso tuyo. Teorías, nada más, teorías. Para saber quién eres hay que vivirte a fondo. A uno que se descorazonaba de no poder comprenderte, le dije: «Es por demás ahora; espere un tiempo. "Trylce" no es para todos; habla a estados de espíritu que recién despiertan en unos cuantos seres de excepción, para ellos solamente es claro, les ilumina abismos apenas presentidos de su propio yo. La sensibilidad de cada uno no puede ir más allá de lo que siquiera en estado nebuloso, se encontrara en su alma. La emoción no es sino la armonización del alma del poeta con la nuestra. Cuando esta armonización se realiza con estados caóticos, que todavía no se habían expresado, se tiene la plenaria embriaguez del que conquista tierras ignoradas de su propio ser.

---

241 Los textos de la polémica de Chiclayo que conocemos comienzan con un elogioso artículo de José María León Barandiarán, «César A. Vallejo», que debió haber aparecido a comienzos de 1923, durante la ausencia de Imaña de Chiclayo a causa del periodo de vacaciones. José León Barandiarán (1899-1987) fue un jurista, abogado y periodista natural de Lambayeque. Estudiante de la Universidad de San Marcos, en 1921 trasladó su matrícula a la Universidad Menor de la Libertad. Durante su estancia en Trujillo cursó el tercer año de Jurisprudencia, conoció a los miembros de la Bohemia y colaboró con textos de crítica literaria en *La Industria* y *Perú*. Según su propio testimonio, su primer contacto con la obra poética de Vallejo se debió a Carlos Manuel Cox, quien le dio un ejemplar de *Los heraldos negros*. *Trilce* lo leyó pocos meses antes de su viaje de vacaciones a Etén, donde coincidió con Óscar Imaña a comienzos de 1923 («Rememorando polémica sobre *Trilce*», *Lundero*, Suplemento Cultural de el diario *La Industria*, Trujillo, 27 de agosto de 1978; se reproduce en Puccinelli Villanueva, *El escándalo acerca de Trilce*, 2020, pp. xix-xxii). Su primer artículo de la polémica se reproduce en Vallejo, *Artículos y crónicas*, 1997, pp. 663-664, donde se pueden leer otros dos suyos (pp. 688-690 y 705-708).

242 Imaña se refiere a otros escritores que participaron de la polémica: Monsieur Treville, seudónimo de Rómulo Paredes, que participó con por lo menos cuatro artículos favorables (véase Vallejo, *Artículos y crónicas*, 1997, pp. 665-668, 677-679, 708-710, 721-724; Paredes mismo parece estar bajo el seudónimo de Cachorro); y Jorge Darmar, seudónimo de Jorge Jiménez Monsalve que también escribió dos textos favorables (p. 682 y 698). No hemos podido identificar a Azorín, a quien se hace referencia varias veces en la polémica pero del que se conoce solamente un breve texto t(p. 750).

»Pero para sentir tal emoción en el instante en que se lee un poema, es preciso que todo eso que va a hacerse consciente haya estado en espera de la voz que de un golpe lo despierte».

Para mí, César, tu libro está lleno de voces que van por todos los recodos de mi alma despertando inauditas emociones, que dormían perezosas.

He leído algunos poemas de «Trylce» a ciertas chicas sencillas, con la entonación de quien como yo, los vive en plenitud, ritmo a ritmo, y me ha sorprendido que pudieran comprender hasta adonde han comprendido! Es por la entonación, es indudablemente por la música, que les ha llegado la idea entrañada, y más que la idea, en muchos poemas, la repercusión íntima que se desarrolla, indefinidamente, en creación, en amplificación cordial y mental.

La polémica, en la que yo no he tomado parte, es ya bastante larga;[243] tanto que se ha divulgado, sin llevar casi nada de ti por los últimos rincones de Lambayeque; pero eso sí, despertando avidez por conocerte y más desde que los penetrantes artículos de Pepe, han convertido a muchos, entre los que se cuentan algunos de los que a ciegas entintaban carillas contra ti.

Con más amor leo cada día tu libro, César; y qué de cosas de mi corazón no hallan otra manera de decirse que la de ciertos poemas de tu libro, como si todavía hubiera algún paralelismo en nuestra vida, a pesar de la ausencia y estos rumbos distintos. Y sin embargo, ciertos poemas tuyos son inevitables manos que se tienden hacia mí, al través de toda la distancia; tal vez en los míos hallarás cosas semejantes, tal vez, nada más que tal vez.

Un apretón de manos, y ahora sí, adiós, hasta que me llegue tu respuesta.

Óscar A. Imaña
Chiclayo, Marzo 9 de 1923

---

52 [CARTA MANUSCRITA DE CV A MANUEL VALLEJO. DOS PÁGINAS NUMERADAS.]

Lima, 16 Junio 1923.

Mi queridísimo hermanito Manuel:

Dios te conserve bueno, lo mismo que a Juanita y todos tus chiquitos.

243 Aparte de esta carta abierta se conoce otro artículo de Óscar Imaña en la polémica: «Quién es Ariel? Quiénes son los otros?», publicado en *El Tiempo*, Chiclayo, 26 de marzo de 1923, p. [3] (Vallejo, *Artículos y crónicas*, 1997, pp. 745-749).

Te pongo estas líneas para anunciarte que mañana me embarco con rumbo a París. Voy por pocos meses, seguramente hasta Enero o Febrero y nada más. Voy por asuntos literarios, y ojalá me vaya bien.[244]

Hubiera querido, antes de partir, haberlos visitado por algunos días siquiera. La suerte no lo ha querido y qué hacer. Hoy les envío desde aquí mis caricias y adioses, y les ofrezco el pronto regreso. Consuelen a papacito. Hoy creo que le he escrito una carta algo triste, y no le vaya a impresionar.

Son las 3 de la mañana, hora en que te escribo. Para un viaje tan lejano, me he fatigado mucho con los preparativos durante estos últimos días. En este instante casi desfallezco de cansancio nervioso.

Hoy les escribimos a Godoy y Echevarría sobre el juicio.[245] Avísame qué ocurre y no se pierdan en silencio, pues yo me desesperaré.

Escríbanme con la dirección siguiente:

Monsieur

César Vallejo

Legation du Pérou   París.

(Francia)

112

Apenas llegue allá les escribiré inmediatamente. No tengan cuidado.

Con mis tiernas caricias para ti y un abrazo para Juanita y mi Panchito, se despide tu hermano que te extraña

César

---

53 [CARTA MANUSCRITA DE CV A CARLOS C. GODOY. DOS PÁGINAS NUMERADAS.]

Lima, 16 de Junio de 1923.

Sr. Dr. Carlos C. Godoy
            Trujillo

Mi querido doctor:

Mañana me embarco con rumbo a París. Ahí espero las gratas noticias de usted, con mis mejores anhelos de que ellas me digan siempre de su buena conservación

---

244 Vallejo partió a París en el vapor *Oroya* el domingo 17 de junio de 1923 («Viajeros», *La Crónica,* 18 de junio de 1923). Ya no regresaría al Perú.

245 Vallejo se refiere aquí a su abogado, Carlos C. Godoy, y al de su hermano Manuel, Enrique Echevarría. El plural en primera persona debe incluir a Vallejo y su hermano Néstor, que se encontraba en la capital.

y la de su digna familia. Habría querido bajar, a mi paso, en Salaverry, mas, lamentablemente, no toca el «Oroya» en ese puerto, y me quedo con la mano en el aire, sin alcanzar a estrechar las de los poquísimos amigos que, como usted, ocupan mi corazón.[246] Qué vamos hacer. Ya lo haré a mi retorno.

Me permito rogarle, si ello no lo distrajera mayormente, tenga la bondad de dar un vistazo por el expediente sobre el juicio de Agosto, el que, según me notician, ha vuelto al tapete negro del Tribunal de Trujillo.[247] Hágalo, doctor, por mi ausencia y por la tranquilidad de los mí{os}, por cuya suerte, me voy inquietado acerbamente. Yo se lo agradeceré con toda mi alma.

Ya le escribirán sobre el particular, de Santiago, y en todo caso, mis hermanos se dirijirán a usted en su oportunidad.

Mis respetuosos saludos para su señora, hermanos y niños, a todos los cuales recuerdo con fervorosa gratitud, y usted reciba un afectuoso abrazo de su amigo

César Vallejo

---

54 [TARJETA POSTAL DE CV A NÉSTOR VALLEJO. MOTIVO: PALACIO DE LA MAGDALENA, CON LA LEYENDA:]

SANTANDER. – PALACIO REAL.

. . . .

Sr. Dr. Dn.

Néstor P. Vallejo

Sud América

Perú

Departamento de Puno

Juli[248]

---

246 La ruta del *Oroya* desde el puerto del Callao era la siguiente: Chancay, Supe, Etén (Perú), Balboa, Cristóbal (Panamá), La Habana, Vigo, A Coruña, Santander, La Pallice (puerto de La Rochelle, Francia) y Liverpool (véase «Movimiento marítimo», *La Crónica*, Lima, 17 de junio de 1923 y «Pasajeros», *La Crónica*, Lima, 18 de junio de 1923, p. 15).

247 Vallejo se debe referir a agosto de 1920, cuando sucedieron los hechos de Santiago de Chuco. Según una resolución del Tribunal Correccional de Trujillo, fechada el 28 de abril de 1923, una audiencia pública se convocó para el 28 de junio del mismo año. La resolución se encuentra transcrita en Patrón Candela, *El proceso Vallejo*, 1992, pp. 427-430.

248 Néstor Vallejo fue nombrado juez instructor para la provincia de Chucuito a comienzos de 1923, y debió trasladarse a Juli a los pocos días de despedir a su hermano en el Callao, pues prestó juramento el 30 de junio de ese año (véase *Memoria que el Ministro de Justicia, Culto, Instrucción y Beneficencia, Dr. Alejandro Maguiña, presenta al Congreso Ordinario de 1924*, Lima, 1925, p. 277).

—Vía Mollendo—

Nestítor:

Hoy he llegado a España, de donde pasaré a París.[249]

Este es el palacio del Rey, quien llega hoy a pasar aquí con la familia regia la temporada de verano.[250]

Escríbeme siempre a París.

Mis abrazos,

César

Santander, 11 julio, 1923.

---

55 [CARTA MANUSCRITA DE CV A VÍCTOR VALLEJO. CUATRO PÁGINAS NUMERADAS. UN GRABADO DE LA FACHADA DEL ODESSA HOTEL EN LA PARTE SUPERIOR IZQUIERDA Y EL MEMBRETE:] ODESSA HOTEL | A. MERCIER, PROPRIÉTAIRE | 28, RUE D'ODESSA -:- PARIS | & 56, BOULEVARD EDGARD-QUINET | PRÈS LA GARE MONTPARNASSE | CHAUFFAGE CENTRAL - ELECTRICITÉ - SALLE DE BAINS | EAU CHAUDE ET EAU FROIDE DANS TOUTES LES CHAMBRES | [BAJO EL GRABADO:] CONFORT MODERNE | TÉL.: SAXE 53-27 [EN EL MARGEN SUPERIOR DERECHO, DE VÍCTOR VALLEJO:] C/ EN 14 SETE.

114

· ·

Paris, le 14 Julio 1923.

Mi queridísimo hermanito Víctor:

El Altísimo permita que mis letras les hallen llenos de bienestar, papacito y toda la familia. El Altísimo también ya me hizo llegar sin contratiempo alguno, a esta gran capital, que, según opinión universal, es lo más bello que Dios ha hecho sobre la tierra. Aquí estoy ya, y me parece todo un sueño, hermanito amado. Un sueño! Un sueño! Quiero llorar ahora, viéndome aquí, tan lejos de ustedes... uf! muy lejos! Quiero llorar mucho, a torrentes, porque mi dolor y mi tristeza asoman a mis ojos y no me dejan escribir.

---

249 Como hemos anotado, el vapor *Oroya* hacía escala en Vigo, A Coruña y Santander antes de llegar al puerto francés de la Pallice en La Rochelle. Vallejo desembarcó momentáneamente en el último puerto español: en una crónica sobre su visita a España de 1925, afirma haber conocido anteriormente solo «la verde y horaciana Santander» («Entre Francia y España», *Mundial*, n.º 290, Lima, 1 de enero de 1926).

250 En realidad, la familia real llegó a Santander el día 14 de julio (véanse las noticias aparecidas al respecto en *La Época*, Madrid, 13 de julio de 1923, p. 1 y *La Acción*, Madrid, 14 de julio de 1923, p. 6).

París! París! ¡Oh qué grandeza! Qué maravilla! He realizado el anhelo más grande que todo hombre culto siente al errar sobre este globo de tierra. ¡Oh qué maravilla de las maravillas!

Llegué ayer 13, a las 7 de la mañana, en el expreso de La Rochelle.[251] Mi salud buena. He visto aún poco. La torre d'Eiffel, Cuartel de los Inválidos, el Sena, el Arco del Triunfo, Los Campos Elíseos, el palacio y el lago de Versalles. Esto no es nada. París no tiene principio ni fin. Es para no acabar.

Hoy, 14, es la fiesta nacional de Francia. En este momento acabo de llegar del palacio de la Legación del Perú, donde he sido agasajado con un almuerzo, por invitación del Ministro Plenipotenciario doctor Mariano H. Cornejo.[252] Qué almuerzo más lujoso! Criados de correcto y frac[253] nos han servido. Cornejo brindó por la <u>alegría de tener aquí al poeta Vallejo</u>. Estas son sus palabras textuales. He saboreado el champán auténtico de Francia. Ya han de ver ustedes periódicos ahí donde se dé cuenta de todo esto.[254]

De España le escribí a papacito una tarjeta que supongo la habrá recibido ya.

Hermanito: Jamás soñé, cuando yo era niño, que algún día me vería yo en París, alternando con grandes personajes. Todo me parece que estoy soñando, y me miro y no me reconozco. Tan humildes hemos sido, tan pobres!

Ahora ya Dios verá por mí. <u>Confío</u> en él y en él espero. Aquí sigo trabajando una novela para presentarla al Concurso de París de este año, con un premio de 10.000 francos.[255] Dios quiera que yo sea el premiado, con lo que habría yo alcanzado el laurel definitivo y una gloria universal. Dios lo quiera. Yo les avisaré.

---

251 El vapor *Oroya* arribó al puerto de La Pallice, que sirve a la ciudad de La Rochelle, el 13 de julio de 1923.

252 Sobre Mariano H. Cornejo véase la nota a la carta de Vallejo a Orrego del 18 de octubre de 1918.

253 Compárese esta expresión con una similar en la crónica «La Rotonda» (*El Norte,* 22 de febrero de 1922): «con el correcto chaquet».

254 No conocemos noticias que informen sobre este almuerzo en la prensa peruana.

255 Se debe referir al premio a «la mejor novela americana», de diez mil francos, promovido por la Casa Editorial Franco-Ibero-Americana. Según la convocatoria, el fin del premio era «sacar de la obscuridad a aquellos escritores de talento que por carecer de medios para publicar sus obras quedan postergados, o por lo menos recluidos en límites estrechos, cuando merecen ser conocidos en todos los países de habla castellana». La fecha límite para la entrega de los manuscritos era el 30 de septiembre (véase *Cuba contemporánea,* n.° 125, La Habana, mayo de 1923, pp. 95-96). La novela en la que trabajaba Vallejo era, sin duda, *Hacia el Reino de los Sciris,* titulada originalmente *El candor de la tierra,* y que debió haber comenzado a redactar antes de salir del Perú, pues el 1 de enero de 1924 se publicaría un fragmento en el diario *La Industria* de Trujillo, fechado «Costas de Guayaquil, junio de 1923» (véase Fernández y Gianuzzi, *César Vallejo. Textos rescatados,* 2009, pp. 56-60). Adán Felipe Mejía también menciona la existencia del «manuscrito grueso de una novela autóctona» días antes de que Vallejo partiera a Europa (Peregrín, «César Vallejo, meditaba un negocio lucrativo...», *El Tiempo,*

En este hotel, cuya fotografía se inserta en este pliego, estoy alojado. Ocupo la habitación del quinto piso, que verá usted marcada con tinta, de ahí le escribo ahora, a las 5 de la tarde.[256] Llega del boulevard un murmullo de músicos, risas, voces, traquidos de carros subterráneos, etc., etc.[257] Dedico este momento a la sagrada memoria de mi padre y de todos ustedes, que, a esta hora, estarán en mi Santiago, y en casita, quizá conversando juntos, riendo o acaso llorando. Pienso en ustedes y la melancolía me ahoga, y no puedo más. Yo regresaré a América, Dios lo permita, muy pronto. Vamos a ver.

París está en pleno verano. Hay un calor horrible.

Poco a poco hablaré el francés correctamente.

Escríbanme siempre. No me olviden. A papacito le escribo mañana.

Díganme cómo va el juicio de Agosto.[258] Esto me tiene muy intranquilo.

A Nestítor le escribo ahora.

Mi dirección:

«Monsieur César Vallejo —

Legation du Perou [*sic*]

14 rue Chateaubriand (8ᵉ)

París.»

Mis caricias y ternuras.

César

Lima, 20 de enero de 1929, p. 4). No se sabe si Vallejo llegó a enviar finalmente *El candor de la tierra* al concurso; la versión póstuma de *Hacia el reino de los Sciris* parece haber quedado trunca y no tiene la extensión de 300 páginas que se exigía en la convocatoria del premio. En la convocatoria anterior, el premio lo había ganado José M. del Hogar con su novela *Las primeras espigas* (París, Casa Editorial Franco-Ibero-Americana, [1923]); el escritor peruano José Félix de la Puente, a quien Vallejo había tratado en Trujillo, resultó ganador del segundo premio con su novela *Herencia del Quijote: novela peruana* (París, Casa Editorial Franco-Ibero-Americana, [1924]). En la segunda convocatoria resultó ganadora Teresa de la Parra (véase *Revue de l'Amérique Latine*, n.º 33, París, septiembre de 1924, p. 287). Su novela, cuyo título original, *Diario de una señorita que escribió porque se fastidiaba* pasó a ser subtítulo, se publicó como *Ifigenia* (París, Casa Editorial Franco-Ibero-Americana, [1925]).

256 En la primera página de la carta, el grabado del hotel lleva una flecha marcada de puño y letra de Vallejo que indica la habitación en la que se hospedaba.

257 El hotel Odessa, hoy Odessa-Montparnasse, sigue en el 28, rue d'Odessa, muy cerca del cementerio de Montparnasse. El boulevard al que se refiere Vallejo es el Boulevard Edgar Quinet, en el que se encuentra la estación de metro del mismo nombre.

258 Como hemos anotado, debe referirse a agosto de 1920, en que sucedieron los hechos de Santiago de Chuco.

Mi querido Raygada:[259]

Van para tres meses que estoy en París. Vivo a diario y con toda fraternidad con Silva,[260] que es lo único de grande que hasta ahora he hallado en Europa. Lo demás está, sin duda, aún tras de los telones que no he forzado todavía.

Alfonso quiere irse al Perú. Encuentro muy bien que lo haga en el día. Aquí ya no tiene que hacer nada por ahora.[261] Mi impresión es que hasta le hará daño una más larga permanencia en París. Sería bueno que usted y los demás amigos gestionen facilidades de viaje para él, sin pérdida de tiempo.[262] Pues, de otra manera, la vida aquí le va a inferir una brecha nociva, horriblemente nociva. Europa es así: tiene sus tiempos en que puede dar y otros en que lo estruja a uno el espíritu y le despoja de lo que le dio y de algo más nuestro. Alfonso ya no tiene que sacar nada de aquí. Debe volverse. Sáquenle de aquí, como él dice; sáquenle en el día.

Un fortísimo apretón de manos

Vallejo

París, 15 Setbre 1923. –

---

259 Carlos Raygada (1898-1953) fue un musicólogo y crítico de arte peruano, que Vallejo debió haber conocido en Lima entre 1918 y 1923. Alfonso de Silva y Raygada formaron parte en Lima del grupo bohemio conocido como «Los Locos».

260 Vallejo conoció al músico peruano Alfonso de Silva (Alfonso Silva Santisteban, 1902-1937) el 28 de julio de 1923 en la Legación del Perú en París. Gracias a las cartas de De Silva a Raygada tenemos noticia de la gran amistad que surgió entre ellos (Alfonso de Silva, *110 cartas y una sola angustia*, Lima, Juan Mejía Baca, 1975, pp. 241-244). Se conserva una fotografía de ambos con Rosario Sáenz de fines de 1923 (Vallejo, *Iconografía*, 2017, p. 37). Vallejo le dedicó la elegía «Alfonso: estás mirándome, lo veo», que se publicó póstumamente en *Poemas humanos* (1939).

261 Alfonso de Silva había viajado a Europa en 1921, con una beca del gobierno español, para estudiar en el Conservatorio de Música de Madrid. Luego de Madrid, vivió en Berlín y viajó a París a fines de 1922, donde se ganaba la vida tocando el violín. Dejó París con rumbo a Perú en enero de 1924, pero regresó a la capital francesa a mediados de 1925 y vivió allí hasta 1930, fecha en que regresó al Perú (véase Fernando Villegas Torres, *Vínculos artísticos entre España y el Perú (1892-1929): elementos para la construcción del imaginario nacional peruano*, Lima, Fondo Editorial del Congreso del Perú, 2016, pp. 279-280).

262 Según Rosa Alarco, «fue Pablo Abril de Vivero, funcionario entonces de la Embajada de Perú en España quien logró, por gestiones personales, conseguirle un pasaje de regreso a la patria» (*Alfonso de Silva*, La Habana, Casa de las Américas, 1981, p. 108).

57 [CARTA NEUMÁTICA MANUSCRITA DE CV A PABLO ABRIL DE VIVERO. EN EL REVERSO, LA DIRECCIÓN:]

M. PABLO ABRIL Y DE VIVERO | 5 RUE CHATEAUBRIAND (8°) | PARIS

París, jueves 31 – [de enero de 1924][263]

Mi querido Pablo:

Me hallo sin un céntimo, complet{a}mente pobre. Le ruego que, si le es posible, me proporcione algo mañana viernes 1.º Febrero, lo más temprano que usted pueda. Algo siquiera, Pablo. Puede usted enviármelo en un neumático dirigido al «hotel des Écoles», a nuestro amigo Fernando Ibáñez que vive ahí.[264] – Que diga en el sobre: «Para Vallejo». Rue Delambre – arr. 14 – Número del hotel 15 – Usted lo conoce.[265]

Perdone, Pablo. Usted, con su gentileza de siempre, disculpe lo moleste.

Suyo con todo cariño

César

118

58 [NOTA MANUSCRITA DE CV A PABLO ABRIL DE VIVERO.]

Pablo: Vine a verlo a las 5 de la tarde. Me hallo en grandes apuros. Si le es posible, mándeme algo con la dirección del hotel des Écoles. Perdóneme, Pablo.

Suyo. César.

---

263 Inferimos el mes del contenido de la carta y tomamos el año de uno de los sellos del neumático que se aprecia en el reverso.

264 Fernando Ibáñez, de quien se sabe muy poco, era un estudiante de derecho español que trató a Vallejo primero en París y, más tarde, en Madrid. Fue conocido como «El Celtíbero» (*Epistolario general*, 1982, p. 281). Fue él, según Juan Larrea, quien le regaló el anillo que portó desde entonces en el dedo anular de su mano izquierda («Diálogo de la primera sesión: la vida de César Vallejo en Europa», *Aula Vallejo*, n.º 2-3-4, Córdoba, Argentina, 1961-1962, p. 123). Sin embargo, según Georgette de Vallejo, fue Antonio Riquelme quien lo hizo («Apuntes biográficos sobre César Vallejo», en César Vallejo, *Obra poética*, Lima, Mosca Azul, 1974, p. 441).

265 El Grand Hôtel des Écoles (15, rue Delambre) es hoy el Hôtel Lennox Montparnasse. En él se habían alojado, a comienzos de la década de 1920, André Breton, Man Ray y Tristán Tzara. Se le menciona en el poema «Alfonso: estás mirándome...»: «El hôtel des Écoles funciona siempre / y todavía compran mandarinas; / pero yo sufro, como te digo, / dulcemente, recordando / lo que hubimos sufrido ambos, a la muerte de ambos».

[París,] Febrero 1º / – [1924.][266]

[De mano ajena:] Pablito, cholere! [*sic por* colère]

J'ai été à 5 heures...

Alors appel moi de 7-8 heures, s'il vous plait.[267]

---

59 [NOTA MANUSCRITA DE CV A PABLO ABRIL DE VIVERO.]

....

Pablo:

Usted es muy gentil conmigo. He dormido en un hotel donde no he pagado, y para salir de aquí me exigen que yo pague. Le ruego enviarme veinte francos con el p{o}rtador, Sr. de Agüeros,[268] correcto amigo mío, que por un acto de caballeresca bondad, va en esta comisión.

Pablo! Usted es tan bueno conmigo, que nunca podré olvidarlo. Discúlpeme, si le molesto. Yo sé bien a quién me dirijo. Usted me va a salvar hoy, como tantas veces ya lo ha hecho usted.

De todo corazón

119

César

[París,] 23 Marzo 1924.

---

266 El año no aparece en el facsímil de la nota, que nosotros inferimos por el contexto. También se data así en César Vallejo y Pablo Abril, *Cartas: 114 Cartas de César Vallejo a Pablo Abril de Vivero, 37 de Pablo Abril de Vivero a César Vallejo*, Lima, Juan Mejía Baca, 1975, p. 17.

267 Ignoramos quién puede haber escrito esta parte de la nota, que se reprodujo por primera vez en *Cartas de César Vallejo a Pablo Abril de Vivero*, edición y prólogo de Andrés Echevarría, Montevideo, Biblioteca Nacional de Uruguay, Ministerio de Educación y Cultura, 2013, p. 27.

268 En el índice onomástico de la edición de Mejía Baca se le identifica erróneamente como el escritor arequipeño Federico Agüero Bueno (Vallejo y Abril, *Cartas*, 1975, p. 169). Pero debe tratarse de Carlos Agüeros, cuyo nombre aparece entre las «Colaboraciones rechazadas» del segundo número de *Favorables París Poema* (octubre, 1926). Según Castañón: «amigo personal del poeta, mexicano, empleado en París» (César Vallejo, *Epistolario general*, 1982, p. 282). Se le menciona también en carta a Juan Larrea del 5 de mayo de 1927.

....

Mi querido Pablo:

Estoy muy mejor. Me he cuidado mucho, y creo que no volverá ya a producirse otro momento de desesperación.[269]

Mucho le ruego, Pablo, decir{m}e el resultado del encargo para nuestro amigo Moreira.[270] ¿No es posible nada? Se trata de muy poco, y de esto depende mi situación. Pablo bondadoso y generoso. Haga de su parte lo posible para colocar el giro a Moreira. Acabe usted, de una vez, su obra de fraternal ayuda a su amigo. Cuán agradecido estoy a sus grandes gentilezas, mi querido Pablo.

Le abraza

César
[París,] 19 Abril 1924.

120

....

París, 14 Mayo 1924

Mi querido Pablo,

Cuánto he sentido no haberlo estrechado antes de su partida.[271] Para mí fue una sorpresa la noticia de su viaje, que me la dio nada menos que el gran Rey y Lama, en una forma vaga y fugitiva.[272] Pero luego he tenido el contento de recibir sus letras, fechadas ya en Madrid, que me han hecho tanto bien, primero por el afecto intenso

---

269 Es probable que el «momento de desesperación» haya estado relacionado con la noticia de la muerte de su padre, sucedida el 24 de marzo de 1924.

270 Se refiere al historiador Manuel Moreira Paz Soldán (1894-1986), a quien se le menciona también en las dos cartas siguientes, así como en la carta de Abril de Vivero del 10 de agosto de 1924. No sabemos en qué consistía exactamente el encargo de Vallejo.

271 Pablo Abril de Vivero dejó París a comienzos de mayo de 1924 al ser nombrado secretario de la Legación del Perú en Madrid («Noticias de sociedad», *La Época*, Madrid, 9 de mayo de 1924, p. 2).

272 Conrado Rey y Lama (1886-1980) trabajaba en la Legación del Perú en París. En mayo de 1923 fue promovido de Adjunto Civil al cargo de Segundo Secretario.

que tengo por usted, y después, por mí, que me he quedado aquí, nostálgico de usted, de su aliento generoso, de su ayuda fraternal.

Estoy seguro y tengo entera fe en que usted disfrutará de espléndida acogida entre las gentes de inteligencia y de valor social de esa villa y corte. Usted va a realizar un rol bello y de sobresaliente espíritu sudamericano, que le hará vivir ratos envidiables y muy halagadores. Usted, mi querido Pablo, lo sabe muy bien. Yo tendré verdadera fruición interior por cuanto usted goce, vibre, se enaltezca y se integre plenamente. Triunfe usted, Pablo. Haga usted labor. Es necesario poner de lado a los petimetres e impostores del espíritu. Trabaje usted, y válgale su gran inquietud, su talento y su inmenso corazón. Así lo espero y lo quiero.

No se olvide usted de mí. A ver si con Sassone y la simpática y talentosa Angélica Palma,[273] puede usted conseguirme algo en los periódicos de Madrid, para mis cosas que yo envíe desde aquí. No me olvide.

Mañana iré a ver a Moreira. Muchas gracias por su atenta indicación.

Quizás en estos días vuelva de Meudon,[274] pues aquello está muy solicitado por los parisinos, con motivo del próximo verano, que, según parece, va a ser terrible. Entre tanto, vivo allá, y solo cada tres o cuatro días vengo a Montparnasse. Hoy le escribo de la Rotonda. Usted lo supondrá por la clase de papel en que le escribo; perdone su rayado minucioso.[275]

No me olvide. No me olvide. Consígame algo, Pablo gentilísimo y magnánimo. Consígame algo en cualquier periódico, por correspondencias o crónicas de París. Cuando se haya instalado y esté tranquilo, no me olvide.

Un fortísimo abrazo fraternal y agradecido

César Vallejo

Me olvidaba. Recogí la maleta de la Legación. Mil gracias. En ella hay cosas que me han venido muy bien. Muchas gracias.

---

273 Tanto Felipe Sassone como Angélica Palma (1878-1935) eran escritores peruanos residentes en España que colaboraban con revistas y periódicos madrileños. En la entrevista publicada en el *Diario de la Marina* en agosto de 1925, Vallejo se refiere a la última como una notable novelista (véase Fernández y Gianuzzi, «Una entrevista a César Vallejo olvidada», 2008, p. 7). Sobre el primero y su papel en la polémica de Chiclayo sobre *Trilce*, véase la nota a la carta de Óscar Imaña del 9 de marzo de 1923. No tenemos constancia de que Vallejo haya conocido en persona a ninguno de los dos.

274 No se ha podido establecer el periodo exacto en que Vallejo vivió en esta localidad, situada entre París y Versalles.

275 La Rotonde es un célebre café de Montparnasse asiduamente frecuentado por escritores y artistas. Vallejo le dedicó una de sus crónicas, publicada en *El Norte* de Trujillo el 22 de febrero de 1924. Se entiende que el papel cuadriculado de la carta, y que se utiliza en otras misivas, era obtenible en este café; Vallejo también hace referencia al papel en la carta del 1 de febrero de 1925 a Juan Larrea.

Vale

Jiménez, Ibáñez, Gálvez me encargan saludarlo.[276]

V.

---

62 [CARTA MECANOGRAFIADA DE CV A PABLO ABRIL DE VIVERO, CON FIRMA AUTÓGRAFA. UNA CUARTILLA (DOS PÁGINAS Y UNA PÁGINA CENTRAL).]

París, 26 de m{ay}o de 1924.

Mi querido Pablo,

Le escribí a principios de este mes. Supongo que ya habrá usted estado en el palacio de los Borbones, en compañía del Ministro a presentar sus credenciales.[277] Ya me imagino los días de revelación y conocimiento que estará usted saboreando en Madrid. Tengo la esperanza de que, cuando tenga cordial disposición, paz y tiempo para escribirme, sabré, por líneas suyas, humorísticos y finos detalles, tomados al acaso y a grandes pinceladas, como es su estilo, sobre esa villa y corte. Buenos y regocijadísimos instantes me aguardan, no es verdad, mi querido e inolvidable Pablo?

He desglosado de una novela inédita (usted conoce muy bien la ramplona palabrita), un capítulo que me permito enviárselo a usted.[278] No creo que le guste, lo declaro, pues que ni a mí me satisface tampoco. Es una cosa hecha <u>a medida y al gusto más exigente</u> del público. Por esto mismo, no cree usted, Pablo, que sea posible hacerlo publicar? Pero, siempre, a cambio de algunas pesetillas para el operario. Qué voy a hacer! Tengo que ver de agenciarme la vida. Yo no tengo, en verdad, oficio, profesión ni nada. Sin embargo, tengo afán de trabajar y de vivir mi vida con dignidad, Pablo! Yo no soy bohemio: a mí me duele mucho la miseria, y ella no es una fiesta para mí, como lo es para otros. Usted ha visto mi situación en París. Es

122

---

276 Vallejo se refiere aquí a Max Jiménez (véase «Perfiles biográficos»), Fernando Ibáñez y Julio Gálvez Orrego.

277 El Ministro Plenipotenciario del Perú en España era Eduardo Samuel Leguía (1885-1965), hermano del presidente Augusto B. Leguía; presentó sus credenciales ante Alfonso XIII el día 27 de mayo, según se informa en «De Palacio», *El Sol,* Madrid, 28 de mayo de 1924, p. 2.

278 Se trata de la novela *Hacia el reino de los Sciris*, de la que se había publicado solo un fragmento en *La Industria* de Trujillo (1 de enero de 1924, p. 11). Años más tarde trataría de publicarla con el auspicio del gobierno peruano (véase la carta del 24 de julio de 1927).

que yo no quiero trabajar? A las usines[279] he ido muchas veces. Será que he nacido desarmado del todo para luchar con el mundo? Pueda ser. Pero este sobresalto diario viene a dar directamente en mi voluntad, y la apercolla y parece haberla tomado de presa preferida. En medio de mis horas más terribles, es mi voluntad la que vibra, y su ~~vibración~~[?] movimiento va desde el punto mortal en que uno se reduce a ~~uno~~ solo dejar que venga la muerte, hasta el punto en que se tienta conquistar el universo entero, a sangre y fuego! Y sin embargo, es una voluntad estéril, baldada, la mía!

Busqué a Moreira, sin encontrarle. Mañana iré a verle de nuevo.

Me vinieron algunos francos de América. Son unos terribles. No me han enviado sino una parte de lo que me deben, concretándose a prometerme que me girarán lo demás próximamente.[280] Con esos dinerillos estoy viviendo, y quiero aprovechar de la relativa tranquilidad que ellos me proporcionan, para buscar de trabajar para cuando ellos se acaben, que creo ~~que~~ será muy pronto, irremediablemente. (No sé por qué veo en mi mente una de las más espirituales actitudes de usted, a través del recuerdo, en este instante de comentar la manera irremediable con que se acaban los dineros de esta vida. De estar juntos al margen de este comentario, usted daría a mis lamentaciones tan ágil y noble y suave tinte juvenil, que toda mi amargura y todo el aire ingrato del momento, habríanse resuelto en solaz lírico y riente.)

Tengo presentes a menudo sus palabras de aliento, venidas en su carta de Madrid. Ellas me emocionaron y me emocionan siempre.

Aguardo sus noticias muy pronto, y le abraza cordialmente

César

---

279 Vallejo usa la palabra francesa *usine*: fábrica. No tenemos constancia, sin embargo, de que Vallejo haya conseguido trabajo en alguna fábrica.

280 Se alude al pago de su corresponsalía para el periódico *El Norte* de Trujillo, dirigido por Antenor Orrego y Alcides Spelucín. Juan Espejo Asturrizaga escribió sobre esta falta de pago: «A "El Norte" llegaron noticias dolorosas de la situación de César. [...] Crisólogo Quesada escribió una tremenda carta a "El Norte", reclamando que no se le enviaban con regularidad, como era lo acordado, las mensualidades de la corresponsalía que él ejercía en nombre de César. Amenazaba con abandonar los envíos de noticias. Estas cartas se repitieron más de una vez. En realidad, reconozco a pique de mortificar a mis compañeros de labores periodísticas de aquellos días, que hubo lenidad, descuido, olvido involuntario —desde luego— en no hacer en forma regular esas emisiones a Paris [*sic*]» («Segundo tomo. — Vallejo — La obra», f. [3]. Manuscrito inédito conservado en el Archivo Juan Espejo Asturrizaga). Es muy probable que Vallejo haya suspendido temporalmente sus envíos a *El Norte*, pues no se conoce ninguna crónica suya publicada ahí en el segundo semestre de 1924, a pesar de que se cuenta con ese tramo en la colección del diario que se conserva (véase Jorge Puccinelli Villanueva, *El Norte (1923-1927): una primera lectura*. Tesis de Bachiller. Facultad de Letras y Ciencias Humanas de la Pontificia Universidad Católica del Perú. Mención: Historia, 1986, pp. 53-78).

París, 6 de junio 1924

Mi querido Pablo,

No he tenido el gusto de leer nuevas líneas suyas, después de su carta del 4 de mayo. Lo supongo muy ocupado, pues he visto en El Sol {a}lgunas cartas de los Ministros de Chile y del Perú, discutiendo sobre el problema del Pacífico.[281] Me imagino que usted tendrá que atender todas esas cosas. Es un inconveniente para los peruanos aquello de Tacna y Arica. No le parece?

Le envío un cuento.[282] Ojalá pudiese usted venderlo a algún periódico de allá. Espero sus gratas noticias sobre estas cosillas. Desocúpese, Pablo, y ya me escribirá.

Un afectuosísimo abrazo

César Vallejo

---

64 [CARTA MANUSCRITA DE CV A PABLO ABRIL DE VIVERO. UNA CUARTILLA (DOS PÁGINAS).]

París, 30 Julio 1924

Mi querido Pablo:

Quizás esta carta no le halle en Madrid, porque haya usted partido a San Sebastián.[283] De todos modos, le deseo una grata temporada, con amores, con sue-ños, con rimas y pesetas.

---

281 Vallejo alude aquí a dos artículos, publicados en El Sol, el 28 y 29 de mayo de 1924, acerca del pro-blema limítrofe entre Perú y Chile. El primero, «Hablando con el Ministro plenipotenciario del Perú» (p. 2) era una entrevista a Eduardo S. Leguía; el segundo, «La cuestión de Tacna y Arica» (p. 1) era un descargo del ministro de Chile, Luis Adunate.

282 Desconocemos a qué cuento se refiere, aunque no podemos descartar que se trate de alguna de las narraciones de Escalas (1923), pues «Los caynas», ya recogido en ese libro, se había publicado en el número 39 de la revista Alfar (abril de 1924, pp. 15-17). Es muy probable que el cuento aludido en esta carta no se publicase; el 10 de agosto de 1924, le responde Abril de Vivero a Vallejo: «Con suma contrariedad he comprobado en varias ocasiones la imposibilidad de conseguir para usted algún lucrativo asidero en la prensa de Madrid».

283 En la carta del 4 de mayo a la que Vallejo hace referencia en la misiva anterior, Abril de Vivero debió haberle mencionado a Vallejo planes para veranear en San Sebastián. Sin embargo, la ausencia del Ministro Eduardo Leguía obligó a Abril de Vivero a estar en Madrid a fines de julio, a cargo de la lega-ción (véase la carta de Abril de Vivero del 10 de agosto de 1924).

En el mes pasado le he escrito varias cartas.[284] En Mayo también. Contésteme, Pablo. Dedíqueme un instante siquiera, que me dará gran alegría la lectura de sus líneas.

Mi situación continúa como antes, mal. Alejandro Sux me promete para Setbre alguna situación dentro de la empresa periodística que va a dirigir en París, que parece será algo muy serio y jugoso en francos.[285] Vamos a ver si algo pesco en esa tromba. Entre tanto, paciencia y aguantar. Usted no ha visto nada por ahí prometedor? Ya supongo que aquello debe ser difícil. Bueno. Y otra vez paciencia.

Ibáñez se fue a Madrid hace dos semanas. Supongo que ahí tendrá ocasión de ver a usted.

Los amigos Jiménez, Gálvez y Toño Salazar[286] lo saludan.

De mí reciba un cariñoso apretón de manos, inolvidable Pablo.

César Vallejo

---

65 [CARTA MANUSCRITA DE CV A ALCIDES SPELUCÍN. TRES PÁGINAS.]

París, 31 Julio 1924

Mi querido Alcides:

Acabo de salir de una crisis horrible de cuerpo, alma y esperanza. Enfermo y pobre, enlutado hasta el fondo el corazón, fuerte ha sido la tromba del destino.[287] Mas ya todo pasó. Vamos. Todavía ahora tengo que refrenar mi dolor. Qué hacer!

---

284 Nótese que solamente se conoce una carta fechada en junio de 1924.

285 El escritor y periodista argentino Alejandro Sux (1888-1959) fue una figura importante en la prensa latinoamericana en París y sería cofundador de la agencia de noticias Les Grands Journaux Ibéro-Américains. Vallejo debió haber leído alguna de las crónicas suyas que se publicaron en Perú y lo conoció personalmente en París. A juzgar por la correspondencia conocida hasta la fecha, Vallejo comenzó a trabajar para su agencia hacia marzo de 1925 y la dejó hacia agosto de 1926.

286 Toño Salazar (1897-1986) fue un conocido caricaturista salvadoreño que en estos años ilustraba las publicaciones de la prensa latinoamericana en París, adonde había llegado en 1923. Vallejo lo menciona en tres de sus crónicas: «Ventura García Calderón» (*El Norte,* Trujillo, 28 de marzo de 1924), «España en la Exposición Internacional de París» (*Mundial,* n.º 280, Lima, 23 de octubre de 1925) y «Ginebra y las pequeñas naciones» (*Mundial,* n.º 344, Lima, 14 de enero de 1927). En esta última, Vallejo se refiere a una caricatura suya hecha por Salazar, que no conocemos. Sí se conservan varias caricaturas de Vallejo hechas tras la muerte del poeta (véase Vallejo, *Iconografía,* 2017, pp. 119-120).

287 Como hemos notado, es muy probable que parte de esta crisis se relacionara con la muerte de su padre, sucedida el 24 de marzo de 1924.

Julio [Gálvez] te hizo un cable. Antier hemos recibido mil y cien francos. Espero tus letras, para saber de dónde provienen estos dineros que, con ~~tu~~ cariño y solicitud verdaderamente fraternales, acabas de enviarme. Mi alma te lo agradece también fraternalmente, y te besa a la distancia.

Te voy a pedir un favor. Apenas recibas estas líneas te ruego escribas a Néstor [Vallejo], a Juli, Departamento de Puno, vía Mollendo, diciéndole que mi situación es mala, y que las diez libras que tiene para enviarme, te las envíe a ti, para que tú me las mandes a tu vez. Haz esto a la mayor brevedad. Luego de recibir las diez libras de Néstor, te suplico enviármelas por cable, inmediatamente, aunque haya que descontar de ellas el caro precio del cablegrama. No importa que me llegue una poquísima parte de ese dinero; mas, de todas maneras, algo sería, algo a su tiempo.

Alejandro Sux me ofrece alguna situación dentro de su empresa periodística que en Setbre va a lanzar un gran diario en castellano y francés en París, denominado «Nuestra América».[288] Esperaré. Ya veremos. Oh esta lucha tenaz, paciente, desesperada! No tendrá nunca premio? De todas maneras hay que afrontarla hasta el último.

Escríbanme. A ti, a mi Antenor [Orrego], a todos los hermanos inolvidables, les envío mi adoración y toda mi alma adolorida.

César

Julio y yo seguiremos en París por unos meses más. Si salimos de aquí, les avisaremos.

España es temible. Me dicen que ahí podemos morirnos de miseria, con más facilidad que en parte alguna del mundo.

V.

---

288 En su crónica sobre Les Grands Journaux Ibéro-Américains (*Mundial*, n.° 255, Lima, 1 de marzo de 1925), Vallejo se refiere al proyecto de un periódico multilingüe, que podría ser *Nuestra América*. Hasta donde sabemos, esta revista no llegó a publicarse. Max Daireaux se refiera a ella como un proyecto infructuoso: «la création récente d'une revue "Nuestra America" destinée à servir de véhicule à travers le continent, à la pensé des divers pays qui le composent, ne semble pas avoir recontré le succès escompté par ses éditeurs» («L'état de la littérature en Amérique Latine», *Candide*, París, 17 de diciembre de 1925, p. 3).

París, 4 Agosto 1924

Mi querido Pablo:

Hace pocos días le escribí una carta que juzgo ya en sus manos, si no ha salido usted de Madrid a San Sebastián.

Acabo de saber que una de las becas para estudiantes peruanos en España, que mantiene el Gobierno chapetón,[289] ha quedado vacante, por haber terminado sus estudios en Barcelona el joven que la disfrutaba, que, me parece, apellida Castillo.[290] Le ruego ver si es posible que esa beca me la concedan a mí, para terminar mis estudios de Jurisprudencia en Madrid. Yo creo que con una gestión cablegráfica del Sr. Eduardo Leguía a su hermano, la cosa estaría asegurada. Digo cablegráfica, porque no hay tiempo que perder, en razón de que el año escolar en España empieza el 1.º de Octubre, y porque, hay que adelantarse a cualquiera otra pretensión. Por otro lado, según sé, el Ministro peruano en Madrid, de acuerdo con el Gobierno español, está facultado para dar la beca a tal o cual persona que esté ya en España, con cargo de hacerla ratificar por la Cancillería de Lima. Si todo es hacedero, le agradecería muy encarecidamente dar los pasos necesarios a la mayor brevedad posible y en la forma que usted estime mejor. El momento es oportuno. De usted depende lo demás, mi querido Pablo, y de su gran corazón.

Le suplico me conteste con algunas líneas, indicándome lo que sea menester sobre el particular, salvo el caso de que nada sea posible.

Le escribo con mi cariño de siempre y un abrazo

César Vallejo

---

289   *Chapetón*: coloquial, sinónimo de «español».

290   Por lo menos desde enero de 1922, el estudiante Carlos Alberto del Castillo Mendoza era el beneficiario de esta beca, de 4 mil pesetas anuales, concedida por el gobierno español. Dirigida a estudiantes hispanoamericanos, los becados eran elegidos por los gobiernos de sus respectivos países. Vallejo debió saber de Del Castillo, pues el otro becario peruano de 1922 fue su amigo Alfonso de Silva («De la Universidad», *El Diluvio*, Barcelona, 12 de enero de 1922, p. 28). La beca le fue renovada a Del Castillo en 1923 («Becas oficiales», *La Correspondencia de España*, 19 de abril de 1923, p. 4). Aunque Vallejo afirma que Del Castillo ya había terminado sus estudios, lo cierto es que la beca le había sido renovada, una vez más, en agosto de 1924 («Rehabilitación de becas para estudiantes americanos», *El Liberal*, Madrid, 2 de agosto de 1924, p. 2).

Madrid, 10 de Agosto de 1924

Mi muy querido César:

Resultaría a todas luces incorrecto que demorara por más tiempo mi contestación a sus muy amables aunque breves epístolas de 14 y 26 de Mayo, 3 y 6 de Junio, 30 de Julio y 4 de los corrientes.[291] Y la incorrección me perjudicaría en primer término, pues no sabe usted con qué impaciencia he venido esperando este momento de relativa tranquilidad que me permite ahora el placer de conectarme espiritualmente con usted, malgré los Pirineos. La fina comprensión de usted, querido amigo, tiene que haberme perdonado ya la terquedad de mi silencio. Ha sido excesiva la labor que me esperaba en esta Legación, a cuyo frente me ha colocado la ausencia del Ministro.[292] Monopolizado por la tarea diaria, me ha tenido usted, César, desde mi llegada a este país movido a mano, como lo llama Julio Camba, el imponderable humorista.[293] Comienzo a respirar mis suspirados aires de «liberto» y lo primero que hago, una vez recuperado mi albedrío, es escribirle a usted para decirle mi agradecimiento por sus mencionadas cartas y para presentarle mis rendidas excusas por las respuestas que no pude enviarle en su oportunidad.

Con suma contrariedad he comprobado en varias ocasiones la imposibilidad de conseguir para usted algún lucrativo asidero en la prensa de Madrid. El ambiente es terrible para todo intento de esta índole. Y la explicación es muy sencilla: aquí todos los literatos de mayor relieve, como Azorín, Gómez de la Serna, Baroja, Pérez de Ayala, Xenius, etc., tienen que verse precisados a ejercer el periodismo, dada la miseria intelectual del medio, que no les permite vivir del libro.[294] En estas condi-

---

291   No conocemos la carta que Abril de Vivero fecha el 3 de junio.

292   El ministro Eduardo Leguía se encontraba en un viaje de descanso en Karlsbad, adonde había viajado a fines de julio. Abril de Vivero quedó encargado de la Legación durante su ausencia («La vida de sociedad», *La Voz*, Madrid, 23 de julio de 1924, p. 2; y «Les mondanités», *Le Gaulois*, París, 18 de agosto de 1924, p. 2).

293   Se refiere a una crónica de Julio Camba que no conocemos, pero que debió ser conocida en Perú pues se hace referencia a esta en un artículo de *Mundial*: «Julio Camba decía en una espiritual crónica que España era un país movido a mano y que podía muy bien representarse con un individuo ocioso apoyado en un farol apagado» (José Ruedalabola, «Lo que se llevan los días», *Mundial*, n.º 106, Lima, 26 de mayo de 1922).

294   Abril de Vivero enumera a los más distinguidos escritores españoles que también se desempeñaban como periodistas: Azorín (José Martínez Ruiz, 1873-1967), Ramón Gómez de la Serna (1888-1963),

ciones, la entrada de un extranjero al comedor de los escritores —que no es otra cosa aquí la prensa— por mejor dotado que esté, se condiciona, y siempre después de un esfuerzo tenaz, a la buena estrella que lo guíe. Le cuento estas cosas porque no conviene construir castillos en España, como dicen en mi vieja y querida Lutecia de todas mis nostalgias.

En su última carta me pide usted que le gestione la beca de Castillo que debe vacar dentro de poco. He hecho algunas averiguaciones al respecto y sé que ha de quedar libre desde el próximo mes. Puede usted, pues, estar seguro de que emplearé toda mi influencia cerca del Ministro a fin de que sea usted designado por el Gobierno cuando sea provista.

Me interesa mucho que me informe usted en detalle sobre la empresa periodística que tiene en proyecto Alejandro Sux.

Cuánto lamento que mi situación económica —muy difícil por la espantosa y absurda carestía de esta ciudad— no me permita, como bien lo deseo, ayudarle en algo. Usted tiene que comprenderlo y excusarme.

Estoy preparando el libro de versos del que algunas veces hablamos. Es posible que pueda publicarlo de aquí a dos meses más.[295]

Tenga la bondad de averiguarme la dirección exacta de Manuel Moreira y Paz Soldán.[296]

No deje de escribirme. Y procure por todos los medios no dejarse vencer por la Vida en nuestra lucha cotidiana.

Un cordial abrazo de su amigo.

Pablo Abril de Vivero.

Ramón Pérez de Ayala (1880-1962) y Xenius (Eugeni d'Ors, 1881-1954).

295 Según una nota aparecida en la revista *Castilla* (n.º 32, 21 de septiembre de 1924, p. 12), Pablo Abril preparaba un libro de poemas titulado *Momentos*, que no llegó a publicarse bajo ese título. Los dos poemas que acompañaban esta nota, «Carátula» y «Destino», se incluyeron luego (el primero bajo el título «Careta») en su libro de poemas *Ausencia* (prólogo de Ramón Pérez de Ayala, París, Editorial París-América, 1927, pp. 13-15).

296 Vallejo le informa a Pablo Abril de Vivero que Moreira y Paz Soldán ya no se encuentra en París, en carta del 10 de septiembre de 1924.

....

París, agosto 14 de 1924.

Señor Doctor Dn.

Luis Varela y Orbegoso.

Lima.

Mi querido amigo:

Si no tuviera usted inconveniente, le agradecería hacer insertar en «El Comercio», el articulillo adjunto.[297]

Prometo a usted escribirle desde ahora, a menudo. Acaso le envíe algunas cosas publicables que sean de su agrado.

¿Usted piensa venir a Europa?

Muy reconocido de su gentileza, lo saluda y le estrecha las manos.

César Vallejo

130

....

[París, 23 de agosto de 1924][298]

ENFERMO RUÉGOLE TELEGRAFIARME CUALQUIER AYUDA ECONÓMICA, VALLEJO

---

297 Se trata de «Una obra de mérito», un artículo sobre el geógrafo peruano radicado en Europa, Hércules Arrigoni, aparecido en *El Comercio*, edición de la tarde, Lima, 17 de septiembre de 1924, p. 4 (véase Fernández y Gianuzzi, *César Vallejo: textos rescatados*, 2009, pp. 48 y 51-53).

298 El matasellos no es visible en el facsímil del telegrama. Tomamos la fecha de la primera publicación (Vallejo y Abril, *Cartas*, 1975, p. 22). Además, debe tratarse del telegrama que se menciona en la carta siguiente.

Paris, 29 Agto 1924

Mi querido Pablo:

Hace días le puse un telegrama. Dispénseme, Pablo. He estado en cama, y, en medio de mis crisis nerviosa [*sic*], llegué a apelar a usted, aun a tanta distancia. Perdóneme, y, de todos modos, le envío todo mi cariño, el mismo que, a la distancia, me ha hecho pensar en usted como en el único refugio de mis angustias incurables. Muchas gracias, Pablo inolvidable.

Hoy me he levantado, y lo primero que hago es escribirle. Fiebre, un montón de dolencias. Estoy mejor, y creo no recaeré.

Pablo querido! Ocúpese de la beca de Castillo. Tengo presentimientos de perderla. Temo que si no nos dirigimos a Lima, nos cruzarán otros allá. No esperemos que se produzca la vacante, porque sería tarde. Creo que debemos dar los pasos en el día y sin pérdida de tiempo. Sería conveniente que el Señor Leguía haga un cable a Lima, asegurando el asunto en la Cancillería, por lo que pueda suceder. De esta manera no hay nada que teme{r}, puesto que lo demás depende [de] ustedes ahí. Así me parece. En fin, usted verá lo mejor ahí. Lo importante es que no se nos vaya de las manos esto que puede servirme de mucho en mis actuales desesperaciones. A lo mejor, algún idiota de los estudiantes compatriotas me quita lo que me corresponde acaso con mejor derecho que a muchos. Sería el colmo que ni esta migaja me sea dada.

Ojalá, en estos días, consiga dineros de alguna parte. Tentado estoy de hacer mi viaje a Madrid en el día. Había pensado escribirle a nuestro Ministro, pero creo que esto está de más, desde que usted está ahí, usted que me estima y me conoce y que se interesa tan bondadosamente por mi situación. A usted, pues, me dirijo, queridísimo amigo. No pierda mi beca, Pablo generoso.

Creo que el nuevo becario tomará posesión de la beca al iniciarse el próxim{o} año escolar, esto es, en Octbre, puesto que Castillo la dejará al empezar Setbre. Mire, Pablo, que no nos queda tiempo. Mi expediente o lo que haya que hacer, lo arreglaremos en seguida: certificados, etc.

Espero sus gratas noticias, según que usted estime necesario alguna cosa que yo, desde aquí, pueda hacer o noticiar. No obstante, quizás, yo esté en Madrid de un instante a otro. Aquí mi vida se hace insostenible más y más.

Un abrazo efusivo y estrecho

César

131

Paris, 31 Agosto 1924.

Mi querido Pablo:

Vuelvo a escribirle sobre la beca.

Pienso que un cable de nuestro Ministro a su hermano, don Augusto, o a la Cancillería de Lima, aseguraría el éxito. Este cablegrama me parece de gran importancia y lo primero que hay que hacer, sin pérdida de instantes. ¿No lo cree usted así, Pablo? El cable se impone en seguida, para cruzar cualquier otra pretensión.

De todos modos, espero se moleste en escribirme lo que haya sobre el asunto; y si es necesario mi viaje, haré lo imposible para irme, aunque sea a pie.

La beca la deja Alberto Castillo la próxima semana, y las labores escolares empiezan en Octbre. El tiempo viene justo.

Ayer le he escrito al Sr. Leguía.[299] ¿No cree usted que he hecho bien? Le he escrito, porque me parece que era mi deber, en mi calidad de aspirante {a} la beca, es decir, como el interesado que soy en ella. Lo demás es cosa de usted, mi querido Pablo, y de su gran corazón.

Espero sus prontas líneas con viva ansiedad, y le abraza con toda efusión

César

Sigo mejor. El tiempo está infame en París. Todo el mundo está asombrado de la mala estación. Verdaderamente, este año no ha habido verano en París. Hay mucho frío, llueve sin cesar y, en general, la temperatura varía de extremo a extremo. Pero, en fin. Me siento mejor y no temo recaer ya.

V.

---

299 Vallejo debe referirse al Ministro Plenipotenciario Eduardo Leguía y no al presidente Augusto B. Leguía. No se conoce esta carta.

París, 10 Setbre 1924.

Mi querido Pablo:

He recibido su carta del 27 de Agosto. Como todo lo que me viene de usted, sus líneas de ahora me reconfortan grandemente. Cuánto le agradezco, Pablo, que de tal modo contribuya a sostenerme una vida que apenas soporto ya. Su espíritu me hace, de veras, una inapreciable y muy cara compañía. Cuánto le agradezco.

Estoy ávido de saber el curso de la gestión sobre la beca. Siempre creo que hay que dirigirse a Lima, en el día, para evitar otras pretensiones. Si esperamos a que la beca quede vacante, quizás ya sea tarde, pues otros habrán acaso hecho sus trabajos antes que nosotros.

En casa de Canaval me dicen que Manuel Moreira está ya en Lima actualmente. Canaval se ha portado mu{y} bien conmigo.[300] Sabiendo que estaba yo enfermo y sin dinero, me ha ayudado. He hablado con él, y como le he dicho que pronto me voy a esa, me encarga saludos para usted y que espera noticias suyas.

He hecho un cable a Lima. Estoy esperando la respuesta. Quizás, luego, parta para Madrid. Aquí me muero, me desespero, me asfixio.

Aguardo ver su libro muy pronto, y que su alta labor espiritual en España vaya realizándose triunfalmente.[301] Yo creo en ella con toda fe, y la anhelo de todo corazón.

Un abrazo estrecho y efusivo de su amigo agradecido

César

---

300 Mansueto Canaval y Bolívar (1885-1926) fue miembro prominente de la colonia peruana en París. Era cuñado de Manuel Moreira y Paz Soldán, pues estaba casado con su hermana Inés. Al momento de su fallecimiento residía en 76, avenue Merceau.

301 Como hemos mencionado, el libro *Momentos* de Pablo Abril de Vivero no llegó a publicarse y debe haberse convertido en su poemario *Ausencia,* de 1927.

París, 19 Octbre. 1924.

Mi recordado Pablo:

Parece que la mala suerte sigue empecinada en herirme. Esta carta la esc{r}ibo desde el hospital de la Charité, sala Boyer, cama 22, donde acabo de ser operado de una hemorragia intestinal.[302] He sufrido, mi querido amigo, veinte días horribles, de dolores físicos y abatimientos espirituales increíbles. Hay, Pablo, en la vida horas de una negrura negra y cerrada a todo consuelo. Hay horas más, acaso, mucho más siniestras y tremendas que la propia tumba. Yo no las he conocido ante{s}. Este hospital me las ha presentado, y no las olvidaré. Ahora, en la convalecencia, lloro a menudo por no importa qué causa cualquiera. Una facilidad infantil para las lágrimas, me tiene saturado de una inmensa piedad por todas las cosas. A menudo me acuerdo de mi casa, de mis padres y cariños perdidos. Algún día podré morirme, en el transcurso de la azarosa vida que me ha tocado llevar, y entonces, como ahora, me veré solo, huérfano de todo aliento familiar y hasta de todo amor. {P}ero mi suerte está echada. Estaba escrito. Soy fatalista. Creo que todo está escrito.

Dentro de seis u ocho días más creo que saldré del hospital, según dice el médico. En la calle me aguarda la vida, lista, sin duda, a golpearme a su antojo. Adelante. Son cosas que deben seguir su curso natural, y no se puede detenerlas.

He leído la bondadosa respuesta del Señor Leguía, sobre la beca. Ojalá no me la quiten de las manos. Ya, cuando esté me{jo}r, le escribiré al Señor Leguía, agradeciéndole. De todas maneras, le ruego, mi querido Pablo, no descuidarse de asegurar la beca.

Desde mi lecho de infortunio, le envío mi abrazo fraternal y agradecido

César

302 El antiguo hospital de la Charité (45, rue des Saints-Pères) databa del siglo XVII y fue cerrado y demolido en 1935. En su lugar se encuentra hoy el Centre Universitaire des Saints-Pères, de la Universidad Paris-Descartes. Vallejo debió ser internado en los últimos días de septiembre. La estancia en este hospital sirvió de inspiración para su poema en prosa «Las ventanas se han estremecido», que tenía el título, luego descartado, «Complemento de tiempo del Hospital de Boyer». También parece haber una referencia a él en el poema «Hoy me gusta la vida mucho menos»: «Que es verdad que sufrí en aquel hospital que queda al lado / y está bien y está mal haber mirado / de abajo para arriba mi organismo». Ambos poemas se publicaron póstumamente en *Poemas humanos* (1939).

París, 5 Novbre 1924

Mi querido Pablo:

Mi enfermedad se ha alargado más y más. Ayer hizo un mes que estoy en cama. Después de la operación, me vino de nuevo una hemorragia, que por poco carga conmigo. La noche del domingo 27, pudo haber sido fatal. Horrible! Pero hoy estoy otra vez mejor. Ya estoy, desde el martes, en mi cuarto,[303] pero siempre en cama. El médico me ha dicho que guarde cama todavía y que me cuide.

Pablo! Hay gente dura y cruel en el mundo. Hay dolores que espantan, y la muerte es un hecho evidente, pavoroso. Hay gente dura de corazón, y uno puede morirse de miseria. Bueno. Pero, qué se va hacer. Vuelvo a creer en Nuestro Señor Jesucristo. Vuelvo a ser religioso, pero tomando la religión como el supremo consuelo de esta vida. Sí. Sí. Debe haber otro mundo de refugio para los que mucho sufren en la tierra. De otra manera, no se concibe la existencia, Pablo.

Cornejo, viendo mi situación desesperada, por fin me ha pedido un pasaje de regreso al Perú. Con fecha 30 de octubre marchó la gestión por correo.[304] Yo le he mandado decir que sí, que me volveré al Perú. Pero yo le ruego, Pablo querido, me haga usted el favor de recomendar a Lima se me dé el pasaje a la mayor brevedad,

135

---

303 Debe tratarse de su cuarto de hotel. El 5 de noviembre de 1924 fue miércoles, por lo que el martes al que se refiere debe ser el martes 4 de noviembre. Si la hemorragia del día 27 fue tan grave dudamos que le hayan dado el alta el martes anterior, 28 de octubre.

304 Se conserva una comunicación del Ministro Mariano H. Cornejo, fechada el 27 de octubre y recibida el 20 de noviembre de 1924, que reza como sigue: «Nº 134 Pasaje Vallejos. [*sic*] / Señor Ministro: / El distinguido poeta y escritor, don César Vallejo vino a Francia ahora más de un año, como corresponsal de un diario de Trujillo. Este diario en mala situación económica no ha podido siquiera mantener la pensión que asignó al Sr. Vallejo poniéndolo en la condición más difícil en París, sin recursos de ninguna especie. / Las dificultades de la vida le han ocasionado un serio quebranto en su salud a tal punto que pasa frecuentemente semanas enteras en el hospital. / Hay la necesidad más imperiosa de repatriarlo, para evitar una desgracia lamentable bajo todo punto de vista. / Le ruego que se digne Ud. ordenar por telégrafo a la Legación de Londres que me remita un pasaje aunque sea de segunda clase para el indicado Sr. Vallejo. El gasto es insignificante y no creo que se niegue el Gobierno a este acto de humanidad. / Dios guarde a Ud. [firmado] Mariano H. Cornejo» (Archivo del Ministerio de Relaciones Exteriores del Perú, caja 862, file 7, folio 56). Aunque el comunicado lleva una nota aprobatoria al margen («Pongan decreto para darle psaje de tercera»), no se desprende de la correspondencia que Vallejo haya recibido este dinero.

y recomendar también a Londres se me dé en efectivo el valor de ese pasaje.[305] Con ese dinero podré vivir hasta que se me conceda la beca de España, que esperamos para Enero. En todo caso, usted vea si puede haber incompatibilidad entre el pasaje y la beca, y si la hay, yo prefiero, naturalmente, la beca, siempre. Si el pasaje es un inconveniente para la beca, que no se me dé el pasaje. No le parece a usted, Pablo? Pero me parece que e{n} Lima se puede arreglar las dos cosas, porque el pasaje se dará en el día, mientras que la beca en Enero. Creo que así no son incompatibles. De todos modos, usted verá lo mejor y su gran corazón hará por mí lo que siempre ha hecho: el bien.

Si el pasaje viene, ojalá fuese pronto, que usted ya s{u}pondrá mi angustiosa situación económica.

Adiós, Pablo inolvidable. Dios le proteja y disfrute del mejor bienestar.

Le abraza su amigo

César

[En el margen inferior de la tercera página, en líneas diagonales:] Al Sr. Leguía le contestaré en estos días. Le ruego hacerle presente mi enfermedad.

75 [CARTA MANUSCRITA DE CV A PABLO ABRIL DE VIVERO. UNA CUARTILLA (DOS PÁGINAS).]

París, 8 Novbre 1924.

Mi querido Pablo:

Hoy me he levantado, muy mejor ya. Creo que no volveré a recaer.

Acabo de hablar con Ortiz de Zevallos,[306] y me dice que conviene recomendar a Lima, lo más pronto posible, el pasaje que la Legación de aquí me ha pedido al Gobierno. Me apresuro a rogarle, Pablo bondadoso y querido, tenga la gentileza de recomendar el asunto, a sus valiosas relaciones de Lima. Siempre, desde luego y

---

305   La legación del Perú en Londres era la encargada de los pagos salidos del presupuesto nacional. De ahí que en futuras cartas que tratan sobre pagos del gobierno, Vallejo y Abril de Vivero se referirán a la legación de Londres.

306   Se trata del diplomático peruano Emilio Ortiz de Zevallos (1885-1965) que en esta época era segundo secretario de la Legación del Perú en Francia. Según Juan Domingo Córdoba, Ortiz de Zevallos le proporcionaba diversos trabajos a Vallejo, como «lecciones de gramática castellana e historia del Perú a los hijos de algún colega [...]; procurar locales a los peruanos que llegaban a dictar conferencias», entre otros (*César Vallejo del Perú profundo y sacrificado*, Lima, Jaime Campodónico Editor, 1995, p. 141).

como ya le he indicado, procurando que este pasaje no vaya a estorbar más tarde, a la beca, que, como usted sabe, me interesa sobre toda otra cosa. Usted verá lo mejor.

El periódico de Alejandro Sux aún sigue en proyecto solamente. Creo que este se realizará quién sabe cuándo. Parece que se trata de una cosa absolutamente mercantil, y nada más.[307]

El invierno llega muy crudo y amenazador. Hay ya un frío horrible.

Espero sus líneas, que me confortan y alientan tanto; y le envío mi abrazo estrechísimo y cariñoso

César

Hoy le escribo al Sr. Leguía.

---

76 [CARTA MANUSCRITA DE CV A LUIS VARELA Y ORBEGOSO. UNA CUARTILLA (UNA PÁGINA).]

....

París, Novbre 25 1924

Mi querido amigo:

Le agradezco muy de veras la publicación de mi articulito sobre el Sr. Arrigoni.[308]

Hoy me permito enviarle un artículo sobre una empresa que creo pueda interesar a nuestros públicos. Le ruego hacerlo insertar en «El Comercio».[309] Por este nuevo favor, mis nuevos agradecimientos.

Siempre fue usted tan fino y gentil para conmigo; y mi alta consideración personal y mental por usted, ha crecido paralelamente a su benevolencia.

Un fuerte apretón de manos de su compañero afectísimo

César A. Vallejo

---

307   Sobre esta publicación, véase la carta a Alcides Spelucín del 31 de julio de 1924.

308   Sobre este artículo, véase la carta a Luis Varela y Orbegoso del 14 de agosto de 1924.

309   En el Archivo Luis Varela y Orbegoso se conserva copia del texto mecanografiado de este artículo: «Los Grandes Periódicos Iberoamericanos». Hasta donde alcanzamos, el texto no se publicó en *El Comercio* sino que apareció luego en el número 255 de la revista ilustrada *Mundial* (Lima, 1 de mayo de 1925).

París, 26 Novbre 1924.

Mi querido amigo:

Lamenté muy de veras su partida de París tan súbita, y, sobre todo, el no haberlo abrazado.

Su carta de abordo me emocionó mucho, por sus nobles palabras de adiós, y de comprensión fraternal para conmigo.

Estoy muy mejor. Me he levantado de la cama ya, y creo no recaer de nuevo. No obstante, necesito cuidarme y evitar agitaciones de toda índole. Con todo, me siento muy animado y, como siempre, resuelto a «resistir las duras tempestades y tormentas» de la vida.[310]

Todos los amigos, y yo con ellos, aguardan su pronto regreso a París. Usted ya sabe cuánto lo estimo personal e intelectualmente; y sabe usted también que, en el presente caso, soy de los que más esperan la afirmación de su personalidad vital, por medio de un gesto valiente y rotundo: su regreso.[311]

Le envío un recorte del gran Raynal de «L'Intransigeant». Le felicito por aquello de «que sigue usted y "sobrepasa" a Rodín [sic], en el arte de vivificar el elemento plástico».[312] Me parece un elogio superno estas palabras desinteresadas y cordiales del más grande crítico de arte de París.

Le felicito por eso, y porque tales palabras vienen a confirmar y consolidar mi admiración por su obra escultórica; y por su porvenir.

---

310 La alusión es muy probablemente al poema IX de *Cantos de vida y esperanza* de Rubén Darío («¡Torres de Dios! ¡Poetas! / ¡Pararrayos celestes, / que resistís las duras tempestades...»).

311 Max Jiménez regresó a Costa Rica a fines de 1924 para encargarse de los negocios familiares, aunque aparentemente con planes de regresar pronto a Europa. Volvió a París en 1928.

312 Se refiere a una breve nota del crítico de arte Maurice Raynal (1884-1954) que reseña la exposición de Max Jiménez y Celso Lagar en la galería Percier. Sobre Jiménez, dice Raynal: «Jiménez, lui est l'un des jeunes sculpteurs qui n'hésitent pas à bousculer les aspects conventionnels pour en tirer l'expression de la réalité la plus pure. Il est fougueux, il suit puis dépasse Rodin dans l'art de vivifier un élément plastique. Il sait aussi tenir éloigné de toute stylisation, et surtout il reste humain dans ses figurines, sa Maternité, sa Piété et sa Femme au chien qui est mieux que spirituelle» («Les petites expositions», *L'Intransigeant*, París, 14 de noviembre de 1924, p. 4). Vallejo debió conocer bien la obra de Raynal, valedor del cubismo: según Georgette de Vallejo (*¡Allá ellos, allá ellos, allá ellos!*, Lima, Zalvac, 1978, p. 34), entre los pocos libros de la biblioteca de Vallejo de 1932 se encontraban dos monografías de Raynal: *Archipenko* y *Zadkine* (ambos en Roma, Editions de Valori Plastici, 1923 y 1924, respectivamente).

Recién hoy nos pasamos al ateliere.[313] Estoy muy obligado por sus grandes finezas en mi favor. No insisto más sobre el particular, ya que talvez resulte protocolo lo que, en verdad, es una cálida gratitud.

También le envío un recorte de la revista «Alfar» de España, donde hay algo gráfico y tipográfico sobre usted.[314]

Escríbame, Max. Escríbame, sobre todo, cuándo vendrá usted a París. Ponga mi dirección a la Legation du Pérou – Paris.

Muchos recuerdos de todos los amigos.

En «La Esfera» de Madrid hay un retrato suyo, acompañado de una ligera alusión al «escultor sudamericano», en el artículo de Antonio de Linares sobre de Greff [sic].[315] No he podido hacerme de un recorte de esta revista, por más que lo he querido.

Afectuosos saludos de Julio, y un fortísimo abrazo de su amigo

César Vallejo

313 Vallejo y Julio Gálvez Orrego ocuparon el taller de Max Jiménez cuando este regresó a Costa Rica hacia noviembre de 1924. El taller se ubicaba en 3, rue Vercingétorix. En el siglo xix la calle había albergado talleres de artistas como Henri Rousseau y Paul Cézanne y en los años veinte el de Pablo Gargallo, Julio González, Jean Toth y José Fioravanti. El atelier también hospedó a los hermanos Ernesto y Carlos More durante su viaje a Europa en 1926. Sobre el atelier, véase Ernesto More, *Huellas humanas*, Lima, San Marcos, 1954, pp. 60-62.

314 En la revista *Alfar* de la Coruña (n.º 38, marzo de 1924, p. 23), apareció un dibujo de Max Jiménez titulado «Desnudo». En este mismo número se alude a Jiménez en el artículo de Francisco Miguel titulado «Una visita al 35° Salon des Artistes Independents» en los siguientes términos: «Max Jiménez —nuestro amigo pintor—, envía su primera talla en granito. Si Max Jiménez no se cansa de hacer escultura —como se cansó de pintar— llegará a crear grandes cosas. Tiene cultura y medios de tratar la materia, musculatura y talento» (p. 27).

315 Se trata del artículo de Antonio G. de Linares, «José de Creeft, su vida ejemplar y su obra admirable», *La Esfera*, n.º 565, Madrid, 1 de noviembre de 1924. El escultor español José de Creeft (1884-1982) esculpió dos bustos de Vallejo, en piedra y en plomo. El último de estos se exhibiría en la Exposición de Artes Decorativas de París, inaugurada el 28 de abril de 1925 (Vallejo, *Iconografía*, 2017, pp. 102-105). Vallejo elogió la obra de De Creeft en «Hablo con José de Creeft», *Sirio*, n.º 1, Almansa, agosto de 1925, que se reprodujo con algunas variantes, y bajo el título «España en la Exposición Internacional de París», en el número 280 de *Mundial* (Lima, 23 de octubre de 1925).

París, 3 de diciembre 1924

Mi querido Pablo:

Acabo de hablar con Zevallos, que me ha trasmitido su recado sobre la beca. Ojalá su valiosa gestión tenga sus frutos lo más p{ron}to posible. Ya tengo la absoluta seguridad de que la gestión de ustedes me traerá la concesión de la beca. Solamente hay que esperar y tener paciencia.

Estoy muy mejor ya. Casi del todo sano.

He sabido que pronto vendrá usted a París, en vía de paseo. Yo creo que tiene usted derecho a un descanso, después de varios meses de labor en Madrid.[316] Espero se dé usted un tiempo, cuando tenga disposición de hacerlo, para anunciarme cuándo vendrá usted. Tengo vivos deseos de abrazarlo.

No sé si ya publicó usted su libro de versos. Velarde creo que ha publicado dos libros, uno de prosa y otro de verso.[317] Y sé también que ha triunfado ruidosamente.

La empresa de Sux aún sigue en proyecto. No hay nada ganable todavía.

Le envía un fuertísimo abrazo su muy reconocido amigo

César A. Vallejo

---

316 Pablo Abril de Vivero viajó a París hacia el 20 de diciembre de 1924 («L'Amérique Latine», *The New York Herald,* París, 20 de diciembre de 1924, p. 5).

317 El escritor, humorista y arquitecto peruano Héctor Velarde (1898-1989) publicó en 1924 el libro de versos *En passant* (Ilustraciones de Émile Harth-Terré, Lima, Imp. Torres Aguirre) y el libro en prosa *Kikiff* (Ilustraciones del autor, carta-prólogo de Francisco García Calderón y comentario de Clemente Palma, Lima, Garcilaso). El comentario de Palma sobre *Kikiff* apareció también en *Variedades,* n.º 860, 30 de agosto de 1924, pp. 2184-2185.

79 [CARTA MANUSCRITA DE CV A JUAN LARREA, EN UN PAPEL NEUMÁTICO. EN EL REVERSO, EL MEMBRE-
TE:] HOTEL LUTETIA | 43, BOULEVARD RASPAIL | (SQUARE DU BON MARCHÉ) | PARIS [Y LA DIRECCIÓN
DEL DESTINATARIO:] M. | JUAN LARREA | SERRANO 31 - PRINCIPAL | MADRID | (ESPAGNE)

París, 19 Enero 1925.

Mi querido Juan:

Entregué tu carta a Guita.[318] Se puso contentísima. En este instante acaba de estar conmigo en La Rotonde, y está quejosa de que no le hayas vuelto a escribir, mientras que ella te ha puesto ya tres cartas, según me dice. Anda. Escríbela. Distráete así un momento.

Esperamos que tu tía sane o acabe de algún modo, pronto.[319] Y que tú puedas regresar a París, a la mayor brevedad.

La vida aquí sigue igual que ayer y que antier y que tras de antier. La diferencia única consiste en que tú nos faltas. La Rotonde, el Jhokey, el Jipsy, el Rendez-vous,[320] claman todas las noches: Larrea! Larrea! Voces que se unen a las nuestras, hasta el amanecer. Vente, pues, breve. Haz lo posible.

Te ruego ir a ver a Abril. Y contéstame lo que haya, si es posible, por telégrafo. Ya me faltan dineros y voy a morirme de hambre.

Un abrazo de Pepe,[321] Julio [Gálvez] y César y de Guita, aussi.

141

---

318   Se trata de Marguerite Aubry (1908?-?) con quien Larrea contraería matrimonio el 11 de julio de 1929.

319   Larrea había viajado a Madrid de París hacia fines de diciembre de 1924 o en los primeros días de 1925 para cuidar a Micaela Larrea Fagoaga, su tía paterna, con quien había vivido entre los cuatro y siete años de edad. Ella fallecería el 10 de julio de 1925 (Robert Gurney, *La poesía de Juan Larrea*, Bilbao, Universidad del País Vasco, 1985, p. 175).

320   Establecimientos parisinos que Vallejo y sus amigos solían frecuentar: el Café de la Rotonde (105, boulevard du Montparnasse), el cabaret The Jockey (146, boulevard du Montparnasse) y el Gypsy's Bar (20, rue Cujas). En cuanto al Rendez-Vous, es posible que se trate del restaurant Le Rendezvous des Mariniers (7, quai de Bourbon), lugar que frecuentaban muchos escritores estadounidenses en París.

321   Se trata de José Varela Arias (1904-1976), hijo de José Varela y Orbegoso y sobrino de Luis Varela y Orbegoso. Su padre había asumido el cargo de primer secretario de la Legación del Perú en Francia en septiembre de 1923. Varela Arias siguió la carrera diplomática. Para más información sobre él, véase Córdoba Vargas, *César Vallejo del Perú profundo y sacrificado*, 1995, pp. 183-184.

París, 31 Enero 19245.

Mi querido Pablo:

Ayer me dio Ortiz de Zevallos el recado que le enviaba usted para mí. Usted sabe cuánto lo quiero, y cuánto sentí no haberlo visto, antes de su partida para Madrid.[322] Dos veces fui a verlo; en la primera, había usted salido a la calle, y en la segunda, había usted partido ya de París. Antes de recibir noticias suyas, me disponía yo a escribirle; y hoy lo hago, enviándole un gran abrazo, aquel que no se lo di personalmente.

A Juan Larrea le encargué lo visitara, pues a usted ya le he hablado de este buen amigo mío y gran poeta español. Acabo de recibir carta de él, en que me dice que, debido a su enfermedad, que lo retiene en cama, no ha podido hacer a usted la visita que me prometió hacerle.[323] Ojalá se hagan buenos amigos, pues es un simpatiquísimo muchacho.

Me ha dolido que la beca no pueda aún quedar lista. Qué vamos a hacer. Le agradezco su valioso empeño en mi favor, así como el del Señor Leguía. Estoy muy reconocido a ustedes, que me tienen tanta buena voluntad y son tan gentiles para mí. Dios les pague.

Como es posible que yo siga e{n} París, contra viento y marea, y que siga fuera del Perú, contra marea y viento, toda probabilidad de miseria queda descontada, y toda adversidad de la vida. No conozco los caminos que llevan a la comodidad y a la dicha; y nunca los he recorrido. Así, pues, todo está muy bien como está, y, sobre todo, como es.

El general Mangin me pagó mil francos.[324] Tuve que contentarme con ellos, y qué mejor para mí.

---

322   Llegado a París hacia el 20 de diciembre de 1924, Pablo Abril de Vivero debió haber pasado ahí las fiestas de fin de año y, según se desprende de esta carta y la anterior, debió regresar a Madrid antes del 19 de enero de 1925.

323   La enfermedad de Larrea se corrobora en una carta de Gerardo Diego a Vicente Huidobro del 30 de enero de 1925: «A Larrea le dejé enfermo, aunque no de cuidado» (Vicente Huidobro, *Epistolario: correspondencia con Gerardo Diego, Juan Larrea y Guillermo de Torre, 1918-1947*, edición de Gabriele Morelli con la colaboración de Carlos García, Madrid, Publicaciones de la Residencia de Estudiantes, 2008, p. 189).

324   El general Charles Mangin (1866-1925), héroe francés durante la Gran Guerra, le encargó a Vallejo la traducción de la parte referida al Perú de su libro *Autour du continent latin avec Le Jules Michelet*

Cuando tenga tiempo, escríbame, Pablo. Sus palabras fraternales me alientan mucho.

Un cordial abrazo de su agradecido amigo

César A. Vallejo

81 [CARTA MANUSCRITA DE CV A JUAN LARREA. UNA CUARTILLA (DOS PÁGINAS Y UNA PÁGINA CENTRAL).]

París, 1.º Febrero 1925.

Mi querido Juan:

Ayer recibí tu última carta del 28 Enero. Tus anteriores, la que vino certificada y la que me trajo Luis,[325] también las recibí. A Guita le he entregado inmediatamente todas tus cartas. Ella me pregunta a menudo por noticias tuyas; nos vemos de vez en cuando en La Rotonde, pero, naturalmente, tú nos faltas siempre, tú que nos unías a ella.

Luis marchóse a Londres ayer, después de una semana de estadía en París. Ahora hemos vuelto a quedarnos los tres, Julio [Gálvez], Pepe [Varela] y yo, sumidos en una especie de recogimiento y de cansancio, tras de los días atorbellinados que hemos

143

(París, Pierre Roger, 1923), en el que narra su viaje por países americanos. Esta traducción se publicó como *En el Perú: en torno al continente latino con el Jules Michelet* (París, Pierre Roger, 1925) y fue auspiciada por el gobierno peruano, como libro de propaganda. Según una carta consular de Mariano H. Cornejo, fechada el 15 de diciembre de 1923, el gobierno peruano ya le planeaba pagar al general Mangin por gestionar la traducción y publicación de su libro: «El Sr. Ministro no dejará de apreciar en lo que vale el servicio inmenso que ha prestado el General Mangin, haciendo conocer en el mundo al Perú y en especial los incidentes de su conflicto con Chile. Ninguna propaganda que el Perú hubiera podido pagar durante diez años es comparable al libro del general Mangin [...]. Creo, pues, que es llegada la ocasión de enviarle telegráficamente la suma que le prometió el Gobierno y además comprarle los derechos de traducción de la parte relativa al Perú que comprende la mitad del libro. Yo creo que lo mejor sería encargarle al mismo general Mangin que él haga hacer la traducción y la haga publicar, ofreciéndole una suma regular por todo esto. / Como el Gobierno le ofreció sesenta mil francos, podría aumentar diez mil o quince mil por los derechos de traducción y veinticinco mil francos para pagar el trabajo de traducir y los gastos de impresión. / Se podría, pues, destinar a este gasto cien mil francos, con los cuales quedaría seguramente satisfecho el General Mangin y haría publicar aquí en París un libro, conteniendo la parte del Perú, que tiene doscientas páginas y que formaría un precioso volumen. / El gasto adicional fuera de la suma prometida al General Mangin, sería de cuarenta mil francos, esto es, hoy día de seiscientas libras. Ningún libro de propaganda puede salir más barato» (Archivo del Ministerio de Relaciones Exteriores del Perú, caja 832, file 5, folio 31-32, n.º 121). Sobre este episodio, véase Valentino Gianuzzi, *César Vallejo's Journalism in Context: A Quest for Autonomy*, Tesis de Doctorado, UCL, Londres, 2014, pp. 158-159. Posteriormente, Vallejo le solicitaría directamente un bono al gobierno peruano por esta traducción (véase la carta a Abril de Vivero del 5 de julio de 1925).

325   Desconocemos la identidad exacta de Luis.

pasado contigo y Luis. Pensamos en que vas a volver y en que otras alegrías han de venir luego. Además, el verano se aproxima, el verano que tanto me gusta. Haz lo posible por regresar, por lo menos, para Abril o Mayo. Yo ya no podré ir a Madrid, pues, según un recado que he recibido de Abril, en carta a un amigo suyo de París, el asunto que yo esperaba arreglar allá, ha fracasado. Qué te parece, Juan![326]

Mi situación torna otra vez a hacerse estrecha. Ya no me queda ningún dinero. Vivo del sobresalto, a pausas, diríase, a las malas. He gestionado con mayor ahínco el pasaje que se solicitó al Gobierno de Lima; eso me traería algunos dineros. Pero es tan problemático.

Continuamos en el atelier. Ahí hacemos, una que otra tarde, el arroz con morcilla que tú también has saboreado. Ají ya no hay en las fruterías. Todo se complica. Las papas son más pequeñas. Con todo, nos nutrimos y el ágape nos hace recordarte y extrañarte, mi viejo.

Te escribo de La Rotonde. El papel te lo indica.[327]

Hazme el favor de averiguar por la dirección de la Editorial América, que me ha rogado tomarla un amigo mío, así como la dirección de R. Blanco Fombona, el escritor venezolano. Este está peleado con su Gobierno; así es que su dirección no podrá ser el Consulado de su país.[328] Y contéstame.

A Huidobro no lo veo.[329] Talvez estará enfermo. Le has escrito?

326   Se refiere al recado de Ortiz de Zevallos mencionado en la carta anterior, quizá relacionado con la beca.

327   Se trata de un papel cuadriculado obtenible en este café, y al que Vallejo ya había hecho referencia en la carta del 14 de mayo de 1924 a Pablo Abril de Vivero.

328   El escritor venezolano Rufino Blanco Fombona (1874-1944) vivió más de veinte años en Europa desterrado por el gobierno de Juan Vicente Gómez. Entre 1910 y 1914 vivió en París y luego se estableció en Madrid, donde dirigió la Editorial América entre 1915 y 1933 (Yolanda Segnini, *La Editorial América de Rufino Blanco Fombona, Madrid, 1915-1933*, Madrid, Libris, 2000). No está claro qué amigo de Vallejo le solicitó la dirección, si esta no era, en realidad, para él mismo.

329   Según Juan Larrea, Vallejo y él se conocieron en casa del poeta chileno Vicente Huidobro (1893-1948) en septiembre de 1924 (Juan Larrea, *César Vallejo o Hispanoamérica en la cruz de su razón*, Córdoba [Argentina]: Universidad Nacional de Córdoba, 1958, p. 94). Es muy posible que Vallejo y Huidobro se trataran con anterioridad, pues aquel ya había mencionado su nombre en la crónica «La Rotonda» (*El Norte*, Trujillo, 22 de febrero de 1924). En una entrevista hecha hacia el final de su vida, recordaba Larrea: «Mi primer contacto con Vallejo se produjo del siguiente modo. En el verano de 1924, después de pasar unos días con Vicente Huidobro en Sables d'Olonne, fui con él a París donde permanecí una semana alojado en su departamento de la calle Víctor Massé. Allí dormíamos y conversábamos, saliendo a comer a los restaurantes y a hacer visitas. Una tarde salí solo por alguna razón; dejando a Vicente en casa. Al regresar tras un buen rato, me lo encontré charlando en el *living* con dos personas de nuestra edad que yo no conocía y que yo me presentó. Una de ellas era César Vallejo» («Conversación de Juan Larrea con René de Costa, 1978», *Poesía*, n° 31-32-33, Madrid, 1989, p. 217).

Qué es de Gerardo Diego?[330] Salúdalo y dame noticias suyas.

Juan queridísimo, cómo quisiera que estés aquí; tu costado fraternal me hacía tanto bien!

Pepe y Julio no están en este instante conmigo. Me he levantado a las 8 de la mañana y son las 9, hora en que te escribo, asaeteado por mil cuidados domésticos.

Te abraza cariñosamente tu hermano

César

---

82 [CARTA MANUSCRITA DE CV A JUAN LARREA. UNA CUARTILLA (DOS PÁGINAS Y UNA PÁGINA CENTRAL).]

París, 23 Febrero 1925

Juan:

Contesto a tu carta del 9.

Hoy acaba de partir para Alemania, Pepe [Varela]. En este instante vengo de la estación de despedirlo. Va acompañando a un caballero de América, que va a pagarle por sus servicios de intérprete. Ojalá le vaya bien y vuelva con dineros, que harto le hacen falta ahora. Por encargo suyo te escribo, como si él lo hiciera, agradeciéndote por el servicio que le has hecho en forma tan fraternal y cariñosa. Pepe no ha tenido tiempo absolutamente para escribirte y se reserva para hacerlo a su regreso, que será dentro de seis días.

Cómo sigue tu tía? Qué has pensado de tu regreso a París? Cuándo vendrás? Te extraño con harta frecuencia, amigo mío. Antenoche, con motivo de la llegada a París de un amigo mío, Víctor Raúl Haya de la Torre, nos hemos emborrachado mucho.[331] Hoy he pensado en mí, en ti, en tantas cosas graves y hermosas.

145

---

330   Sobre Gerardo Diego, véase «Perfiles biográficos».

331   De acuerdo con Luis Alberto Sánchez, Haya de la Torre llegó a París el 22 de febrero de 1925, el día de su trigésimo cumpleaños. Presumiblemente haciéndose eco de los recuerdos de Haya, Sánchez afirma que la noche en que se encontraron, acabó con Vallejo «balbuceando como un chiquillo "les sanglots-des violons de l'automne"» (Luis Alberto Sánchez, *Haya de la Torre y el APRA*, Lima, Universo, 1980, p. 145). Aunque es posible que lo haya conocido antes, Vallejo comenzó a tratar asiduamente a Víctor Raúl Haya de la Torre (1895-1979) en las aulas de la Universidad Menor de la Libertad hacia abril de 1913. Hijo de una significada familia de Trujillo —su padre había dirigido el periódico *La Industria*—, participó de las actividades de la Bohemia de Trujillo hasta su partida a Lima en 1916. Tras una breve incursión dramatúrgica, desarrolló una intensa tarea como representante universitario primero en Trujillo y más tarde en Lima y Cuzco. Partió del Perú en 1923 y fue secretario de José Vasconcelos en México. En septiembre de 1924 viajó a Rusia en compañía de estudiantes y,

Juan! Hay que trabajar, como tú muy bien lo dices. Pero también hay que vencer circunstancialmente. Hay que imponerse a los demás, hay que exigir a los demás vasallaje, dineros, la dicha, a que tenemos derecho. Date a las circunstancias, entrégate al menudo relieve social, para que puedas ser dichoso y procurarte una labor mejor y más seria. Esto me digo y me repito. No basta que valgas en ti y ante ti; menester es que valgas en los otros y ante los otros, hoy, y mañana y siempre. No es verdad, Juan?

Huidobro ha dado una conferencia en la Sorbona. Yo no estuve, pero me dicen que hubo gente y alcanzó éxito. Habló de lo inconsciente y subconsciente en la inspiración artística.[332]

Escríbeme. Pero escríbeme largo, sobre tus meditaciones, tus últimas inquietudes, tus nuevas vehemencias juveniles, que las siento tan mías y tan puras.

Julio [Gálvez] te envía un abrazo. Guita ha estado enferma. Ayer la vi ligeramente en La Rotonde. Le entregué tu última carta.

Te abraza fuertemente tu hermano

César

146

83 [CARTA DE PABLO ABRIL DE VIVERO A CV.]

....

Madrid, 5 de Marzo de 1925

Mi querido César Vallejo:

Tengo a la vista su muy cariñosa carta de 31 de Enero, a la que hasta hoy no me había sido posible responder. Lo hago ahora, como siempre, con la más auténtica e íntima satisfacción. Usted lo sabe bien. Y añado a ella la alegría de poderle dar una buena noticia: ha sido usted nombrado para sustituir a Castillo en la beca que debe dejar próximamente. Ayer llegó para usted la comunicación del Ministerio. Se la incluyo.[333] Y estoy seguro de que usted habrá de disculpar que yo me permitiera

---

antes de su paso por París en 1925, recorrió Suiza e Italia. Seguiría a Londres, donde cursaría estudios en la London School of Economics.

332   Se trata de «L'inconscient et l'inspiration artistique (normale et pathologique)», impartida el 19 de febrero en el Anphithéâtre Michelet a las 21 horas. Según la invitación que Huidobro remitió a Juan Larrea, junto a una carta fechada el 25 de febrero, asistió a la conferencia Arturo Alessandri, presidente de la república de Chile (Huidobro, *Epistolario,* 2008, p. 191).

333   No conocemos el paradero de este documento. Una noticia de la prensa peruana ya había dado cuenta de la beca otorgada a Vallejo: «El ministro de relaciones exteriores otorgó al poeta César Vallejo

rasgar el sobre que la trajo. Quise anticiparme a conocer la buena nueva. Verdad que tenía razón? De lo que se trata ahora es de que el referido Castillo tenga a bien abandonar la modesta pitanza. Yo trataré, por todos los medios, de conseguir este resultado y le comunicaré a usted el éxito de mis gestiones. Es indispensable que usted comience a percibir, sin mayor dilación, esas trescientas treinta pesetas de la Madre Iberia, que equivalen a más o menos mil francos heroicos. Ya veremos la manera de que pueda usted disfrutar de ellas sin tener que moverse de París, donde, según informaciones de Ribeiro,[334] ha conseguido usted un ligero trabajo al lado de Alejandro Sux. Eso de Les Grands Journaux Ibéro-Américains puede tener, andando el tiempo, un porvenir seguro. Además, sus oficinas están confortablemente instaladas en la Avenue de l'Opéra.[335] No hay que olvidarlo. Yo, por mi parte, añoro sus sillones magníficos que me tienden aún sus brazos fuertes. Quién como usted que todavía puede acogerse a ellos!

Mi vida en esta «capital castiza» de Angélica Palma[336] sigue su inevitable, monótono y lamentable curso.

Su amigo Larrea no ha venido a verme. Lo deploro. Lo conocí hace algunas semanas en el Ritz de París. Me lo presentó un compatriota nuestro y solo cruzamos

---

la beca concedida por el gobierno español a los estudiantes peruanos que estudian en la Facultad de Jurisprudencia. / Esta noticia ha causado bastante agrado en los círculos intelectuales puesto que Vallejo podrá en esta forma continuar en España su labor artística» («Telegramas de Lima», *La Unión*, Pacasmayo, 4 de febrero de 1925, p. 2).

334 Muy poco se sabe de Emilio Ribeiro (también Ribeyro), periodista y crítico de arte peruano. En 1926 estuvo encargado del servicio parisino de *La Razón* de Buenos Aires («L'Amérique Latine», *Le Gaulois*, París, 18 de abril de 1926, p. 3). Durante la Segunda Guerra Mundial trabajó como agregado de prensa de la embajada peruana en París y entre febrero de 1943 y febrero de 1944 sufrió prisión a manos de los nazis en la Francia ocupada. Murió de cáncer al hígado poco después de su liberación. Fue tío abuelo del escritor peruano Julio Ramón Ribeyro (véase Julio Ramón Ribeyro, «Ancestros», en *Antología personal*, Lima, Fondo de Cultura Económica, 1994).

335 Los Grands Journaux Ibéro-Américains fue una agencia de noticias fundada por Alejandro Sux, Henri de Lasala y Antonio Gorri, y que agrupaba en un comienzo a cerca de 37 diarios de lengua castellana y portuguesa. La agencia estaba encargada de brindar noticias políticas, sociales y económicas de Francia a sus abonados, así como de proveer a la prensa francesa de informaciones sobre Iberoamérica. Las oficinas estaban en el número 11 de l'Avenue de l'Opéra; la «Maison des Grands Journaux Ibéro-Américains» fue inaugurada oficialmente el 2 de mayo de 1925 (véase «L'Amérique Latine», *Le Gaulois*, París, 3 de mayo de 1925, p. 2; e «Informations», *Journal des Débates Politiques et Littéraires*, París, 4 de mayo de 1925, p. 4). Vallejo comenzaría a recibir un sueldo fijo de los Grands Journaux hacia mayo de 1925 y durante el segundo semestre de ese año se mudaría muy cerca de sus oficinas a un cuarto en el Hotel Richelieu (20, rue Molière), hoy Hotel Pavillon Louvre Rivoli, donde existe una placa recordatoria.

336 Entre 1922 y 1930, la escritora peruana Angélica Palma publicó en la revista limeña *Variedades* una sección de crónicas sobre Madrid llamada «De la capital castiza», que firmaba bajo el seudónimo de Marianela.

cuatro palabras. Me ha parecido efectivamente muy simpático y no pierdo la esperanza de vincularme a él, personal y literariamente.

Estoy continuamente preocupado por mis dificultades económicas. Mi último viaje a París me costó, como a Marlacci, un ojo de la cara.[337] En esta disposición áspera de mi espíritu, vanos son todos mis propósitos de trabajar intelectualmente, aunque comprenda que la ocasión no es para despreciarla. La antología que estoy preparando —creo que le hablé de ella— está todavía en veremos.[338] Esto se debe en parte a que no he recibido todas las colaboraciones solicitadas. Necesito que me prepare usted cuanto antes la suya. Solo cuento con «Trilce». Envíeme además lo que usted considere conveniente. González Martínez, de quien soy muy buen amigo, me habló hace poco con mucho elogio de usted. Me dijo que le había escrito.[339]

Hoy no se quejará usted de mi tacañería epistolar. Espero que se inspire usted en mi «largueza» y que me conteste muy pronto.

Un estrecho y muy cordial abrazo de

Pablo

---

84 [CARTA MANUSCRITA DE CV A PABLO ABRIL DE VIVERO. UNA CUARTILLA (DOS PÁGINAS).]

. . . .

París, 16 de Marzo de 1925

Mi querido Pablo:

Con mucha alegría contesto su carta del 5. Ya podrá usted imaginar mi contento por la concesión de la beca para España. A usted se la debo, Pablo generoso. Mi gratitud y mi cariño crecen más y más hacia usted, por lo bueno y lo fino de su gran corazón para conmigo.

Le ruego se moleste avisarme si Castillo ha dejado la beca y desde cuándo puedo percibir «esas trescientas pesetas de la madre Iberia». Aguardo sus noticias, pues

---

337 *Marlacci* fue seudónimo del escritor Marcial Helguero y Paz Soldán, editorialista de *El Comercio* de Lima. Hacia 1910 fue corresponsal de este diario en París y Londres. Pablo Abril de Vivero podría estarse refiriendo a alguna crónica suya sobre París.

338 Como se desprende de esta carta y la siguiente, Abril preparaba una antología de poesía peruana que no llegó a publicarse.

339 El poeta y traductor mexicano Enrique González Martínez (1871-1952) se desempeñaba como diplomático en Madrid. Pablo Abril de Vivero y Enrique González Martínez habían coincidido en una conferencia impartida en la Sociedad de Amigos del País el 31 de enero, según informa *El Sol* de Madrid (2 de febrero de 1925, p. 4). No conocemos correspondencia entre González Martínez y Vallejo.

talvez sea necesario que yo vaya a Madrid, a hacer acto de presencia por unos días en la Universidad. Espero ávidamente sus gratas líneas.

Perdone me expida en tan cortas líneas. Me voy a ver a Sux en este instante. Con mucho agrado atenderé, en mis posibilidades, a Torres Vidaurre.[340] Cuándo viene? Que me busque donde Sux.

Le abraza estrechamente

César

Al Señor Leguía le escribiré mañana.[341]
V.

---

85 [CARTA MANUSCRITA DE CV A PABLO ABRIL DE VIVERO. UNA CUARTILLA (DOS PÁGINAS).]

París, 28 Marzo 1925.

Mi querido Pablo:

Le escribí hace ocho días,[342] manifestándole mi agradecimiento por sus gestiones para la beca. Al mismo tiempo, le decía yo que esperaba sus noticias sobre la actitud que iba a asumir Castillo. Estoy ávido de sus nuevas noticias. Comprenderá usted, queridísimo Pablo, cuanto antes quisiera empezar a percibir la modesta pensión de la Madre Iberia, como usted muy bien dice. En los Grands Journaux me dan una que otra cosilla de vez en cuando; pero, nada más. De otro lado, mi vida se circunscribe siempre a la récherche, no justamente del tiempo perdido, sino del pan nuestro de cada día. Si Proust pudo escribir al fin su Temps retrouvé, de mí sé decir que, al paso que voy, el tiempo perdido no volveré a encontrarlo más.[343] Supongo, pues, que el destino querrá y, más que el destino, Castillo querrá dejarme el turno a las trescientas pesetas, lo más pronto posible. Le vuelvo a rogar, Pablo, me haga el

149

---

340 El periodista y poeta peruano José Torres de Vidaurre (1901-1979) se había trasladado a Madrid hacia 1922. Había publicado el libro de poemas *El amor infinito* (Madrid, Alejandro Pueyo, 1924).

341 Se refiere a Eduardo S. Leguía y no al presidente Augusto B. Leguía. No conocemos la carta.

342 Debe referirse a la carta anterior, escrita no ocho sino doce días antes. En su siguiente carta a Abril de Vivero, Vallejo hace referencia a dos cartas escritas en respuesta a la del 5 de marzo, por lo que no parece haber otras cartas.

343 En 1925 se publicó póstumamente *Albertine disparue (Abertine desaparecida)*, el sexto volumen de *À la recherche du temps perdu (En busca del tiempo perdido)* de Marcel Proust (1871-1922), lo que había creado expectativa por la aparición del séptimo y último volumen, *Le temps retrouvé (El tiempo recobrado)*, que Proust había dejado antes de morir y que se publicaría en 1927.

favor de ver qué piensa ese señor Castillo, y de hacérmelo saber por algunas líneas suyas.

Con Ribeiro me veo a menudo. El asunto de la revista todavía está en proyecto solamente.[344] París es terrible. Para hacer cualquier cosa, por pequeña que fuese, cuesta tanto tiempo y tanta angustia.

Apenas tenga alguna cosa escrita, digna de la antología que usted proyecta y que deseo verla convertida en realidad pronto, la enviaré en seguida.

Sé que Silva llegará en estos días, de regreso del Perú.[345] Supongo que traerá algún sueldo de alguna parte y por algún concepto.

He leído los libros de Velarde. Me parecen magníficos.[346]

Ávido de ver sus gratas líneas, lo más pronto posible, le envío un estrecho abrazo fraternal

César

---

86 [CARTA MANUSCRITA DE CV A CARLOS QUÍZPEZ ASÍN. DOS PÁGINAS.]

....

150

París, Abril 7 1925

Mi querido artista:[347]

Con Jorge de Piérola, cuando estuvo en París, hemos hablado a menudo de usted.[348] Su vida y su obra de usted me interesan, pues, mucho; y cuantas veces se

---

344   Esta podría ser la primera mención que se hace del proyecto de la revista *La Semaine Parisienne*, y que sería el tema recurrente en la correspondencia Abril-Vallejo de 1925 y 1926.

345   Se refiere a Alfonso de Silva, quien regresó a Europa del Perú a mediados de 1925 (véase la carta del 5 de julio de 1925).

346   Sobre Héctor Velarde y estos libros, véase la nota a la carta a Abril de Vivero del 3 de diciembre de 1924.

347   El artista peruano Carlos Quízpez Asín (1900-1983) se educó en la Escuela Nacional de Bellas Artes de Lima. Viajó a Madrid y en 1923 recibió la beca del gobierno español, que disfrutó hasta 1926, para estudiar en la Real Academia de Bellas Artes de San Fernando. Entre el 12 y el 30 de diciembre de 1925 expuso, junto al escultor mexicano Guillermo Ruiz, algunas de sus pinturas en el Ateneo de Madrid. Debió haber conocido en persona a Vallejo durante su viaje a París entre agosto y septiembre de 1925. Regresó al Perú a finales de 1926. Fue hermano del poeta y artista César Moro.

348   Jorge Piérola era un estudiante peruano residente en Madrid hacia 1922 y 1923, y amigo de Alfonso de Silva. Vallejo lo debió haber conocido en 1918 en Lima. Ernesto More sitúa a Piérola «en la poco católica casa que el chino [Julio] Gálvez tenía en la fenecida calle del Huevo, lugar al que solían caer, [...] Jorge Piérola, [Luis] Berninzone y otros forajidos que aspiraban (aquí debía terminar la frase) que aspiraban a conocer los Paraísos Artificiales» (Isabel Álvarez, *El Corregidor Mejía: cocina y*

ofrece hacer recuento de inteligencias peruanas, lo tengo a usted presente, en el aprecio que usted se merece. Quisiera yo conocer más cosas suyas, sobre todo, las nuevas. Si llego a caer en Madrid algún día, a una de las primeras personas que buscaré, será usted. Nada importa que no nos hayamos estrechado la mano todavía. Esta es cosa que no cuenta.

Hasta cuándo seguirá en Madrid? Quizás le convendría un poco de París y otro de Italia. Escríbame sobre sus proyectos y sobre eso de Madrid.

Quiero que me haga el favor de averiguar por la dirección de Guillermo de Torre, el poeta.[349] La que tenía yo antes se me ha perdido. Me interesa. Cuanto más pronto, mejor. Le agradeceré mucho.

Deme noticias de Clodo Aldo,[350] ese gran mozo pleno de talento, de quien tampoco soy amigo, pero a quien conozco tanto. Salúdelo en mi nombre, con fuerte abrazo.

Y Torres Vidaurre? Es otro hermoso espíritu a quien admiro. Pablo Abril me escribió que Vidaurre vendría a París de un día a otro. Si lo ve, dígale que apenas venga, me busque.

Espero letras suyas, de usted, que me darán gran gusto. Entre tanto, cuénteme como su afectísimo compañero

César A. Vallejo

Diríjase:
Legación del Perú—
París.

---

memoria del alma limeña, Lima, Universidad de San Martín de Porres, Escuela Profesional de Turismo y Hotelería, 2002, p. 96).

349   El escritor español Guillermo de Torre (1900-1971) había publicado el libro de poemas *Hélices* (Madrid, Mundo Latino, 1923) y el libro *Literaturas europeas de vanguardia* (Madrid, Caro Raggio, 1925). Vallejo debió conocer sus artículos publicados en la revista *Cosmópolis* y lo menciona en la crónica «La Rotonda» (*El Norte*, Trujillo, 22 de febrero de 1924). Vallejo lo conocería en persona el 12 de marzo de 1926, según le informa a Larrea en carta fechada ese mismo día.

350   El escritor y periodista peruano Clodoaldo López Merino (1900-1986) colaboraba para la revista *Mundial* bajo los seudónimos de Ego y Clodo Aldo. Vivió en Europa (España e Italia) entre 1925 y 1927, desde donde enviaba crónicas. Vallejo lo elogia en su entrevista con Armando Maribona y lo coloca entre los dramaturgos peruanos más destacados: «el más joven y de enormes posibilidades artísticas» (véase Fernández y Gianuzzi, «Una entrevista a César Vallejo olvidada», 2008, p. 7). Por su parte, en un artículo suyo, Clodo Aldo había elogiado de Vallejo, «su palabra que araña la neurona más oculta y desgarra los velos de la Belleza imprevista!» («Se van...», *Mundial*, n.º 131, 17 de noviembre de 1922).

París, 17 Abril 1925.

Mi querido Pablo:

No he tenido el gusto de recibir nuevas noticias suyas, no obstante mi viva ansiedad por ellas.

Le escribí dos cartas, en respuesta a su cordialísima del 5 de Marzo.

Ayer recibí carta de un amigo de Lima, en que me dice que se ha concedido hace tiempo mi pasaje — el que pidió para mí Cornejo.[351] He escrito a Ribera Shreiber,[352] con una recomendación de nuestro querido amigo Sr. Ortiz de Zevallos, y me acaba de contestar que todavía no ha recibido la orden para entregarme ese pasaje, y que apenas la reciba me hará un giro por el efectivo de él. Me hallo, pues, sin saber a qué atenerme. Por otro lado, Castillo parece no querer abandonar la beca, no obstante haberla ya perdido, por muchos motivos. Si el Gobierno me la ha concedido ¿qué puede alegar ese señor Castillo para no dejar la beca? Talvez no habrán comunicado de Lima al Gobierno español. No sé qué hacer, mi queridísimo Pablo. Ni la beca, ni el pasaje, no obstante haberse extendido ya ambas resoluciones. ¿Qué podría yo hacer en este caso, para conseguir estas cosas? Qué me aconseja usted? A lo mejor, voy a perder ambas cosas, aun estando ya las dos concesiones en las manos. Qué le parece, Pablo. Y saber que apenas puedo vivir día a día. A puras penas.

Espero sus noticias. Dese un tiempo, y aconséjeme qué debo hacer y a quién debo acudir. Créame que me desespero terriblemente.

Ansío noticias suyas, pronto, pronto.

Afectuosos saludos de Sux y de Ibáñez.

Un cariñoso y grande abrazo de su amigo.

Fraternalmente.

César

---

351   Se desconoce la identidad del amigo de Vallejo. La solicitud original de Cornejo (véase la nota a la carta de Vallejo del 5 de noviembre de 1924) tiene un sello datado 10 de enero de 1925 y una nota al margen, a mano: «Pongan[?] decreto para darle pasaje de tercera» (Archivo del Ministerio de Relaciones Exteriores del Perú, caja 977, file 4, folio 31, n.º 227). No se desprende de la correspondencia que Vallejo haya recibido este dinero.

352   Ricardo Rivera Schreiber (1892-1969) fue un diplomático peruano que en ese entonces se desempeñaba como encargado de negocios en la Legación del Perú en Londres.

París, 3 Mayo 1925.

Mi querido Pablo:

Ribeiro me ha mostrado un acápite de su carta, en que le dice usted que va a escribirme. Aún no he recibido noticias suyas. Espero con enorme avidez su carta. Ya podrá usted imaginarse mi anhelo de saber qué hay sobre la beca, y sobre todo, qué debo hacer para que ella sea dejada por el tal Castillo, quien par[e]ce que quiere tenerla hasta el fin de sus días. El pasaje que me concedieron tampoco me llega. Qué mala suerte tengo!

Sux se embarca mañana para América, donde va a dar conferencias de propaganda de «Les Journaux».[353] Me encarga saludarlo y despedirse.

Le ruego ponerme unas letras.

Le abraza su cordialísimo amigo

César

París, Mayo 11 1925

Mi querido Pablo:

Le confirmo mi carta anterior.

Ribeiro se fue hoy a Italia, como ya le habrá escrito. Va al Congreso de la Prensa Latina.[354] Dichoso él que va a pasearse con cargo al Presupuesto General de la Península Itálica.

---

353   En una entrevista al joven Miguel Ángel Asturias, publicada el 12 de mayo de 1925, Sux habla sobre su planeado viaje a Latinoamérica para hacer una visita oficial a los diarios representados por los Grands Journaux (véase Miguel Ángel Asturias, *París 1924-1933: periodismo y creación literaria,* coord. Amos Segala, 2.ª ed. San José, Universidad de Costa Rica, 1988, pp. 31-32). Sux pasó por lo menos unos cuatro meses en México y regresó a París a fin de año (véase Le Demon de Midi, «Propagande», *Paris-Midi,* París, 3 de diciembre de 1925, p. 2).

354   El Tercer Congreso de la Prensa Latina se celebró en Florencia entre el 14 y el 20 de mayo de 1925 y reunió a los más destacados periodistas de los países latinos radicados en París. Entre los asistentes se encontraban: Hugo D. Barbagelata, Armando Maribona, Toño Salazar, Eduardo Ortega y Gasset y Miguel Ángel Asturias. Emilio Ribeiro asistió en representación de la prensa peruana.

Hoy le escribo al Sr. Leguía, suplicándole se interese por la beca. Cree usted, Pablo, que podré alcanzar a ella? Créame que temo que Castillo se quede con la beca, hasta el fin de sus días. Pero, de todos modos, confío en usted, mi querido Pablo, para conseguirla pronto. Espero, de un día a otro, recibir la buena nueva.

Sé que Torres Vidaurre se fue ya al Perú. Es verdad?[355]

Perdone que le escriba solo pocas líneas ahora. Estoy con un poco de fiebre desde ayer. Hace un tiempo malvado en París. Horrible!

Un abrazo cariñoso de su afectísimo amigo

César

---

90 [CARTA DE PABLO ABRIL DE VIVERO A CV.]

....

Madrid, 25 de Mayo de 1925

Señor
Don César A. Vallejo
París.

Mi muy querido César:

Estoy indudablemente en falta con usted. Sus cuatro últimas cartas, que no tengo en este momento a la vista, han debido ser contestadas con mayor oportunidad. En todas ellas me habla usted con angustia, que comprendo muy bien y en la cual tomo parte, del zarandeado asunto de la beca. Crea usted, mi querido César, que aunque no le haya respondido antes, no por eso he dejado un solo momento de ocuparme de usted. He hecho lo indecible para conseguir que el Ministro conminara a Castillo a abandonar, sin más trámites, la modesta pitanza de que indebidamente sigue disfrutando. Lo único que he logrado es lo que ya el propio Ministro le ha comunicado a usted por mano mía, esto es, que el 10 o el 15 del próximo Junio lo presentará a usted ante el Ministerio de Instrucción como sustituto del mentado Castillo. Yo me comprometo a conseguir esto último que ya sería definitivo. Inmediatamente que quede usted expedito para venir a los Madriles, se lo haré saber por telégrafo. No lo dude usted. Paciencia! «Sufra y aguante» (Hoy es 25

---

355 José Torres de Vidaurre hizo un viaje al Perú hacia 1925, y publicó varios cuentos en la revista *Variedades* de Lima entre julio de 1925 y enero de 1926. Ese año regresó a Europa (véase la carta de Pablo Abril de Vivero a Vallejo del 22 de junio de 1926).

de Mayo, che, amigazo!)[356] Tengo muchos deseos de verle por acá y espero que dentro de veinte días más podré repetirle el abrazo muy apretado que ahora le envío. Suyo.

Pablo.

---

91 [CARTA MANUSCRITA DE CV A PABLO ABRIL DE VIVERO. UNA CUARTILLA (UNA PÁGINA Y UNA PÁGINA CENTRAL).]

....

París, 2 Junio de 1925.

Mi querido Pablo:

Antier tuve el gusto de recibir su carta del 25 de Mayo. Ella ha venido a tranquilizar un tanto mi angustia, y he tenido mucha alegría al pensar en que dentro de pocos días le daré un gran abrazo en Madrid.

Con motivo de la ausencia de Sux, me han dado una pequeña cosa a ganar mensualmente en les Grands Journaux.[357] Usted sabe que, si fuese posible que yo siga en París con la pensión de España, entonces ya me sería posible vivir, más bien dicho, subsistir, con las dos cosas juntas. Además, al ir a Madrid, yo no sé si dejar esto de les Grands Journaux o pedir permiso para regresar después de algunos días. Sé que hay en Madrid alumnos libres en la Universidad y que en mi caso es posible conseguir matricularme en esta condición, a fin de volver en seguida a seguir trabajando en les Grands Journaux. Desde luego, eso se conseguiría con el apoyo del Ministro Sr. Leguía y el suyo. En todo caso, le ruego, mi querido Pablo, me ponga unas líneas, dándome su parecer, a fin de ver si dejo definitivamente les Grands Journaux o solo pido permiso por unos ocho o diez días.

Por otro lado, me hallo sin dineros para los gastos de mi viaje a Madrid. Estoy sin ropa absolutamente. Sux no está en París, y si no, le pediría un préstamo o adelanto por cuenta de les Grands Journaux. Si he de estar el 15 en Madrid, le suplico me escriba con tiempo, indicándome su opinión sobre todas estas cosas. Quizás con una carta de usted en que me diga que voy a Madrid a presentarme solamente, para

---

356 Abril de Vivero alude al tango «Sufra» (1921), escrito por Juan Andrés Caruso y compuesto por Francisco Canaro. El tango comienza: «Sufra y aguante y tenga paciencia / que con paciencia se gana el cielo». El 25 de mayo se celebraba el aniversario del comienzo de la Revolución de Mayo de 1810, que resultó en la independencia de Argentina.

357 Aunque Vallejo venía trabajando para los Grands Journaux desde marzo de 1925, esta es su primera referencia a un sueldo mensual fijo. Debe ser alrededor de estas fechas que recibe su acreditación como periodista.

regresar en 8 días a París, podría yo pedir un adelanto o préstamo en les Grands Journaux, mostrándoles la carta de usted. De ese modo, no tendrían desconfianza de que no vuelva yo. En fin, aguardo unas cuantas líneas suyas a la mayor brevedad.

Ya me desespero de empezar a percibir la pensión. Dos años han pasado, de angustia y de miseria, Pablo querido!

Hasta ver sus letras, que le ruego enviármelas pronto, le envía un estrecho abrazo fraternal

César

Silva no llega aún. No sé nada de él. –

---

92 [CARTA MECANOGRAFIADA DE CV A PABLO ABRIL DE VIVERO, CON FIRMA AUTÓGRAFA, CON EL MEMBRETE:] LES GRANDS JOURNAUX IBÉRO-AMÉRICAINS | 11, AVENUE | DE L'OPÉRA | PARIS | TELÉFONO : CENTRAL 84-93 | DIRECCIÓN TELEGRÁFICA : AMERIBO

París, 8 de junio de 1925.

156

Mi querido Pablo:

Ansiosamente espero noticias suyas. Hoy estamos a 8 de junio y yo no sé cómo haré mi viaje a Madrid o si tendré que quedarme aquí, por falta de recursos. Además, como ya le he escrito, en los Grands Journaux me han dado un pequeño sueldo, que bien quisiera yo unirlo a lo de España, para hacerme unos francos que me permitan vivir en París. Dígame si es posible que yo siga en París, percibiendo lo de España desde el 15 del presente mes, como usted me ha indicado. O si es forzoso que yo vaya a vivir en Madrid. En fin, aguardo con ansia sus noticias, que me sacarán de todas estas dudas. Supongo que su carta me llegará hoy o mañana; pues tengo que decirles a estos señores del bureau, que me voy o que voy a regresar.

Quizás esta tarde le haga yo un telegrama, preguntándole lo que debo hacer. Estoy ávido de resolución.

Reciba usted un fuertísimo abrazo de su cordial y agradecido amigo

César A. Vallejo

París, 5 Julio 1925.

Mi querido Pablo:

Cuando no he recibido nuevas noticias de usted, habrá sido porque mi viaje a Madrid no es todavía oportuno. Lo comprendo muy bien. Habrá que esperar aún.

Como vengo sufriendo continuas dolencias y fiebres, desde hace tiempo, me acabo de consultar con un médico, en forma detenida. En les Grands Journaux se portan muy bien conmigo y, comprendiendo que la causa de mi mala salud proviene de mi miseria, que sobrellevo hace dos años, van a darme un permiso para irme al campo y fortalecerme los pulmones y el corazón que, según dice el Doctor, están débiles. El trabajo en máquina me hace daño, y cualquier preocupación nerviosa. Hoy es domingo. Mañana quizás arregle yo todo esto.

Mi preocupación espiritual, con todo, me será inseparable. Usted, Pablo querido, lo comprende. Mi vida va pasando así, y ella sigue esterilizándose más y más, para toda labor. Ni yo saco nada de ella, ni nadie. Mi vida no me sirve ni a mí, ni a nadie. Este remordimiento se hace cada día más tormentoso y obsesionante.

Quiero consultarle una cosa. ¿No cree usted que podría yo presentar una solicitud al Gobierno de Lima, pidiendo una gratificación por haber traducido al castellano el libro del General Mangin, en que se defiende la causa del Perú con Chile, y se hace gran propaganda de las riquezas nacionales y del Gobierno del Sr. Leguía, en particular? El En el libro se dice que la traducción es mía. En caso de que usted me aconseje afirmativamente, podría yo enviar la solicitud acompañada de un ejemplar del libro que acaba de salir a luz en París. Espero, pues, su buen consejo, pero a la mayor brevedad.[358]

Silva está ya aquí. Me encarga saludarlo. Víctor Raúl Haya también me dice que le envíe un fuerte abrazo. Hoy se ha ido a Londres.[359]

---

358 Sobre la traducción del libro de Mangin, véase la nota a la carta a Pablo Abril de Vivero del 31 de enero de 1925. El libro se había publicado en mayo e indicaba, tanto en la cubierta como en la portada, que Vallejo era el traductor. Vallejo haría esta solicitud, que sería exitosa (véanse las notas a las cartas a Abril de Vivero del 21 de agosto y del 25 de noviembre de 1925).

359 Alfonso de Silva había vuelto a París de Lima hacia julio de 1925, como se noticia en la prensa de París («Les colonies Sud-Americaines en France», *The Paris Times*, 24 de julio de 1925, p. 4). Víctor Raúl Haya de la Torre había viajado a París para participar en la «asamblea antiimperialista latinoamericana», convocada por José Ingenieros, que se celebró en la Maison des Savants, de la rue de

157

Espera sus gratas líneas su amigo que le abraza de todo corazón

César

....

Madrid, 10 de Julio de 1925

Mi querido César Vallejo:

Su carta del 5, que acabo de leer, hace más honda la pena fraternal de saberme lejos de usted y aumenta mi contrariedad de no poder decirle hasta ahora nada definitivo acerca de su beca, ya solicitada por esta Legación. El Ministerio, merced a gestiones particulares mías, ha respondido por fin a la nota nuestra. Le incluyo copia de esa contestación. Por ella verá usted que actualmente todo depende del Ministerio de Instrucción, cuyo Subsecretario me ha ofrecido activar el asunto y resolverlo sin mayor tardanza. Inmediatamente que esto ocurra —ya se lo he prometido a usted— se lo comunicaré por telégrafo. Veré, también la manera de arreglar su viaje a estos Madriles, aunque sería preferible encontrar un medio más o menos legal para evitárselo. De todo lo relativo a usted me ocupo siempre con interés auténtico. No creo que lo dude. Ojalá pueda usted dejar París cuanto antes. Usted necesita un par de meses de absoluto reposo. No se descorazone. Ya llegará su día!

Me parece muy bien lo que usted piensa con relación al libro del General Mangin, que usted tradujo a bajo precio. Haga usted su solicitud y mándemela acompañada de un ejemplar. Yo me *encargaré* de que el Ministro la eleve al Gobierno con una recomendación eficaz. No lo olvide.

Le agradezco mucho el abrazo que me envió por encargo de Víctor Raúl, a quien tengo muchos deseos de volver a ver.

No sé si usted está enterado ya del éxito rotundo que obtuve el mes pasado en la Real Academia de Jurisprudencia, disertando acerca de algunos aspectos de nuestra literatura. Ribeiro tiene varios recortes de la prensa madrileña, que le puede

---

Danton, el 29 de junio de 1925. Haya de la Torre pronunció el discurso «El Pensamiento de la Nueva Generación Antimperialista Latinoamericana contra el enemigo de fuera y contra el enemigo de dentro». Si la fecha que da aquí Vallejo es correcta, Haya regresó al Reino Unido, en donde residía, el 5 de julio.

proporcionar.[360] Estoy satisfecho del resultado. Ya comienzo a tener aquí el centímetro cuadrado que necesito para respirar solo.

Le envío un pequeño poema que dedico a mi hermano Xavier, el de las precocidades interesantes. Usted me dirá qué le parece.[361] A González Martínez le ha gustado mucho. No ha cumplido usted con mandarme Los Heraldos Negros. Necesito además nuevas cosas de usted para la Antología que sigo preparando.

Hasta muy pronto. Le abraza cordialmente su

Pablo.

---

95 [CARTA MANUSCRITA DE CV A PABLO ABRIL DE VIVERO. UNA CUARTILLA (DOS PÁGINAS Y UNA PÁGINA CENTRAL).]

....

París, 16 Julio 1925

Mi querido Pablo:

Acabo de recibir su afectuosa carta del 10 del pte. Le agradezco una vez más por su bondadosa preocupación en mi favor. Estoy bien seguro que su interés fraternal por mi situación, se traduce siempre en continuos actos generosos, que me llenan de emoción.

Su poema me ha hecho llorar largo rato en mi cuarto. Me ha tocado el corazón como si hubiese sido escrito para mí. Tal contenido sentimental posee, tan sencilla y tersa es su palabra, que uno tiene que experimentar a cada giro, a cada simple frase, una onda de infinito idealismo. Se ha lavado mi espíritu y he llorado a solas, largo tiempo. Qué lejos está este poema de sus versos anteriores. Se ve al Poeta

---

360   La conferencia de Pablo Abril de Vivero, titulada «Algunos aspectos sobre la literatura y la poesía en el Perú», se celebró a las 19 horas del 3 de junio de 1925 en la Academia de Jurisprudencia. Según una nota periodística, tras hablar de Ricardo Palma, Manuel Ascencio Segura y Luis Benjamín Cisneros, Abril de Vivero ofreció «las semblanzas de varios autores contemporáneos, acompañadas de recitaciones de sus poesías más características. En primer término habló de Manuel González Prada; después de Chocano, de José María Eguren y de Ureta» («Conferencias», El Sol, Madrid, 4 de junio de 1925, p. 4). También apareció una fotografía de Abril de Vivero, en que se mencionaba la conferencia, en la revista ilustrada Nuevo Mundo (n.º 1640, 25 de junio de 1925).

361   Debe tratarse de una versión anterior del «Nocturno» («Ven pobre hermano mío...») dedicado a Xavier Abril, y que Pablo Abril de Vivero recogió posteriormente en su libro Ausencia (1927, pp. 37-39). En su artículo «Contra el secreto profesional», que toma Ausencia como pretexto para polemizar sobre la nueva poesía latinoamericana, Vallejo destaca precisamente la sección «Nocturnos» del libro.

Grande, por sobre toda preocupación retórica y aun profesional.[362] Le debo un tan alto momento espiritual, un tan puro momento espiritual, que un abrazo a la distancia no basta a pagárselo.

Voy a ver a Ribeyro para ver los recortes que me indica. Celebro íntimamente su triunfo en la Real Academia de Jurisprudencia de Madrid. Me gusta que empiece usted a actuar en los círculos intelectuales y que usted sea quien rectifique el prestigio del Perú, tan bajunamente colocado por Hidalgo, Guillén & C.ª.[363] Yo estoy seguro que seguirá usted triunfando en España, y que debe usted hacerse un nombre en la literatura actual. Trabaje usted un poco, Pablo; a usted le hace falta un poquito de trabajo y todo le llegará a manos llenas. Posee usted la materia prima, que es el punto de partida. Y le agradeceré me comunique, de cuando en cuando siquiera, sus éxitos, que los amo como si fuesen los míos propios.

Conforme a su indicación hoy le envío en paquete certificado el libro de Mangin y la solicitud para el Presidente. Le agradeceré mucho trate de que el asunto vaya a la mayor brevedad. Por lo demás, confío en el éxito de la solicitud, si, como usted me

---

362   Esta afirmación hace eco de las declaraciones de Vallejo acerca de su propio quehacer poético, en la entrevista que le hizo Armando Maribona, publicada en agosto de 1925: «Vallejo sonríe de esta imputación, y declara que él no sabría, en verdad, cuál es su estética. Él canta, sencillamente, sin haber pretendido nunca hacer de la poesía una cosa profesional» (Fernández y Gianuzzi, «Una entrevista a César Vallejo olvidada», 2008, p. 7).

363   Vallejo se refiere a los poetas peruanos Alberto Hidalgo (1897-1967) y Alberto Guillén (1897-1935). Ambos habían tenido cierto renombre en España gracias a libros polémicos: Hidalgo había publicado el libro de crítica *Muertos, heridos y contusos* (Buenos Aires, Imprenta Mercatali, 1920) y el satírico *España no existe* (Buenos Aires, Agencia General de Librería y Publicaciones, 1921); Guillén, el libro de entrevistas y crónicas *La linterna de Diógenes* (Madrid, Editorial América, 1921 y segunda edición aumentada, Lima, La Aurora Literaria, 1923). Vallejo debió conocer al primero en Lima en 1918 y luego, según Georgette de Vallejo, coincidirían por lo menos una vez en Europa, en 1930 (*Apuntes biográficos,* 1959, p. 16). Hidalgo había comentado la poesía de Vallejo en estos términos: «No conozco mayormente la labor de Vallejo, pero lo poco que de él he leído, me obliga a citarle en primera línea. Es éste un poeta a quien le tiene obsesionado un furioso afán de originalidad, que, una vez equilibrado, le hará producir los frutos que de su recia alma lírica es de esperarse» (*Hombres y bestias (bocetos críticos),* Arequipa, Tip. Artística, 1918, p. 166). Por otra parte, no queda constancia de que Alberto Guillén y Vallejo se hayan conocido en persona. Guillén menciona su poesía en dos artículos sobre poetas peruanos («Letras peruanas», *Cosmópolis,* Madrid, noviembre de 1921 y «El sentimiento andino en la poesía peruana», *Atenea* n.º 81, Concepción, noviembre de 1931, pp. 213-227.) y, además, reseñaría brevemente *El tungsteno* («El mundo de los libros a vuelo de pájaro», *Atenea* n.º 82, Concepción, diciembre de 1931, pp. 391-392). Tanto Hidalgo como Guillén incluirían poemas de *Trilce* en sendas antologías editadas por ellos (de Hidalgo, *Índice de la nueva poesía americana,* Buenos Aires, El Inca, 1926; y de Guillén, *Breve antología peruana,* Santiago de Chile, 1930). Vallejo, por su parte, menciona a ambos, destacando a Hidalgo no como poeta sino como «panfletario», en un artículo («Literatura peruana: la última generación», *L'Amérique Latine,* n.º 55. Paris, 20 de enero de 1924, p. 1; luego en *El Norte,* Trujillo, 12 de marzo de 1924) y en su entrevista de 1925 con Armando Maribona (véase Fernández y Gianuzzi, «Una entrevista a César Vallejo olvidada», 2008, p. 7).

lo promete tan bondadosamente, será elevada al Gobierno acompañada de valiosas recomendaciones suyas. Le seré una vez más reconocido muy de veras.

Aún no he podido tomar ~~el~~ un permiso en les Grands Journaux. Quizás esto sea posible en esta semana. Entre tanto, sigo a cuestas con el médico, las inyecciones, las obleas, las pequeñas fiebres intermitentes, los insomnios y el organismo cada vez más aniquilado.

De desear sería que la beca la perciba yo aquí a fin de poder percibir también lo de les Grands Journaux. No le parece? Podría yo entonces irme a la <u>banlieu</u> a pasar algunos meses de campo y de reposo. Necesito salir de París, pero no para ir a otra ciudad, no le parece?

Estoy verdaderamente cansado, mi querido Pablo. Estoy cansado, cansado, Pablo querido.

Le envía un cariñoso abrazo su afectísimo

César

96 [CARTA DE PABLO ABRIL DE VIVERO A CV.]

Madrid, 1.º de Agosto de 1925

Señor don César A. Vallejo
París.

Mi querido César:

Mucho le agradezco su cordialísima carta del 16 de Julio, a la que lamento no haber podido dar respuesta antes de ahora, conforme a mi deseo. Me hace feliz y me enorgullece cuanto en ella me dice respecto al nocturno que le envié. Además del hondo cariño que me vincula tan fraternalmente a su vida, cuyas amarguras y tristezas encuentran siempre un eco de comprensión y de protesta en mi corazón solidario, sabe usted bien cómo le aprecio y le admiro intelectualmente. Por lo mismo, las palabras de usted tienen para mí una significación especial. Y aunque pudiera juzgar inmerecido el elogio que ellas significan, las acepto sin analizarlas, por venirme de usted, desnudas de toda cortesía, calientes de sinceridad. Muchas gracias, de nuevo, querido César.

Recibí el libro de Mangin y la solicitud de usted. Enteré al Ministro inmediatamente de ambas cosas y, atendiendo a sus indicaciones, le devuelvo ese documento para que lo rehaga. Es menester que venga dirigido al Ministro de Relaciones Exteriores y que le escriba usted una carta al Presidente, acompañándole una copia de la referida solicitud y manifestándole que su hermano Eduardo la ha aceptado gustoso, prometiendo apoyarla de la mejor manera, pues tiene usted tiempo para enviarme nuevamente su instancia. Esta llegará antes de que yo despache el próximo correo oficial. Tengo fe en que consiga usted lo que pretende, pero a condición de que no se olvide usted de dirigirse a «Don Augusto»...

Desde hace pocos días me tiene usted al frente de esta Legación, por ausencia del Ministro, que a la fecha debe encontrarse en Karlsbad.[364] Esta circunstancia me coloca en mejores condiciones que antes para poder intervenir con verdadera eficacia en la solución de su asunto, que pende aún del Ministerio de Instrucción. Mañana gestionaré personalmente, cerca del Subsecretario, la inmediata declaración de que queda usted reconocido como becario, en reemplazo del joven Castillo (q. D. g.). Estos españoles son una vaina. No tiene usted idea de lo insoportablemente burócratas que son. Todo lo resuelven en trámites que nunca tienen fin. Camba los conoce muy bien y por eso les aplica esta frase de sicología colectiva: «Hay años y hasta siglos en que uno no está para hacer nada...».[365] Malgré tout —como dirá usted ya— confío en que mi intervención esta vez ha de ser decisiva. El resultado se lo comunicaré a usted inmediatamente por telégrafo. Dios quiera que entretanto haya usted podido lograr lo que pretendía de «Les Grands Journaux» para salir al campo. La Naturaleza lo reconciliará con la Vida. Yo lo deseo ardientemente y sufro al comprobar que no está a mi alcance hacer nada práctico por usted. Usted felizmente no desconoce en mí esas intenciones vehementes. Esto ya es un consuelo.

Hasta muy pronto, querido César, con un estrecho abrazo de su amigo y compañero que no lo olvida y que espera verle de un momento al otro.

Pablo.

---

364 Tal como lo había hecho en agosto de 1924, y como lo haría en veranos de años siguientes, Eduardo Leguía pasó un periodo de descanso en Karlsbad en 1925. Como informa una nota social, se encuentra ahí el 30 de agosto de 1925 («Noticias de sociedad», *La Época*, Madrid, 30 de agosto de 1925, p. 2).

365 Pablo Abril alude a una frase hecha célebre por el humorista español Julio Camba. La frase se repite en algunos libros de Camba, como *Alemania, impresiones de un español* (Madrid, Renacimiento, 1916, p. 45) o *Londres, impresiones de un español* (Madrid, Renacimiento, 1916, p. 50). La frase exacta es: «Hay años en los que no está uno para nada».

París, 4 de agosto de 1925

Mi querido Pablo:

Acabo de recibir su queridísima y noble carta, que me apresuro en contestar.

Cuán bien lo sabe mi corazón que tengo la felicidad de su fraternal interés espiritual por mi vida y mi azaroso destino, mi querido Pablo. Cada día me siento más cerca de usted, y cuando le escribo, me parece que he aliviado mi dolor y que he abierto un miraje de consuelo para mi diaria zozobra. Nunca me habría imaginado que llegásemos a ser tan fuerte y puramente amigos. Mi pena solo es de no encontrar manera de manifestárselo a usted, más que por palabras. Qué voy a hacer, Pablo! Yo no puedo hacer a usted más regalo que el de una frase, cálida siempre, fraterna, y nada más. Desposeído de todos los otros medios de probar un cariño de amigo, solo tengo una palabra para quien, como usted, ha sido tan pródigo en interés y cuidados verdaderamente emocionantes [agregado a mano:], para mí.

[Sigue mecanografiado:] Le envío la nueva solicitud, hechas las correcciones que me indica. Va también la carta para don Augusto, que ojalá la encuentre usted adecuada.[366] Si no es así, redáctela usted y firme por mí, para ganar tiempo.

Creo que podría decirse o insinuarse la cantidad de la gratificación solicitada. No lo cree usted? En fin, todo lo verá usted con mejores criterios que los míos. Siempre mi confianza ha sido plena en su interés por mí, Pablo bondadoso.

En les Grands Journaux me han dado un relativo descanso, pero siempre trabajo todos los días. Con todo, estoy muy mejor.

Supe que don Eduardo estaba aquí y fui a saludarlo y a agradecerle personalmente cuanto ha hecho en mi favor. Por desgracia, no pude verle, dadas sus múltiples atenciones debidas a que iba a partir de París.[367]

Espero nuevas noticias suyas, que me reconfortan tanto. Yo sé bien que no me olvida usted, queridísimo Pablo.

Un fuerte abrazo fraternal de su amigo

César

163

---

366 No se conoce esta carta, que no se conserva en el Archivo Particular Augusto B. Leguía del Ministerio de Relaciones Exteriores (disponible en <apps.rree.gob.pe/portal/cleguia/colleguia.nsf>).

367 Eduardo Leguía debió haber pasado por París, camino a Karlsbad (véase la carta anterior).

Þarís, 21 Agosto 1925.

Mi querido Pablo:

No he tenido el gusto de recibir nuevas noticias suyas. Las aguardo con ansia. Mi permanencia en les Grands Journaux no es segura, pues han ocurrido algunas modificaciones que parece que de un día a otro mis servicios ya no serán necesarios.

¿Mandó lo de Mangin a Lima?[368] Por otro lado, el pasaje que me concedió el Gobierno está en Londres y hasta ahora no consigo que me lo entreguen. Pablo querido: ¿no encuentra usted manera de recomendar a la Legación de Londres que me lo envíen en dinero?[369]

Tengo encargo de estos señores de les Grands Journaux de suplicarle hacerles saber en qué sentido contestaron de Lima al cablegrama del Sr. Leguía sobre la adhesión de «La Prensa» al Bureau. Quieren saber si se han negado categóricamente, pues probablemente Forero habrá contestado, por gentileza, por obligación

164

---

368   Según la correspondencia consular esta solicitud, ya mencionada en la carta del 5 de julio de 1925, fue exitosa. El Ministro en Madrid, Eduardo Leguía, envió desde la Legación del Perú un oficio fechado el 15 de agosto de 1925 al Ministro de Relaciones Exteriores en Lima: «Señor Ministro: / Tengo el agrado de acompañar al presente oficio la solicitud que dirige a U. el distinguido escritor peruano D. César Vallejo, traductor de la interesante obra del General Mangin titulada "En el Perú. – En torno al Continente latino con el Jules Michelet", uno de cuyos ejemplares me es así mismo grato remitir a ese Ministerio en paquete certificado. / Como la situación económica del referido señor Vallejo sigue siendo en extremo difícil, mucho habré de estimar a U. se sirva acoger, de la mejor manera posible, la petición que le formula para que nuestro Gobierno le conceda la gratificación que estime conveniente. / Dios guarde a U. / [firmado] E. S. Leguía» (Archivo del Ministerio de Relaciones Exteriores, caja 895, file 3, folio 77, n.º 167). Desafortunadamente, la solicitud escrita por Vallejo no se conserva en esos archivos. El oficio fue recibido en Lima el 21 de septiembre de 1925, y tiene una aprobación escrita a mano en el margen: «de acuerdo / 1000 Pesetas». La resolución afirmativa al pago de Vallejo se dio el 15 de octubre, según comunicación fechada el 19 del mismo mes: «Señor Enviado Extraordinario y Ministro Plenipotenciario en ESPAÑA. / Con fecha 15 del presente mes se ha expedido por este Ministerio la suprema resolución que sigue: / "Autorízase a la Legación en Londres para remitir a la Legación en Madrid el equivalente de MIL PESETAS ESPAÑOLAS (Ps1000) las que deberán ser abonadas a don César Vallejo, que ha traducido la obra sobre el Perú de General Mangin; aplicándose el egreso a la partida N° 167 del Presupuesto General vigente. Regístrese.- Rúbrica del Presidente de la República.- Elguera." / Que trascribo a Ud. para su conocimiento i demás fines / Dios guarde a Ud.» (caja 913, file 7, folio 77, n.º 177). Véase también la nota a la carta a Pablo Abril de Vivero del 25 de noviembre de 1925.

369   Sobre este pasaje, véase la carta del 5 de noviembre de 1924.

de cortesía, el cable del Sr. Leguía. Le agradeceré muchísimo informarme sobre el asunto para decir lo que hay a estos señores.[370]

Sabemos que es posible que el Sr. Leguía venga como Ministro a París y usted como Secretario. Sería formidable! Qué gusto tendría yo, y qué gananciosos saldríamos todos los peruanos residentes en París! Ojalá así fuese! Ansío saber si eso es cierto.

Cornejo se va al Perú el 25.[371]

¿Cuándo sale la antología? Y su libro de poesías? Ojalá le fuese posible enviarme algunos recortes sobre su conferencia en Madrid. A Ribeiro no le veo hace tiempo y no conozco su nueva dirección.

Un fuerte abrazo de su amigo que le quiere fraternalmente

César

---

99 [CARTA DE PABLO ABRIL DE VIVERO A CV.]

....

Madrid, 4 de Octubre de 1925

165

Mi muy querido César:

Creo que hace ya una semana que me dirigí a usted anunciándole que se hallaba expedito en el asunto de la beca y que era menester que viniese ipso facto a matricularse para comenzar a percibir las trescientas treinta pesetas mensuales a que tiene derecho desde el 1.º del actual. No sabe usted cuántas gestiones he tenido que hacer, extraoficialmente, para llegar a ese resultado. La Real Orden fue firmada a fines del pasado mes, pero aún el Ministerio de Estado no la ha comunicado a esta Legación. Esto no le importe. Lo indispensable es que, sin pérdida de tiempo, emprenda usted viaje a Madrid. Ya sabe el placer que tendré al verle y abrazarle después de larga

---

370   Vallejo parece indagar acerca de si *La Prensa* de Lima estaba dispuesta a asociarse al servicio de los Grands Journaux. El periodista colombiano Guillermo Forero Franco, amigo personal del presidente Leguía, fue director de *La Prensa* desde 1921 hasta la caída de este en 1930.

371   El 24 de agosto de 1925, el ministro Mariano H. Cornejo entró en licencia de tres meses «para dirigirse al Perú y poder así atender a sus asuntos personales» (Archivo del Ministerio de Relaciones Exteriores del Perú, caja 895, file 5, folio 127, n.º 83). Quedó como Jefe de la Legación José Varela y Orbegoso. Cornejo regresó a París, retomando su cargo, en noviembre de 1925 («Mondanités», *Comoedia*, París, 5 de noviembre de 1925, p. 2). Es probable que estos asuntos personales de Cornejo estuvieran relacionados con el rumor del traslado de Eduardo S. Leguía de la Legación peruana de Madrid a la de París.

ausencia. Ojalá se haya usted entrevistado con el Ministro, que aún se encuentra en París. Habrá podido facilitarle en algo el problema de su movilidad.

No tengo tiempo para seguir hablando con usted. Venga pronto y crea siempre en el hondo afecto de su amigo y compañero que le abraza.

Pablo.

---

100 [CARTA MANUSCRITA DE CV A PABLO ABRIL DE VIVERO. UNA CUARTILLA (UNA PÁGINA Y UNA PÁGINA CENTRAL).]

....

París, 7 Octbre 1925

Mi querido Pablo:

Solamente ayer tarde llegó a mis manos su telegrama del 1.º Lo han tenido en la Legación 6 días, a pesar de que conocían mi dirección. Son terribles.

Me apresuro a escribirle estas líneas para enviarle mi cariñoso agradecimiento por su fraternal interés en mi favor. Le envío un gran abrazo para su bondadoso corazón de amigo grande y puro.

Voy a ver cómo consigo dinero para ir a Madrid como usted me indica. Pediré permiso en los Grands Journaux por diez días. No le parece? Ojalá sea posible mi regreso a vivir en París; de otro modo, usted me dirá, una vez allí, lo que hay que hacer. Voy a tomar un pasaje de ida y regreso.

No sé si encuentre dinero para el viaje. Vamos a ver si Ribeiro me hace el gran favor de ayudarme. Apenas pueda ir, le haré un telegrama avisándole. Con todo, quizás alcance usted a ponerme algunas letras sobre la posibilidad de mi regreso a París.

Le envío todo mi cariño fraternal y mi gratitud sin medida.

César

París, 10 Octbre 1925.

Mi querido Pablo:

Le dirijo estas líneas rogándole encarecidamente me diga si será posible mi regreso a París, una vez hecha mi matrícula, a fin de no dejar el pequeño puesto que tengo en les Grands Journaux. Quiero saber si he de comprar boleto de ida y regreso. Temo que vaya yo a hacer un disparate, comprando pasaje de ida y regreso y no poder volver. No sé si podré percibir la beca, viviendo en París.

También le ruego decirme si el certificado que le envío es suficiente para hacer la matrícula provisoria, hasta que me llegue el certificado legalizado que lo he pedido al Perú. Temo también que una vez allí, no pueda matricularme porque este certificado no basta. Por eso se lo envío antes, a fin de que pueda yo ir con la seguridad de matricularme.

Manuel Bueno me dice que él podría talvez recomendarme al Ministerio de Instrucción, para que me matriculen sin necesidad de ir a Madrid.[372] Es decir, me dice que le pregunte a usted hasta qué punto será posible hacer esta gestión o si usted la ha hecho ya, en cuyo caso mi viaje es inevitable.

Le suplico mucho me diga el tiempo de que se dispone para matricularme. A lo mejor, hay algún plazo más o menos premioso y no hay tiempo que perder.

He sabido por Ribeiro que el Sr. Leguía ha estado aquí. Lo he sabido después de su partida de París y he lamentado no haberle ido a saludar y a agradecer una vez más.

Pablo querido: moléstese contestarme sobre todas estas cosas, de que le hablo ahora. El 17, sábado, pienso embarcarme para Madrid. Ojalá reciba sus queridas noticias antes, a fin de que no vaya yo a <u>meter la pata</u> (perdón el vulgar modismo).

167

---

372   El escritor y periodista español Manuel Bueno Bengoechea (1874-1936) dirigía la sede parisina de la agencia de propaganda iberoamericana Plus Ultra, vinculada a los Grands Journaux Ibéro-Américains, y con la que al parecer compartían oficinas. La agencia servía como instrumento de propaganda del gobierno de Primo de Rivera, por lo que es posible que Bueno mantuviera relaciones cercanas con los miembros del gobierno. Vallejo y Bueno se deben haber conocido en este contexto. Véanse Rosa Cal Martínez, «La agencia Plus Ultra: un instrumento de propaganda de Primo de Rivera», *Mélanges de la Casa Velásquez*, tomo 31, n.º 3, 1995, pp. 177-195; y Guillermo de Torre, «Reconocimiento crítico de César Vallejo», *Aula Vallejo*, n.º 2-3-4, Córdoba, Argentina, 1962, p. 320.

Si el 17 no he tenido la ansiada respuesta suya, daré como entendido que puedo hacer el viaje, verdad?[373]

Le envío un fuertísimo abrazo y todo mi cariño

César

---

102 [CARTA MECANOGRAFIADA DE CV A PABLO ABRIL DE VIVERO, CON FIRMA AUTÓGRAFA, CON EL MEMBRE-TE EN CASTELLANO DE LES GRANDS JOURNAUX IBÉRO-AMÉRICAINS.]

Paris, 28 de octubre de 1925

Mi queridísimo Pablo:

He entregado su carta en el Ermitage. A ella no la he visto.[374] A Emilio [Ribeiro] también entregué su carta y la del Ministro.

Me ocupo de recoger los datos y presupuestos sobre el asunto del diario. No tenga cuidado, que se los llevaré muy abundantes y documentados, como usted me indicó.[375]

Me he dirijido a Londres para que me envíen las mil pesetas, y espero respuesta.[376] En mi bureau debo dinero, como se lo dije a usted, y no sé todavía de dónde pueda conseguir para mi viaje a Madrid. Además, en les Grands Journaux me tienen dado una suma tal que corresponde al trabajo de más de un mes, caso de no devolverla en efectivo. Resulta, pues, que tengo que pagar a mi bureau, al señor Leguía[377] y además costearme el viaje de regreso a Madrid. Si no me vienen las mil pesetas, no sé cómo voy a arreglármelas.[378]

---

373   Vallejo solicita la matrícula en el curso de Introducción al Derecho Romano hacia el 19 de octubre de 1925, según consta en el Archivo de la Universidad Central de Madrid (Enseñanza Oficial. Curso 1925-1926. Facultad de Derecho. Secretaría General, B-0810). Esta información y el contenido de la siguiente carta parecen demostrar que Vallejo sí realizó el viaje a Madrid, quizá el sábado, 17 de octubre. En Madrid, coincidió con Juan Larrea, como se desprende de la carta a él del 31 de octubre de 1925.

374   No se conoce la identidad de la persona a la que iba dirigida la carta de Abril de Vivero. L'Ermitage (4, rue Quatrefois) era un hotel situado en el Barrio Latino.

375   Como se desprende de la correspondencia siguiente, Pablo Abril de Vivero y Vallejo proyectaban editar un periódico de información en París que iba a llamarse *La Semaine Parisienne*.

376   No conocemos esta comunicación.

377   Eduardo Leguía debió haberle prestado dinero a Vallejo para realizar su viaje a Madrid el 17 de octubre de 1925.

378   Sobre estas mil pesetas, bono por la traducción del libro del general Mangin, véase la nota a la carta del 21 de agosto de 1925. Este pago le sería abonado, finalmente, en noviembre (véase la nota a la carta a Abril de Vivero del 25 de noviembre de 1925).

Hoy escribo a Quíspez Asín y a Larrea para que no olviden de presentar la solicitud respectiva para mi matriculación. Le suplico también a Quíspez me diga los días en que pagarán el mes de octubre y si estoy ya en la nómina; pues temo que llegue yo a Madrid y otra vez me pongan dificultades y trámites inacabables.[379] De todas maneras, creo que podré ir a Madrid al rededor del 15 o 20, pues antes no creo que pagarán a los becarios.

Hágame el favor de decir a Vallecito[380] que cumplí con entregar su carta a Bentín,[381] quien, según me ha indicado ayer, debe partir para Madrid hoy 28.

Emilio está muy nervioso, porque dice que Amelia le ha escrito que está enferma. Qué situación la de Emilio, que no puede estar tranquilo nunca. Piensa ir por ella, para traerla de nuevo a París. Voilà!...[382]

Alina está trabajando en el Olimpia también. Según me dice Emilio, no parece haber tenido mayor aceptación. Con todo, tiene bonita voz y poco a poco irá lejos. No le parece?[383]

---

379   No se conoce esta carta a Carlos Quíspez Asín, que, como Vallejo, gozaba de la beca del gobierno español. También se hace referencia a ella en la carta siguiente.

380   Félix González del Valle (1892-1950), conocido como Félix del Valle y, en esta correspondencia, Vallecito, fue un escritor y periodista peruano vinculado al grupo Colónida y a quien Vallejo debió haber conocido en Lima en 1918. Fundó con José Carlos Mariátegui y César Falcón el semanario *Nuestra Época* (1918) y había publicado los libros, *Prosas poemáticas* (Lima, Librería e Imprenta Gil, 1921) y *El libro de los toreros* (Lima, La Opinión Nacional, 1922). Entre 1924 y 1937 vivió en España y colaboró con *El Sol* y *La Voz* de Madrid. En 1930 publicó *Tres novelas frívolas* (Madrid, CIAP, 1930). Regresó al Perú tras el estallido de la Guerra Civil española y se radicó en Argentina hasta su muerte.

381   Antonio Bentín Mujica (1901-1987) perteneció a una familia de la oligarquía peruana. Fue hijo del ex vice-presidente Ricardo Bentín Sánchez (1853-1921) y hermano del empresario Ricardo Bentín Mujica (1899-1979). Otro hermano suyo, Luis Bentín, debió ayudar a financiar la edición póstuma de *Poemas humanos* (1939) pues, según el colofón, se imprimió un ejemplar especial para él.

382   Esta y la referencia a Amelia en la carta del 7 de enero de 1926 hacen suponer que se trataba de la pareja sentimental de Emilio Ribeiro. No conocemos su apellido.

383   Alina Lestonnat Cavenecia (1898-1972) fue una cantante y actriz peruana. Conoció a Alfonso de Silva en Lima en 1924. Viajó a París en compañía de él a mediados de 1925, junto con los tres hijos de ella, uno de los cuales, Francisco, era hijo de Pablo Abril de Vivero. En la capital francesa, conocida como Alina de Silva, tuvo una carrera exitosa sobre todo como cantante de tangos, por lo que solía presentarse como cantante argentina. Se separó de Alfonso de Silva cuando este regresó a Lima en 1930. Su carrera la llevó por Francia y España, donde también actuó en algunas películas. Regresó a Lima en 1939 (véase Rosa Alarco, *Alfonso de Silva*, 1981, pp. 115-138). Alina de Silva trabajó en el teatro Olympia (28, boulevard des Capucines) como parte de las matinés del cantante Félix Mayol (1872-1941), desde mediados hasta fines de octubre de 1925 (véase «Music-Halls», *Comoedia*, París, 17 y 26 de octubre de 1925, p. 6).

Un fuertísimo abrazo para usted y afectuosos saludos para Vallecito y Frey (está bien escrito?)[384]

Mi atento saludo al señor Leguía.

[A mano:] Suyo fraternalmente

César

---

103 [CARTA MANUSCRITA DE CV A JUAN LARREA. UNA CUARTILLA (DOS PÁGINAS).]

París, 31 Octubre 1925

Juan queridísimo:

Me vine obligado en el corazón por la cariñosa compañía que me hiciste durante mi estada en Madrid. Tu noble y grande espíritu me hace siempre tan bien que, cuando dejo de verte, te extraño inmensamente. Ahora solo pienso en mi próximo viaje a Madrid y que nos pasemos otros instantes tan buenos y lindos como los anteriores.

Le he escrito a Quíspez Asín para que presenten la solicitud a quien corresponda, para que se ordene mi matriculación. Deben pedir que me matriculen, presentando, al efecto, el certificado que te dejé. Espero tus noticias.

Te ruego preguntar a Quíspez Asín cuándo pagarán a los becarios y si ya estoy en la nómina, para hacer mi viaje a Madrid. Iré solo por un día para cobrar. Espero saber qué día podré cobrar, para ir a lo seguro. No te parece? Naturalmente, a Pablo aún no le he he [sic] dicho que volveré de Madrid, puesto que no sé si así se podrá arreglar el asunto. Guárdame la reserva de todos. A Quíspez dile que yo iré a quedarme.

Todos los amigos de aquí, Pepe [Varela], Julio [Gálvez], Fernando [Ibáñez], Riquelme,[385] me encargan abrazos para ti.

A Guita no la he visto. Llueve mucho en París y hace mucho frío.

---

384   Juan A. Fry fue adjunto civil de la legación del Perú en Madrid en 1925 y en 1926 pasó a ser Segundo Secretario.

385   Antonio Riquelme, estudiante mexicano de Orizaba, fue amigo de Vallejo y Larrea y participó en el segundo número de la revista *Favorables París Poema* con el texto «Por qué te llamas Juan?». Según Castañón, fue un hombre adinerado y se le conocía bajo el apodo de «el guajolote» (*Epistolario general*, 1982, p. 281). Junto con Larrea planeó un viaje frustrado alrededor del mundo en vela. Según Georgette de Vallejo, fue él, y no Fernando Ibáñez, quien le regaló a Vallejo el anillo que lucía en el dedo anular de la mano izquierda (*Allá ellos*, 1978, p. 143). Sobre él, véase también Córdoba Vargas, *César Vallejo del Perú profundo y sacrificado*, 1995, pp. 195-197.

Has visto a Rosarito?[386] Según las noticias que reciba de Madrid, ya te avisaré el día fijo en que llegue a Madrid.

De Londres no me envían aún las mil pesetas. Así dile a Pablo.[387]

Espero tus letras. Un entrañable abrazo de tu hermano.

César

---

104 [CARTA MECANOGRAFIADA DE CV A LUIS VARELA Y ORBEGOSO, CON FIRMA AUTÓGRAFA. UNA CUARTILLA (UNA PÁGINA). EN EL MARGEN SUPERIOR IZQUIERDO, DE LUIS VARELA Y ORBEGOSO:] C | 31-XII-925

....

París, 3 de novbre. 1925

Mi querido amigo:

Hace algunos meses que tuve el gusto de dirijirle unas líneas, saludándolo y adjuntando a ellas un artículo sobre un tópico de interés americano. No he recibido noticias suyas. Le anticipo mis agradecimientos por la gentileza con que quiera acoger esa crónica.[388]

Tengo el encargo del señor Henri de Lasala para suplicar a usted se sirva enviarle a París dos ejemplares de los dos tomos de su obra «Apuntes para la historia de la Sociedad Colonial», indicándole, al mismo tiempo, el precio de ellos, incluso el porte postal, a fin de que se lo envíe en un giro a su orden. El señor Lasala se interesa por su importantísima obra, porque en ella figura el nombre de su familia y quiere conservar un ejemplar del libro, pues aquel donde ha leído pertenece al señor Eugenio Garzón, tío del señor Lasala, que estuvo hace poco en Lima.[389] Si no pudiese usted enviarle dos ejemplares de los dos tomos, por lo menos que sea un ejemplar de cada uno de ellos.

171

---

386   Podría tratarse de Rosario Sáenz Benavente, a quien también se le llama Rosarito en carta a Pablo Abril de Vivero del 25 de noviembre de 1925.

387   Sobre este pago, véase la carta del 25 de noviembre de 1925.

388   Sobre esta crónica, véase la carta a Varela y Orbegoso del 25 de noviembre de 1924.

389   El periodista Henri (o Enrique) de Lasala fue cofundador de la agencia parisina de noticias Grands Journaux Ibéro-Américains, en la que trabajaba Vallejo. Su tío, el periodista argentino Eugenio Garzón (1849-1940), colaborador de *Le Figaro*, había viajado a Lima en 1924 invitado por el gobierno peruano para las festividades del Centenario de la Batalla de Ayacucho. El libro de Varela y Orbegoso, *Apuntes para la historia de la sociedad colonial* (Lima, Impr. Liberal), se publicó por primera vez en dos volúmenes en 1905. Se reeditó en 1924 (Lima, Librería e Imprenta E. Moreno) y debe ser esta edición más reciente la que Vallejo solicita a su autor.

Por mi parte, agradecería a usted mucho atender este pedido del señor Lasala, que es Director de la Agencia de los Grandes Periódicos Iberoamericanos de París, y un distinguido periodista.

Si usted no pudiera ocuparse directamente del asunto, sírvase gestionar que el envío lo haga la casa editora y quien corresponda.

Un fuerte apretón de manos de su afectísimo compañero y amigo

César Vallejo

[A mano:] Dirección del Señor Lasala:

Les Grands Journaux Ibéro-américains

11, Avenue de l'Opéra – Paris. –

---

105 [NOTA MECANOGRAFIADA DE CV A PABLO ABRIL DE VIVERO, CON FIRMA AUTÓGRAFA.]

....

[Madrid, octubre-diciembre de 1925 o enero de 1926.][390]

Mi querido Pablo:

Hoy me voy de todos modos. He venido a verlo para recibir sus encargos y para despedirme. Iré a verlo a su casa en la tarde, a las seis. Me voy a las nueve de la noche.

No lo espero más, porque me he citado con Larrea a esta hora, justamente.

Un abrazo.

César

---

390 Se publicó con una nota de Pablo Abril de Vivero: «Estas líneas están escritas sobre un trozo de papel de la Legación del Perú en Madrid. Vallejo fue, sin duda, a mi oficina y no me encontró. Día? Mes? Año?» (Vallejo y Abril, *Cartas*, 1975, p. 126). Aunque no está fechada, la nota puede datarse aproximadamente por su contenido. Ya que se informa que tanto Vallejo, Pablo Abril de Vivero y Larrea están en Madrid, la nota puede datar solamente de uno de los primeros viajes de Vallejo a la capital española, entre octubre y diciembre de 1925 o enero de 1926. Larrea no estuvo en Madrid desde comienzos de febrero de 1926 ni durante los viajes de Vallejo a la capital española en 1927, salvo en el de mayo de ese año; en esa oportunidad, sin embargo, Pablo Abril de Vivero ya había viajado a Lima. Además, Larrea no estaría en Madrid cuando Vallejo está ahí entre 1930 y 1932. Aunque no podemos precisar el mes exacto de la carta, colocamos tentativamente aquí la nota, ya que la referencia a los encargos de Pablo Abril de Vivero podrían referirse a los mencionados en la carta siguiente.

106 [CARTA MECANOGRAFIADA DE CV A PABLO ABRIL DE VIVERO, CON FIRMA AUTÓGRAFA, CON EL MEM-BRETE:] LES GRANDS JOURNAUX IBÉRO- AMÉRICAINS | 11, AVENUE | DE L'OPÉRA | PARIS | TÉLÉPH. CENTRAL 84-93 | ADRESSE TÉLÉGR. AMERIBO | R.C. SEINE 19.017

Paris, le 25 novbre. 1925. –

Mi queridísimo Pablo:

He cumplido con todos sus encargos.[391] Bernales me encarga saludarlo con todo cariño y que le escribirá pronto.[392] Rosarito [Sáenz] vive en el Hôtel Celtic, rue Balzac, 6 (8º). – Zevallos corresponde su abrazo y me dice que el papel y sob{re}s estarán seguramente a fines de esta semana.

Hágame el favor de decirle a Vallecito que le escribiré después de haber hablado con Bentín, a quien no he encontrado en su hotel.

Estoy muy agradecido a usted, mi queridísimo Pablo, por los grandes servicios que me hace continuamente. Las mil pesetas del Perú se las debo exclusivamente a usted.[393] No tendré cómo corresponderle sino con el cariño fraternal que usted sabe que le tengo. Estos favores no se pagan sino con el corazón, usted lo sabe; pues no hay otra moneda de amistad para pagarlos.

Espero el aviso de Larrea para mi próximo viaje a Madrid. Espero sus órdenes para saber qué encargos me hace usted, en mi condición de agente viajero. Espero sus noticias.

---

391   Esta y la siguiente carta sugieren que Vallejo realizó otro viaje a Madrid hacia mediados de noviembre.

392   José Carlos Bernales (1864-1940) fue un político pierolista, senador por Lima en 1901-1908 y 1915-1919; en este último periodo fue presidente del senado entre 1917 y 1918. Fue candidato a la presidencia en 1919 y fue desterrado por Leguía ese año. Regresó al Perú en noviembre de 1930. Había fundado el diario *La Prensa* en 1903.

393   El dinero por la traducción del libro de Mangin finalmente le fue abonado a Vallejo en noviembre, según un oficio de Eduardo S. Leguía fechado el 24 de ese mes: «En vista de la transcripción de la resolución suprema respectiva que el señor Vallejo me mostró y que, sin duda por olvido, no ha llegado aún directamente a mi conocimiento, y de que nuestra Legación en Londres carece todavía de la indispensable orden de pago del Tesoro, he adelantado dicha suma al mencionado compatriota, considerando la difícil situación económica en que se encuentra» (Archivo del Ministerio de Relaciones Exteriores del Perú, caja 895, file 4, folio 31, n.º 224). Posteriormente, Leguía hace acuse de recibo de la orden en otro oficio fechado el 1 de diciembre de 1925: «Señor Ministro: Tengo el agrado de acusar a U. recibo de su oficio No. 177, de 19 de octubre ppdo., transcriptorio de la suprema resolución por la que se autoriza a nuestra Legación en Londres para abonar a don César Vallejo, la cantidad de mil pesetas, con que se le gratifica por la traducción que hizo de la obra del General Mangin sobre el Perú, / Dios guarde a U. / [firmado] E. S. Leguía» (caja 895, file 4, folio 40, n.º 233).

Hoy escribo también a Emilio [Ribeiro].

Un estrechísimo abrazo de su invariable y fraternal amigo

César

---

107 [CARTA MECANOGRAFIADA DE CV A JUAN LARREA, CON FIRMA AUTÓGRAFA, CON EL MEMBRETE EN FRAN-CÉS DE LES GRANDS JOURNAUX IBÉRO-AMÉRICAINS.]

Paris, le 25 noviembre 1925. –

Mi queridísimo Juancito:

Todos los amigos, Pepe [Varela], Julio [Gálvez], Fernando [Ibáñez], Riquelme, me encargan corresponder tus abrazos y decirte que esperan hagas tu viaje a la mayor brevedad a París. De mi parte, espero mi próximo viaje para estrecharte otra vez, con el amor fraternal que tú sabes siento por ti.

Deseo que ya hayas sanado del todo de tu catarro, a fin de que te pueda encontrar absolutamente sano. Cuídate mucho, Juan.

En París hay mucho frío, mucho. Niebla, Catherines, besos, Rotonde, voilà la vida. Tú la supondrás.

Espero tu telegrama, para hacer mi viaje, una vez que yo sepa que ya están pagando.

Siempre pienso en la revista en París. Hay que madurar todo esto para Enero o Febrero, en que tú vendrás. No te olvides de ello.[394]

Y Marujita? Créeme que estoy totalmente perdido de amor por ella. Definitivamente perdido. Voilà. Pero todo será en vano. Yo lo sé. No querrá venir a París, para lanzarla en el Gipsyp [sic]?...[395]

A Guita no se la ve por ninguna parte. Dicen que anda por la Étoile.[396]

Espero tus letras y noticias.

Un fuertísimo abrazo

César

---

394 Referencia a la futura revista *Favorables París Poema*, cuyos dos números Larrea y Vallejo publicarían en junio y octubre de 1926. Existen varias reproducciones facsimilares y digitales: *Favorables París Poema, París, 1926* (prólogo de Jorge Urrutia, Sevilla, Renacimiento, 1982), la incluida en *Artículos y crónicas completos*, edición de Jorge Puccinelli, Lima, PUCP, 2002, vol. 2; la digitalización de la Hemeroteca Digital de la BNE (<hemerotecadigital.bne.es>) y la disponible en el portal Revistas de la Edad de Plata de la Residencia de Estudiantes (<nrevistasedp.edaddeplata.org/>).

395 Desconocemos la identidad de Marujita. El Gypsy's era un bar ubicado en 20, rue Cujas.

396 Otra referencia a Margueritte Aubry. La Place de l'Étoile (hoy Place Charles de Gaulle) es la emblemática plaza de París en la que se encuentra el Arco del Triunfo.

[París] 12 DIC 1925

LLEGARÉ DOMINGO NOCHE = = CECAR [sic]=[397]

109 [INVITACIÓN MECANOGRAFIADA DE MAURICE DE WALEFFE[398] A CV, CON FIRMA AUTÓGRAFA Y CON EL MEMBRETE:] LE JOURNAL | 100, RUE DE RICHELIEU | TÉLÉGRAMMES | NALJOUR-PARIS | TÉLÉPHONE | GUT. 61-65 61-66 61-67

PARIS, le 14 décembre 1925

Cher Confrère,

Monsieur POINCARÉ, ancien Président de la République, nous fera l'honneur de présider <u>notre déjeuner exceptionnel du</u> Lundi, 21 décembre, à l'issue duquel nous fixerons :

1º) – notre 4ème Congrès international pour 1926 ;

2º) – un nouveau programme d'action latine pour 1926, sur lequel nous solliciterons votre avis personnel.

175

---

397 Ya que el 12 de diciembre de 1925 fue sábado, Vallejo llegó a Madrid el domingo, 13 de diciembre y debió haberse quedado pocos días en la capital española.

398 El periodista belga, nacionalizado francés, Maurice Eugène Hubert Cartuyvels, más conocido como Maurice de Waleffe (1874-1946) dirigió el diario *Paris-Midi* entre 1911 y 1944 y fue secretario general de la Asociación de la Prensa Latina, que celebró trece congresos anuales entre 1923 y 1935. Es posible que Vallejo haya leído crónicas de De Waleffe publicadas en la prensa peruana antes de su llegada a Europa. Según Georgette de Vallejo, De Waleffe conoce personalmente al poeta en 1925 y le proporciona un carnet de periodista (*Allá ellos*, 1978, p. 22). Vallejo lo retrató así en una crónica: «Mi distinguido amigo, M. Maurice de Waleffe, director de Le Journal, editorializa en Paris-Midi espléndidamente. Sus artículos se destacan por el coraje patriótico y el agudo sentido de las cosas latinas del porvenir. Hay veces en que, en este último terreno, emite cada opinión que hace pestañear al soberbio anglosajón, al moscovita astuto, al chiflado marroquí, al teutón vigilante, preñado siempre de tempestades. M. Maurice de Waleffe es fuerte, triangular, tajante. Sale con cada verdad inédita, que es para hacerse atrás, asustado. Cuando menos se piensa, M. de Waleffe nos acribilla a opiniones súbitas, crudas, terribles» («Recuerdos de la guerra europea», *Mundial*, n.º 291, Lima, 8 enero de 1926). En 1933, De Waleffe escribiría una recomendación para que Georgette Philippart obtenga un trabajo en el Conservatorio de Artes y Oficios de París (véase la carta de Vallejo del 17 de enero de 1935).

Comptant sur la présence de tous les grands Journalistes latins, nous osons vous prier de signer et de nous renvoyer cette lettre par retour du courrier afin de pouvoir marquer votre place à table.

Le Secrétaire Général :
Maurice de Waleffe

Je viendrai au Bar du «Journal», à l'heure
Je ne viendrai pas
(Signature lisible)

[TRADUCCIÓN:]

PARÍS, 14 de diciembre de 1925

Querido colega,

El señor POINCARÉ, ex presidente de la República,[399] nos hará el honor de presidir nuestro almuerzo excepcional el lunes 21 de diciembre, al final del cual estableceremos:

1º) - nuestro 4º Congreso Internacional de 1926;[400]

2º) - un nuevo programa de acción latina para 1926, acerca del cual le pediremos su opinión personal.

Ya que contaremos con la presencia de todos los grandes Periodistas latinos, nos atrevemos a pedirle que firme y nos devuelva esta carta a vuelta de correo para poder designar su lugar en la mesa.

El Secretario General:
Maurice de Waleffe

Iré al Bar du «Journal» a las ____ horas
No iré
(Firma legible)[401]

---

399 Raymond Poincaré (1860-1934) había sido presidente de Francia entre 1913 y 1920. Electo Primer Ministro de Francia por tercera vez en 1926, su nombre figura a menudo en los artículos de Vallejo entre 1926 y 1931.

400 El cuarto congreso de la Prensa Latina se celebró en Lieja, Bélgica, entre el 12 y el 17 de julio de 1926.

401 Aunque Vallejo conservó la carta de invitación, es muy posible que haya asistido a la comida, puesto que se refiere al evento en dos artículos: «Un gran libro de Clemenceau» (*Mundial* de Lima, el 5 de marzo de 1926) y «Hablo con Poincaré» (*El Norte* de Trujillo, el 13 de junio de 1926 y luego en *Variedades*, de Lima, el 25 de diciembre de 1926, más de un año después del suceso). En el primero escribe: «En París funciona, desde hace varios años, el Bureau de la Prensa Latina del mundo, cuya sede es *Le Journal*, y en el que están asociados eminentes representantes del periodismo latino. ¿Con qué fines? Con el fin de defensa y prosperidad de la raza. ¿En verdad, esto es lo que se hace? Sí. En verdad, esto es lo que hace. Entonces, ¿por qué en nuestro almuerzo del lunes pasado, el señor Eleodoro [*sic* por Eliodoro] Yáñez, delegado de Chile ante la Sociedad de las Naciones, y director de

Paris, le 19 diciembre 1925

Querido Juan:

El asunto del pasaje gratis de la Asociación de la Prensa Extranjera, se hace muy difícil.[402] Por este motivo, creo que para cobrar este mes hay que hacer esfuerzos a fin de que el habilitado te pague a ti o a algún otro amigo de allí, en mi representación, para lo cual le escribiré a dicho habilitado una carta fechada en Sevilla, por ejemplo, y diciéndole que, aprovechando las vacaciones de pascua, he ido a Sevilla. Como el habilitado quedó muy contento de mí, yo estoy seguro que aceptará. Además, le diré que aparte de mi pensión, como obsequio de aguinaldo, unas cuantas pesetuelas, y ya verás cómo accede. Mi carta para el habilitado debe entregársela el amigo que vaya a cobrar en mi representación; no es menester que vaya sellada por la posta; le dirá que se la he enviado dentro de su cubierta. Como se trata de vacaciones, creo que no se resista ese zorrillo. Él sabrá cómo ha de hacer para pagar este mes a un apoderado mío. Supongo que habrá manera, puesto que es muy humano que un empleado pueda enfermarse, verbigracia, y no poder ir a la Caja personalmente.[403] No faltaba más.

Te suplico, en caso de que opines del mismo modo que yo, hagas esa carta en máquina y la firmes por mí, siguiendo la muestra que te envío ahora. Haz también la carta para el amigo que ha de cobrar por mí, como apoderado mío. Si no puedes

177

La Nación de Santiago, nos dijo en su discurso que la política de cada pueblo latino es exclusivamente de campanario y no de amplitud racial? ¿Acaso lo decía dirigiéndose a Raymond Poincaré, ese toro farnesio del nacionalismo francés, que en su calidad de colaborador de La Nación de Buenos Aires, asistía a nuestra mesa?». En el segundo, Vallejo narra cómo conoció a Poincaré y el ambiente del evento de esta manera: «El señor Poincaré tiene una palidez febril, una palidez enfermiza acaso. El señor Maurice de Waleffe, Director de Le Journal, me lo ha presentado y le atiende y reverencia. Una pajarera de periodistas es la sala donde estamos. Una pajarera latina de hombres de Bucarest, con mechones amargos en la frente, a lo Panait Istrati; de hombres de Bruselas, de grandes párpados bondadosos; de hombres de Lisboa; de Río de Janeiro; Madrid; de Roma; de México. Una ruidosa pajarera de escritores; ruidosa de ruido simplemente protocolar».

402 Vallejo debió intentar conseguir un pasaje a Madrid, gratuito o rebajado, aprovechando su condición de periodista. Similar referencia a un pasaje en rebaja se hace en carta a Pablo Abril de Vivero del 31 de diciembre de 1925.

403 Según se infiere por la carta siguiente, la persona que fue a cobrar en representación de Vallejo fue Larrea mismo. La carta está fechada en Bilbao el 24 de diciembre y narra el supuesto viaje de Vallejo por el norte de España.

imitar mi firma, envíame las dos cartas escritas en máquina, con el nombre del amigo dicho, y yo las firmaré y te las devolveré enseguida. Como no sé cuál ha de ser esa persona, por eso no te envío ya dichas cartas. Te ruego me contestes sin pérdida de tiempo, porque dicen que van a pagar en estos días, y yo no podré ir a Madrid haciendo un nuevo gasto y pidiendo otro permiso en el bureau de aquí.

Julio [Gálvez] y Pepe [Varela] te envían un fuertísimo abrazo y te agradecen el exquisito regalo de navidad que yo les traje y que lo gustaremos la noche de pascua, en recuerdo tuyo. Esta fiesta se perfila un poco triste y sin entusiasmo. El frío terrible ha vuelto a París y las gentes están espantadas. Hubiéramos querido que tú estuvieses aquí para estos días. En todo caso, nuestro pensamiento está contigo y beberemos el «manzanilla» por ti y por que pronto vengas a París.

Saluda afectuosamente a Gerardo Diego.[404]

Espero, pues, me contestes a la mayor brevedad. Entre tanto, recibe todo el cariño fraternal de tu amigo

César A. Vallejo

178　111 [CARTA MECANOGRAFIADA DE CV A JUAN LARREA, CON FIRMA AUTÓGRAFA. TRES PÁGINAS. EN EL MARGEN SUPERIOR IZQUIERDO, DE MANO DE LARREA:] CARTA FICTICIA[405]

Bilbao, 24 de Diciembre de 1925

Querido Juan:

Tengo que darte las gracias por haberme impulsado a venir a esta tierra y por las muchas finezas de que soy deudor a tu hermano Antonio y a tu amigo Pepe Valdivielso. Desde que llegué no se han separado un momento de mí y me han conducido por todos los lugares interesantes, de manera que ni el bulevar, ni los Altos Hornos, ni la ría tienen ya secretos para mí. Me encuentro tan encantado que, a su instancia, pienso demorarme aquí unos días más antes de partir para Santander y Asturias, según mi itinerario que conoces.

404　Diego, que vivía en Gijón, le anticipa a Larrea la posibilidad de un viaje a Madrid en diciembre de 1925, en carta del 6 de noviembre de ese año (Gerardo Diego y Juan Larrea, *Epistolario 1916-1980*, edición de Juan Manuel Díaz de Guereñu y José Luis Bernal Salgado, Madrid, Residencia de Estudiantes, 2017, p. 523).

405　Como se entiende de la carta anterior, se trata de una misiva de contenido ficticio mecanografiada por Juan Larrea, siguiendo una «muestra» proporcionada por Vallejo en la carta anterior, y que no se ha conservado. No tenemos constancia de que Vallejo haya viajado nunca a Bilbao.

Tu hermano y Pepe me han presentado a la muchachada bilbaína. Muchos me preguntan por ti, se quejan de que no escribes y te recuerdan con admiración y cariño. ¡Lástima que las circunstancias no te hayan permitido acompañarme! ¡Tan bien como lo hubiéramos pasado juntos! Pero espero que en las próximas vacaciones vayamos al sur, tan diferente de este ambiente gris según me dicen. Cada vez me convenzo más de lo admirable que es España donde los americanos nunca podremos sentirnos extranjeros. A cada instante salta el recuerdo de nuestra tierra y las legendarias caballerosidad y simpatía que por todas partes se respiran no pueden dejarnos indiferentes. Ya te contaré más despacio mis impresiones cuando regrese a ese simpático Madrid.

Ahora quiero desearte felicidades en esta pascua para encargarte después un asunto que me interesa mucho. Perdona que siga molestándote una vez más pero no olvides que eres la persona que más estimo. Se trata de que veas si te es factible cobrar en mi nombre la paga de este mes y girármela aquí lo antes posible, porque de otro modo no podré continuar mi viaje. No me apercibí de ello antes de partir pues debí dejarlo arreglado con mi habilitado. De todos modos, según me informan, no creo que habrá dificultades porque, como nos encontramos en periodo de vacaciones, mi residencia en Madrid no es precisa. Así me lo dicen algunos empleados y me aseguran que con la autorización a tu nombre, que te envío, mi habilitado, que es muy amable, no tendrá inconveniente en entregarte mi salario.

Te suplico pues, que te persones en la secretaría de la Universidad y te entrevistes urgentemente con el habilitado de los becarios hispano-americanos y le expongas mi pretensión y las pertinentes consideraciones. Te ruego me contestes a la mayor brevedad posible porque me dijeron que iban a pagar en estos días y yo no puedo ir a Madrid. Además el dinero lo necesito para poder continuar mi viaje.

Escríbeme a la oficina de tu hermano que será el medio más seguro de que no se extravíe.

Antonio [Riquelme] y Pepe [Varela] te envían un fuertísimo abrazo y te agradecen el exquisito regalo de Navidad que yo les traje y que gustaremos esta noche en recuerdo tuyo. Hubiéramos querido que tú estuvieses aquí para estos días. En todo caso nuestro pensamiento está contigo.

Saluda afectuosamente a Pablo [Abril] y a Gerardo Diego.

Espero que me contestes a la mayor brevedad. Entre tanto recibe todo el cariño fraternal de tu amigo

César

[A mano:] Has visto a Rosarito [Sáenz]?

Paris, le 31 Dicbre 1925.

Mi querido Pablo:

He tenido gran pesar de que no haya usted realizado su viaje a París, como lo pensábamos. Usted tiene {de}recho a un reposo que le hará muy bien al espíritu. Ojalá que haga usted su viaje a la mayor brevedad. Así lo deseamos Emilio [Ribeiro] y yo, que hemos visto hasta qué punto está usted fatigado de protocolo y oficina.

He cumplido todos sus encargos: la entrega de la carta al Ermitage, el recado de la medalla del Centenario para Caballero y Lastres, etc.[406] Los libros que me pide, los llevaré en mi próximo viaje a Madrid, que creo que lo haré el 10 de Enero. Allí volveremos a conversar largamente sobre el periódico en París y demás asuntos que nos interesa[n].[407]

Emilio está bueno. Me dice que también le escribe ahora.

Publique su libro, Pablo. Lo más pronto posible. Ocúpese del asunto y hágalo, pues eso será un poderoso motivo de fruición espiritual para usted mismo. El tiempo pasa, Pablo querido, y hay que aprovecharlo, al menos, para las cosas líricas y desinteresadas, ya que para las cosas y bienes de este mundo, no lo hemos de aprovechar nunca.[408]

He recibido hoy una carta de Larrea en que me dice que es indispensable que yo vaya este mes a Madrid, a cobrar la beca. De este modo, creo que tendré que partir de aquí el sábado 9 de Enero. No sé todavía la fecha exacta. Ya veré luego y le avisaré. Si para entonces consigo la rebaja del tren, por la Prensa, será magnífico. Eso es muy engorroso y lleno de trámites y requisitos.

Le envío un fuertísimo abrazo por el nuevo año. Dios quiera que en el próximo hagamos algo de más afirmativo y práctico en la vida.

Fraternalmente le estrecha su afectísimo

César

---

406   Sobre el Ermitage véase la nota a la carta de Vallejo del 28 de octubre de 1925. Ernesto Caballero y Lastres (1872-?) fue Agregado Naval de la Legación del Perú en Madrid. Vallejo puede estar refiriéndose a la medalla del centenario de la batalla de Ayacucho que el Congreso del Perú le otorgó al presidente Augusto B. Leguía en 1925.

407   Una nueva referencia al futuro proyecto de *La Semaine Parisienne*.

408   Pablo Abril de Vivero publicaría su segundo libro de poemas, *Ausencia,* en 1927. Vallejo se ocuparía de la impresión como se desprende de la correspondencia entre ambos.

Nota: No se preocupe de las pesetas, Pablo queridísimo. Solamente si no consigo el pasaje de prensa, entonces le avisaré para ver si está usted en condiciones de enviarme algo, pero siempre sin violentar mayormente sus posibilidades. En todo caso, creo que no habrá lugar a eso. No se preocupe, Pablo. Si no le aviso nada en esta semana, es porque no tengo necesidad de dinero.[409] Así, pues, deje usted de lado todo eso y mi anhelo es que no se mortifique por nada. Hartos cuidados pequeños le asaetean por otros respectos.

César

Le envío por paquete separado un n.º de El Universal Ilustrado de México, donde hay un lindo poema suyo. Si desea otro número, avíseme.[410]
V.

1926

---

113 [CARTA MANUSCRITA DE CV A PABLO ABRIL DE VIVERO. UNA CUARTILLA (DOS PÁGINAS), CON EL MEMBRETE EN FRANCÉS DE LES GRANDS JOURNAUX IBÉRO-AMÉRICAINS. EN EL MARGEN INFERIOR IZQUIERDO DE LA SEGUNDA PÁGINA, EN RECUADRO, DE PABLO ABRIL DE VIVERO:] C | 13/1/26.[411] | CON ENVÍO | DE 175 PTS.

....

Paris, le 7 Enero 1926.

Mi querido Pablo:

Recibí la carta que envía usted para Emilio [Ribeiro] y se la entregué en seguida. Por ella sé que su viaje a París será después del 10 de Enero, lo que nos ha dado un gran placer. Ojalá se venga usted cuanto antes, mi querido Pablo.

Aún no se resuelve mi pasaje por el Sindicato de la Prensa. Le ruego que si no le es mayormente molestoso, me haga el favor fraternal de proporcionarme el dinero que le sea posible para pagar mi tren a Madrid a la mayor brevedad. En el bureau

---

409 Esta y las cartas siguientes a Pablo Abril de Vivero documentan un préstamo que Vallejo le hizo a este de 350 pesetas, que debió haberse realizado en mano durante la estancia del poeta en Madrid a mediados de diciembre de 1925.

410 No conocemos el poema de Abril de Vivero aparecido en *El Universal Ilustrado*. Tres artículos de Vallejo aparecerían posteriormente en esta revista mexicana: «Los novísimos pintores franceses» (23 de diciembre de 1926, pp. 31 y 63), «El estado de la literatura española» (6 de enero de 1927, p. 57) y «El humanismo de Merenciano» (18 de agosto de 1927, pp. 32-33), así como el poema «Me estoy riendo», tomado de *Favorables París Poema* (21 de octubre de 1926, p. 19).

411 Aunque fechada el 12 en la copia que conservó Abril de Vivero, debe tratarse de la carta siguiente.

debo todavía y de allí que me vea corto para pedirle a él. Le ruego, Pablo, me disculpe la molestia, a mí que tanto lo he molestado sin derecho. Usted es tan bueno y su comprensión es tan amplia, que me sabrá dispensar esta vez como ya lo ha hecho tantas veces.

Emilio está siempre sufriendo de continuas dolencias y se queja siempre. Aunque Amelia está ya buena, es él ahora que está enfermo.

Si no le permiten, <u>sin esfuerzo alguno</u>, sus facilidades, enviarme algo, no se preocupe. De mi parte, yo también sigo buscando aquí algo por mi lado. En todo caso, no se preocupe, mi queridísimo Pablo.

Un fuerte abrazo de su agradecido amigo

César

---

114 [CARTA DE PABLO ABRIL DE VIVERO A CV.]

....

Madrid, 12 de Enero de 1926

LEGACIÓN DEL PERÚ

Mi querido César:

Apenas tengo tiempo para responder a sus dos últimas cartas. Le agradezco sus buenos deseos por mi felicidad en el año que se inicia. Yo lo he comenzado con un gran lío. La Casa Calpe, coludida con «El Sol», me ha hecho una trastada. El mencionado diario se ha negado a insertar una carta de rectificación que hube de enviar a su Director. Yo he demandado a este, amparándome en la Ley de Imprenta, que a mí me protege y a él le condena en absoluto. Ya le daré a usted todos los detalles de este *affaire* en que vaga la sombra levítica del Apóstol ministerial.[412]

---

412   El 8 de enero de 1926 apareció en *El Sol* de Madrid (p. 8) noticia de una carta de la Casa Editorial Calpe en la que se denunciaba a Pablo Abril de Vivero como el responsable de la impresión del folleto *El poeta D. José Santos Chocano contesta a D. José Vasconcelos, ex Ministro de Instrucción Pública de México* (Madrid, s. e., 1925). La noticia se reprodujo también el mismo día en *La Voz* (p. 3) y *La Libertad* (p. 3) de Madrid; este último diario transcribe la carta completa. Según la misiva publicada, Calpe imprimió el folleto a pedido de Abril, pero sin pie de imprenta. La casa editorial denunciaba que algunos ejemplares circulaban con un sello de tinta que indicaba que la publicación fue editada por Calpe y que este sello fue agregado por Abril sin consentimiento de la editorial. Debido a la naturaleza controversial del folleto, que trataba sobre la polémica entre Vasconcelos y Chocano que resultó en el asesinato de Edwin Elmore por este último, Calpe aclaraba que nunca hubiese autorizado ese pie de imprenta, y que Abril hacía uso indebido del nombre de la sociedad editorial. No hemos podido encontrar la carta de aclaración de Pablo Abril de Vivero en *El Sol*, ni en otros periódicos de Madrid

Le envío, querido César, la mitad del préstamo que tan gentilmente me hizo. No puedo más, por el momento. Dios quiera que le sea a usted suficiente. (Van tres billetes: uno de cien, otro de cincuenta y el tercero de veinticinco pesetas.)

Hasta muy pronto. Un abrazo para Emilio [Ribeiro] y otro para usted de su muy afmo. amigo y compañero que espera verle pronto.

Pablo.

El ministro hace todo lo posible para que yo no vaya a París. Además el asunto de Calpe y «El Sol» me retendrá todavía unos días. Vale.

---

115 [CARTA MANUSCRITA DE CV A JUAN LARREA.]

....

París, 26 Enero 1926

Mi querido Juan:

Espero recibir de un momento a otro carta tuya, en que me avises el día de tu viaje. A mí me tienes ansioso de que llegues cuanto antes, pues estoy seguro que tu presencia me hará mucho bien y me hará tomar en serio y en gusto la vida. Vente cuanto antes. Comprendo que alrededor del 5 estés aquí, como me dijiste. En todo caso, aguardo tu último aviso.[413]

En lo tocante a mi viaje a Madrid, me parece que él solo podrá efectuarse el 11 de Febrero y no antes, como lo hubiera deseado, para venirnos juntos.[414] Así, pues, te espero en París.

La muchacha que tuve se fue ya. Me empezaba a complicar la vida y ¡Dios lo hace todo! felizmente la reclamaban sus parientes de Bélgica y se ha marchado.[415] A Dios gracias. De este modo, ya no hay quien se ocupe de buscar nuestro departamento, el que, por otro lado, es muy difícil de encontrar. Hay gentes que ofrecen miles de francos de premio a quien les halle un departamento. París está pleno de población en invierno. Será difícil que hallemos pronto. Por ahora, creo que llegarás a alojarte

183

---

de los días siguientes. El «Apóstol ministerial» al que se refiere Pablo Abril de Vivero es Vasconcelos, pues así se refería a él José Santos Chocano.

413 Según la correspondencia entre Gerardo Diego y Juan Larrea, y la carta siguiente de Vallejo a Pablo Abril, Larrea debió llegar a París el 4 o 5 de febrero de 1926.

414 Como se despende del final de esta carta y de la carta siguiente, la enfermedad de Vallejo le impidió viajar a Madrid en febrero. No lo haría hasta marzo de 1926.

415 No se conoce el nombre de esta muchacha. Según Juan Larrea, Vallejo comenzaría a convivir con Henriette Maisse en la primavera de 1926 («Valor de la verdad», 1974, pp. 191-192).

en un hotel, y luego seguiremos buscando el departamento. En Montparnasse he visto ya un hotel, en la rue Delambre; con chaufage, agua caliente, etc. Allí te irás, porque, además, yo voy a dejar mi habitación de la rue Moliere el 1.º y me vuelvo al atelier de Julio.[416] Cuando estés aquí arreglaremos la manera de alojarnos cómodamente para trabajar. Estoy harto de aburrirme y de no hacer nada. Vente. Vente, Juan querido. Tú me vas a dar el gran impulso que me hace falta para trabajar.[417]

Te escribo desde el Café de la Ópera, que está cerca de mi bureau.[418] Ya van a ser las 11 y me voy a trabajar. Por eso pongo fin a estas líneas.

Mi enfermedad continúa, pues la zorrilla no me dejaba permanecer casto y me ha empeorado. Pero como ya se ha ido la vampiresa, me estoy curando otra vez y ahora en serio. Es una vayna. Esto del sexo es una vayna![419]

Hasta ver tus letras, te abraza fraternalmente

César

Todos los amigos esperan verte a la mayor brevedad.
V.

---

116 [CARTA MANUSCRITA DE CV A PABLO ABRIL DE VIVERO. UNA CUARTILLA (DOS PÁGINAS).]

....

París, 8 de Febrero 1926

Mi querido Pablo:

Emilio [Ribeiro] le habrá escrito ya sobre mi enfermedad. La tal blenorragia se ha complicado y hace 15 días que estoy en cama, sin poder lev{a}ntarme. Qué le parece, Pablo. Me tiene usted anulado para toda actividad. Ni al bureau puedo ir. Entre

---

416 La habitación de la rue Molière es la que tenía en el Hotel Richelieu. De esta carta se desprende que el atelier de Max Jiménez, ubicado en 3, rue Vercingétorix, había sido cedido a Julio Gálvez Orrego. Ernesto More, sin embargo, afirma que Vallejo le hubo cedido el atelier a él y a su hermano, Carlos More (More, «Anecdotario», *1949*, 22 de agosto de 1949).

417 Como cuenta Juan Larrea: «César y yo teníamos pensado arrendar un departamentito para los dos con el propósito de iniciar una vida laboriosa al resguardo de las tentaciones de una urbe tan peligrosa para gentes de nuestra condición como lo era París. Uno y otro nos encontrábamos en la cresta de una crisis transformativa y delicados de salud. Pero aún no se había logrado, ni se logró nunca, nuestro propósito» («Valor de la verdad», 1974, pp. 184-185).

418 La oficina de los Grands Journaux Ibéro-américains (11, avenue de l'Opéra) quedaba muy cerca de la Place de l'Opéra, donde se encuentra el Teatro de la Ópera de París.

419 La palabra «vayna», con ortografía idiosincrática de Vallejo, significa en este contexto «molestia» o «contrariedad».

tanto, el médico me dice que debo seguir en reposo absoluto, pues de lo contrario, la enfermedad puede agravarse aún más. Con qué facilidad se coge una infección de esta clase y con qué trabajo {se} le hace salir. Créame usted que a veces tengo una rabia contra las mujeres... y, sobre todo, contra los médicos, que son unos estúpidos.

Es casi seguro que no pueda ir a Madrid a cobrar la beca este mes. El médico dice que en veinte días más no podré moverme. Qué tal situación.

Larrea llegó hace tres días. Me dice que si no voy, toda gestión para el pago, es inútil. Así, pues, me quedaré hasta Marzo. Qué voy a hacer.

Emilio vino a verme ayer y me dice que, según le ha escrito usted, su viaje a París sigue postergado sin saber hasta cuándo. Lamento mucho este largo contratiempo. Su viaje en estos días habría sido magnífico, pues hace un tiempo hermoso, casi primaveral. Con todo, mejor le vendrá el viaje para la primavera, que anda ya tan próxima.

Un fuerte abrazo para usted y otro efusivo para Vallecito.

Suyo fraternalmente

César

Mi dirección: el bureau siempre. –

---

117 [NOTA MANUSCRITA DE CV A PABLO ABRIL DE VIVERO, EN UN PAPEL NEUMÁTICO.]

....

Pablo:

Vine a verlos, como hubimos convenido ayer. No los encuentro y como son las 9 y 1/2, me voy. El lunes le hablaré por teléfono o deme otro rendez-vous.

César

[París,] Sábado 6 / Marzo [de 1926][420]

---

420 En Vallejo y Abril, *Cartas*, 1975, p. 125, se incluye esta nota de Pablo Abril de Vivero: «Manuscrito en un papel del hotel Céramic, 34 Av. de Wagram – París. Estuve yo en este hotel con Emilio Ribeiro. No recuerdo el año». Aunque la fecha carece de año, las únicas opciones para que el día 6 de marzo sea sábado son 1926 y 1937, por lo que la datamos así (en *Cartas*, 2013, p. 295, aparece fechada erróneamente como de 1934). El posible viaje a París de Pablo Abril de Vivero al que se hace referencia en la carta anterior, así como el papel de la carta, nos hace localizarla en la capital francesa. Pablo Abril de Vivero había viajado a Francia por algunos días, pues el 31 de marzo firma con Vallejo y Ribeiro, en París, el convenio sobre *La Semaine Parisienne*. No debe haber coincidido con Vallejo en Madrid cuando este viajó a España a mediados de ese mes. Abril de Vivero regresó a España los primeros días de abril («Noticias de sociedad», *La Época*, Madrid, 14 de abril de 1926, p. 2).

Madrid, 12 Marzo 1926

Juan:

Anoche llegué a las once de la noche. Me veo obligado a quedarme hasta el lunes, porque todavía no pagan. Lo que he cobrado hoy es el sueldo anterior, que lo creía perdido. Espero cobrar el otro el lunes en la tarde y por la noche tomaré el tren de 9 1/2, para llegar a París el miércoles 17, a las 8 de la mañana. Así le escribo ahora a Lasala.[421]

Mañana tomaré el tren de 7.45 para Toledo. Debo aprovechar estos días para conocer España un poco más. Pasado mañana, domingo, iré al Escorial.[422]

Te escribo del Café Anís Benavente, de la Plaza del Sol. He tenido un día hermoso por mil motivos: pago, promesa de otro pago, buen sol de primavera, aire diáfano y españolas bonitas en las calles.

Herrero se marchó ayer a Sigüenza.[423] He enviado, pues, el paquete por continental, según tus indicaciones. Te adjunto el recibo. Logré hacer pasar el asunto por la aduana, sin novedad, es decir, sin pagar. Mi compañera de viaje, la dientona, me sirvió admirablemente para el caso.[424]

Esta tarde he conocido a Guillermo de Torre, por presentación de un amigo chileno.[425] Me han invitado a casa de este para las 7 de la noche, pero yo me he evadido, diciéndoles que regreso a París esta misma noche.

Mientras te escribo, la orquesta del café toca cosas españolas y tristes. Me acuerdo del Regence, de las inglesitas y de «Los millones de Arlequín».[426] Pienso en París

421   Henri de Lasala fue cofundador de los Grands Journaux Ibéro-américains, donde trabajaba Vallejo.

422   La visita de Vallejo a Toledo inspiró su crónica «El secreto de Toledo», aparecida en *Mundial*, n.º 315, Lima, 25 de junio de 1926.

423   Bernabé Herrero (1903-1957), poeta nacido en Soria, vinculado a Antonio Machado y Gerardo Diego, fue funcionario de Correos y lo destinaron a Sigüenza en 1924. En 1925 publicó el libro *Emociones campesinas,* dedicado a Diego y en 1926, *Tonadas del camino,* dedicado a Larrea.

424   No conocemos el nombre de la compañera de viaje de Vallejo.

425   Desconocemos la identidad del «amigo chileno» de Vallejo. Sobre Guillermo de Torre, véase la nota a la carta a Quízpez Asín del 7 de abril de 1925.

426   El Café de la Régence, de la rue Saint Honoré, era un café y restaurante frecuentado por Vallejo. El local se levantaba cerca del lugar en que había estado el café del mismo nombre en el siglo XIX, célebre lugar de partidas de ajedrez. En tiempo de entreguerras, el local se enorgullecía de lucir una silla y una mesa en la que, supuestamente, Napoleón había jugado al ajedrez. Vallejo hace referencia

y en que la vida es, con todo, bella y amable. Ánimo, Juan. Ya vendrán días mejores, más interesantes y dinámicos.

Hazme el favor de acercarte a mi hotel y diles que te he escrito del Havre, diciéndote que llegaré a París el miércoles y que dejaré el hotel más tarde y que me quedo quince días más allí. Acércate apenas leas esta carta, porque son capaces de botar mis cosas, pues el cuarto se cumple el martes y yo llegaré solo el miércoles.

Espérame, pues, el miércoles. Yo te hablaré por teléfono apenas llegue para almorzar juntos ese día.

Un abrazo fuertísimo de tu amigo

César

Vallecito me encarga saludarte.

---

119 [CONVENIO MECANOGRAFIADO SUSCRITO POR CV, PABLO ABRIL DE VIVERO Y EMILIO RIBEIRO, CON FIRMAS AUTÓGRAFAS, CON EL MEMBRETE EN CASTELLANO DE LES GRANDS JOURNAUX IBÉRO-AMÉRICAINS.]

....

Paris, [31 de marzo de] 192[6.]

Entre los abajo firmantes, señores Pablo Abril de Vivero, domiciliado en Madrid, Lealtad, número 4, Emilio Ribeiro, domiciliado en París, rue Bassano, número 15, y César Vallejo, domiciliado también en París, rue Molière, número 20, se ha convenido fundar en esta capital un hebdomadario ilustrado, de información mundial, titulado «La Semaine Parisienne»,[427] el cual será editado en francés, bajo las condiciones siguientes:

Primera.– Cualquiera que fuese la suma de dinero que aporten en efectivo personas extrañas a esta fundación, esa suma representará siempre, en acciones de la

---

a él en su soneto, publicado póstumamente, «Sombrero, abrigo, guantes»: «Enfrente a la Comedia Francesa, está el Café / de la Regencia; en él hay una pieza / recóndita, con una butaca y una mesa». Por otro lado, «Los millones de Arlequín» fue un ballet de Riccardo Drigo (1846-1930). Su «Serenata» se popularizó como vals.

427 Tema de parte de la correspondencia siguiente entre Vallejo y Abril, el proyecto editorial de *La Semaine Parisienne* nunca llegó a concretarse, a pesar de lo avanzado de los planes. Larrea rememoraba así esta época: «También recordaba, por cierto, a Pablo Abril de Vivero [...] cuando acariciaban el propósito de lanzar un semanario, *La Semaine Parisienne,* que siempre contemplé con indisimulado escepticismo. Lo único que lograron fue alquilar una oficina en la rue Lincoln, junto a los Campos Elíseos, donde durante meses no hubo sino una máquina de escribir en una mesita y una silla en medio de un gran cuarto vacío» («Valor de la verdad», 1974, p. 188).

misma, las dos quintas partes del capital, correspondiendo las tres quintas ~~partes~~ restantes a los abajo suscritos, por partes iguales.

Segunda.- El título, espíritu, idioma y periodicidad de nuestra publicación, podrán ser modificados, si las circunstancias así lo exigieran.

Tercera.- Para adoptar cualquier decisión concerniente a esta empresa, es menester que ella sea votada en mayoría.

Cuarta.- Los tres fundadores del periódico son considerados como Directores. Dentro de este rol común a cada uno de los tres, los señores Pablo Abril de Vivero y César Vallejo tendrán a su cargo las labores de redacción y el señor Emilio Ribeiro las de administración. Mientras el señor Abril de Vivero continúe en España, se ocupará de cuanto se relacione con unas y otras.

Quinta.- A cada uno de los directores se le asigna, a partir del primero de abril próximo, un sueldo de dos mil francos mensuales. Mientras las condiciones económicas de la empresa no permitan pagarles el sueldo íntegro, a su vencimiento, dichos sueldos solo serán pagados en un cincuenta por ciento, considerándose devengados el cincuenta por ciento restante. En la misma condición de devengado se considerará siempre, el sueldo del señor Abril de Vivero, mientras esté ausente de París.

Sexta.- Las acciones de los tres directores son personales y ~~ellas~~ no podrán ser transferidas por ninguno de ellos, sin la previa autorización de los otros dos.

Obligándonos al cumplimiento exacto de todas estas cláusulas de nuestra fundación, firmamos el presente acuerdo, en París, el 31 de marzo de 1926. - Este convenio se firma por triplicado. -

Emilio Ribeiro
Pablo Abril de Vivero
César Vallejo

120 [CARTA MECANOGRAFIADA DE CV A PABLO ABRIL DE VIVERO, CON FIRMA AUTÓGRAFA. DOS PÁGINAS, CON EL MEMBRETE:] LA SEMAINE PARISIENNE | JOURNAL ILLUSTRÉ D'INFORMATION MONDIALE | RÉDACTION ET ADMINISTRATION | 12, RUE LINCOLN (CHAMPS-ÉLYSÉES) | PARIS (8°) | TÉLÉPH : ÉLYSÉES 18-57 | 88-77

PARIS, LE 8 de abril 1926

Mi querido Pablo:

Antier recibí su telegrama. Hoy le envío por paquete certificado la maquette de nuestra revista. No se imagina usted cuánto me ha costado preparar esta maquette, puesto que estoy solo, absolutamente solo. Aquí hay que luchar h[e]roicamente contra la indolencia y la sensualidad de nuestra raza, aparte de las otras dificultades de orden económico y ambiental. No podemos contar con nadie. Nuestros mejores colaboradores serán siempre franceses y no latino-americanos y singularmente peruanos. Estos son de una desidia, de una pereza y de un pesimismo insultantes. Usted, mejor que yo, lo sabe, querido Pablo.

Pablo querido: nuestro muy amado Emilio se resiste a seguir en la empresa. Dice que ya le ha dicho a usted que no le conviene. No ha vuelto a venir a la oficina ni una sola vez, ni se ha ocupado de nada. Le he visitado varias veces y he insistido en la revista, sin resultado alguno. Así, pues, estamos solo usted y yo. Pero, si Emilio no vuelve a nuestro propósito, me parece que nosotros dos debemos seguir adelante. Que fracasaremos? Bueno! Una vez más habremos sido jóvenes e ilusos y, sobre todo, audaces. Quienes nada arriesgan, ya pueden morirse en el día. Cómodo es ir a lo seguro y echarse en cama lista. Lo difícil es abrirse un camino a la fuerza y aventurarse en lo desconocido.

Le envío así mismo un presupuesto aproximativo. He procurado reducirlo en lo posible y hasta he dejado reducidas a 10 el número de páginas del periódico, que, como convenimos con Laboureur, debían ser 12.[428]

Ibáñez me está ayudando en todas estas labores preparatorias, de un modo desinteresado y fraternal. Yo le he dicho que le daremos alguna participación y que no perderá su tiempo. Usted sabe que es muy culto y simpático.

Con los datos que le envío supongo que ya podrá usted liquidar sus gestiones referentes a nuestra empresa. Espero sus noticias por instantes. Hoy estamos ya a

---

428   No conocemos el nombre de pila de Laboureur.

8 de abril y el periódico, como convenimos con usted, debe salir el primer jueves de mayo, a más tardar. Por otro lado, yo he dejado, como usted sabe, Les Grands Journaux y me atengo a sus noticias solamente.[429] Nada le digo a usted de los pocos franquillos que vengo poniendo al servicio del periódico y que harto me hacen falta.

Le escribo también hoy al señor Leguía. Naturalmente, nada le digo del desistimiento de Emilio.

Laboureur está siempre con nosotros, así como Fernández de Henestrosa.[430] Solo aguardamos órdenes de usted para poner en práctica inmediata nuestra empresa.

La maquette será susceptible de posteriores modificaciones, como usted sabe. Además, esperamos sugestiones de usted, del señor Leguía, de Vallecito, para encausar mejor el periódico.

Escríbanos, Pablo. Díganos sus últimas ideas. Créame usted que tengo un desmedido entusiasmo por nuestra empresa y una completa confianza en sus resultados efectivos.

Laboureur dice que está listo para traernos en el día contratos de anuncios. Necesitamos, pues, darle los contratos impresos, carnets, etc. Ni un paso más podemos dar sin dinero. Cincuenta mil francos nos es necesario para empezar. No es posible de otro modo.

Cualquier modificación que ustedes piensen dar al periódico avísenmelo inmediatamente. Noticias! Noticias!

No olvide mi encargo para cobrar mi beca, que deben estar pagando ya. Hoy más que nunca me hacen falta esas pesetillas, querido Pablo.

Un fuertísimo abrazo para usted y otro para Vallecito, de quien espero sus importantes sugestiones periodísticas, fruto de su larga experiencia y de su talento.

Suyo fraternalmente

César

---

429 A pesar de esta información, Vallejo debió regresar a trabajar a los Grands Journaux al poco tiempo. En carta del 7 de junio de 1926 le escribe a Pablo Abril de Vivero: «En les Grands Journaux mi situación seguramente va a cambiar y acaso quede yo separado, por causa de no sé qué nuevo giro del negocio».

430 Se le identifica como Javier Fernández de Henestrosa en el índice onomástico de Vallejo y Abril, *Cartas*, 1975, p. 170. No hemos podido encontrar mayor información acerca de él.

121 [CARTA MANUSCRITA DE CV A PABLO ABRIL DE VIVERO. CUATRO PÁGINAS, CON EL MEMBRETE:] CAFÉ DE LA RÉGENCE | SOCIÉTÉ ANONYME AU CAPITAL DE 1.600.000 FRANCS|R. C. SEINE 23.270 | 161-163, RUE SAINT-HONORÉ | (PLACE DU THÉÂTRE FRANÇAIS) | TÉLÉPHONE CENTRAL 39-58 | RICHELIEU 99-94

PARIS, LE 12 Abril 1926

Mi querido Pablo:

No he recibido carta de usted.

Le envío adjunto a estas líneas el presupuesto de «La Semaine Parisienne».

Es indispensable un capital de 50 mil francos, lo menos, para empezar. Como se trata de un negocio fuerte, solo podrá ganarse después de algunos meses. Entre tanto, hay que costear el precio de cada número de la revista, por entero.

Mientras recibo noticias de usted, me ocupo de estudiar otra forma de revista, menos costosa. Ya le escribiré lo que haya.

En la oficina creo que hay que avisar con tiempo que vamos a dejarla. Si no es posible hacer ni conseguir el capital, habrá que anunciar en estos días que dejamos el local, para no pagar otro mes.

Para dar nuevos pasos y sondear más hondo en el éxito de nuestro periódico, se necesita, de todos modos, dinero. Yo he gastado más de 250 frs. de mi penosísimo bolsillo y todo gasto posterior ya es imposible. Aun para obtener la firma de contratos de publicidad, hay que pagar el valor de los contratos y de los carnets en la Imprenta. Repito, cualquier paso exige dinero. Usted lo sabe muy bien.

Emilio [Ribeiro] no ha vuelto más a la oficina ni se ha ocupado más de nada. Así, pues, estoy solo. Me parece que eso no es muy serio.

Por otro lado, si sale el periódico, me parece que el regreso de usted a París es indispensable. En todo caso, las noticias de usted resolverán todo esto.

Le pongo estas líneas a la ligera. En el bureau estoy todo el día, sin saber qué hacer. La falta de dinero no permite hacer nada, como usted comprende.

Si Emilio insiste en no trabajar con nosotros, yo me comprometo a publicar el periódico. El traductor está listo. Para el 1.er número Montherland dará un artículo.[431]

---

431 El escritor francés Henry de Montherlant (1895-1972), novelista, ensayista, dramaturgo y poeta. Vallejo lo describe así en su artículo «El nuevo Renacimiento», publicado en *Mundial* (n.º 341, 24 de diciembre de 1926): «Y nadie podrá negar que Montherlant es un perfecto mozo del Renacimiento. Naturaleza de luz, de fuerza y de gracia singularmente animal o "bestiaria" como él la llama; poeta pindárico, de grandes vocalizaciones de gesta; instinto de tierra antimetafísico, antikantiano y anti-bergsoniano; hombría de razón y equilibrio, que, a manera de Sócrates, de beber la cicuta, lo haría,

Además, el escritor francés Falgairolle trabajará con nosotros por poca remuneración.[432] No espero sino el dinero para encender el horno: todo lo demás está listo.

Convendría siempre publicar un artículo de firma prestigiosa en cada número. No importa pagar lo que él valga (400 o 500 frs), pues eso dará gran autoridad al periódico. Un artículo de Lauzanne, de Vautel, de Béraud, etc.[433] En el presupuesto va esta línea de gastos con el nombre de «~~Un~~ Artículos de colaboradores».

A Cárdenas, naturalmente, lo he descartado. Cárdenas es formidable, terrible.[434] Para que dibuje la maquette me ha costado sangre. Es horrible, insoportable. Hay para pagarle. Con razón está como está. Tenemos otro dibujante, Valmore, que colabora en Vogue, Femina, etc.[435]

Una vez que tengamos los fondos, lo primero que haré es hacer que Laboureur me traiga, en el instante, los anuncios ofrecidos, <u>firmados</u> y <u>garantidos</u>. Haré un contrato serio con él, debidamente firmado. Mientras él no me traiga esos anuncios, no haré ningún gasto, ni avanzaré más en la empresa. Todo depende de la publicidad. En la maquette figura solo una página de avisos, justamente, para que Laboureur me traiga anuncios tales que permitan añadir dos páginas más al periódico, dedicadas por entero a la publicidad. Con estas dos páginas serán 12. Entre tanto, la maquette solo lleva 10. Esto está hecho calculadamente. Laboureur dice que hay que agregar siempre dos páginas. Bueno. Cuéntese, pues, como 12 en total.

---

no ya para sellar una misión providencial, sino para probar si el sabor de ese jugo supera al sabor de unos helados Pompadour, por ejemplo... El autor de *A l'ombre des epées*, es, entre los escritores actuales de Francia, el tipo por excelencia del hombre nuevo».

432   Adolphe Falgairolle (1898-1979) fue un periodista y traductor francés. Tradujo algunos cuentos de Ventura García Calderón publicados en *Danger de mort* (1926). También en la carta del 28 de abril de 1926 a Pablo Abril de Vivero se le menciona como posible redactor y traductor de *La Semaine Parisienne*.

433   Se trata de escritores y hombres de la prensa francesa muy conocidos en la época: Stéphane Lauzanne (1874-1958) fue columnista de *Le Matin* y el franco-belga Clement Vautel (Clément-Henri Vaulet, 1876-1954) escribía en *Le Journal*; Henri Béraud (1885-1958) era reportero de *Petit Parisien* y de *Paris-Soir* y años más tarde sería condenado a muerte por su alianza con el nazismo. Vallejo debió haberlos conocido dentro del círculo de la prensa latina de París.

434   Debe tratarse del pintor e ilustrador peruano Juan Manuel Cárdenas Castro (1899-1988), o de su hermano menor, José Félix Cárdenas Castro. Juan Manuel había sido ilustrador de la revista limeña *Variedades* entre 1917 y 1920, año este último en que viajó a París, donde se radicó (lo seguiría su hermano). En octubre de 1926 donó algunas de sus obras al Salon du Franc, una venta de pinturas organizada por el periódico *Paris-Midi*.

435   Debe tratarse del artista mexicano Santos Balmori (1899-1992), entonces radicado en París. Él dibujaba trajes para la revista *Vogue* y conoció a César Vallejo dentro del contexto de artistas latinoamericanos en París (Helena Jordán de Balmori, *Remembranzas, silencios y charlas con Santos Balmori*, México, UNAM, 2003, pp. 38, 40 y 47).

Por lo demás, descuide usted, Pablo, que yo haré lo posible por iniciar la empresa con toda previsión, tino y sagacidad. Además, espero instrucciones de usted y aquí me ayuda mucho Ibáñez, que está muy bien enterado de estos menesteres.

Espero con ansia sus noticias.

Un fuerte abrazo de su afectísimo

César

Espero me devuelva la maquette, una vez que la estudie, pues no nos queda otra aquí.

V.

Se ha acordado de mi beca?

No se olvide. No se olvide de ver cómo se puede cobrar este mes, para no tener que ir.

[Adjunto, en la página central de una cuartilla con el membrete en francés de Les Grands Journaux Ibéro-Américains:][436]

Presupuesto de gastos de «La Semaine Parisienne»

por número:

Impresión del primer millar	1.500	francos
Cada millar restante	400	"
1 artículo colaboración	400	"
Fotografías de la 1.ª página	225	"
" y grabados de la última página	225	"
Grabados de la página central	225	"
Grabados y fotografías distribuidos en las páginas restantes	100	"
Dibujos originales	500	"

mensuales:

Local	600	francos
Limpieza.	100	"
Sueldo Vallejo	1.000	"
" 1 Traductor-redactor.	1.000	"
" 1 Reporter	500	"
Gastos de escritorio	100	"

Importe de la Réclame del primer mes	5.000 frs.

---

436   La caligrafía de este documento no pertenece a Vallejo.

PARIS, LE 16 abril de 1926

Sr. Dr. Carlos Godoy
Trujillo.
Mi querido doctor:

Agradezco a usted mucho el envío de mis certificados universitarios. Ellos me servirán para terminar mis estudios en Madrid.[437] Muchas gracias, doctor, por su gran gentileza.

Envío a mis inolvidables discípulos, los dos inteligentes Carlitos, fuertes apretones de manos, y para usted y su digna esposa, todos mis respetos y los votos que hago por el bienestar de su familia.[438]

Atento a sus gratas noticias, se despide de usted su muy amigo agradecido.

César Vallejo

194

París, 16 de Abril 1926

Mi querido amigo:

Mucho agradezco a usted el envío al Sr. Henri de Lasala, de su importante obra sobre la sociedad colonial, que yo me permití solicitar a usted.[439]

---

437   Vallejo le debió solicitar los certificados de la Universidad Menor de La Libertad, es decir los de sus estudios en leyes de 1915-1917, y quizá su grado de Bachiller en Letras.

438   Los dos Carlos a los que se refiere Vallejo son Carlos César (1911-1960) y Carlos Alfonso (1912-?), los hijos mayores de Carlos C. Godoy y Zarela Muñoz Vera. Vallejo fue profesor de primaria de ambos en el Colegio San Juan de Trujillo entre 1915 y 1917.

439   Lo hizo en carta a Varela y Orbegoso fechada el 3 de noviembre de 1925.

Sé que muy pronto vendrá usted por aquí. Ojalá tenga realidad inmediata este rumor. Ya tendría yo, entonces, la oportunidad de verlo en París y de pasear juntos esta magnífica urbe.

Un cariñoso apretón de manos de su afectísimo amigo de siempre

César Vallejo

---

124 [TELEGRAMA DE PABLO ABRIL DE VIVERO A CV.]

....

[Madrid, mediados de abril de 1926][440]

Vallejo

12 Rue Lincoln

París

Recibí cartas. Escribo largo. No desmaye ni deje local. Continúo gestiones dinero y beca.

Abrazos.

Pablo.

---

125 [CARTA MECANOGRAFIADA DE CV A PABLO ABRIL DE VIVERO, CON FIRMA AUTÓGRAFA. DOS PÁGINAS, CON EL MEMBRETE DE «LA SEMAINE PARISIENNE».]

....

PARIS, LE 18 de abril de 1926

Mi queridísimo Pablo:

He recibido sus dos telegramas últimos y de un momento a otro aguardo su carta detallada sobre las gestiones que ha hecho usted allí. Entre tanto, tomo nota de los entusiasmos que mantiene usted siempre, para nuestra empresa. De mi lado, usted ya me conoce y sabe cuánto empeño y cuánto cariño he puesto en el periódico.

Con Laboureur estuve ayer. Nada podemos hacer ya, sin fondos. Lo que falta para hacer es cosa de dinero y cosa ya decisiva. Fernández de Henestrosa viene también al bureau casi todas las mañanas. En cuanto a Emilio [Ribeiro], ni su sombra.

---

440 Por la dirección y por el contenido, referente al local de *La Semaine Parisienne* y la beca, y ya que en la siguiente carta de Vallejo se hace referencia a telegramas de Abril de Vivero, datamos este telegrama, sin fecha, entre el 12 y el 18 de abril de 1926.

Cuando converso con él, la conversación es tan general, tan vaga y poética, que descorazona. Lo poético, a veces, descorazona y mortifica más que la realidad circunstancial en que vivimos y comemos.

Mi viaje a Madrid me costaría mucho dinero, pues han aumentado el precio de los pasajes de un modo increíble. Sería para gastar en el viaje todo el monto de la mensualidad de la beca. Por esta razón, he resuelto no ir este mes y dejarlo para ver si es posible cobrarlo junto con el próximo, en un viaje que haga en mayo. Ya habría deseado ir a Madrid, en estos momentos más que nunca, para conversar con usted y volver a París con las cosas arregladas. Pero, repito, esto es muy caro. Actualmente estoy sin dineros absolutamente.

Ya le he indicado en mis anteriores, que necesitamos para empezar unos cincuenta mil francos. Al cambio actual, eso es una miseria, de veras. Las cosas y la vida cuesta[n] aquí cada día más y más. Cincuenta mil francos, pues, no significan nada. Como los anuncios solo serían cobrados después de unos cuantos números del periódico, este no puede seguir saliendo en los primeros tiempos sino con capital propio, es decir, con unos cien mil francos. Naturalmente, imperará en la administración, desde el primer momento, una <u>estricta economía</u>, sin que esto quiera decir que vayamos a sacrificar el vuelo periodístico del negocio y su réclame, en aras de un absurdo sistema de economías y regateos. Todo ha de ser bien sopesado y medido. Por otro lado, lo primero que haré es firmar un contrato con Laboureur y exigirle que nos traiga, sobre la marcha, los <u>engagements</u> de publicidad debidamente formalizados y concluidos. Sin esta base previa, no se puede seguir gastando ni trabajando en el periódico. La suma de anuncios, el monto de estos, cobrable y en cifras legales, será lo que decida de todo lo demás. No le parece, Pablo? Usted me escribirá sus sugestiones y enmiendas. No me deje solo. Está Madrid tan cerca, que debemos cambiar ideas a diario, como si estuviésemos juntos.

El contrato que debimos haber firmado con Emilio, no lo he vuelto a ver. Luego me dirá usted cómo debemos arreglar todo esto.

Qué ha pensado usted de su regreso a París? No ha sondeado la licencia de Lima o un simple permiso de Madrid?[441] Con su presencia aquí, <u>dedicada por entero al periódico</u>, la cosa iría viento en popa. Todas estas noticias las espero en su carta prometida y tan ansiada.

---

441 La licencia de Pablo Abril de Vivero para viajar a Lima le fue concedida el 26 de agosto de 1926, como le informa a Vallejo en carta del 12 de septiembre de ese año.

Fernández de Henestrosa me dice que Mansueto está muy grave y casi no hay esperanzas de que viva. Qué lástima que muera un hombre tan bueno, que quizás habría podido ayudarnos mucho en nuestra empresa.[442]

Todos los días estoy en el bureau, desde las nueve de la mañana. Hay listos dos traductores, y a precio <u>moderé</u>. Me he puesto en relación con Casablanca, de la redacción de «Comoedia».[443] Este también traduce y puede servirnos mucho. En cuando al redactor-traductor, que debe trabajar de firme y a sueldo, espero ver hoy o mañana a Falgairolle, de la redacción de l'Intransigeant. Con estos elementos y el dibujante Valomore,[444] el Estado Mayor está encuadrado y listo.

Si, como veo, el cobro de mi beca de este mes es imposible sin mi presencia, tendré paciencia hasta el próximo mes, no obstante mi aguda falencia financiera que, como la de Francia, sigue una pendiente incurable.

Podemos ponernos en conexión con Chocano y Gibson, para asuntos de América. Me refiero a la política y a forcejeos culturales. Una vez que el periódico eche hojas, debería usted dirijirse a esos poetas de la hoguera.[445] No le parece bien?

El nombre del director del periódico creo que debe aparecer tal como lo tenemos acordado: un nombre cualquiera, que puede ser seudónimo de usted o mío. Salvo mejor parecer de usted.

Aguardo noticias suyas, con la viva ansiedad que usted comprende. Un fuertísimo abrazo de su fraternal amigo

César

---

442 Mansueto Canaval fallecería el 24 de abril de 1926. Ya en 1924 había ayudado económicamente a Vallejo (véase la carta a Pablo Abril de Vivero del 10 de septiembre de 1924).

443 Jean Casabianca fue un escritor y periodista francés. Vivió en Paraguay entre 1900 y 1920. En París se movió en los círculos de la prensa latina, donde debe haber conocido a Vallejo. Colaboraba en *Paris Soir, L'Intransigeant, The Chicago Tribune* (París), *La Revue Diplomatique* y *Comoedia*, entre otros.

444 Como hemos anotado, debe tratarse del artista mexicano Santos Balmori.

445 En 1925, José Santos Chocano mantuvo una polémica con escritores jóvenes peruanos debido a su posición en contra de José Vasconcelos, lo que desembocó en el asesinato por parte de Chocano del joven periodista Edwin Elmore (sobre este episodio, véase Sánchez, *Aladino*, 1960, pp. 432-438). Desde su prisión en el Hospital Militar de Lima, Chocano editó, en 1926, nueve números de *La Hoguera*, publicación en la que continuó sus polémicas con jóvenes escritores y sus diatribas contra Vasconcelos y el difunto Elmore. Para publicar *La Hoguera*, Chocano contó con la ayuda del escritor arequipeño Percy Gibson Möller (1885-1960). Gibson fue uno de los que encabezó la moción de libertad de Vallejo en 1921, al mandar un pedido de los intelectuales arequipeños para que se solucione su caso. Conoció personalmente a Vallejo en París en los años 30 (Percy Gibson, «El Cholo en París», *Presente*, n.º 7, Lima, octubre de 1944, pp. 6-7). Tanto Chocano como Gibson eran amigos de Pablo Abril de Vivero.

París, 26 de abril de 1926

Mi querido Manuel:[446]

Con qué emoción he leído tu carta del 25 de marzo ppdo. Ella me ha hecho revivir años ya lejanos, y me ha traído a la memoria, sobre todo, el recuerdo de tu casa de Lima, de tu digna y bondadosa familia y de ti, amigo queridísimo, que tan bueno fuiste siempre para conmigo. Tu carta me ha hurgado hondamente el alma. De veras: yo he vivido mucho! En Lima, en Trujillo, en la miseria, en la embriaguez, en la orfandad, en la prisión, en duros trances siempre. Y siempre he tenido la suerte de que me auxilie y me acompañe algún espíritu fraternal, que, como el tuyo, me ha salvado a menudo de tal o cual crisis lamentable. Cuántos años hace ya, desde 1921! Hace ya 5 años, nada menos![447]

Antes no te he escrito porque ignoraba tu dirección. A Crisólogo[448] le he escrito hasta cansarme, sin que haya yo recibido nunca una letra suya. Una vez aquí, me vi lejos de todos los amigos de Lima. Nadie se acuerda de mí. Probablemente creen que me he muerto. Ni Carlos Espejo, ni el gordo Quesada, ni Cucho, ni Sánchez Urteaga, ni Lora, ni nadie.[449] Cuando tuve necesidad de un amigo para que cobrase

198

---

446 Futuro economista y líder aprista, Manuel Vázquez Díaz (1900-1996) estudió Derecho y Ciencias Políticas en la Universidad de La Libertad en Trujillo. En 1920 firmó el Memorial de los Estudiantes de Trujillo, solicitando la libertad de Vallejo. Fue uno de los estudiantes expulsados de Trujillo a Lima en 1923. Continuó su carrera en la Universidad de San Marcos y la concluyó en 1924. En 1927 se exilió en México, donde vivió gran parte de su vida.

447 Vallejo se hospedó en casa de los familiares de Vázquez Díaz en Lima a su regreso a la capital en abril de 1921. Según Espejo Asturrizaga, que ubica la casa de los Vázquez Díaz en Lima en Quilca, 273, altos, «Manuel y sus hermanas trataron en todo momento de atender a César con especial cariño y tierno esmero» (*César Vallejo: itinerario del hombre*, 1965, pp. 105 y 107). Es probable que el poeta se haya hospedado allí hasta algún momento todavía no determinado de 1922 en que se mudó a la calle Acequia Alta.

448 Crisólogo Quesada fue uno de los amigos más cercanos de Vallejo y convivió con él en Lima durante su última estancia en la capital, en la casa de Acequia Alta, 425. Según Espejo Asturrizaga: «Crisólogo fue siempre una fuente de apoyo cordial y emotivo para César. [...] Crisólogo se daba el trabajo de cuidar a César como a un hermano menor. Todos estos años que César vivió con él en Acequia Alta, nunca le faltó nada» (*César Vallejo: itinerario del hombre*, 1965, p. 133).

449 Carlos Espejo Asturrizaga (1897-?), Crisólogo Quesada, José Agustín «Cucho» Haya de la Torre (1896-1955), Alfonso Sánchez Urteaga (el pintor Camilo Blas, 1903-1985) y el poeta Juan José Lora (1902-1961) fueron amigos de Vallejo en Trujillo y con quienes coincidió en Lima entre 1921 y 1923.

mis crónicas en «Mundial», mi memoria no me dio ningún nombre.[450] No podía contar con nadie, puesto que todos se habían quedado en el más completo silencio. Es cierto que yo no cultivo mucho el género epistolar de que aprovechan otros para mantener latente una amistad. Mi culpa habrá sido acaso, de que todos ustedes me olviden. A Carlos Manuel me dirijí a tientas de su dirección exacta.[451] Y me decidí a escribirle a él, porque con él no estaba yo resentido, desde que nuestra camaradería no había llegado a ser tan estrecha que me diese derecho a acusarle de la misma ingratitud que acuso a ustedes.

Tu carta ha reparado esa falta de todos los amigos. Tu carta me ha reconciliado con todos ellos. Que te lo agradezcan. Desde ahora te escribiré siempre, querido Manuel.

Conservo siempre en mi alma el amparo bondadoso, el amparo sin límites, que tu generosa familia tuvo para mí en Lima. Ella fue tan buena, tan caritativa conmigo, que su increíble bondad no la olvidaré nunca. Así hazme el favor de decirles. No llegará algún día en que yo pueda pagarles en alguna medida su generosidad? Entre tanto, que sepan que no olvido jamás ese hogar cariñoso y puro, tan noble y tan colmado siempre de inmerecidas amarguras.

Recibe para tu respetable familia mi afectuoso saludo y para ti todo el cariño de tu hermano de siempre

César

---

450 Vallejo comenzó a colaborar con la revista ilustrada limeña *Mundial* en mayo de 1925, donde publicó 121 crónicas hasta enero de 1930. Según la biografía novelada de Armando Bazán, Vallejo obtuvo la invitación de colaborar en la revista durante la visita a París de Andrés Avelino Aramburú Salinas, director de *Mundial* (*César Vallejo: dolor y poesía*, Lima, Ediciones Mundo América,1958, p. 89).

451 El abogado, economista y futuro líder aprista Carlos Manuel Cox (1902-1986) estudió secundaria en el Colegio Nacional de San Juan, donde fue compañero de estudios de Juan José Lora desde 1916, como él mismo recuerda en su obituario del poeta chiclayano («La despedida de Juan José Lora», *La Tribuna*, 15 de septiembre 1961, p. 4). Fue estudiante de la Universidad de La Libertad entre 1919 y 1922 y, aunque no fue condiscípulo de Vallejo, debió haberlo conocido en Trujillo. Fue Bibliotecario del Centro Universitario en 1920 y, al menos desde fines de ese mismo año, redactor del diario *La Reforma*. También firmó el Memorial de los Estudiantes de Trujillo, solicitando la libertad de Vallejo en 1920. Espejo Asturrizaga lo cita como uno de los antiguos amigos de Trujillo con quien Vallejo coincidió en la casa de Acequia Alta, en Lima (*César Vallejo: itinerario del hombre*, 1965, p. 107).

Madrid, 1 de Mayo de 1926

LEGACIÓN DEL PERÚ

Mi querido César:

Le parecerá a usted increíble no haber recibido hasta hoy ninguna carta mía, a pesar de mis reiterados ofrecimientos cablegráficos, pero es el caso que estoy viviendo, respecto a nuestro obsesionante asunto, momentos de la más aguda y desorientadora inquietud. No me han salido las cosas como las teníamos previstas. Las noticias de usted —tres cartas suyas tengo a que referirme—[452] han sido y son aún el único oasis de esperanza en este desierto de vagas promesas que estoy recorriendo todavía. Esperé de un momento a otro su llegada a Madrid y este fue otro motivo de mi silencio. Me preparaba a charlar largamente con usted, Leguía y Vallecito. Ahora que me manifiesta usted la imposibilidad de su viaje y lo apremiante de su situación, me decido a ponerle al corriente, sin mayor pérdida de tiempo, de cuanto se relaciona con nuestra empresa. El ministro, como ya usted lo sabe, sigue entusiasta con la idea y dispuesto a su realización. Él me ha sugerido la conveniencia de que las acciones, en lugar de valer cien libras inglesas, valgan diez, como medio de facilitar la adquisición del capital. Yo encuentro muy acertada esa sugerencia. Bentín se ha comprometido solemnemente a suscribir diez de esas acciones (cien libras en total), pero como no está muy holgado de dinero en estos instantes, me ha propuesto ir adquiriéndolas mes a mes, a partir del presente. En un momento dado yo podría conseguir su entrada de un golpe. A Mimbela no pude sino insinuarle nuestro negocio. Pasó solo tres días en Madrid, sumamente atareado.[453] Cuando estuve con él fue en plan social: banquetes con su señora, su hija y otras niñas. Le enviaré un detallado memorándum, que usted se molestará en entregarle, haciéndole la explicación complementaria que sea menester. De igual modo procederé con Alejandro Rodrigo Eguren quien ya está al corriente de lo que pretendemos, habiéndome dado la seguridad de que su ingreso decidirá el de Andrés Álvarez Calderón y

---

452   Debe referirse a las cartas de 8, 12 y 18 de abril.

453   El cirujano peruano Pablo S. Mimbela (1872-1940) trabajó como profesor en la Facultad de Medicina de Lima antes de comenzar su carrera como diplomático en 1918. Tuvo cargos en la Legación del Perú en Suiza y en la embajada de la Santa Sede.

Juan Chávez.[454] Aquí tengo avanzadas gestiones cerca de Porfirio Díaz de Tuesta, Secretario de la Legación de Cuba, íntimo amigo mío y persona de gran solvencia.[455] Todavía espero su contestación definitiva. Reynaldo Luza, con quien traté prolijamente de nuestro proyecto, está llano a dar su nombre como Director artístico, si lo necesitamos. Me presentó a Lucien Lelong, el primer costurero de París, con quien está en estrecha relación de negocios. La publicidad de esa casa y de otras análogas que tienen también contactos con Luza, podríamos darla como cosa cierta.[456] Puede usted hablar con él en mi nombre e invitarlo un día a la oficina nuestra. Ribeiro debe ser radicalmente descartado. El contrato que firmamos los tres debe ser anulado. Podríamos suscribir uno nuevo con Laboureur, a quien reconoceríamos el 10% de las acciones. De este modo, la garantía para los que aporten capital será mayor. 50% para ellos y el otro 50% para usted, Laboureur y yo. Nosotros dos conservaremos el 20% cada uno. Interesando a Laboureur habría, además, modo de rebajarle el tanto por ciento a que tiene derecho como principal agente de publicidad. Se le nombraría Director de Publicidad, con exclusiva. Cualquier otro agente —y es preciso disponer del mayor número—, estará obligado a cederle a él un determinado tanto por ciento. Es cuestión de que usted se ponga de acuerdo con él al hacer el contrato. Para este y otros menesteres más o menos legales, si fuesen necesarios los servicios de un abogado, puede usted solicitarlos a Pierre Rémond, 72 Boulevard de Courcelles.[457] Le conocí en el tren, viniendo de París, y quedó enterado de nuestro proyecto. Es un muchacho muy simpático. Su teléfono es: Wagram 90-60. El local no debemos dejarlo de ninguna manera. Yo le enviaré mañana a más tardar un giro por los seiscientos francos que corresponden al alquiler del mes que se inicia. Usted hable con los muchachos a fin de que soporten el retardo del pago si se produce.

---

454 Alejandro Rodrigo Eguren fue agregado comercial en la Legación del Perú en España. Andrés Álvarez Calderón y Juan Chávez Dartnell (hermano del aviador Jorge Chávez) eran hombres de negocios allegados a la Legación.

455 Porfirio Díaz de Tuesta y Morales fue agregado en la Legación de Cuba en Madrid desde 1913. En 1930 colaboraría con *Bolívar*, la revista dirigida por Pablo Abril de Vivero.

456 Reynaldo Luza (1893-1978) fue un ilustrador y diseñador peruano. En 1918 emigró a los Estados Unidos y trabajó para las revistas *Vogue*, *Vanity Fair* y *Harper's Bazaar*. En esta última se desempeñó como artista de modas desde 1921. Vivió entre los Estados Unidos y Europa y se relacionó con las más importantes figuras de la moda, como Coco Chanel o Lucien Lelong (1889-1958), mencionado en esta carta. Fue director artístico del Perú en la Exposición de París en 1938 y la Feria Mundial de Nueva York en 1939.

457 En octubre de 1926, el abogado francés Pierre Rémond asistiría en la defensa de Ricciotti Garibaldi, hijo, en el célebre caso judicial. Aunque no sabemos si Rémond y Vallejo se conocieron, este escribió un artículo sobre ese caso («Dadaísmo político. El caso Garibaldi», *El Norte*, Trujillo, 25 de diciembre de 1926).

En general estoy de acuerdo con la *maquette*. La página intermedia de menos creo que debe suprimirse y también la última página, como medida provisional de economía. En su defecto, más valdría reproducir la Caricatura en Hispanoamérica de las innumerables revistas de nuestro continente español y de España misma. No se debe omitir, por ningún motivo, la Guía de París, como sección permanente. Mañana seguiré conversando con usted acerca de estos puntos y procuraré ser menos deslavazado que hoy. No desmaye usted. Este será nuestro mes de prueba. Ojalá pueda usted venir a fines del actual para cobrar la beca. Supongo que recibiría usted las cien pesetas que le envié con mi anterior. En cuanto reciba dinero le remitiré las otras setenticinco. El ministro estará en París dentro de una semana a más tardar. Con él allá podrá usted hacer algo de provecho. Yo sigo sin fatiga, lleno de fe y con la esperanza de que podremos realizar nuestro único sueño.

Un buen abrazo de su invariable

Pablo.

---

128 [CARTA DE PABLO ABRIL DE VIVERO A CV.]

Madrid, 5 de Mayo de 1926

LEGACIÓN DEL PERÚ

Mi querido César:

Hago en su poder mis dos anteriores, una de las cuales le llevaba cien pesetas en efectivo.[458] Fue certificada. Ayer le hice un telegrama, anunciándole el envío cablegráfico de seiscientos francos, destinados al alquiler de la oficina. Supongo que los haya usted recogido del Equitable Trust. En el mismo despacho le prometía las setenticinco pesetas que ahora le incluyo. Queda de este modo cancelada la deuda que le tenía a usted. Mil gracias por su gentilísima espera.

El ministro sale el sábado para París. El lunes próximo trate usted de entrevistarse con él en el Hotel Claridge, donde se hospedará como acostumbra. Yo confío mucho en este viaje de Leguía.[459] Es mucho cuento ver las cosas de cerca. Usted lo toreará como Dios manda y como nuestras necesidades lo exigen. Con él le devuelvo la *maquette*. Es lástima que no contemos con otro ejemplar. Aquí me ha de hacer mucha falta.

---

458   Se refiere a la carta del 1 de mayo y otra que no se conoce.

459   El ministro Eduardo Leguía partió para París, «donde permanecerá una corta temporada», el sábado, 8 de mayo de 1926 («Noticias de sociedad», *La Época*, Madrid, 8 de mayo de 1926, p. 2).

Julio Camba está en lo absoluto a mi disposición. Me autoriza a transcribirle cuanto querramos y a usar de su nombre como nos convenga. Me ha prometido ponerme en contacto con dos o más agentes de publicidad para España.[460] Ramón Pérez de Ayala y Jacinto Grau están también comprometidos.[461] Mañana le enviaré a usted las cartas para Mimbela y Rodrigo Eguren. Son de suma trascendencia. Leguía y Bentín siguen fijos. Diaz de Tuesta no me ha dado aún su respuesta definitiva. Le ruego entregar personalmente a Pepe Mariátegui la carta que le adjunto.[462] Contiene un pequeño giro, en cancelación de otro préstamo. Estoy en las últimas, querido César. De Ribeiro es mejor no decir palabra. Dios quiera que no influya desfavorablemente en el ánimo de Leguía. Dé usted muchas esperanzas —y saludos míos— a Laboureur, Fernández de Henestrosa, Ibáñez y Larrea. Para estos tres últimos un cordial abrazo. Y otro para usted, muy estrecho, de su muy devoto

Pablo.

---

129 [CARTA MECANOGRAFIADA DE CV A PABLO ABRIL DE VIVERO, CON FIRMA AUTÓGRAFA Y CON EL MEMBRETE DE «LA SEMAINE PARISIENNE».]

PARIS, LE 8 de mayo de 192[6]

Mi queridísimo Pablo:

Contesto sus tres cartas que yo esperaba con tanta ansiedad.

He recibido las cien primeras pesetas, los seis cientos francos y las setentaicinco pesetas últimas. Con los seiscientos francos he pagado el alquiler del bureau. Le agradezco mucho el envío, tan oportuno, de las ciento setenta y cinco pesetas. Me han caído a su hora, pues estaba yo para las últimas. Mil gracias, Pablo.

Aguardo el memorándum que me promete para Rodrigo Eguren y para Mimbela. Haré lo que usted estime necesario, a fin de liquidar de una vez nuestras expectativas del periódico. Al Ministro le veré el lunes, como usted me indica y le invitaré a visitar nuestra oficina. A Laboureur no le he visto últimamente. Parece que ha

---

460 Julio Camba fue un célebre periodista, humorista y escritor español, que en 1926 colaboraba en el diario *El Sol*. Pablo Abril de Vivero, que debió admirar su obra, lo cita en otras dos cartas.

461 El escritor y poeta español Ramón Pérez de Ayala (1880-1962) prologaría el libro de Pablo Abril de Vivero, *Ausencia*, publicado en 1927. Jacinto Grau (1877-1958) fue un famoso dramaturgo español.

462 José Francisco Mariátegui Parodi (1902-1974) fue hijo del prefecto de Lima y formó parte del cuerpo diplomático peruano desde 1922.

observado que no tenemos dinero, y se me ha mostrado desentendido del asunto, como si lo tomase en concepto de mera ilusión. Le voy a requerir de nuevo. Los demás amigos corresponden afectuosamente sus saludos. Henestrosa me dice que espera carta de usted.

No consigo la dirección de José Mariátegui. Acabo de preguntarle a Zevallos y me dice que no la sabe. De todos modos, hoy trataré de verle y le entregaré su carta personalmente, como usted me indica.

Yo debo ir a Madrid el próximo jueves, es decir, el 13, para llegar el viernes 14. Allí conversaremos largamente. Le buscaré en la Plaza Bilbao, 8.[463]

Cárdenas no ha vuelto más a verme. A Emilio [Ribeiro] le he visto ayer. Como siempre, se muestra muy vagoroso y celestial. Probablemente, en su conversación con Leguía, le dará esta misma impresión. Puede, en verdad, ser de alguna consecuencia, su entrevista con Leguía, porque le dará a entender que se trata de una cosa muy grave y muy difícil. En fin, yo trataré de ver cómo hay que actuar entre ambos. No tenga usted cuidado.

Un abrazo para Vallecito y otro muy estrecho para usted, de su firme amigo y afectísimo.

César

204

---

130 [CARTA MECANOGRAFIADA DE CV A RICARDO VEGAS GARCÍA, CON FIRMA AUTÓGRAFA Y CON EL MEMBRETE DE «LA SEMAINE PARISIENNE».]

. . . .

PARIS, LE 15 de mayo de 1926

Sr. Ricardo Vegas García,
    LIMA.
Mi querido amigo:

---

463   Según Juan Larrea, Vallejo conoció a Juan Gris en una cena el jueves, 13 de mayo de 1926, tras la cual fueron a bailar («Valor de la verdad», 1974, p. 190); de ser así, es poco probable que haya viajado a Madrid ese día. Según la carta siguiente, sigue en París el 15 de ese mes. Sin embargo, el contenido de la carta de Pablo Abril de Vivero del 20 de mayo parece indicar que Vallejo estuvo en Madrid, pues hace referencia a información (los trajes de Abril y el dentista) de la que no hay constancia en las cartas y que deben haber sucedido en una conversación en persona. Del mismo modo, en carta a Pablo Abril del 7 de junio dice que en su próximo viaje a Madrid cobrará la beca de mayo y junio, pero no hace mención a la de abril. No debe descartarse entonces, un viaje de Vallejo a Madrid a mediados de mayo de 1926.

Me he decidido a enviar a usted una crónica destinada a VARIEDADES, revista en que usted es todo un entusiasmo generoso y brillante.⁴⁶⁴ Quiero que se me pague por esa crónica, lo que ustedes estimen conveniente. Los muchachos sin bienes materiales en la vida, tienen que hacer algo para ganarse el sustento, cada cual en la medida de sus posibilidades. Los buenos amigos, como usted, pueden, en este caso mío, ayudarme inmensamente. Tiéndame, pues, la mano y ayúdeme. En París la vida es harto difícil, usted lo sabe.

Si a ustedes les conviniera, le ruego decirme si puedo enviarles frecuentes crónicas para Variedades, por las cuales me pagarían un precio que a ustedes les toca determinar. Naturalmente, las crónicas irían con fotos.⁴⁶⁵ Además, ustedes pueden sugerirme la clase de crónicas, el modo de tratarlas y la forma del pago.

La buena amistad que nos une y su notoria generosidad de camarada, me inspiran la segura esperanza de sus gratísimas noticias. Entre tanto, disponga usted como guste de su compañero y amigo, que lo saluda y le agradece de antemano su gentileza.

César Vallejo

[A mano:] Mi dirección es la Legación del Perú

---

131 [CARTA DE PABLO ABRIL DE VIVERO A CV.]

. . . .

Madrid, 20 de Mayo de 1926

LEGACIÓN DEL PERÚ

Mi querido César:

Le adjunto las cartas para Rodrigo Eguren y Mimbela. A esta última hay que agregarle el memorándum ofrecido, que no he podido redactar. Usted podrá hacerlo en media hora. Consigne usted en él el nombre de la publicación, el idioma y el principal objeto de su material informativo, amén de todos los datos epatantes que pueda usted acumular al correr de la máquina. Refiérase también —esto es muy importante— a

---

464 Ricardo Vegas García entró como Jefe de Redacción en la revista ilustrada limeña *Variedades* (1908-1932) en 1923. La primera crónica de Vallejo en *Variedades* fue «El asesino de Barrès», publicada en el número 958 (10 de julio de 1926), por lo que es muy probable que esta misma haya sido la que Vallejo adjunta en esta carta.

465 Muchas de las imágenes que acompañan los artículos de Vallejo, tanto para *Variedades* como para *Mundial*, eran tomadas de revistas ilustradas francesas. Sobre estas imágenes, véase Gianuzzi, *César Vallejo's Journalism in Context*, 2014, capítulo 2.

que con el doctor Hernán Velarde Diez Canseco tenía yo este proyecto desde hace más de dos años. Sin dejarlo de mano, el doctor Velarde no ha podido atenderlo debido a sus absorbentes actividades diplomáticas. El doctor Velarde es muy amigo del doctor Mimbela.[466] En el referido memorándum debe usted también precisar lo relativo a nuestra participación económica en la empresa. Si se suscriben mil libras inglesas en efectivo, otras mil libras en acciones liberadas tienen que sernos concedidas a usted, a Laboureur y a mí (20%, 10% y 20%, respectivamente). Lo demás del memorándum corre por su cuenta. Ponga usted al pie del membrete la palabra: confidencial.

No deje de recoger mis trajes. Están, como le dije, donde el sastre Vita, 28 Av. Pierre 1er. de Serbie. Si Leguía no pudiera traérmelos, déjelos inmediatamente que pueda en el Hotel du Louvre, pues Antonio Bentín pasará por ahí el próximo domingo. Va en viaje rapidísimo a Londres. A la ida y al regreso estará en París unas cuantas horas solamente. Si esto tampoco fuera posible, conserve usted mis aludidas «prendas personales» hasta que vuelva usted a estos Madriles.

Le incluyo la carta para el dentista. No deje de entregarle los cien francos.

Escríbame pronto y reciba un fuerte abrazo de su muy devoto

Pablo

---

132 [INVITACIÓN MECANOGRAFIADA DE MAURICE DE WALEFFE A CV, CON EL MEMBRETE:] LE JOURNAL | 100, RUE DE RICHELIEU | TELEGRAMMES | NALJOUR-PARIS | R.C. PARIS NO 212.071 | TÉLÉPHONE | GUT. 61-65 -:- 61-66 -:- 61-67

....

PARIS, le 22 Mai 1926

BUREAU DE LA PRESSE LATINE

Monsieur et Cher Confrère,

Le déjeuner mensuel de la presse latine aura lieu au BAR DU JOURNAL le lundi 31 Mai prochain à une heure, avec comme invités d'honneur M. Beirão da Veiga, directeur du Journal O DIARIO DE NOTICIAS de Lisbonne, qui organisa notre deuxième congrès de la presse latine, et M. Carlos del Carril, délégué de l'Argentine

---

466   Hernán Velarde Diez-Canseco (1863-1935) fue un escritor, abogado y periodista peruano, que se desempeñaba como diplomático en Washington, D. C. Fue padre del escritor Héctor Velarde. Él y Pablo Abril de Vivero deben haberse conocido en Buenos Aires, donde ambos trabajaron como diplomáticos a comienzos de los años veinte.

au Congrès de l'Agriculture de Paris, qui veut bien s'intéresser à notre congrès en Amérique pour 1927.

Le bureau aura le plaisir de communiquer le programme définitif du 4e congrès de cette année 1926, qui se tient à Liège dans la semaine du 14 Juillet, avec réception par S. M. le roi des Belges et par la presse bruxelloise le jeudi 15, et visite des Ardennes et du littoral en cars automobiles.

Les membres de la presse latine qui auront des rapports à présenter au congrès sont invités à en avertir le Bureau.

LE SECRETAIRE GENERAL
Maurice de Waleffe

Je viendrai seul
Je viendrai avec Monsieur
Je ne viendrai pas

SIGNATURE LISIBLE

[TRADUCCIÓN:]

PARIS, 22 de mayo de 1926

OFICINA DE LA PRENSA LATINA

Señor y querido colega:

El almuerzo mensual de la prensa latina se celebrará en el BAR DU JOURNAL el lunes 31 de mayo a la 1 en punto, y tendrá como invitados de honor al Sr. Beirão da Veiga, director de la Revista O DIARIO DE NOTICIAS de Lisboa, quien organizó nuestro segundo congreso de la prensa latina,[467] y al señor Carlos del Carril, delegado de Argentina en el Congreso de Agricultura de París, quien se ha visto interesado en nuestro congreso para América de 1927.[468]

La oficina tendrá el placer de comunicar el programa definitivo del IV Congreso del presente año de 1926, que se celebrará en Lieja en la semana del 14 de julio,[469] con la recepción de S. M. el Rey de Bélgica y de la prensa de Bruselas el jueves 15, y una visita a las Ardenas y al litoral en autocares.

---

467 Caetano Beirão da Veiga (1884-1962) fue director delegado de *O Diário de Notícias* de Lisboa a partir de 1925. El segundo Congreso de la Prensa Latina se había llevado a cabo en Lisboa en 1924.

468 En 1927 el Congreso de la Prensa Latina se llevaría a cabo en Madrid. Carlos del Carril fue un periodista y diplomático argentino; en 1926 era delegado de su país ante la Sociedad de las Naciones.

469 Pablo Abril de Vivero le preguntaría a Vallejo por la posibilidad de ir a este congreso de la Prensa Latina, celebrado en Bélgica. En carta del 6 de julio de 1926, Vallejo le diría que, tras haber hablado con Waleffe, esto no era posible pues todas las plazas se habían completado.

Se invita a los miembros de la prensa latina que tengan informes para presentar al Congreso a notificar a la Oficina.

EL SECRETARIO GENERAL

Maurice de Waleffe

Iré solo

Iré con el Señor

No iré[470]

FIRMA LEGIBLE

---

133 [CARTA MANUSCRITA DE CV A PABLO ABRIL DE VIVERO.]

....

París, 4 Junio 1926.

Mi querido Pablo:

He cumplido con todos sus encargos. Pagué al dentista. El sastre no tenía hechos los trajes. Me los ha ofrecido para mañana.

Estuve a ver a Rodrigo y a Mimbela. A ninguno les encontré. A Rodrigo volví a verle y tampoco le encontré. Espero que ellos me den un rendez-vous. No le parece?

Entre tanto, cavilo mucho sobre nuestro periódico. Yo creo que seguiremos muy despacio. Quizás si tendremos que dejar el local este mes. La cosa va muy lenta y no es posible que usted pierda dineros que le hacen falta. Espero pagar este mes y le diré a Negreti[471] que el 30 de Junio nos vamos. En todo caso, espero las órdenes de usted. Hoy ya estamos a 4 del mes.

Al Ministro estuve a verle y no pudo recibirme, según le habrá dicho.

Espero sus noticias. Un abrazo de su firme y fraternal amigo

César

---

470   No queda constancia de que Vallejo haya asistido a este almuerzo.

471   No nos ha sido posible identificar a Negreti, pero por el contexto debe tratarse del arrendador del *bureau*.

Paris, le 7 Junio 1926

Mi querido Pablo:

Ya me entregó el sastre sus trajes. Me parece que han quedado bien. Le incluyo la factura. Como en el hotel Louvre me dicen que no ha venido a París nuestro querido Bentín, reservo sus trajes, como usted me indica, para llevarlos en mi próximo viaje a Madrid.

Hoy me han cobrado el alquiler del bureau. Les he suplicado que me esperen unos días. Como le decía en mi anterior, sería bueno dejar la oficina. Nuestras gestiones van lentamente y creo que, cuando ellas se logren, ya tendremos ocasión de encontrar otro local. Por ahora, no es posible que siga usted perjudicándose. Esta es mi opinión. Espero las órdenes suyas, para arreglar todo esto.

Mimbela y Rodrigo no me han dado aún ningún rendez-vous. Quizás vuelva yo a buscarlos. Pero me parece que, tratándose de Mimbela, por ejemplo, debo atenerme a lo que él conteste. A Rodrigo le he buscado dos veces. Apenas haya algo, le avisaré en seguida.

En les Grands Journaux mi situación seguramente va a cambiar y acaso quede yo separado, por causa de no sé qué nuevo giro del negocio.[472] Esto es terrible.

Quizás el 1.º Julio pueda ir a Madrid. Para eso quisiera saber cuándo pagarán el mes de Junio, para ver si cobro los dos meses juntos: Mayo y Junio. Si usted supiese por Quíspez, le ruego avisarme.

Espero carta suya de hoy a mañana. Entre tanto, reciba un fuerte abrazo de su fraternal amigo

César

---

472   Vallejo dejará el puesto en los Grands Journaux semanas después, como le informa a Juan Larrea en carta del 6 de agosto de 1926. No sabemos si fue separado del puesto o si renunció a él.

Paris, le 7 Junio 1926

Sr. Dr. Carlos C. Godoy
        Trujillo

Mi querido doctor:

Hoy me ha sorprendido una carta de mi hermano Víctor en que me dice que el Tribunal de Trujillo ha ordenado mi captura. No sé cómo explicarme esta orden tan inesperada.[473] Me apresuro a rogar a usted me haga el favor de ver allí de qué se trata, y luego le agradeceré avisármelo cuanto antes. Me quedo lleno de inquietud, puesto que sé que todo es posible en materia judicial. De todos modos, le suplico me haga un cable, si es posible, con esta dirección: «Ameribo Vallejo París» y luego el texto.

Si no le es muy molestoso, avísele, sobre todo, a mi hermano Néstor, a fin de que vea la manera de actuar acerca de quien sea, en mi favor.

Mientras recibo noticias de usted, inolvidable y generoso amigo, me quedo presa de angustioso sobresalto.

Le abraza de todo corazón su agradecido e invariable amigo

César Vallejo

210

---

473 Patrón Candela ha difundido documentos del expediente judicial según los cuales el Tribunal Correccional de Trujillo indaga sobre el domicilio de César Vallejo desde fines de 1925 y ordena su presencia en la cárcel de Trujillo para una audiencia pública planeada para noviembre de 1926 (*El proceso Vallejo*, 1992, pp. 430-440). Estos documentos incluyen un edicto publicado en *El Norte* de Trujillo en que se cita a Vallejo para una audiencia en relación con los sucesos de Santiago de Chuco del 1 de agosto de 1920: «P. Antenor Tejeda, Presidente del Tribunal Constitucional del Distrito Judicial de La Libertad. / Por este primer edicto cito, llamo y emplazo al acusado César Vallejo, para que en el término de quince días se presente en la cárcel pública de esta ciudad a defenderse de los cargos que le resulta [*sic*] de la acusación del señor Fiscal, en la instrucción que se le sigue por incendio y otros delitos. / Trujillo, 9 de setiembre de 1926 / *F. Antenor Tejeda* / *J. Gabriel del Castillo*. / Secretario» (*El proceso Vallejo*, 1992, p. 434).

Madrid, 22 de Junio de 1926

LEGACIÓN DEL PERÚ

Sr. D. César Vallejo

París.

Mi querido César:

Acabo de hablar con Quíspez Asín y sé por él que el Habilitado de la Universidad le aguarda a usted impaciente con los dinerillos de Mayo. Creo que debe usted decidir su viaje para el 1 del próximo mes. De este modo podrá usted matar dos pájaros de un tiro. En la fecha que le indico tendrá usted también a su disposición la presente mensualidad. Lo dicho. A pasar, dentro de una semana, los simbólicos Pirineos.

Creo haberle comunicado que Torres de Vidaurre regresó del Perú en un plan casi mitológico. En una de sus últimas cartas me habla de que se aburre en Barcelona y de que no sabe aún si partirá para París, Roma o... Bagdad.[474] Aunque sin arrestos apostólicos, parece tocado de la trashumancia vasconceliana. Está decididamente burgués. Lo que quiere decir —y yo me felicito por ello— que el pan cotidiano no le desvela ya. Usted y yo en cambio, querido César, no vemos ni clara ni próxima la solución de nuestro problema vital. Me sorprende mucho no haber recibido hasta hoy respuesta de Mimbela ni de Rodrigo. A qué atribuir ese silencio? Rivera Schreiber sigue entusiasta con nuestra idea hasta el punto de haberme ofrecido —muy de motu proprio— suscribirse a una acción de nuestra presunta sociedad. Queda entendido que a fin de mes dejaremos nuestro bureau de la rue Lincoln. Confío en que no vendrá usted a Madrid sin finiquitar ese asunto. Ya aquí combinaremos nuestro nuevo plan de ataque, pues no me parece que conviene abandonarnos a una fatalidad que puede ser solo circunstancial.

Espero que tenga usted la amabilidad de traerme mis trajes. Le anticipo mis agradecimientos por esa molestia.

El ministro me encarga remitirle los cien francos adjuntos, a fin de que le haga usted el favor de comprarle con esa suma el mayor número de frascos de L'Eau

---

474 Torres de Vidaurre había regresado a Europa a comienzos de 1926 y viajó Barcelona, aunque volvió a Madrid en agosto de 1926 («Peruanos en Barcelona», *El Perú*, n.º 18, Barcelona, agosto de 1926, p. 19). En la capital española publicó el poemario *Los cometas mártires* (Madrid, Sociedad General Española de Librería, 1927).

211

Scarlate, a que se refiere el aviso que también le acompaño.[475] Me parece que esa preparación podrá usted encontrarla en una gran zapatería —Raoul, si no me equivoco— sita en el Boulevard de la Magdalene. En fin, usted verá.

Cómo anda esa «Raza» de Picabia? Y la «Parisina» de Batemberg?[476] Ya conversaremos. Es muy posible que el faquírico Vallecito le acompañe a usted en su viaje de regreso a París. Yo también deseo partirme (arcaísmo del mejor gusto cuando se está condenado a España). No es posible vivir aquí con la libra a 29 pesetas. Se lo aseguro. Sabe usted algo del multívago, pluralizante, tornadizo y efímero Ribeiro, el hombre de los mil y un proyectos y de una sola realidad adiposa? (Ya sabe usted quién queda mentada, aquí para inter nos.) Bueno, querido César, estoy muy caliente y necesito vengarme de la temperatura que comienza a senegalisarme el cuerpo y el espíritu. Hasta muy pronto, con un estrecho abrazo.

Pablo.

---

137 [CARTA MANUSCRITA DE CV A TRISTAN TZARA, CON EL MEMBRETE EN FRANCÉS DE LES GRANDS JOURNAUX IBÉRO-AMÉRICAINS.]

212

....

Paris, le 22 Juin 1926

Monsieur,

N'ayant pas en le plaisir de recevoir l'article que vous avez bien voulu nous promettre pour notre revue, je vous prie de nous l'envoyer, car notre revue doit sortir le plus tôt pos[s]ible.

Croyez, Monsieur, en notre admiration et nos sentiments les plus distingués

César Vallejo

---

475 Debe tratarse de la solución quitamanchas L'Eau Écarlate.

476 *Parisina* fue una revista que comenzó a editarse en París en mayo de 1926. Estuvo dirigida por Enrique Gómez Carrillo y Domingo de Battenberg. La revista hispanoamericana *La Raza* también se comenzó a publicar en París el 15 de mayo de 1926, bajo la dirección de Juan Héctor Picabia.

París, 22 de junio de 1926

Señor,[477]

Al no haber tenido el placer de recibir el artículo que amablemente nos prometió para nuestra revista, le ruego enviárnoslo, porque nuestra revista debe salir lo más pronto posible.[478]

Crea, señor, en nuestra admiración y en nuestros más distinguidos sentimientos.

César Vallejo

---

138 [CARTA MECANOGRAFIADA DE CV A PABLO ABRIL DE VIVERO, CON FIRMA AUTÓGRAFA Y CON EL MEM-BRETE DE «LA SEMAINE PARISIENNE».]

PARIS, LE 23 de junio 1926

Mi querido Pablo:

He recibido su ansiada carta del 11.[479]

Conforme a sus indicaciones, he dicho a Negretti que el primero de julio dejamos el bureau. En cuanto a Rodrigo Eguren y a Mimbela, no han respondido nada todavía.

---

477 El escritor rumano Tristan Tzara (1896-1963), uno de los más importantes representantes del dadaís-mo literario, se trasladó a París en 1919. Vallejo debió haberse familiarizado con su nombre en Lima, cuando las noticias de Dada París tuvieron su eco en la prensa peruana. Entre otras alusiones, Vallejo menciona su nombre como parte del «piquete dadaísta» en una de las primeras crónicas escritas a su llegada a París («La Rotonda», *El Norte,* Trujillo, 22 de febrero de 1924). En 1926, Tzara colaboró en los dos números de *Favorables París Poema,* la revista de Vallejo y Larrea aquí aludida. Hacia el final de su vida, Vallejo coincidió con Tzara en los círculos de propaganda a favor la República española.

478 Vallejo y Tzara se entrevistaron en el primer semestre de 1926, como queda establecido en la crónica «París renuncia a ser centro del mundo» (*Mundial,* n.° 320, Lima, 28 de julio de 1926), que apare-ció ilustrada con una fotografía del poeta rumano. Entre las declaraciones de Tzara a Vallejo, afirma aquel: «Contra el seudosovietismo superrealista, que acaba de abortar —me dice Tristan Tzara— se impone un fascismo bajo la dictadura del espíritu...». Esta entrevista se conecta con la colaboración de Tzara para el primer número de *Favorables París Poema:* el poema «Aproximación» y la «Advertencia» que lo precede, fechada el 1 de julio de 1926. Esta última era un manifestó en el que Tzara preconi-zaba «el reino de la / DICTADURA DEL ESPÍRITU». La traducción de los textos no está firmada, pero la hizo Juan Larrea, ya que el poema se reimprimió, bajo firma de Larrea, en la antología de Enrique Diez-Canedo, *La Poesía Francesa: del Romanticismo al Superrealismo* (Buenos Aires, Losada, 1945). De hecho, el manuscrito original en francés de la «Advertencia», y una copia del poema, se con-servan en el Archivo Juan Larrea junto con una carta de Tzara dirigida a él y fechada el 1 de julio. «Approximation» se recogió luego en el libro de Tzara, *L'arbre des voyageurs* (París, Éditions de la Montagne, 1930).

479 Por el contenido de esta carta, es muy posible que se trate de un error por «carta del 22».

Al primero lo he vuelto a solicitar en su domicilio y no le he encontrado. Así, pues, tendremos que aplazar la realización de nuestra soñada empresa, hasta que todos estos señores entren a ella, sin lo cual nada podemos hacer. Usted se ha sacrificado desmedidamente y, por esto mismo, creo que nuestras gestiones para el periódico deben continuar cada día con más ahínco. No importa que no se efectúe la empresa ahora, pero menester es que preparemos todo a fin de que el periódico salga, por ejemplo, a la <u>rentrée</u>, es decir, en octubre o noviembre, a lo más. Estamos convencidos de que se trata de un negocio seguro y no hay más que ser tenaz y paciente, hasta convertir en realidad nuestro proyecto. Además, nosotros hemos tomado esto como una cosa que ha de ser todo nuestro porvenir, acaso. El negocio sigue, pues, conservando todo su prestigio y sus posibilidades para nosotros. Solamente lo aplazamos o, mejor dicho, aplazamos la época de la salida del periódico, pero nuestras gestiones deben seguir adelante.

En este sentido, espero sus nuevas instrucciones referentes a Rodrigo Eguren y Mimbela, así como a Ribera Shereiber, de quien usted me habla en su última carta. Sería bueno que yo le vea aquí y que él vea la maquette del periódico. Usted me escribirá oportunamente sobre el viaje de este señor.

Cuando todo esto se haya arreglado y los fondos estén empozados a nuestra disposición, entonces ya veremos otro local o, quién sabe, podamos volver al que hoy vamos a dejar. En materia de local, creo que es posible hallarlo y acaso con mayores ventajas de economía y situación.

Espero saber la fecha en que deba ir a Madrid, a cobrar mi beca. En mi maleta le llevaré sus trajes. No se preocupe.

Cuándo viene Vallecito? Le ruego decirle a Fry que Freund continúa aquí.[480]

A Laboureur no le he vuelto a ver. Creo que está en la campagne. Henestrosa tampoco ha vuelto por el bureau. Ribeiro estuvo ayer conmigo y dice que en estos días se va a Vichy, a pasar algunos días.

Hasta tener el placer de abrazarle en Madrid, se despide su fraternalísimo amigo

César

---

480   Debe tratarse de Víctor Freundt Chase, quien desde octubre de 1925 se desempeñaba como cónsul del Perú en El Havre.

139 [CARTA MECANOGRAFIADA DE CV A CARLOS C. GODOY, CON FIRMA AUTÓGRAFA Y CON EL MEMBRETE DE «LA SEMAINE PARISIENNE».]

PARIS, LE 23 de junio de 1926

Sr Dr Carlos Godoy,
        Trujillo.

Mi querido doctor y amigo:

He tenido el especial placer de leer su cariñosa carta de 15 de mayo ppdo.

Estoy a usted muy agradecido por los frecuentes servicios y bondadosas atenciones con que trata cuanto se refiere a mí y a mi familia. Esta también está muy obligada a usted y me encarga manifestárselo. Ojalá que los asuntos del Tribunal no me traigan mayores y nuevas mortificaciones. En todo caso, usted tendrá la gentileza de ponerme al tanto de lo que puede acontecer, a fin de saber a qué atenerme. Por el momento, estoy tranquilo, pues cuento de antemano con los cuidados que, de manera tan desinteresada y fina, presta usted a cuanto se refiere a mí.

Estrecho la mano desde aquí a mis recordados Carlitos y hago votos por que el desarrollo de sus vidas sea floreciente, fuerte y pleno de grandes inspiraciones.

Le ruego presentar mis respetuosos saludos a su señora y a toda su digna familia y usted reciba un efusivo abrazo de cordial cariño de su agradecido amigo

César Vallejo

140 [CARTA MANUSCRITA DE CV A PABLO ABRIL DE VIVERO. UNA CUARTILLA (UNA PÁGINA Y UNA PÁGINA CENTRAL), CON EL MEMBRETE EN FRANCÉS DE LES GRANDS JOURNAUX IBÉRO-AMÉRICAINS. EN EL EXTREMO SUPERIOR IZQUIERDO, DE PABLO ABRIL DE VIVERO:] C | 18/7/26. | REMITÍ CIEN PESETAS.

Paris, le 6 de Julio 1926

Mi querido Pablo:

Ayer hablé con Waleffe. Estamos de malas, pues ya es tarde para que usted pueda ir a Bruselas. El nú{m}ero de asistentes será de 74, según he visto en documentos oficiales de Bélgica, y hay 76 inscritos. Así, pues, hemos perdido tiempo. Sin embargo, Waleffe me dice que quizás a última hora haya alguno que no vaya, en cuyo caso, podrá usted ir. Pero creo yo que eso será muy difícil.[481]

Por el Perú va la Cáceres y Víctor Belaúnde.[482]

En cuanto a mi solicitud para el Presidente del Perú, créame usted, querido Pablo, que no me decido a enviarla. Parece que será difícil que tenga éxito, pues siempre están diciendo que hacen economías y que es difícil obtener nada del Gobierno. Además, si don Eduardo Leguía no me recomienda, será aun más difícil, puesto que a Denegri apenas le conozco.[483] Con todo, lo dejaremos para después. No le parece?

Si siempre viene usted para el 15, escríbame avisándomelo, para ir a verle inmediatamente a la Estación.

Supongo que Vallecit{o} y B{e}ntín llegarán en esta semana a París. Yo les buscaré en el Louvre.

De «Mundial» no me mandan nada todavía. Hace tres meses que no me pagan. Yo creí encontrar algo a mi regreso de Madrid y nada.[484]

Me dicen que a Chocano le han condenado a 3 años de prisión. Ya decía yo que le condenarían a menos de 5 años, a raíz de las audiencias verbales.[485]

Larrea toma el tren de mañana para Madrid. Él le mostrará la revista {«}Favorables» de que [sic] la que le he hablado. Larrea dice que volverá a París en Agosto.[486]

216

---

481   Abril de Vivero le encargó a Vallejo indagar sobre la posibilidad de ir al IV Congreso de la Prensa Latina, que se celebró en Lieja entre el 12 y el 17 de julio de 1926.

482   Zoila Aurora Cáceres (1877-1958), también conocida bajo el seudónimo de Evangelina, fue una escritora peruana, hija del ex presidente Andrés Avelino Cáceres, exiliada en Europa desde 1895. Autora, entre otras obras, de la novela *La rosa muerta* (1914), el libro de reportaje sobre Cuzco, *La ciudad del Sol* (1927), de las memorias *Mi vida con Enrique Gómez Carrillo* (1929) y el libro de narraciones *La princesa Suma Tica* (1929), fue una conocida sufragista y fundó en 1924 la asociación Feminismo peruano. El diplomático y escritor Víctor Andrés Belaúnde (1883-1966) fue fundador y director del *Mercurio Peruano* y se encontraba exiliado en Europa. Solamente este último asistió al Congreso.

483   No tenemos más detalles acerca de esta solicitud al presidente Leguía, que se menciona también en carta a Abril de Vivero del 25 de julio de 1926. Luis Ernesto Denegri (1891-1953) se desempeñaba como secretario presidencial de Augusto B. Leguía en Lima.

484   Por los contenidos de esta carta, es muy probable que Vallejo haya realizado el viaje a Madrid, entre fines de junio y principios de julio, para cobrar su beca. Respaldan esta hipótesis, las referencias a la solicitud para el presidente y a la revista *Favorables París Poema* como algo de lo que ya se había discutido con Pablo Abril de Vivero. Nótese también que ya no hay referencia en esta carta a los trajes de Abril de Vivero, que Vallejo le debió llevar en dicho viaje.

485   Chocano fue condenado a tres años de cárcel por el asesinato de Edwin Elmore. Su amistad con el presidente Leguía, sin embargo, hizo que no cumpliera esa pena. Chocano viajó a Santiago de Chile en octubre de 1928. Moriría asesinado en esa ciudad en 1934.

486   Larrea llegó a España hacia el 10 de julio, como le comenta a Diego en carta fechada en Vallecas el 14 de julio de 1926. Luego de algunos días en Vallecas, pasó una semana en Pamplona (Diego y

En todo caso, espero sus nuevas opiniones sobre mi solicitud al Gobierno, para decidirme.

Le envío un fuertísimo abrazo de su firme amigo

César

Ribeiro irá a Bruselas, por «La Razón» de Buenos Aires[487] – .

· ·

Trujillo, julio 6 de 1926

Mi querido César:

En tu última carta me precisas la fecha de ~~tu~~ mi viaje. Voy a hacerlo.

He aguardado por mucho tiempo estar en mejores condiciones económicas. No me ha sido posible. Tenía la ilusión de llevar una regular cantidad de dinero para establecernos, tú, Julio y yo, cómodamente en Europa. Todos mis cálculos me han fallado y ya no tengo paciencia para esperar más.[489]

Tú no tienes idea cómo se me ha hecho hostil todo lo que me rodea. Todas las pequeñas cosas de esta tierra se me han vaciado encima y estoy sitiado como una fiera. Tengo que salir o reventar. No cabe vacilación en la alternativa. Sé, además, que en cualquier otra parte por muy desgraciado y amargado que estuviera, nunca lo será tanto como ahora. En estas condiciones voy a salir de Trujillo y del Perú, es decir, desesperado. ~~Voy, pues, a tus brazos amorosos, a los únicos brazos amorosos con que cuento en estos momentos.~~[490]

217

Larrea, *Epistolario,* 2017, p. 544).

487   No está claro si Emilio Ribeiro asistió al IV Congreso de la Prensa Latina. No se incluye su nombre en una crónica sobre el evento que menciona a los asistentes: Joseph Ageorges, «Le Quatrième Congrès de la Presse Latine», *La Vie Latine,* n.° 17, París, julio-agosto de 1926, pp. 6-11.

488   Esta carta se conservó entre los papeles de Orrego (parte de los cuales adquirió Walter Sanseviero), y esto da pie a pensar que nunca fue enviada. La carta está escrita en cinco folios por ambas caras, lo que parece demostrar que no hubo una copia al carbón. Así, podría tratarse de un borrador o de una copia posterior hecha a mano. Solamente en vista de esta última salvedad, la incluimos en el cuerpo de esta edición, aunque quizá Vallejo nunca leyó la carta. Adicionalmente, sobre nuestras reservas con respecto a parte de la correspondencia entre Orrego y Vallejo, véase el Postfacio.

489   No conocemos más informaciones sobre los planes de un viaje de Orrego a Europa en 1926.

490   Las tachaduras de aquí, así como de la despedida de la carta, podrían no ser de Orrego, pues están hechas en una tinta diferente.

Mi salida del Perú será más o menos dentro de ocho meses, es decir, a comienzos del mes de abril del año próximo. Cuento con reunir para esa fecha estrictamente el valor de mi pasaje. Hoy más que nunca necesito de tus consejos y de tu cariño. Necesito de tu experiencia y de tu asistencia para que me conduzcas en la vida europea. Escríbeme con frecuencia para saber dónde te encuentras. Te haré un cable la fecha precisa de mi salida.

Por este mismo vapor va el libro de Alcides «El Libro de la Nave Dorada», que lleva un prólogo mío.[491] Dentro de poco saldrá en Lima un libro mío «Panoramas» que te lo enviaré oportunamente. Tengo además otros dos inéditos, según te indiqué en una de mis cartas pasadas.[492] Tengo deseos de trabajar pero en un ambiente distinto al de este. Tal vez mi viaje en este sentido sea decisivo.

Hace muchos meses que no recibo carta de Julio. Tengo sobre su vida vagas sospechas que me son muy dolorosas. Condúcelo y dirígelo, César. No sabes cuánto he de agradecértelo.[493] Impón tu autoridad amorosa de hermano mayor. La vida, según creo, no se ha hecho para el placer hedonístico sino para sufrirla gozándola en toda

---

491 No queda claro si el libro fue enviado por Orrego. Vallejo le envía una carta fechada el 14 de septiembre a Spelucín comentando su libro.

218 492 En carta del 29 de diciembre de 1925, Orrego propuso el libro *Panoramas,* «la recopilación de algunos ensayos y artículos publicados, unos, e inéditos, otros», a la editorial Minerva de José Carlos Mariátegui. En esa misma carta, menciona un segundo libro, *Helios,* «un ensayo para una filosofía o interpretación del pensamiento». Sin embargo, no planeaba aún su publicación: «Por desgracia, aunque está terminado ya, no estoy satisfecho aún con su trabazón o construcción interna. Estoy harto temeroso de que mi autocrítica no sepa ubicarlo en su verdadera posición ideológica; de que mi amor propio o, simplemente, mi entusiasmo de creador le impriman una acentuación mental que rebase su estructura literal, su horizonte o realidad expresiva» (la carta está disponible en el Archivo José Carlos Mariátegui, en <archivo.mariategui.org/index.php/carta-de-antenor-orrego-29-12-1925>). Ninguno de los dos libros se publicó; incluso en 1929 Orrego le envía a Mariátegui un capítulo de *Helios* y le pregunta por la publicación de *Panoramas* (véase la carta del 19 de diciembre de 1929, disponible en el Archivo José Carlos Mariátegui, en <archivo.mariategui.org/index.php/carta-de-antenor-orrego-19-12-1929>). El tercer libro al que se refiere Orrego podría ser *El monólogo eterno,* libro de aforismos publicado posteriormente (Trujillo, El Norte, 1929), aunque este era en realidad una rescritura de su primer libro, *Notas marginales* (1922).

493 Julio Gálvez vivía por estas fechas en el atelier de Max Jiménez. Sin embargo, se saben pocos detalles exactos sobre la vida de Julio Gálvez Orrego en Europa. Juan Domingo Córdoba Vargas dice no haberlo conocido personalmente, por lo que Gálvez debe haber estado alejado de Vallejo entre mediados de 1927 y 1930, años en los que Córdoba Vargas frecuentó el círculo del poeta. También según Córdoba Vargas, Gálvez obtuvo un puesto de secretario del vicecónsul argentino en Cherburgo, empleo «que se lo proporcionó para ayudarlo más que por necesitar de sus servicios». Sin embargo, «no pasó mucho tiempo sin que el orgullo le hiciera abandonar el trabajo» *(César Vallejo del Perú profundo y sacrificado,* 1995, pp. 178-179). Su puesto en Cherburgo debió comenzar en 1927, luego de que fue despojado del atelier de Max Jiménez (véase la carta de Vallejo del 5 de mayo de 1927) y debió durar algunos meses. En carta del 3 de septiembre de 1927 y posteriores, Vallejo intercede por Gálvez para que este obtenga la beca a estudiantes hispanoamericanos que él estaba abandonando. Ahí dice que Gálvez estaba ya en Madrid y en mala situación económica. No nos consta que Gálvez

su sagrada tragedia de amor y de conocimiento. El dolor es camino de comprensión y de revelación o si no no tendría sentido. Solo así se llega a cierta serenidad interior. Sin embargo, cuántos dolores hay cobardes y estériles, dolores que hacen negativa una vida. Estos dolores que han perdido su santidad humana son engendrados en aquellas almas que han planteado como objetivo supremo de su vida la felicidad hedonística. Esta clase de dolor temo que sea el dolor de Julio y el que le impide hacerse superior a él. En ese sentido debe actuar tu vigilancia fraternal. Quien ve solo lo negativo de la vida es tan ciego como aquel que ve solo lo positivo. La vida es una divina <u>mélange</u> de ambos. Es preciso que la sabiduría de nuestro corazón sepa trasmutar lo negativo en positivo, lo malo en lo bueno, pero antes es preciso constatar su existencia, combatir nuestra ignorancia y nuestra ceguera. Las fuerzas maléficas o benéficas del Universo no son sino valoraciones de perspectiva. La función de la inteligencia es esa, colocarse en la perspectiva justa para consumar la trasmutación benéfica. ¿Cómo coexistirían, de otro modo, tantos seres tan disímiles y contrarios en un mundo en que el veneno de un organismo es el sustento o nutrición del otro? En el orden moral es la misma cosa. El que renuncia a trasmutar renuncia a su vida. Por eso creo que la más alta ética no puede formularse sino como aquello que es más fiel, más benéfico, más leal, más saludable y positivo al destino y a la organización de cada ser.

Creo que en su esencia íntima no hay vida inútil. Todos los hombres hemos nacido porque algo somos y porque algo tenemos que hacer. Todos tenemos los instrumentos apropiados y necesarios para cumplir nuestro destino. La inteligencia no creo que sea otra cosa sino la justa aplicación de cada ser a sus fines. El animal jamás los traiciona porque es un vehículo pasivo de un designio superior. Pero el hombre tiene la libertad, que hace su tragedia y que hace también su excelsitud. Por su libertad puede extraviarse y se extravía a veces. Entonces hace su vida inútil y hace estéril su inteligencia. Este es todo el mal. Por eso para mí no hay colisión entre los llamados problemas del destino o predestinación por un lado y la libertad o libre albedrío por el otro. ~~Li~~ La libertad es la fidelidad ~~de~~ a nuestro destino porque cada ser no puede salir de su organización sin negarse a sí mismo. Lo contrario es ~~la~~ arbitrariedad y libertinaje. Tú mismo, César, has sentido esto profundamente al realizar tu obra estética que surgía de tu libertad y ~~cuando~~, sin embargo, los demás

219

te decían que era arbitraria y caprichosa cuando era producto de tu organización individual.

Por esto la vida es sagrada, porque toda ella es un proceso de auto-revelación y de auto-conocimiento. Y revelándonos a nosotros mismos revelamos también una parcela del mundo y esto es la manifestación de Dios. Somos pues la Divinidad, Dios cada uno de nosotros. Un Dios personal, aparte del Cosmos y de la vida es absurdo, es necio. Por lo menos, yo no puedo imaginármelo sin repugnancia.

Sin sentirlo casi he ido alargando esta carta. Perdóname. Me ha salido algo de lo más hondo de mi ser.

Un abrazo y un beso de tu hermano

Antenor

---

142 [CARTA MANUSCRITA DE CV A JUAN LARREA. DOS PÁGINAS NUMERADAS.]

....

París, 10 Julio 1926

220

Mi querido Juan:

Deseo que hayas llegado sin novedad y que tu familia se encuentre buena.

Estoy enviando «Favorables» partout. No tengas cuidado. Barco me ayuda a poner direcciones.[494]

Vallecito llegó ayer con Bentín. Ha tomado el cuarto que tenías en el Hotel Garibaldi.

A Henriette la tengo que mandar mañana a su casa otra vez.[495] Me jode siempre. Me encarga te salude.

---

494   Larrea le escribe a Gerardo Diego desde Vallecas el 14 de julio de 1926: «Conmigo han venido 300 ejemplares de *Favorables* que es preciso repartir. Vallejo ha quedado encargado de dar curso a los destinados a Américas» (Diego y Larrea, *Epistolario*, 2017, p. 544). Osmán del Barco, peruano residente en París, adonde llegó en 1922, comenzó su amistad con Vallejo en julio de 1923. Sobre él véase More, «Anecdotario de César Vallejo», *1949*, Lima, 3 de octubre de 1949.

495   Esta es la primera mención en la correspondencia a Henriette Maisse (también, según otras fuentes, Maise), pareja sentimental de Vallejo hasta 1928 y de la que poco se sabe. Según Juan Larrea, Vallejo conoció a Maisse en la primavera de 1926, cuando la vio pasar al salir del café de la Regencia y la abordó: «Me refirió al siguiente día que le había ella acompañado a su cuarto del hotel Richelieu y que parecía un tanto desgraciada. Algunos días después volvióse a repetir el incidente, contándome César que la joven le había suplicado que la guardase consigo. No tenía trabajo, ni familia en París, decía, y no recuerdo qué otras desventuras» (Larrea, «Valor de la verdad», 1974, p. 191).

Ya van a empezar las fiestas nacionales de Francia. Sin ti, solo estoy con Faura y Pepe.[496] Pero pronto se irá Pepe a Deauville y Faura a Niza. Yo me quedaré solo y jodido.

Dime cuándo vuelves para buscar un hotel para los dos. Cada día estoy más caliente con el que ocupo.

Saluda a Pablo [Abril] y a Fernando [Ibáñez], si está allí.

Mundial no me manda nada hasta ahora. Si no te fuera muy molestoso, te agradecería me proporciones cien pesetas hasta el 1.º próximo, en que cobre mi beca. Si me las mandas cuanto antes, será mejor. Estoy jodido.

Un abrazo de tu amigo

César

---

143 [TELEGRAMA DE CV A PABLO ABRIL DE VIVERO.]

....

[Matasellos:] 17 JUL 192[6][497]

SITUACIÓN APURADA ENVÍE = VALLEGO [sic]=.

---

144 [CARTA MANUSCRITA DE CV A PABLO ABRIL DE VIVERO. UNA CUARTILLA (UNA PÁGINA Y UNA PÁGINA CENTRAL) Y CON EL MEMBRETE EN FRANCÉS DE LES GRANDS JOURNAUX IBÉRO-AMÉRICAINS.]

....

París, 17 Julio 1926

Mi querido Pablo:

Ayer me permití telegrafiarle rogándole me proporcione algo de dinero p{a}ra hacer un pago que se me ha vencido. Le suplico me excuse que lo haya hecho por telégrafo, pues me ha sido tan urgente que creí ganar tiempo. Mi situación es apurada, a causa de que no me ha llegado dinero de Mundial, con el que yo contaba

---

496   Aunque Castañón identifica estos nombres como los de Félix y José Faura Bedoya, «impresores dueños de un taller de imprenta», es más probable que se trate de José Varela Arias (a quien Vallejo se refiere siempre como Pepe en sus cartas) y solamente a uno de los dos hermanos Faura Bedoya.

497   El año no es completamente visible en el matasellos del facsímil de este telegrama. Debido a que Vallejo hace referencia a su falta de dinero en la carta anterior, y a que se hace referencia a un telegrama en la siguiente carta, con la misma fecha, lo fechamos conjeturalmente en 1926.

por seguro para estos días. Son unos terribles. Sin embargo de esto, veo que siguen publicando mis crónicas. Son unos sinvergüenzas.[498]

Ojalá que mi telegrama no le haya mortificado mayormente. Si no le es posible, no se preocupe. Yo veré aquí cómo desenvolverme. Vallecito está también sin dinero. Estamos a la luna en Paita,[499] mi querido Pablo.

Supongo que Larrea le habrá mostrado la revista. Qué opinión le merece? Le gusta? Como usted verá, se trata de una cosita pequeña y volandera, y sobre todo, sin pretensiones. Todo lo ha hecho Larrea. Yo solo he dado mi pequeña colaboración.[500]

Siempre vendrá usted en estos días a París? Espero sus noticias para recibirlo en la estación.

Aquí hay un calor horrible. Tres días insoportables. No se puede ni comer. Felizmente.

He preguntado si ha llegado el Ministro y me dicen que no ha venido todavía. Supongo que vendrá de hoy a mañana.

Sé que la Cáceres no ha ido a Bruselas. No obstante, los pasajes de periodistas a Bruselas han estado completos. Qué mala suerte![501]

A Ribeiro no le he visto. Creo que está en Vichy.

Un fuerte abrazo de su agradecido amigo

César

---

498 Según Juan Larrea, una de las razones de la demora en los pagos de *Mundial*, a la que Vallejo se refiere en correspondencia posterior, fue el comienzo de sus colaboraciones en *Variedades* en julio de 1926: «Dependía exclusivamente de las revistas de Lima cuyos giros no eran ni copiosos ni regulares ya que, por su imprudencia —contra la que también se le previno— de ofrecer su colaboración a "Variedades", la revista competidora de "Mundial", esta descuidó la puntualidad de sus pagos» (Larrea, «Valor de la verdad», 1974, p. 199).

499 «A la luna de Paita», expresión similar a «A la luna de Valencia»: «Frustradas las esperanzas de lo que se deseaba o pretendía» (DRAE 1927).

500 En carta a David Bary, escrita años después, Larrea escribe: «Como no es por quitarle nada a nadie reconocerle a cada cual lo suyo, considero oportuno puntualizar que la idea de publicar esta revista fue concebida por mí en Madrid en 1925. El título *Favorables París Poema* se debió a mi invención. Sin excepción alguna, todos los colaboradores fueron elegidos por mí, siendo la casi totalidad de ellos desconocidos antes para Vallejo» (*Epistolario: Cartas a David Bary, 1953-1978*, edición de J. M. Díaz de Guereñu, Madrid, Residencia de Estudiantes, 2004, p. 83). Aún así, las cartas revelan que Vallejo por lo menos mantuvo correspondencia con Tzara, requiriéndole su colaboración.

501 Finalmente, Zoila Aurora Cáceres no participó en el Congreso de la Prensa Latina, al que asistieron setenta periodistas, aparte de los tres miembros permanentes del Bureau de la Prensa Latina (véase «Le Quatrième Congrès de la Presse Latine», *La Vie Latine*, París, n.º 17, julio-agosto de 1926, pp. 6-11).

París, 20 Julio 1926

Mi querido Juan:

Correspondo tu carta del 13, llegada 8 días más tarde.

He despachado cerca de 200 números de «Favorables» con destino a Francia y al extranjero. No resta más que hacer en este terreno. He puesto también a la venta en algunas librerías de París.[502] Los kioscos no quieren recibirla. Ça ne fait rien!

Te he escrito y te he telegrafiado, sin obtener respuesta. Estoy jodido y sin dineros. Te suplico me envíes, si no te es muy molestoso, cien pesetas prestadas; pero a la mayor brevedad posible, dentro de un sobre no más. No saques cheque ni cosa parecida. Mete el billete dentro de tu carta y eso es todo. Espero por momentos tu préstamo.

Aquí tuviste una carta, la misma que te la devolví dirijida a Madrid, Serrano 31.

Qué dicen allí de «Favorables»? Cuéntame todo. De aquí la he enviado a Torre, a Revista de Occidente, etc. A Casal, de la Coruña, también se la he enviado y le he escrito.[503] Lo mismo he hecho con los mozos de América. Dame la dirección de Huidobro, que la he perdido.

223

---

502   No se sabe el tiraje del primer número de *Favorables*, pero se puede especular que fuera más de 500. Como ha quedado anotado, Larrea llevó consigo 300 ejemplares a España.

503   No conocemos ninguna reseña de Guillermo de Torre, ni mención a *Favorables* en la *Revista de Occidente*. Tampoco conocemos carta de Vallejo a Julio J. Casal, director de la revista *Alfar* de la Coruña, ni hay ninguna reseña de *Favorables* en su revista, que estaba a punto de dejar de publicarse debido al viaje de Casal a Montevideo (véase Carlos García, «César Vallejo y Julio J. Casal», *Álvaro Sarco,* 7 de enero de 2014, en <alvarosarco.blogspot.com/2014/01/cesar-vallejo-y-julio-j-casal.html>). Por otro lado, Enrique Díez-Canedo acusó recibo de la revista en una carta a Juan Larrea, que permanece inédita y se conserva en el Archivo Juan Larrea. La misiva está escrita en el papel membretado de la *Revista de Occidente* y en ella solicita a Larrea «varias composiciones suyas» para «una antología de ahora» que iba hacer «en la R. O.». Además, hay un acuse de recibo de la revista en *Heraldo de Madrid* (el 10 de agosto de 1926, p. 4). El mismo periódico publicó días después, en portada, un comentario dentro de la sección humorística «El espejo indiscreto». Esta nota anónima cita fragmentos de los poemas de Larrea y Vallejo («El espejo indiscreto», *El Heraldo de Madrid,* 20 de julio de 1926, p. 1). Por otro lado, el poeta Virgilio Soria Montenegro publicó una reseña extensa del primer número: «Divagación en torno al creacionismo», *La Voz de Soria,* 24 de agosto de 1926, p. 1. Del segundo número, aparecido en octubre, existe una breve nota de Ernesto Giménez Caballero («Nuevos poetas», *Revista de las Españas,* 2.ª época, n.º 3-4, octubre-diciembre de 1926, p. 235) y una reseña en clave satírica de Luis Astrana Marín («¡Otra vez el ultragismo!», *El Imparcial,* Madrid, 17 de octubre 1926, p. 5), crítico cuyo nombre había aparecido en la sección de «Colaboraciones rechazadas» de ese segundo número de *Favorables.* La mofa a Astrana Marín en *Favorables* parece motivada por el artículo crítico que este escribió sobre *Los heraldos negros* y algunos poemas del

Espero tus letras y los amigos te abrazan, lo mismo que tu hermano

César

---

146 [CARTA MANUSCRITA DE CV A PABLO ABRIL DE VIVERO. DOS PÁGINAS NUMERADAS.]

París, Julio 25 de 1926

Mi querido Pablo:

Le agradezco mucho su envío tan oportuno de las cien pesetas, que me han caído en una hora en que no tenía ni para metro.[504] Hay advenimientos tan oportunos, que no hay, en verdad, cómo dar gracias a Dios por ellos.

Vallecito acaba de estar aquí en mi cuarto. Está muy aburrido por la falta de dinero. Bentín se fue con su familia a veranear. Solo nosotros nos quedamos en París a quemarnos de sol y de miseria.

He buscado al Ministro en el Claridge y me dicen que no ha venido. Espero que vendrá en estos días para ver si me resuelvo a solicitarle la recomendación para mi solicitud al Gobierno. Créame usted que todavía no me resuelvo a hacer esa solicitud, pues me parece que no voy a conseguir nada. Naturalmente que si la hago mientras usted está en el Perú, la cosa cambia completamente. Tanto es así que más bien creo que debemos dejarlo para cuando usted haga su viaje a Lima. En fin, en estos días veré a qué me decido y le avisaré en seguida.

Larrea me dice que irá a ver a usted en estos días para obsequiarle la revista «Favorables» de que le he hablado varias veces. Espero su opinión sobre ella y que nos ayude a sostenerla, con su colaboración y su entusiasmo.

Víctor Raúl ha estado en París unos ocho días. Con él hemos hablado mucho de usted y las cosas de América. Él lo recuerda con gran cariño y me encarga para usted un fuerte abrazo. Vasconcelos ha sido tema de nuestras charlas y he logrado que al fin Víctor Raúl convenga en que ese hombre es un mal elemento en América. Víctor Raúl se fue ayer a Suiza.[505]

224

---

todavía inédito *Libro de la nave dorada* de Alcides Spelucín («Los nuevos vates de allá», *El Imparcial*, Madrid, 20 de setiembre de 1925, p. 5), del que se sabe que Vallejo tuvo noticia (véase su crónica «Entre Francia y España», *Mundial*, n.º 290, 1 de enero de 1926).

504   Según nota de Abril de Vivero en la carta del 6 de julio, remitió 100 pesetas a Vallejo con su contestación del 18 de julio, que no se conoce.

505   La conversación sobre José Vasconcelos debió estar motivada por el artículo de Vallejo publicado en *Favorables*, en el que afirmaba: «Ciertos hechos de feria y de guiñol, ocurridos últimamente entre

En espera de su telegrama en que me avise su arribo al Quay [sic] d'Orsay, le abraza fraternalmente su amigo –

César.

---

147 [CARTA MANUSCRITA DE CV A JUAN LARREA. CUATRO PÁGINAS NUMERADAS.]

....

París, Julio 26 de 1926

Mi querido Juan:

Te agradezco tu gentileza, enviándome el dinero que me permití pedirte prestado, a causa de mi angustiosa situación ocasionada por esos hijos de puta de Mundial que hasta ahora no me mandan lo que me deben. Qué te parece? Estoy reventando de indignación. Yo no te habría vuelto a molestar, si como lo esperaba, hubiera recibido esos dineros de América. De todos modos, te agradezco en el alma tus nuevas finezas fraternales, que me prueban siempre tu interés por mi vida.

He cumplido con despachar «Favorables» a los cuatro puntos cardinales del mundo. A América del Norte y del Sur, a Europa y a Stambul. El número de ejemplares despachados son alrededor de 200. Así mismo he puesto a la venta en las librerías españolas de la rue Richelieu y de la rue de Bonaparte. Todos los días compro 8 o 10 periódicos de París, para ver si se ocupan de nosotros. Hasta ahora aún nada. Ya veremos. Hay que esperar. <u>Tenemos que esperar</u>. Ya te avisaré lo que haya.[506]

Chocano, Lugones y Vasconcelos, demuestran palmariamente que nuestros mayores pretenden inspirarse ¡a estas horas! en remotos y fenecidos resortes de cultura. Unos, movidos por un neopuritanismo, con asomos de indudable tartufismo y otros, agitados de un nietzcheísmo bastardo y en bruto y no primitivo —que es otra cosa— todos esos actores de idealismo van, cada cual por su vía, tras de métodos advenedizos, aparte de ser gastados y estériles. Además, nadie allá sabe lo que quiere, adonde va ni por donde va. Los más son unos magníficos arribistas. Los otros, unos inconscientes. En cada una de esas máscaras está pintado el egoísta, amarillo de codicia, de momia o de vesánico fanatismo» («Estado de la literatura española», *Favorables París Poema*, n.° 1, París, julio de 1926, p. 6). Haya de la Torre debió llegar a París a mediados de julio, pues el día 11 de ese mes le escribe a Romain Rolland aún desde Londres. No sabemos cuánto duró la estadía en Suiza que menciona Vallejo, pero Haya de la Torre estaría de regreso en Inglaterra en agosto. El 25 de ese mes le escribe a Luis Heysen: «La víspera de salir de París tuvimos una reunión de estudiantes y gente joven del Perú simpatizante con la A.P.R.A. y con el movimiento del Perú. De esta reunión ha resultado adherentes decididos y la formación de una célula secreta para actuar en el Perú por medios directos» (Armando Villanueva del Campo y Javier Landázuri García (eds.). *Los inicios...*, Lima, Fundación Armando Villanueva del Campo, 2015, tomo II, p. 145).

506   No hemos encontrado ninguna noticia sobre *Favorables París Poema* en periódicos de París.

Espero que me envíes tu foto y el [*sic*] de Diego para mi artículo para Mundial de Lima y para Alfar de La Coruña.[507]

He escrito a Picabia, Ribemont, Éluard y Reverdy, enviándoles la revista y pidiéndoles su colaboración para Agosto. Espero sus respuestas de un día a otro.[508]

Gris me ha escrito y me pide tu dirección en Madrid.[509] Ya se la he enviado: Hotel de la Estación-Vallecas-Madrid.

En general, los círculos hispanoamericanos están etonés de «Favorables». No saben si reírse o llorar. Nosotros, naturalmente, ni reímos ni lloramos, ni dejamos de reír ni de llorar del todo. Entre tanto, hay que esperar. Tenemos que esperar.

Los zorrillos montparnós te envían abrazos. Faura se fue ayer a Londres y ya no ha ido a Niza. Son unos zorrillos terribles. Pepe [Varela] está en Deauville.

Vallecito me encarga saludarte. Va a escribir un artículo para «Variedades» de Lima, sobre «Favorables», que le ha gustado mucho.[510]

Espero que te vendrás a más tardar el 10 como me dices en tus cartas. En todo caso, hazme conocer el día y hora de tu arribo a París, para estar en la estación.

Te debo 300 pesetas. Si te vinieses antes de que pagaran mi beca, yo la haré cobrar después con Pablo, y yo te pagaré aquí. En todo caso, te envío mi carta para que te presentes a cobrar el 1.º al pagador.[511]

La vida encarece de manera terrible. Tú vas a ver cuando vengas.

---

507   Este artículo, que no conocemos, no llegó a publicarse ni en *Alfar* ni en *Variedades*.

508   No conocemos ninguna de las cartas dirigidas a estos escritores: Francis Picabia (1879-1953), Georges Ribémont-Dessaignes (1884-1974), Paul Éluard (1895-1952) y Pierre Reverdy (1889-1960). En el segundo número de *Favorables París Poema*, colaborarán solamente Ribemont-Dessaignes (con el poema «Porvenir») y Reverdy (con el poema «Camino del tiempo»).

509   Como ha contado Larrea, el pintor español Juan Gris (1887-1927) y Vallejo se conocieron en una cena en casa de aquel el 13 de mayo de 1926, tras la cual «César no volvió a ver más a Gris quien se limitó a escribirle una vez a la dirección de 'Les Grands Journaux' preguntándole mis señas en Madrid en un momento en que supo por mi hotel que me había ido allí de viaje. Yo le presté *Trilce* poco después, libro que lo dejó más bien desconcertado» («Valor de la verdad», 1974, p. 190). Es posible, sin embargo, que Vallejo y Gris hayan coincidido posteriormente, pues en una crónica de 1927, Vallejo se refiere a una conversación entre ambos: «Juan Gris, uno de los más austeros maestros del cubismo, me decía, pocos días antes de su muerte: "Si yo no hago pintura cotizable en cualquier plaza no es porque yo no quiera sino porque no puedo"» («Sobre el proletariado literario», *Mundial*, n.º 409, Lima, 13 de abril de 1928). Vallejo también escribió un artículo elogioso sobre Gris, que apareció durante la vida del pintor («Los maestros del cubismo», *El Universal Ilustrado*, México, 23 de diciembre de 1926, pp. 31 y 63; se reimprimió con leves cambios en *Variedades*, n.º 1069, Lima, 25 de agosto de 1928). El tercer número de *Favorables París Poema*, que nunca se publicó, estuvo planeado como un homenaje póstumo a Gris (véase Diego y Larrea, *Epistolario*, 2017, p. 562).

510   Este artículo no se llegó a publicar en *Variedades* y no se conoce.

511   La carta es la que se reproduce a continuación.

Te ruego me proporciones, si te es posible, <u>cien</u> pesetas más, a la mayor breve-dad, pues temo que Mundial siga aún en silencio y voy a verme otra vez sin un cénti-mo. Si te es posible, envíamelas esas 100 pesetas cuanto antes. Al recibir de Mundial te pagaré aquí. No tengas cuidado.

He vuelto a pedir <u>congé</u> en mi hotel, para irme alrededor del 10, fecha de tu regreso a París. Me ocupo de buscar nuestro hotel en las mejores condiciones posi-bles. En mi próxima te daré resultados concretos.

Supongo que habrá mucho calor allí y que estarás culeando en dosis superlati-vas. Ah zorrillo! En tanto, aquí, Marie Louise me pregunta siempre por ti, deseosa, sin duda, de charlestonear en el dancing y en la cama contigo.[512]

Espero tu pronta respuesta y te envía un fuerte abrazo tu hermano

César

---

148 [CARTA MANUSCRITA DE CV A JOSÉ MARTÍNEZ SAN AGUSTÍN, CON EL MEMBRETE DE «LA SEMAINE PARISIENNE».]

PARIS, LE 27 de Julio 1926

Sr. José Martínez San Agustín[513]
	Madrid
Distinguido señor:
El portador, Señor don Juan Larrea, está autorizado por mí para recibir de usted el valor de mi beca por el Perú, correspondiente al actual mes de Julio. Le agrade-ceré a usted entregar al señor Larrea ese dinero conforme le manifesté verbalmente en Madrid, al suscribir mi poder en favor de usted, para firmar por mí la nómina correspondiente.

Sin otro particular, saluda a usted muy atentamente su affmo y S.S.

César A. Vallejo

---

512 No se conocen más detalles sobre Marie Louise.

513 José Martínez San Agustín fue el Habilitado general de los becarios hispanoamericanos en la teso-rería de la Universidad Central, por lo menos hasta 1931, según informa la *Gaceta de Madrid* de ese año (p. 221).

Paris, le 6 de agosto 1926

Juan:

Recibí tu carta del 3.

Te incluyo la carta poder para tu amigo, Sr. Doussinague, a fin de que cobre mi beca.[514] Su valor que sea transferido a tu cuenta corriente en París.

Espero que me harás un telegrama para ir a recibirte a la Estación. No te olvides, zorrillo.

Ya dejé, por fin, el famoso puesto de los Grands Journaux. Cuando vengas, conversaremos largamente.[515]

Hace dos días hice un cablegrama a Mundial. Espero ver que me respondan.

Te agradezco inmensamente el envío de las 100 pesetas que me han llegado a pelo. Espera que te pagaré apenas reciba el dinero de Madrid y el de Mundial.

Han llegado algunas revistas de Bruselas para nosotros, donde hay cosas de Picabia, de Ribemont y otros.[516] Supongo que uno de ellos haya hecho este envío. Una carta de Adriano del Valle hay para ti.[517] Espero que Reverdy y Picabia y Ribemont y Éluard respondan nuestras cartas y nos envíen cosas para el 2.º «Favorables».[518]

En fin, espero tu llegada para tratar muchas cosas.

Los hoteles están atestados. Creo que volverás por lo pronto al Garibaldi. He buscado muchos y no hay casi a ningún precio ni a la journée. C'est terrible! En

---

514 Luis Doussinague era, por lo menos desde enero de 1918, amigo de Juan Larrea y Gerardo Diego, como se desprende de la correspondencia entre ambos. Vallejo debe de haber escrito una carta similar a la anterior para facilitar a Doussinague a cobrar la beca por él, ya que Larrea partiría para París en los siguientes días.

515 No se conoce exactamente el motivo por el que Vallejo dejó el puesto en los Grands Journaux, que tenía desde mayo de 1925. A pesar de no trabajar más ahí, sigue frecuentando las oficinas del local y utilizando su dirección postal.

516 Podría tratarse de la revista surrealista belga *Marie*, dirigida por E. L. T. Mesens (1903-1971), y en cuyos tres números (junio y julio de 1926) publicaron Picabia y Ribemont-Dessaignes. El mismo Mesens había publicado un año antes, junto a René Magritte (1898-1967), el número único de *Oesophage* (marzo de 1925), en el que también colaboraron Picabia y Ribemont-Dessaignes.

517 El poeta y escritor Adriano del Valle (1895-1957) fue cofundador de la revista *Grecia* de Sevilla (1918-1920), cercana al ultraísmo. La carta a Larrea debe ser una fechada el 28 de julio de 1926 en la que acusa recibo del primer número de *Favorables París Poema*, y que se conserva en el Archivo Juan Larrea.

518 Sobre estos pedidos, véase la nota a la carta del 26 de julio de 1926.

el Garibaldi me han dicho que había un cuarto parecido al que tenías y al mismo precio. Ahí están Pablo [Abril] y Vallecito.[519] En otros hoteles no hay nada. Es abominable. Por otro lado, yo he dado congé en el mío para el 15 y no sé dónde iré a parar. En fin, sigo buscando cuartos para los dos en un mismo hotel. Hasta que tú llegues, quizás halle.

Abrazos a todos los zorrillos y otro formidable de tu hermano que ansía verte por momentos

César

---

150 [CARTA MECANOGRAFIADA DE LUYS SANTA MARINA[520] A CV Y JUAN LARREA, CON FIRMA AUTÓGRAFA.]

· ·

Barcelona, 13 agosto 1926.

Sr. D. Juan Larrea y D. César Vallejo
      París.

Muy Srs. míos:

Recibo el primer número de su revista que les agradezco, y realmente me extraña —dada mi oscuridad— que alguien se acuerde de mí... Creo que ande por medio mi buen amigo Gerardo Diego.

Leído el fascículo y leída la tarjeta que le acompaña, surge el conflicto: ¿estoy conforme o no con la actitud de Vs?... francamente, no lo sé... Cuando rezan su «credo», me parece, casi siempre, oírme a mí mismo, pero los poemas, ¡los veo tan lejos de mí!...[521]

Conclusión: que de ningún modo puedo manifestarles mi «más resuelta hostilidad», como me piden.[522]

229

---

519   Durante su vida en Europa, Vallejo se alojaría varias veces en el Hotel Garibaldi (41, Blvd. Garibaldi).

520   Luys Santa Marina (Luis Gutiérrez Santa Marina, 1898-1980), periodista y escritor radicado en Barcelona, colaboraba en *Blanco y Negro* (Madrid). Había publicado *Tras el águila del César* (1924), libro de estampas sobre el Tercio. Fue posteriormente uno de los líderes de la Falange catalana durante la Guerra Civil española.

521   Para un ejemplo de la poesía de Santa Marina en esa época, véase el poema «Exvoto» en *La Gaceta Literaria*, n.º 10, Madrid, 15 de mayo de 1927, p. 3.

522   Se refiere a la tarjeta personal de Larrea y Vallejo que estaba inserta en los envíos del primer número de *Favorables* y que decía: «Juan Larrea y César Vallejo solicitan de ud. en caso de discrepancia con nuestra actitud, su más resuelta hostilidad – 3, Rue Vercingétorix – Paris (XIV)». Se puede ver un facsímil en César Vallejo, *Artículos y crónicas completos*, 2002, vol. 2, p. 1034.

Con gracias por su atención, y rogándoles me consideren como suscritor de su revista, queda suyo affmo. s.s.

q. e. s. m.

Luys Stª Marina

Rosellón, 207

---

151 [CARTA MANUSCRITA DE CV A CARLOS C. GODOY, CON EL MEMBRETE EN FRANCÉS DE LES GRANDS JOURNAUX IBÉRO-AMÉRICAINS.]

Paris, le 15 Agosto 1926

Sr. Dr. Carlos Godoy
        Trujillo

Mi querido doctor:

Agradezco a usted mucho su cablegrama y su atentísima carta en que me dice que no tenga cuidado sobre el juicio de Santiago de Chuco. Sus noticias han venido a calmar mi inquietud, pues estaba yo muy atormentado.

Los gastos que está usted haciendo, sírvase pasarlos a mis hermanos, a fin de que sean reembolsados en el acto.

Siempre he contado con la suma gentileza de usted y, sobre todo, con la desinteresada atención y el sincero afecto que dedica usted a todo cuanto se refiere a mi vida. Mil gracias. Son finezas que yo no olvidaré nunca.

Le ruego presentar mis respetos a toda su digna familia y usted reciba el cariñoso abrazo de su agradecido amigo

César Vallejo

7 rue de Belzunce – Paris (X^e)

Paris, Agosto 19 - 1926

A Juan Larrea y César Vallejo.

Mes chers amis: La Legación de mi país envióme hace poco el número 1 de vuestra revista. Mil gracias por su recuerdo. ¿Recibieron uds. mi libro último? A Larrea se lo dirigí a Madrid. El ejemplar de Vallejo al Hotel Molière.[524]

Les felicito cordialmente por su esfuerzo. Está de más decirles que vivo a sus órdenes. Les abraza,

L. Cardoza y Aragón

---

153 [CARTA MANUSCRITA DE ALBERTO ROJAS JIMÉNEZ[525] A CV Y JUAN LARREA, CON EL MEMBRETE:]

CIGOGNE AMÉRICAIN BAR | 27, RUE BRÉA, 27| PARIS (VIE)| J. VACHER, PROPRIÉTAIRE | TÉLÉPHONE SÉGUR 68-65 | R. C. SEINE 317-182

Paris, le ....192....[526]

Suite: (con dibujos)
[Dibujo de mujer desnuda de cúbito.]

---

523 Luis Cardoza y Aragón (1901-1992) fue un escritor guatemalteco afincado en París. Según su testimonio, conoció a Vallejo por intermedio de Alfonso de Silva, muy probablemente durante la primera estancia de este en París, es decir, entre julio de 1923 y enero de 1924 (véase Cardoza y Aragón, «Alfonso de Silva y César Vallejo», *Nexos*, n.º 3, marzo de 1978).

524 Debe tratarse del poemario *Maelstrom: Films telescopiados* (Prólogo de Ramon Gómez de la Serna, París, Excelsior, 1926). Un acuse de recibo del libro se publica en el segundo número de *Favorables París Poema* (octubre de 1926, p. 16). El libro se publicó hacia junio, según una nota aparecida en la prensa francesa («Les lettres», *L'Intransigeant*, París, 27 de junio de 1926, p. 2).

525 Alberto Rojas Jiménez (1900-1934) fue un poeta y periodista chileno. En 1921 había publicado, junto con Martín Bunster, el Manifiesto Agú, de vanguardia, en la revista chilena *Claridad* y en 1923 se estableció en París. En un artículo aparecido en Lima, Vallejo hace referencia a uno de Rojas Jiménez sobre él, aun no ubicado: «Alberto Rojas dijo en el *Mercurio* de Santiago de Chile que ante el revolucionarismo de mi libro *Trilce* resulta ortodoxo y académico el disparate de Francis Picabia» («La conquista de París por los negros», *Mundial*, n.º 287, 11 de diciembre de 1925).

526 La carta carece de fecha. Por tratarse de una reacción al número 1 de la revista *Favorables*, la colocamos aquí después de los otros acuses de recibo de la revista.

La revista es muy mala

[Al margen, mancha de tinta intervenida para crear un dibujo de un niño orinando.]

El prólogo de Larrea muy bueno!

Los poemas, muy mal seleccionados.

Yo, podría mandarles poemas, a juicio mío, buenos. Pero estoy borracho y no los tengo.

No importa. Se salvan! Construyamos. Destruyamos el pesimismo.

[Tres dibujos: un tren, un avión y una botella con una copa, y debajo de cada uno las palabras:] Locomotive   aeroplane   1 litro

Viva Huidobro – poeta – solo poeta. Quiero decir que me revienta Huidobro doctrinario.[527] Bueno. Salud!

A. Rojas Giménez

Compañeros. Salud y adelante.

---

527 Rojas Jiménez debe aludir al fragmento en prosa de Huidobro, traducido de su libro *Manifestes* (París, Éditions de la Revue Mondiale, 1925), que encabeza su poema en el primer número de *Favorables París Poema*. Rojas Jiménez ya había escrito una crónica sobre Vicente Huidobro, publicada en *El Mercurio* de Santiago de Chile el 23 de noviembre de 1924 y que sería coleccionada luego en su libro *Chilenos en París* (Santiago de Chile, La Novela Nueva, 1930, pp. 11-14).

[Mayo-agosto de 1926.][529]

Querido y gran poeta: Le envío un entrañable abrazo por su magnífico libro «Ande».[530] Me doy cuenta de que se trata de un artista mayor, de vasta envergadura creadora. Su libro me ha emocionado de la emoción de mi tierra. Mil gracias por este presente inapreciable.

Siga U. por su vía. Puede estar seguro de que sus poemas quedarán. Son ellos de los versos que andan y viven. Lo demás está en los estantes y eso nos tiene sin cuidado.

Suyo con toda admiración.

César VALLEJO
París.

233

---

528 El poeta puneño Alejandro Peralta (1899-1973) había publicado sus poemas en varias revistas peruanas, por lo menos desde 1915: *La voz del obrero, La Tea* (ambas de Puno), *La Semana* (Arequipa), *Flechas* (Lima) y *Kosko* (Cuzco). Es muy probable que haya coincidido con Vallejo en Lima en 1919, pues Peralta declamó un poema durante los funerales de Abraham Valdelomar, el 16 de diciembre de ese año. Además, Peralta es uno de los firmantes del memorial de los escritores de Arequipa (aunque él firma por Puno) en favor de la libertad de Vallejo en 1920 («Solicitud de los intelectuales de Arequipa», *El Comercio,* Lima, 23 de diciembre de 1920, p. 5). Según su propia declaración, conoció a Vallejo: «En Lima. En su domicilio de Acequia Alta. Una tarde. Era tremendamente hermético, como un peñasco» (Francisco Izquierdo Ríos, «Alejandro Peralta», *Cultura peruana,* n.º 95, Lima, mayo de 1956), por lo que se deduce que fue entre 1921 y 1923. Se conserva, además, un ejemplar de la primera edición de *Trilce* dedicada a él (ver «Dedicatorias»). La mayor parte de su obra poética se recogió en *Poesía de entretiempo* (Lima, Andimar, 1968).

529 Esta carta se publicó en vida de Vallejo en *Editorial Titikaka / Boletín,* [n.º 2], Puno, septiembre de 1926, pp. 2-3. Si, como reza el colofón, *Ande* se publicó en abril, y el correo entre Perú y París duraba poco menos de un mes, Vallejo debió escribir esta carta entre mayo y fines de agosto de 1926.

530 Alejandro Peralta, *Ande,* Puno, Editorial Titikaka, 1926, con xilografías de Domingo Pantigoso. Es uno de los primeros poemarios vanguardistas de temática indigenista. Según el colofón, el libro se publicó el 24 de abril; la primera reseña que conocemos es la de Federico Bolaños, «Alejandro Peralta y su libro *Ande*», *Variedades,* n.º 951, 22 de mayo de 1926. El libro aparece en la sección «Libros recibidos» del segundo número de *Favorables París Poema* (octubre de 1926, p. 16).

Madrid, 12 de Setiembre de 1926

LEGACIÓN DEL PERÚ

Mi querido César:

No me ha sido posible escribirle antes. Apenas tengo tiempo para vivir desesperado en este ambiente cafre. Leguía («Don Eduardo») me ha hecho el desaguisado más inmundo: me presenta ante el Gobierno español como Encargado de Negocios ad interim y, al mismo tiempo, me recomienda no emplear para nada ese título. La situación en que me ha colocado es por demás ridícula. Por ello me interesa sobremanera que me haga usted el gran favor de publicar en «La Raza», «New York Herald» y otros periódicos que se ocupan de Hispanoamérica, la siguiente noticia: «El Gobierno español ha reconocido como Encargado de Negocios del Perú en España a Don Pablo Abril de Vivero».[531] Es suficiente. Nadie debe saber que es usted quien ha proporcionado el dato. Ni tiene nadie por qué sospecharlo, desde que ya ha aparecido, proporcionado por el Ministerio de Estado, en los diarios de Madrid.[532] No deje usted de hacerme este favor, querido César.

Hace más de dos semanas que recibí un telegrama del Ministro Elguera, comunicándome habérseme concedido la licencia que solicité.[533] Tengo ya separado pasaje en el vapor «Orcoma» que zarpará de La Rochelle el 20 de Noviembre. Solo espero que Londres me gire cuanto debe girarme, para poder salir de aquí en los

234

---

531 Hemos encontrado dos noticias en la prensa parisina que, aunque no concuerdan por completo con el texto de Pablo Abril, dan a conocer similar información: «M. Pablo Abril de Vivero fait fonctions de chargé d'affaires du Pérou à Madrid, pendant l'absence du ministre, M. Eduardo Leguia» («L'Amérique Latine», *New York Herald,* París, 18 de septiembre de 1926, p. 5); y «M. Pablo Abril de Vivero a été nommé chargé d'affaires du Pérou à Madrid, pendant l'absence du ministre, M. Eduardo Leguía» («Les colonies sud-américaines en Europe», *The Paris Times,* 19 de septiembre de 1926, p. 6). No hemos encontrado ejemplares de la revista *Raza.*

532 Se hace referencia a Pablo Abril de Vivero como «encargado de Negocios del Perú» en un artículo aparecido en la *Revista hispanoamericana de ciencias, letras y artes* (n.º 41-42, Madrid, septiembre-octubre de 1926, p. 206). Posteriormente, en octubre hay también una nota periodística que se refiere a Pablo Abril de Vivero como «encargado de Negocios del Perú» («La Fiesta de la Raza», *La Opinión,* Madrid, 13 de octubre de 1926, p. 1).

533 Según un telegrama del 26 de agosto de 1926: «Concedida licencia Abrill, pero con cargo descuento sueldo íntegramente» (Archivo del Ministerio de Relaciones Exteriores, Lima. Cuaderno copiador, Legaciones, 1926. Expedidos, p. 296, n.º 4272). César Elguera (1874-1936) fue ministro de Estado de Augusto B. Leguía entre junio de 1925 y septiembre de 1926.

primeros días del indicado mes. Los días que me restan hasta el de mi embarque los pasaré en París y Niza.[534]

Como el tiempo viene tan estrecho, le ruego a usted interesarse por la publicación de mi libro de versos. Insista usted para que le den los presupuestos. En cuanto los obtenga, no deje de telegrafiarme de este modo. Mil ejemplares, tanto, dos mil, tanto, lujo, tanto. Con veinticinco ejemplares de lujo me parece que es suficiente. El prólogo de Ramón Pérez de Ayala se lo enviaré certificado.[535] Fíjese usted, César, que no me quedan sino dos meses escasos. Hay que darse prisa.

Un conflicto surgido entre Quíspez Asín y la Escuela de Bellas Artes[536] me decide a manifestarle a usted la necesidad de su venida en este mes o, por lo menos, el envío de un certificado médico que acredite bien la imposibilidad en que se ha encontrado usted para dar exámenes. De otro modo, creo inminente la pérdida de su beca. Sobre este asunto, y siempre a propósito de Quíspez Asín, he recibido una nota terminante del Ministerio de Estado. Sería, pues, una verdadera lástima que no hiciera usted inmediatamente una cosa u otra.

Chocano sigue provocando la ira de los filisteos españoles. Jiménez de Asúa ha publicado en «La Libertad» un artículo tremendo contra el «asesino», en el que califica de tendencioso y mendaz el folleto que hice yo publicar —y que le pagué— a la Casa Calpe. Le he contestado, particularmente, poniéndole los puntos sobre las íes.[537] Sobre el mismo asunto, ayer apareció en «El Sol» un artículo de Ballesteros de

---

534   Pablo Abril no viajaría a Lima, sin embargo, hasta comienzos de 1927.

535   *Ausencia*, con prólogo de Ramón Pérez de Ayala, no se publicaría sino hasta entrado el año siguiente.

536   Huellas de este conflicto se encuentran en un oficio, fechado el 20 de agosto de 1926, remitido por el director Nacional de Bellas Artes, en el que se informa la cancelación de la beca de Quízpez Asín, por falta de asistencia a clases y «Considerando que el alumno becario en cuestión no ha justificado ni siquiera ha tratado de excusar dicha interrupción en sus estudios durante el último curso académico» (reproducido en Fernando Villegas Torres, *Vínculos artísticos entre España y Perú (1892- 1929): elementos para la construcción del imaginario nacional peruano*, Memoria para optar por el grado de doctor, Universidad Complutense de Madrid, 2013, pp. 667-668).

537   Sobre el folleto *El poeta D. José Santos Chocano contesta a D. José Vasconcelos, ex Ministro de Instrucción Pública de México*, véase la nota a la carta de Abril de Vivero del 12 de enero de 1926. Luis Jiménez de Asúa ofreció un recuento sobre el asesinato de Edwin Elmore por José Santos Chocano en «Elmore y Chocano», *La Libertad*, Madrid, 8 de septiembre de 1926, pp. 1-2: «A pesar de la poca atención que se presta en España a los acontecimientos hispanoamericanos, el público español ha tenido esta vez noticia circunstanciada de la historia del lance. Fue, primero, una información tendenciosa y mendaz contenida en un folleto que la propia Casa Calpe se vio precisada a desautorizar, cuidadosa de su neutralidad editora». Posteriormente Jiménez de Asúa publicó otro artículo, «Chocano, homicida», *La Libertad,* 14 de septiembre de 1926, pp. 1-2, que pudo haber estado motivado por la contestación particular que menciona Abril de Vivero y que no conocemos.

Martos que pretende atribuir a la Legación la publicación del folleto de marras.[538] Anoche mismo envié a dicho periódico una rectificación oficial, que no ha sido insertada en el número de esta mañana.[539] He resuelto entrevistarme con Primo de Rivera para terminar de una vez con todos estos canallitas.[540]

De no venir usted pronto por acá, espero verle en París durante los primeros días de Noviembre. No deje de traerme una maleta igual a la que compró Antonio Bentín. Vallecito sabe dónde las venden y cómo son. (175, Bd. Hausmann. Frs. 240, aproximadamente. 75 centímetros de largo.)

Quiero creer que su chiquita haya reaccionado de la enfermedad que la tuvo postrada.[541] Ojalá se encuentre usted ya más tranquilo.

Si no tiene usted dinero suficiente para la maleta, le ruego olvidar absolutamente mi encargo. Se lo digo con toda la sinceridad que existe en mi cariño de fraternal amigo suyo.

Si ha llegado a sus oídos algo de Leguía en relación conmigo, no deje de escribirme al respecto. Y de todos modos.

Espero sus queridas palabras y le abrazo muy cordialmente.

Pablo.

156 [CARTA DE CV A ALCIDES SPELUCÍN.]

París, 14 de setiembre de 1926.

Mi querido Alcides:

Tu libro de la Nave Dorada me ha llenado el corazón de recuerdos y esperanzas, no solo por lo que él contiene de circunstancial en torno a nuestra juventud, sino

---

538   [Antonio] Ballesteros de Martos, «Revista de libros», *El Sol*, Madrid, 11 de septiembre de 1926, p. 2: «No hace mucho tiempo recibimos, por conducto de la Legación del Perú en Madrid —según rezaba un sello impreso en el sobre— un folleto, en el que se recogían los artículos publicados por Santos Chocano replicando al que José Vasconcelos publicó, y que puede ya considerarse como histórico [...] raíz de una agria polémica que tuvo por triste consecuencia el asesinato del joven escritor peruano Edwin Elmore».

539   La nota rectificatoria sí apareció en otros diarios madrileños: «Rectificación rogada», *La Libertad*, 14 de septiembre de 1926, p. 4. y «Una nota de la legación del Perú», *La Nación*, 14 de septiembre de 1926, p. 4. En ellas se explicaba: «El Sr. Abril de Vivero, al hacer uso del sello de la Legación para expedir por intermedio del Correo los ejemplares de la obra indicada, ha procedido —siempre de manera particular— amparado en la disposición vigente de la Oficina Internacional de la Unión Panamericana».

540   No sabemos si esta entrevista con el general Miguel Primo de Rivera (1870-1930), a quien Abril de Vivero debe haber conocido como parte de su labor diplomática en Madrid, tuvo lugar.

541   Debe referirse a Henriette Maisse.

también por la grandeza de canción eterna que respira en todas sus páginas.[542] Has logrado, querido hermano, realizar una obra redonda, pareja, definitiva, desbordante de infinito. Con Víctor Raúl la hemos leído con el amor de toda nuestra fraternidad y se nos han llenado los ojos de lágrimas.[543]

Tu libro es un libro maestro, que servirá de guía espiritual a los mozos de América. Creo que no hay precedente en el continente de una obra primigenia de tanto dominio en la técnica y de tan acabada maestría verbal. Tu libro es una obra clásica en el sentido de perfección de la palabra.

Por él te envía un abrazo tu hermano

César

---

157 [CARTA MANUSCRITA DE CV A JUAN LARREA. DOS PÁGINAS.]

....

Madrid, 21 Setbre 1926

Mi querido Juan:

Ayer llegué a las 7 de la mañana. Creo que daré examen pasado mañana 24 y ese mismo día partiré a París, para llegar el 26 a las 8 o 12 del día, yo no estoy seguro.[544]

En la aduana me cobraron 47 pesetas por el abrigo. Como no tenía ese dinero suficiente, me vi obligado a dejarlo en Irún. Pasado mañana que regreso, lo sacaré

---

542 Alcides Spelucín, *El libro de la nave dorada*. Prólogo de Antenor Orrego. Ornamentaciones de Esquerriloff. Trujillo, Editorial El Norte, 1926. El libro reúne poemas publicados en periódicos y revistas de Trujillo y Lima desde 1917, y con los que Vallejo estaba familiarizado. Aparece listado en la sección «Libros recibidos» del segundo número de *Favorables París Poema* (octubre de 1926, p. 16).

543 Haya de la Torre estuvo en París en septiembre de 1926. Este paso por París parece haber inspirado a Vallejo a escribir sobre él: «Haya de la Torre opina que los factores de belleza más grandes de toda obra artística han sido siempre factores políticos. En concepto de Haya de la Torre, el Quijote es un político sin fuerza para imponer sus ideales de gobierno; el fondo de la Divina Comedia no es otra cosa que un formidable ensayo de organización social y Antonio y Cleopatra de Bernard Shaw pone de manifiesto la excelencia de los métodos de conquista de la Gran Bretaña. Pero Vicente Huidobro encuentra del todo inadmisibles estas apreciaciones de Haya de la Torre y sostiene, por su parte, que en el arte no tiene nada que ver la política, aparte de que el caso del Quijote, de la Divina Comedia y de Antonio y Cleopatra, no explica nada, puesto que son tres obras estúpidas y, a lo más, mediocres» («Montaigne sobre Shakespeare», *Mundial*, n.º 334, Lima, 5 de noviembre de 1926). Haya de la Torre se encontraba de regreso en Londres por lo menos desde el 4 de octubre, pues en esa fecha le escribe desde ahí a Esteban Pavletich: «Llamado por los compañeros peruanos he pasado algunas semanas en París organizando la célula de la A. P. R. A. en esa ciudad» (citada en Pedro Planas Silva, *Los orígenes del APRA: el joven Haya*, Lima, OKURA, 1986, p. 163).

544 El 24 de septiembre de 1926 fue un viernes, por lo que, de haber seguido este itinerario, Vallejo habría estado de vuelta en París el domingo 26.

y lo enviaré por correo a Pablo [Abril], para que, a su vez, él lo envíe por continental a casa de tu zorrilla. Este contratiempo me ha mortificado mucho. Pero, en fin, la cosa es subsanable y no tiene mayores <u>suites</u> enojosas.

He tenido la suerte de encontrarme con Fernando ayer mismo, en la Universidad. Estamos siempre juntos. Él también va a dar examen en estos días. No sabe cuando irá todavía a París. Está muy gordo y muy arrecho siempre.[545]

Y tu viaje alrededor del mundo? Ça va? Ça marche? Ah zorrillos soñadores, españoles, españolísimos. Felices ustedes, que pueden soñar así.[546] Tanto peor para mí, que busco realidades inmediatas y miserables.

No me escribas, porque creo que me iré pasado mañana. En cuanto a hotel, a mi llegada a París veré cómo y dónde me las arreglo.

Saludos de Fernando y de Pablo y un abrazo estrechísimo de tu firme amigo

César

---

158 [CARTA MANUSCRITA DE CV A RICARDO VEGAS GARCÍA, CON EL MEMBRETE EN FRANCÉS DE LES GRANDS JOURNAUX IBÉRO-AMÉRICAINS.]

Paris, le 28 Setbre 1926

Sr. Ricardo Vegas García
    <u>Lima</u>

Mi querido compañero:

Estoy muy obligado a usted por la aceptación de mis crónicas en «Variedades». Y siento muy de veras poner término a mi colaboración en esa importante revista, a causa de haber dado la exclusividad de mis crónicas de París a otra revista de Lima, en cuyas columnas, colaboro desde hace cerca de dos años. En otra ocasión

---

545 Fernando Ibáñez, al igual que Vallejo, era estudiante de derecho. El coloquialismo *arrecho*: «dícese de la persona excitada por el apetito sexual» (DRAE 1983).

546 Juan Larrea, Antonio Riquelme y Fernando Regoyos planeaban un viaje alrededor del mundo, plan que al poco tiempo fracasó. Así le escribe Larrea a Gerardo Diego: «Fracasado un viaje a vela que he estado organizando para dar la vuelta al mundo, hoy salgo para Normandía con el fin de imponerme en los negocios marinos y remachar el primer clavo en el arnés» (Diego y Larrea, *Epistolario,* 2017, p. 584).

espero tener el alto honor de que Variedades acoja de nuevo mi modesta contribución literaria.[547]

Me permito suplicar de su p{r}overbial gentileza y noble compañerismo, se sirva enviarme a la mayor brevedad el valor de las ocho crónicas mías publicadas ya por «Variedades».[548] Puede usted girarme en francos o libras inglesas. Mil gracias por tanta fineza suya.

Un cordialísimo abrazo de su agradecido amigo.

César Vallejo

---

159 [CARTA MANUSCRITA DE CV A PABLO ABRIL DE VIVERO. UNA CUARTILLA (TRES PÁGINAS).]

París, 2 octubre 1926

Mi querido Pablo:

Supongo que estará usted ya de regreso de San Sebastián, donde des{e}o que haya pasado días bonitos.

Espero recibir de un momento a otro su libro y sus últimas indicaciones para su impresión. Ya le he dicho que pondré todo mi cariño para que el libro sea bien impreso y, sobre todo, para que él sea impreso a su gusto.

Como le diría Fernando [Ibáñez], me <u>jalaron</u> en el examen, de la manera más cochina. Volví a matricularme, para que mi b{e}ca continúe. Me preparo a estudiar para reparar ese deshonor, en Mayo próximo.[549]

---

547 Vallejo volvería a colaborar continuamente con *Variedades* a partir de abril de 1927. Como se desprende de la carta a Vegas García del 20 de noviembre de 1926, al parecer Vallejo pudo renegociar la exclusividad de sus crónicas con *Mundial*.

548 Antes de la fecha de esta carta se habían publicado solamente seis crónicas de Vallejo en *Variedades* de Lima: «El asesino de Barrès» (10 de julio de 1926), «El más grande músico de Francia» (24 de julio de 1926), «La fáustica moderna» (7 de agosto de 1926), «El sombrero es el hombre» (21 de agosto de 1926), «El último drama parisién» (4 de septiembre de 1926) y «El Bautista de Vinci» (18 de septiembre de 1926). Otras dos crónicas, ya remitidas por Vallejo, se publicarían en días posteriores: «Gastón Guyot, el nuevo Landrú» (2 de octubre de 1926) y «Crónicas de París» (23 de octubre de 1926).

549 Queda registrado en los resultados del año académico 1925-1926 que Vallejo fue suspenso en el examen extraordinario de Introducción al Derecho Romano, único curso en el que parece haberse matriculado (Archivo de la Universidad Central, Registro General por orden alfabético de Matrículas y Exámenes de la Facultad de Derecho. Curso de 1925 a 1926, n.º de orden 431). Debió reprobar el curso, puesto que lo vuelve a llevar durante el año académico de 1926 a 1927 (Archivo de la Universidad Central, Registro General por orden alfabético de Matrículas y Exámenes de la Facultad de Derecho. Curso de 1926 a 1927, n.º de orden 536).

De mis 300 pesetas cobradas en Madrid no me quedó casi nada, después de mis gastos de pasaje, de derechos de examen y de nueva matrícula; hotel, etc., etc. Usted ya puede comprenderlo. En estos momentos carezco de medios en absoluto. Por esto, abusando de su <u>excesiva</u> gentileza para conmigo, le ruego, si su situación económic{a} lo permite, me haga el favor de prestarme 200 pesetas, las mismas que se las devolveré <u>religiosamente</u> en los primeros días de Noviembre, en que iré a Madrid a cobrar mis [*sic*] pensión de Stbre. y Octubre juntos. En ese viaje cobraré 660 pesetas y estaré en condiciones de devolverle su préstamo, sin mayores dificultades. Puede usted estar seguro de ello. Per{o} si no le es posible este milésimo servicio que me atrevo a pedirle, Pablo querido, no se preocupe de él y es como si no se lo hubiera pedido. Muy bien sé el generoso y fraternal interés con que usted ha visto siempre cuanto a mí se relaciona. Así es que no tengo derecho de mortificarlo más y más.

Mis cordialísimos saludos para Vallecito, Bentín y Fry. Para usted t{o}do el cariño de su agradecido amigo

César

---

240   160 [CARTA MANUSCRITA DE CV A PABLO ABRIL DE VIVERO. UNA CUARTILLA (DOS PÁGINAS), CON EL MEMBRETE:] CAFÉ-RESTAURANT | DE VERSAILLES | 3, PLACE DE RENNES | PARIS (VIᴱ) | E. DAUTIGNY, PROPRIÉTAIRE | SÉGUR 05-10 | FLEURUS 31-12 | R.C. SEINE 151.348

....

Paris, le 26 Octubre 1926

Mi querido Pablo:

He tenido el gran placer de leer su carta, que me ha satisfecho el {a}nsia de saber noticias suyas, pues me habían dicho que estaba usted aquí. Ahora ya tengo la esperanza de verlo y abrazarlo muy en breve. Espero me avise cuándo llegará a París, para ir a la gare a esperarlo.

La noticia de la llegada de Javier me ha llenado de placer. Ya lo esperábamos. Y mayor es mi agrado al saber que se viene con usted a París.[550] Yo iré a Madrid el 15 de No{vi}embre y él podrá regresar en mi compañía, como usted me indica. Yo

---

550   El poeta Xavier Abril, hermano de Pablo Abril de Vivero, había llegado a Madrid para realizar estudios. Recibiría una beca a estudiantes hispanoamericanos similar a la que tenía Vallejo, al quedar vacante la que le había sido otorgada a Carlos Quízpez Asín (véase «Revista de "La Gaceta"», *El Magisterio Español*, n.º 7616, 17 de noviembre de 1926, p. 521). Sobre él, véase «Perfiles biográficos».

tendría mucho placer de hacerlo así. Así, pues, aguardo siempre las noticias últimas de usted y de Javier.

Mucho tengo que hablar con usted sobre nuestros proyectos. Dice usted bien cuando me dice que es menester conquistar la vida o suicidarnos todos. Ya hablaremos de todos nuestros asuntos. Espero por instantes su venida.

Le agradezco muy de veras sus buenos deseos para proporcionarme el préstamo que me permití pedirle. Siempre sé cuánta buena voluntad abriga usted para conmigo, en verdad, sin méritos para tanta gentileza. Pero no debe usted mortificarse, Pablo querido, que no haya tenido usted el dinero. Ça ne fait rien! Deseo solamente que su situación se mejore pronto y que, de este modo, mejoren todos nuestros negocios futuros. Ya vendrán mejores días. Tienen que venir mejores días, por la razón o la fuerza, como dicen los chilenos.

Espero sus nuevas noticias y reciba usted y Javier un estrechísimo abrazo de su firme amigo

César

---

161 [CARTA MECANOGRAFIADA DE CV A RICARDO VEGAS GARCÍA, CON FIRMA AUTÓGRAFA Y CON EL MEMBRE- **241** TE EN FRANCÉS DE LES GRANDS JOURNAUX IBÉRO-AMÉRICAINS.]

....

Paris, le 30 de octubre 1926

Mi querido compañero:

Confirmo a usted mi última carta, en la que le anunciaba poner fin, por ahora, a mi colaboración en «Variedades», a causa de haber contraído compromiso anticipado de exclusividad, como corresponsal de otra revista de esa ciudad.

Vuelvo a permitirme suplicar a usted se sirva enviarme el valor de mis crónicas ya publicadas en «Variedades». Le ruego hacerme este envío a la mayor brevedad, en un giro bancario sobre París. Espero de su gentileza y cordial compañerismo, me haga este favor cuanto antes.

Atento a sus gratas órdenes y noticias, le ruego disponga como guste del afecto de su agradecido amigo y compañero

César Vallejo

Gracias, Juan Larrea y César Vallejo, por <u>Favorables</u> n.º 1. Pero ¿ha habido más números después? ¿Y podría yo verlos? Me es altamente simpática su actitud.[552]

Su amigo

A. Reyes

París nov. 1926.

Paris, le 4 Novbre 1926

242

Mi querido compañero:[553]

Felicito a usted entusiastamente por su hermoso ensayo sobre José Ingenieros, que ha tenido la gentileza de enviarme.[554] En mucha parte no estoy de acuerdo con la obra de Ingenieros y su papel político en América.[555] Mas, cuanto al ensayo de

---

551 El escritor, pensador y diplomático mexicano Alfonso Reyes (1889-1959) fue Ministro Plenipotenciario de México en Francia entre 1924 y 1927. No tenemos constancia de que haya conocido a Vallejo personalmente. Vallejo hace referencia a su libro *Calendario* (1924) en la crónica «Una gran evocación de Luis XIV» (*Variedades,* n.º 1000, 30 de abril de 1927).

552 Es posible que haya llegado a oídos de Reyes la referencia que hace a él Vallejo en «Se prohíbe hablar al piloto», aparecido en el segundo número de *Favorables París Poema* (octubre de 1926): «Amigo Alfonso Reyes, Señor Ministro Plenipotenciario: tengo el gusto de afirmar a usted que, hoy y siempre, toda obra de tesis, en arte como en vida, me mortifica» (p. 13).

553 Gregorio Bermann (1894-1972) fue un médico y psiquiatra argentino de ideas socialistas, que jugó un papel importante en la Reforma Universitaria de 1918 en Córdoba. Aunque Bermann viajó a Europa en 1929 y formó parte de las Brigadas Internacionales en Madrid en 1936, no tenemos constancia de que él y Vallejo se hayan conocido personalmente.

554 Gregorio Bermann, *José Ingenieros: el civilizador - el filósofo - el moralista - lo que le debe nuestra generación* (Buenos Aires, M. Gleizer, 1926).

555 Salvo por esta carta, Vallejo no se refiere a José Ingenieros (1877-1925) en ninguno de sus escritos, por lo que es difícil establecer exactamente sus reservas hacia el pensador argentino. Cabe especular que se trate de reservas similares a las que tenía contra José Vasconcelos, otra figura tutelar para su generación (véase la carta de Vallejo a Abril de Vivero del 25 de julio de 1926). Sobre la influencia de Ingenieros en los intelectuales peruanos, véase Osmar González A., «Del Novecientos al Centenario:

usted, me alegra poderle decir que admiro en él a una fuerte sensibilidad filosófica, que bien puede exegetar a un filósofo mediocre, como a uno grande: en ambos casos el ensayista, que es usted, mostrará siempre agudeza, cultura de carne y hueso y gran inquietud idealista. Su libro me hace quizás reconciliar un tanto con el señor Ingenieros. Esto es ya mucho lograr con su libro.

Un apretón de manos.

César Vallejo

---

164 [CARTA MANUSCRITA DE CV A PABLO ABRIL DE VIVERO.]

....

París, 8 Novbre 1926

Mi querido Pablo:

Me apresuro a contestar su última carta, recibida ayer.

Estoy listo a trabajar con usted en el negocio del libro iberoamericano.[556] Usted sabe que mi angustia económica es terrible siempre. Con usted trabajaré en lo que usted quiera. No me olvide en sus proyectos. Usted sabe que soy suyo en todo momento e incondicionalmente.

Si Dios no resuelve otra cos{a}, creo poder estar en Madrid el martes 16 de Novbre sin falta. Allí conversaremos ampliamente.

Un fuertísimo abrazo para Javier [Abril] y otro igual para usted de su fraternal amigo

César

La influencia de José Ingenieros en dos generaciones en el Perú», *Políticas de la Memoria*, n.º 13, verano 2012/2013, pp. 78-95.

556   No se sabe con certeza en qué consistía este negocio, al que se hace referencia también en cartas posteriores a Pablo Abril de Vivero.

Paris, le 20 noviembre 1926. –

Mi querido compañero:

Acabo de recibir su cariñosa carta del 13 de octubre.

Por este mismo correo escribo a Aramburú,[557] a fin de ver la manera de que yo siga colaborando, al mismo tiempo, en «Variedades» y en «Mundial», sin que con ello se rocen en lo menor los intereses de esta última revista, en la, [sic] que, como usted sabe, vengo escribiendo desde mucho antes que en «Variedades».[558] Mientras recibo respuesta de «Mundial», me preparo a seguir las inteligentes instrucciones periodísticas de usted.

He recibido también el giro por quinientos francos. Muchas gracias. Espero, como usted me indica, otro en estos días. Me vendrá muy bien.

Le agradezco sus valiosas noticias sobre las inquietudes literarias de Lima. Ojalá que ellas contribuyan a suscitar algún valor literario de verdad en el Perú.

En caso de que siga colaborando en «Variedades», le ruego que el envío del precio de mis crónicas se haga <u>mensualmente</u>, sin retardo, sea cual fuese el monto de esas crónicas en cada mes. En verdad, lo principal es contar, de manera segura, con un dinero, aunque este sea un franco, <u>pero puntual, es decir, cada 30 días</u>. Confío en el generoso compañerismo y la nobilísima buena voluntad de usted, para ayudarme en lo posible. Le abrazo y le envío mi gratitud por anticipado.

Próximamente le enviaré los libros y noticias que me pide. Con gran placer le escribiré a menudo, pues son así mis sinceros deseos.

Un apretón de manos de su leal amigo y agradecido compañero.

César Vallejo

[En el margen izquierdo, a mano, en vertical:] Le envío una {c}rónica sobre Poincaré –[559]

---

557 Andrés Avelino Aramburú Salinas (1883-1933) fue el fundador y director de la revista limeña *Mundial*, en la que Vallejo colaboraba desde mayo de 1925.

558 A partir de abril de 1927, Vallejo colaboraría en ambos semanarios, por lo que todo hace pensar que su gestión con Aramburú fue exitosa.

559 La crónica «Hablo con Poincaré» apareció en el número 982 de *Variedades*, 25 de diciembre de 1926.

Paris, le 4 diciembre 1926

Mi querido Pablo:

Espero las nuevas órdenes suyas sobre la impresión de su libro. Todo está listo. Solamente aguardo sus nuevas noticias, como convenimos en Madrid.[560]

Yo iré a Madrid seguramente el 14 de este mes. Entre tanto, me ocupo del asunto del libro iberoamericano. Creo poder llevarle algo muy importante en materia de bibliografía.

Es muy posible que en estos días saquemos aquí una revista «Foro», sobre política latinoamericana y en español. No es esta la revista «Colón» de Cossío, que también saldrá a fines del mes, en francés.[561] «Foro» será una cosa sin fotos y de un carácter exclusivamente político. Para ella le ruego escribir algo y enviármelo cuanto antes. Escoja el tema y la manera de tratarlo, con entera libertad. «Foro» no tendrá compromisos pero puede contraerlos. Me comprende usted. Por ahora es una cosa libre, no cotizada y simplemente cotizable. Ojalá que del Gobierno se pueda obtener un apoyo. Ya conversaremos de esto cuando vaya a Madrid.[562] Le ruego se

245

---

560   Vallejo debió haber viajado a Madrid para cobrar su beca a mediados de noviembre, como le anticipaba a Pablo Abril de Vivero en las cartas del 26 de octubre y del 8 de noviembre de 1926.

561   Felipe Cossío del Pomar (1888-1981) fue un pintor peruano, historiador del arte y más tarde activista político vinculado al APRA. Vivió en París entre 1911 y 1917, y regresó a la capital francesa hacia 1924. Había publicado su tesis *Historia crítica de la pintura en el Cuzco* (Cusco, H. G. Rozas, 1922), reeditada como *Pintura colonial: escuela cuzqueña* (Nueva edición, ilustrada, corregida y aumentada, Cusco, H. G. Rozas, 1922) y luego publicaría *Arte y vida de Pablo Gauguin (escuela sintetista)* (París, L. Sánchez Cuesta, 1930), libro que Vallejo debió conocer debido a su admiración hacia el pintor francés. En sus recuerdos sobre Vallejo, Cossío del Pomar data su amistad hacia 1926 en París, aunque anteriormente debieron coincidir, sin conocerse personalmente, en los mismos círculos de Lima y Trujillo. También según este recuerdo, se vieron por última vez en la Legación peruana en Madrid en 1930 o 1931, cuando era Ministro Plenipotenciario del Perú en España Óscar R. Benavides. Sobre la revista mencionada en esta carta, Cossío la recuerda como un proyecto conjunto: «Planeamos sacar una revista. El nombre fue lo primero que decidimos, como es común en estos casos. Se llamaría "Colón". Por supuesto se quedó en formato. Ni el primer número llegó a publicarse. El artículo que Vallejo le dedicó, lo envió a "Mundial" de Lima, y la carátula que yo pinté, "Retrato de una dama", fue a parar al canasto, fin merecido por la frivolidad del tema» (Felipe Cossío del Pomar, «Con César Vallejo en la otra orilla», *Cuadernos Americanos*, vol. 188, n.º 3, 1973, pp. 199-205).

562   Esta carta contiene la poca información sobre el proyecto de la revista *Foro*, que nunca llegó a realizarse, tal como se afirma en la siguiente carta a Pablo Abril de Vivero, datada el 21 de diciembre.

moleste así mismo enviar cuanto le parezca conveniente en materia informativa del Perú y del gobierno.

Al Ministro Sr. Leguía lo visité hace algunos días. Me parece que ya estará en Madrid. No le hablé de la revista «Foro», porque creo que no conviene hablarle hasta que usted y yo no nos pongamos de acuerdo y hasta que no salga el primer número de la revista, el cual debe traer un pronunciado espíritu de independencia. ¿No le parece que así es mejor? En fin, ya conversaremos largamente en Madrid. Pero, de todos modos, antes de mi viaje, le ruego hacer lo posible por enviarme su artículo de colabor{a}ción y sus informaciones oficiales del Perú que estime conveniente, a fin de preparar así el número para antes del 20 del pte mes. El precio de este número está cubierto. No se trata ahora sino del texto. Además, espero cuanto antes sus inspiraciones y su opinión, a fin de dar seriedad y fondo a la revista. En el primer número irán firmas de Falcón, de Huidobro, de Larrea, de Ernesto More,[563] entrevistas y páginas de información financiera de América. Cossío también colabora en este número.

Acabo de recibir un pneumático de Héctor Velarde, que acaba de llegar a París. Quizás me vea con él esta noche. Le escribiré después contándole cosas de él y de cuándo se vuelve a Estados Unidos.[564]

Espero sus noticias cuanto antes. Un fuerte abrazo fraternal para usted y otro para Javier [Abril].

César

[En el margen superior de la primera página:] Escríbame siempre a «Les Grands Journaux». –

---

563 César Falcón, que vivía en Londres, visitaría París alrededor de estas fechas, como le informa Vallejo a Abril de Vivero en carta del 21 de diciembre de 1926. El escritor peruano Ernesto More (1897-1980), hermano de Gonzalo, Carlos y Federico More, había conocido a Vallejo en Lima en enero de 1918, año en que publicó su libro *Hésperos* (Lima, [El Universo,] 1918). Como hemos manifestado en otra parte: «Sobre su amistad hasta junio de 1923, todavía se ha investigado poco. Ernesto More se reencontró con Vallejo en París en 1926. A él se debe la famosa fotografía de Vallejo con Henriette Maisse y el pintor Carlos More (1903-1944) en el taller de Max Jiménez celebrando la navidad de ese año» (Vallejo, *Iconografía*, 2017, p. 47).

564 El escritor y arquitecto peruano Héctor Velarde vivía en Washington, D. C. donde su padre, Hernán Velarde Diez-Canseco, era ministro plenipotenciario del Perú.

....

Paris, le 10 diciembre de 1926.

Mi querido compañero:

Agradezco a usted en lo que vale el bondadoso juicio que me envía publicado en «Mundial», relativo a mi labor literaria.[565] Varios pasajes de su cariñoso ensayo llevan tal voluntad de comprensión y logran interpretarme con tan penetrativa agilidad, que leyéndolos me he sentido como descubierto por la primera vez y como revelado en modo concluyente. Su ensayo, sobre todo, está lleno de buena voluntad y de talento. Le agradezco, querido compañero, por ambas cosas.

He recibido «Amauta».[566] Sigo con fraternal y fervorosa simpatía los trances y esfuerzos culturales de nuestra generación, a cuya cabeza está usted y están otros espíritus sinceros como el suyo. En estos días enviaré a usted con todo cariño algún trabajo para «Amauta», cuyo éxito y acción renovatriz en América celebro de corazón, puesto que ella es, como usted me dice, «nuestro mensaje».[567] Creo que esta resonancia ha de crecer, contribuyendo así a densificar más y más la sana inspiración peruana de nuestra acción ante el continente y ante el mundo.

Próximamente le escribiré acerca del libro que me pide para la Editorial Minerva. Pueda ser que ese libro esté listo muy en breve.[568]

---

565   El juicio de José Carlos Mariátegui, «César Vallejo», se publicó en dos partes en los números 319 y 320 de *Mundial* (23 y 28 de julio de 1926). Posteriormente se recogió en el libro de Mariátegui, *7 ensayos de interpretación de la realidad peruana* (Lima, Minerva, 1928), dentro del capítulo «El proceso de la literatura».

566   La revista *Amauta*, que dirigió Mariátegui hasta poco antes su muerte en abril de 1930, había publicado a la fecha cuatro números y en ella se habían reproducido tres textos de Vallejo tomados de los dos números de *Favorables París Poema*: «Poesía nueva» (n.º 2, noviembre de 1926, p. 14), el poema «Me estoy riendo» (n.º 3, noviembre de 1926, p. 4) y «Se prohíbe hablar al piloto» (n.º 4, diciembre de 1926, p. 18).

567   Vallejo debe citar la carta que le envió Mariátegui y que no conocemos. En cartas remitidas al poeta Luis de Rodrigo, fechadas 20 de noviembre de 1926 y 6 de febrero de 1927, Mariátegui describe la revista como «nuestro mensaje al Perú y al mundo» (*Mariátegui Total*, Lima, Amauta, 1994, vol. 2, p. 1807). Además de los tres textos tomados de *Favorables París Poema*, Vallejo publicaría en *Amauta* «Sabiduría», versión primigenia de lo que luego sería una parte de la novela *El tungsteno* (n.º 8, abril de 1927, pp. 17-18) y el artículo «Autopsia del superrealismo», que apareció en *Amauta* tras la muerte Mariátegui (n.º 30, abril-mayo de 1930, pp. 44-47).

568   En paralelo a la labor editorial de *Amauta*, Mariátegui había fundado en 1925, junto con su familia, la editorial Minerva, en la que publicó su propia obra y difundió la de muchos otros escritores peruanos,

Un afectuoso saludo para todos los buenos amigos de «Amauta» y para usted un estrecho abrazo de su devoto compañero.

César Vallejo

---

168 [CARTA MECANOGRAFIADA DE CV A EMILIO ARMAZA, CON FIRMA AUTÓGRAFA Y CON EL MEMBRETE EN FRANCÉS DE LES GRANDS JOURNAUX IBÉRO-AMÉRICAINS.]

Paris, le 10 diciembre 1926

Mi querido compañero:[569]

Qué gratísima sorpresa he tenido al recibir su libro «FALO».[570] Pensaba ya, algún tiem[p]o antes, escribirle o preguntar a los otros amigos por usted y su dirección. Su libro me ha llenado de gusto, y su cariñosa tarjeta me ha recordado de los días de

---

como José María Eguren, Luis E. Valcárcel, Magda Portal, Serafín del Mar, Carlos Oquendo de Amat, José Varallanos y Carlos Alberto González. A pesar de las palabras de Vallejo en esta carta, el planeado libro nunca llegó a publicarse en Minerva. Tampoco se sabe qué libro tenía pensado Vallejo ofrecerle a Mariátegui, aunque se puede especular que hubiese sido *El tungsteno*, pues el fragmento «Sabiduría» había aparecido en *Amauta*.

569 Emilio Armaza (1902-1980) fue un poeta, periodista y profesor peruano. Fue asiduo participante del movimiento literario en Puno, fundador de la revista modernista *La Tea* y parte del círculo formado alrededor del *Boletín Titikaka*. Cursó estudios en el Colegio Guadalupe de Lima, en la Universidad de Arequipa y en la Universidad de San Marcos. Es posible que haya conocido a Vallejo en San Marcos y, como se desprende de esta carta, en las tertulias limeñas. El 18 de enero de 1926, en la revista *Crítica* de Buenos Aires, se publicó una entrevista en la que Armaza califica a Vallejo como el poeta precursor de la moderna poesía del Perú: «Medio lustro va corrido desde que un joven enjuto, tostado a los calores del sol de Trujillo, delgado de cuerpo, pausado en su andar y codialísimo, simple, infantil en su trato, publicara en los talleres tipográficos de la Penitenciaría de Lima "Trilce", libro de poemas izquierdistas y de gloriosa y dulce originalidad. Se llama César A. Vallejo. Ha llegado a la capital en 1919, trabajando como profesor de la enseñanza en el Colegio Nacional de Guadalupe. Desde que ingresara al mundo literario precedido de sus bellos "Heraldos Negros", nos vimos frente a un estupendo cantor. La admiración y el cariño de sus camaradas no se dejaron esperar y, en poco tiempo, el joven provinciano de huesuda faz gozó de un alto aprecio intelectual. Empero no hubimos profetizado, en el luengo desfilar de aquellos días, días que en el fondo y para celosa inquietud nuestra no aportaban al futuro más que una simple crisis de orientaciones estéticas, que el cordial poeta trujillano fuera el primero, pocos años más tarde, en jalonar la senda con "Trilce" llevando un jugoso prólogo del simpático Antenor Orrego, uno de los más inteligentes prosadores nuevos del Perú» (reproducido en *Editorial Amauta / Boletín* [n.º 1], Puno, agosto de 1926, pp. 3-4).

570 El primer libro de Armaza, *Falo* (Puno, Tipografía Comercial, 1926) fue un poemario vanguardista de temática indigenista.

Lima, cuando tomábamos los aperitivos en casa de Paredes, del girón de la Unión.[571] Supongo que usted no habrá olvidado todo esto.

Su libro me ha gustado singularmente por las disciplinas de equilibrio y de medida que hay en él. En estos tiempos de epilepsia, una obra así, de euritmia y justeza, hace bien y nos reconcilia con «los números severos y apostólicos»[572] de que gustan las cosas eternas. Ni una masa más, ni un volumen menos. Su libro «Falo» responde a esta exigencia fundamental de la vida y del arte. Fuera de este mérito verdaderamente excepcional en estos tiempos, sus versos respiran peruanidad, es decir, humanidad, por anchos y salubres pulmones titikakas. La paja de la jalca[573] vibra en «Falo», contra el ventisquero y a favor de la dicha de cancha y cal domésticas.[574] Qué bellas estrofas que revientan blanco, blanco! Yo tengo mucho gusto. Magnífico libro el suyo, querido compañero. Un fuerte abrazo por él.

Escríbame siempre y hágame conocer ~~siempre~~ sus nuevas producciones. Yo haré lo mismo con usted. Deme noticias de los amigos.

Disponga como guste de su viejo amigo y compañero de siempre.

César Vallejo

169 [CARTA MECANOGRAFIADA DE CV A PABLO ABRIL DE VIVERO, CON FIRMA AUTÓGRAFA. UNA CUARTILLA (DOS PÁGINAS), CON EL MEMBRETE EN FRANCÉS DE LES GRANDS JOURNAUX IBÉRO-AMÉRICAINS.]

Paris, le 21 diciembre de 1926

Mi querido Pablo:

No he tenido el gusto de recibir letras de usted y espero por momentos sus noticias en que me diga sus últimas disposiciones sobre su libro y sobre su viaje a París, que juzgo será a primeros del mes entrante. Salvo que hayan surgido dificultades posteriores. En todo caso, le ruego decirme cuándo debo esperarlo por aquí, para tratar de nuestros asuntos pendientes. Yo no he podido hacer el viaje de este mes a

---

571 El jirón de la Unión es una calle (actualmente boulevard) en el centro histórico de Lima que desemboca en la Plaza Mayor. Vallejo la describió como «la arteria principal de Lima» en su cuento «Mirtho», publicado en *Escalas* (1923).

572 Cita un verso del poema de Rubén Darío, «En elogio del ilustrísimo señor obispo de Córdoba, fray Mamerto Esquiú, O. M.», recogido en *El canto errante* (1907).

573 *Jalca*: área elevada de la cordillera andina. En lenguaje coloquial equivale a *puna*.

574 Cancha: «Maíz tostado» (DRAE 1927).

Madrid, debido a que no he tenido dinero para ello. Había pensado ir el 10 de este mes, como le escribí, pero me ha sido absolutamente imposible. Ahora no me queda sino ver la manera de cobrar este mes junto con el próximo, en enero.

La revista de que le hablaba en una de mis anteriores no puede aún salir. Yo creo que se trata de otra de tantas «revistas», que no salen nunca.[575] Esto es terrible. Es terrible esto de tener que hablar siempre de cosas medio literarias y nada financieras. Pero, qué vamos a hacer. Estamos condenados a ello. Mientras no tengamos en el bolsillo unos buenos fajos de billetes, uno tiene que seguir acariciando despojos de imaginación y nada más.

He estado con Ribeiro. Me ha mostrado novísimos y bellos proyectos relativos a ganancias pingües. También ha vuelto a cambiarse de hotel varias veces. Pero ni una brizna de ganancia líquida. Esos proyectos me enferman más todavía. Esto es terrible. Esto es pavorosamente terrible.

Falcón estuvo aquí hace días. Me ha hablado de una gran revista que piensa editar en París. Yo no sé con cuáles dineros ni con cuáles colaboradores.[576]

Víctor Raúl va a venir hoy o mañana, según me dicen.[577]

575 Se refiere a la revista *Foro*, mencionada en la carta anterior a Abril de Vivero, y que no llegó a publicarse.

576 Hasta donde alcanzamos, César Falcón, que en ese momento vivía en Londres, no editó ninguna revista en París. Posteriormente, en 1930, fundaría el semanario *Nosotros* en Madrid.

577 Víctor Raúl Haya de la Torre llegó a París a finales de 1926 y debió permanecer en la capital francesa por lo menos hasta el año siguiente. El 13 de enero de 1927 habló en la Salle des Horticulteurs de la calle Grenelle, en un acto que la historia aprista suele señalar como fundacional. Arturo Taracena Arriola, sin embargo, ofrece una versión menos parcializada del evento: «La tradición aprista señala que en ese acto los oradores fueron Raúl Haya de la Torre, el poeta chileno Vicente Huidobro (1893), Sian Ting, miembro del Kuomintang y delegado ante la Liga de Naciones y representantes de Nicaragua, Haití y la República Dominicana. El parte de la Prefectura de Policía de París señala que al acto asistieron 250 personas y que estuvo presidido por Eudocio Ravines (1897), como secretario de la filial del APRA. Se dio lectura a la carta de [Romain] Rolland y a varios telegramas de apoyo. Como oradores actuaron Alberto Ulloa (1862), profesor de la Universidad de Lima, y Adolfo Zamora, quienes hablaron sobre el "monroísmo". Asimismo, Antoine Bervin, quien habló sobre la realidad de Haití y Haya de la Torre, que basó su intervención en el tema del imperialismo y preconizó la unidad latinoamericana» («La Asociación General de Estudiantes Latinoamericanos de París (1925-1930)», *Anuario de Estudios Centroamericanos*, 1989, vol. 15, n.º 2, 1989, pp. 61-80). Ernesto More narra una anécdota, sucedida una noche de Navidad, que podría ser la de 1926, según la cual Haya de la Torre apareció durante la fiesta en el atelier «con el ánimo de enganchar adeptos»; Vallejo le sirvió «un gran vaso de vino caliente [...]. Haya vaciló, quiso rechazar el ofrecimiento, balbuceó no recuerdo qué cosa, y es cuando Vallejo, Larrea y todos nosotros, a una, como si hubiéramos estado de acuerdo, gritamos: "Aquí no habla y no es escuchado sino el que tiene copa en mano...". Haya bebió la mitad, y comprendiendo que había perdido la partida, dando media vuelta sobre sus talones, y siempre acompañado por su tropa, salió desgarbado» («Anecdotario», 1949, 29 de agosto). Una anécdota similar, pero con algunas variantes, narra Armando Bazán (*César Vallejo: dolor y poesía*, 1958, pp. 118-121).

No sé si Fry ha venido ya. En todo caso, le ruego decirme si va a venir. Hágame el favor de abrazarle de mi parte y de decirle que espero sus órdenes acerca de la clase de palacio que hay que prepararle en París. Que me diga cuándo va a venir, para tener el gusto de ir a recibirlo a la estación.

Si Vallecito ha regresado de Sevilla, le ruego saludarle de mi parte. Le envío una carta para él, recogida del hotel Garibaldi.

Un abrazo muy estrecho para Javier [Abril] y otro fuertísimo para usted de su fraternal amigo

César

Mis gestiones sobre el libro latino-americano marchan adelante. Muy pronto le enviaré el resultado completo de ellas o se lo llevaré cuando vaya a Madrid.

---

170 [CARTA MECANOGRAFIADA DE CV A MAX JIMÉNEZ, CON FIRMA AUTÓGRAFA. DOS PÁGINAS, CON EL MEMBRETE EN FRANCÉS DE LES GRANDS JOURNAUX IBÉRO-AMÉRICAINS.]

Paris, le 21 diciembre de 1926

Mi querido Max:

Hace algunos meses que tuve el gusto de escribirle, última de las varias cartas que le he dirigido durante su ausencia de París.[578]

Hago votos por su más completo bienestar, así como el de toda su respetable familia. Singularmente, anhelo que sus negocios marchen pronto, a fin de que en breve plazo podamos verlo de regreso en esta ciudad. Los amigos me dicen que usted no volverá a París sino después de mucho tiempo y para muy breves días; pero yo quiero creer que esto no sea cierto y que usted ha de venir, no ya como turista y millonario, sino como parisiense y artista, a quedarse entre nosotros.

Recibo con frecuencia «El Repertorio Americano». Allí he tenido el placer de leer algunos bellos artículos de usted. No será que usted empieza a dejar la escultura por la literatura?[579] No sería extraño que en su espíritu palpite un gran poeta

---

578 Solo se sabe de una carta dirigida a Max Jiménez anterior a esta, por lo que las «varias cartas» a las que Vallejo hace referencia no se conocen.

579 De hecho, Max Jiménez comenzaba a destacar como escritor, pues ese año había publicado el libro *Ensayos* (San José, Imprenta Universal, [1926]). Vallejo debió leer alguno de los siguientes textos breves publicados en la revista *Repertorio Americano* de San José: «Artista y producción» (t. XIII, n.º 10, 11 de septiembre de 1926, p. 151), «Arte y proletariado» (t. XIII, n.º 13, 2 de octubre de 1926, p. 196) o «Ritmo de la felicidad» (t. XIII, n.º 15, 16 de octubre de 1926, p. 227). Vallejo mismo publicaría seis

del verbo, ya que lo es usted desde hace mucho tiempo, en materia de granito y talla directa. Espero ver siempre los artículos de usted, que, como todo lo suyo, me son queridos como cosas verdaderamente fraternales.

La vieja del atelier me exige una carta de usted, en que diga que me cede el atelier. De otro modo, me dice que debo dejar en el día el local y que usted también ha perdido todo derecho, puesto que la locación se ha vencido hace tiempo. Le ruego, pues, mi querido Max, me haga el favor de enviarme esa carta para la vieja y otra para mí, en que conste que usted me cede la locación del atelier. Envíemela en seguida, pues la vieja debe haberle también escrito, dando por terminada esa locación. A fin de tranquilizarla, le he dicho que usted me ha escrito diciéndome que en breve regresará a París. Usted dígale que es cierto que me ha escrito, a fin de no desmentirme. Le agradeceré muy de veras que me haga este favor de arreglar lo del atelier que usted me cedió con tanta gentileza y con tan fraternal generosidad. En fin, espero de todas maneras, carta de usted, para saber lo que usted le escribe a la propietaria del atelier.[580]

Los amigos de Montparnasse han desaparecido casi en su totalidad. Unos se han vuelto a América, otros han partido a viajar sin saber por dónde. En especial, de aquel simpático grupo de muchachos que era el nuestro, no queda ya nadie. Yo mismo voy muy poco por la Rotonda. La vida es así, mi querido Max. No en [*palabra tachada ilegible*] vano trascurre el tiempo, como dicen las viejas.

Sus esculturas, libros, etc., están guardadas en el atelier. No tenga usted cuidado.

Aguardo sus letras cuanto antes. Entre tanto, reciba un fuertísimo abrazo de su viejo y agradecido amigo, que siempre lo recuerda con gran cariño y agradecimiento.

César Vallejo

artículos en esta revista costarricense entre 1927 y 1937, y en mayo de ese último año suscribiría una carta a favor de su director, Joaquín García Monge, que puede verse en esta edición.

580   Como se narra en la carta de Vallejo del 5 de mayo de 1927, Julio Gálvez Orrego fue finalmente despojado del atelier. Vallejo, Henriette Maisse, Carlos y Ernesto More celebraron las Navidades de 1926 en el atelier de la rue Vercingétorix, según una fotografía en que se ve a los tres primeros, tomada por el último (véase Vallejo, *Iconografía*, 2017, pp. 45-46).

171 [CARTA MANUSCRITA DE CV A PABLO ABRIL DE VIVERO. SEIS PÁGINAS NUMERADAS, CON EL MEMBRE-
TE:] LA ROTONDE | CAFÉ RESTAURANT | 36ᴮᴵˢ, BOULEVARD HAUSSMANN, 36ᴮᴵˢ | ENTRÉE DU RESTAURANT :
2, RUE LAFAYETTE | TÉLÉPHONE : ᴄᴇɴᴛʀᴀʟ 61-39 | ʀ.ᴄ. ꜱᴇɪɴᴇ ɴ° 107.877 [EN EL MARGEN SUPERIOR
IZQUIERDO, DE PABLO ABRIL DE VIVERO:] C | 7/1/27.

Paris, le 5 Enero 1927

Mi querido Pablo:

Ayer a las 11 recibí su carta del 27 de diciembre, como usted ve, con inexplicable retraso. Inmediatamente, me puse en marcha a la imprenta y en estos momentos su libro está cajeándose. Las primeras pruebas estarán listas pasado mañana viernes 7; las segundas, el lunes 10. Según me dice el impresor, con las segundas pruebas, será suficiente, pues las cuartillas originales están lo bastante claras para que el linotipo se equivoque mayormente. De este modo, creo que el martes 11 ya pueda tirarse el libro.

Pero, para ello se necesita tener a la vista las muestras de papel, tipo y precio que usted ha escogido de los presupuestos y muestras que yo le llevé a Madrid y que usted conserva en su poder. De otro modo, aquí no conservamos recuerdos de cuál es el papel, la carátula ni el precio convenidos con usted. Sería bueno que usted me envíe seguidamente el papel, tipo y precios ya escogidos, a fin de que el libro sea tirado inmediatamente. Usted recordará que me prometió enviarm{e} esa muestra por el correo siguiente al tren en que me vine de Madrid.

Además, tratándose del «visto bueno» para el tiraje, me parece que de todos modos usted debe leer y corregir las últimas pruebas. Así es mejor, puesto que puede deslizárseme a mí cualquier error. Una vez que yo tenga aquí las últimas pruebas listas y corregidas por mí, se las enviaré sin pérdida de tiempo. Si, una vez leídas por usted, no encontrase ningún error que corregir, usted, para ganar tiempo, puede hacerme un telegrama diciéndome «tírese», sin necesidad de perder tiempo enviándome de nuevo las pruebas por correo. Entonces el impresor procederá a tirar el libro, naturalmente después de haber recibido la muestra escogida del papel y tipo y precio convenidos entre usted y yo en Madrid.

Otra cosa. Me hallo absolutamente desprovisto de dinero. Tengo por cobrar en Madrid tres meses vencidos de la beca,[581] cosa que debo hacerlo al rededor del 15

---

581 Debe referirse a las becas de noviembre, diciembre y enero.

de este mes. Yo quisiera ir a Madrid el miércoles 12. Pero, como usted va a venir antes del 15 y como, entre tanto, tengo que atender a la impresión de su libro, no sé si quedarme hasta el 16 o 17, para ir a Madrid, cuando usted ya esté aquí. Por esto le ruego contestarme a la mayor brevedad la fecha fija de su viaje a París. Si viene usted después del [1]5, temo que yo llegue tarde a cobrar a Madrid y vaya a perder ese cobro. Si viene usted después del 15, dígamelo para ver si voy yo antes de esa fecha a Madrid, en cuyo caso le llevaría yo las últimas pruebas del libro y de allí haríamos un telegrama al impresor para que se tire el libro.

En resumen, _espero_ su respuesta sobre la fecha de su viaje y si debo o no esperarle aquí. _Espero_ la muestra del papel y precio escogidos. _Espero_ el prólogo. _Y espero_ su respuesta sobre si he de enviarle o llevarle personalmente las últimas pruebas, para que haga usted luego el telegrama de «tírese», como le he indicado.

Si usted cree que debo esperarle hasta el 15, para hacer luego mi viaje a Madrid, le ruego proporcionarme _prestadas doscientas_ pesetas, pues estoy absolutamente pobre, pobrísimo, sin dinero ni para el día. Si usted cree que puedo llevarle yo mismo las últimas pruebas del libro a Madrid, donde puedo encontrarle todavía alrededor del 15, para volver a París junto con usted, esas _200_ pesetas me servirán para pagar y hacer inmediatamente mi viaje a Madrid, el cual puedo hacerlo el miércoles 12, sin falta.

En fin, espero su opinión y consejo. Yo le doy todos los datos e informes. Mientras llega su respuesta, que la espero a vuelta de correo, los trabajos de imprenta continúan, así como las correcciones de las dos primeras pruebas. Todo lo demás depende de usted.

El impresor ha estado muy bondadoso, pues ha accedido a mi pedido de imprimir el libro sin adelantarle nada. El libro será pagado una vez terminado de imprimir y cuando esté completamente listo para el público.

Los 25 eje. de lujo están también ya arreglados.[582]

A Fry no le he visto. Cossío me dice que le ha visto en el Carlton, y dicen que se ha sacado la lotería de Madrid, pues lleva aquí un tren _carltoneano_ formidable.[583]

Bentín no está aquí. Se fue a Londres. Cuando llegue le avisaré de su viaje para buscarle un buen hotel. En todo caso, espero respuesta de usted, sin demora.

---

582   Según consta en el poemario _Ausencia,_ de Pablo Abril, se tiraron 25 ejemplares numerados en papel holanda.

583   El Carlton era un céntrico hotel parisino, ubicado en la avenida de Champs-Elysées.

He preguntado por Amauta para Vallecito y me dicen en la Legación que no hay nada.[584] Salude cariñosamente a Vallecito y dígale que aquí todos los amigos le esperan de un día a otro.

Un estrecho abrazo para usted y otro para Xavier y que el nuevo año nos haga ricos cuanto antes a todos.

Suyo con todo cariño

César

---

172 [CARTA MECANOGRAFIADA DE CV A IDELFONSO PEREDA VALDÉS, CON FIRMA AUTÓGRAFA Y CON EL MEMBRETE EN FRANCÉS DE LES GRANDS JOURNAUX IBÉRO-AMÉRICAINS.]

Paris, le 9 de enero 1926. [*sic por* 1927][585]

Mi querido compañero:[586]

He leído con especial interés su libro «La guitarra de los negros».[587] Su lectura me ha hecho saborear más de un instante de auténtica emoción. El canto de usted, lineal, óseo y bien vertebrado, discurre paralelamente a nuestra sangre, sin violencias de pega ni avinagrado embarazo. Su canto es silvestre, basto, hasta torpe, de puro sincero. Puede estar usted cierto de que ha hecho un bello libro de pensamiento y creación innegables.

Envíole un fuerte apretón de manos por su hermosa obra y espero tener siempre noticias nuevas acerca de sus producciones ulteriores.

255

---

584 La revista limeña *Amauta* publicó un artículo de Félix del Valle, «La hora de América», en dos partes (n.º 6 y 7, febrero y marzo de 1927). Es posible que Del Valle le haya pedido a Vallejo, por intermedio de Pablo Abril de Vivero, los ejemplares más recientes de la revista para verificar la publicación de su texto.

585 El libro *La guitarra de los negros* se debe haber publicado a mediados de 1926, pues Jorge Luis Borges lo reseña en *Martín Fierro* (n.º 30-31, Buenos Aires, 8 de julio de 1926) y luego Gervasio Guillot Muñoz en *La Cruz del Sur* (Montevideo, n.º 13, agosto de 1926, p. 22). Por ello, el año en que se fecha esta carta debe ser un error. Como sucede en otras oportunidades, sobre todo en cartas escritas en el mes de enero, Vallejo escribe por descuido el año anterior. Parece corroborar este error el hecho de que esta carta esté mecanografiada con la misma máquina de escribir que la usada en la carta a Mariátegui en diciembre de 1926. Fechamos por ello la carta en enero de 1927.

586 Idelfonso Pereda Valdés (1899-1996) fue poeta, escritor y folclorista uruguayo. Codirigió la revista *Los Nuevos* (1920-1921). Había publicado anteriormente dos libros de poemas de corte postmodernista —*La casa iluminada* (1920, segunda edición 1922) y *El libro de la colegiala* (1921) —, así como un libro de ensayos: *El arquero* (1924). No nos consta que haya conocido a Vallejo en persona.

587 Idelfonso Pereda Valdés, *La guitarra de los negros*. Viñetas de María Clemencia. Montevideo y Buenos Aires, La Cruz del Sur y Martín Fierro, 1926.

Muy suyo afectísimo compañero.

César Vallejo

---

173 [CARTA MANUSCRITA DE CV A PABLO ABRIL DE VIVERO. UNA CUARTILLA (DOS PÁGINAS).]

París, 11 Enero de 1927

Mi querido Pablo:

Ayer recibí su cariñosa carta del 7, y antier su anterior, juntamente con la muestra de papel para su libro.

En este momento verifica la imprenta las segundas pruebas del libro. Mañana tendré la tercera y última prueba y podré tomar el tren mañana mismo a las 9 de la noche, para llegar a Madrid el 14, viernes, en la mañana, sin falta.[588] Hoy debía haber salido de París, pero no quería irme sin llevarle las últimas pruebas, para que ponga usted el «tírese». Una vez en Madrid, ya se podrá hacer las correcciones definitivas y ordenar el tiraje del libro. Ahora no falta sino el prólogo, tirar el libro y encuadernarlo, que es cuestión de 3 días a lo sumo.

En cuanto al precio definitivo del libro, el impresor me ha ofrecido hacer alguna rebaja, muy pequeña por cierto. Pero, como talvez sea necesario tomar un formato más ancho, en vista de que hay versos muy largos, posiblemente podremos llegar, por lo menos, a un precio de compensación. De este modo, solo espero conversar con usted para concertar con el impresor, en definitiva, el precio del libro.

El papel será muy bueno y sólido, como usted lo desea. Yo le llevaré la muestra, así como la de la carátula y los formatos a escoger.

En cuanto tenga el prólogo, envíelo a Villahermoza [sic], directamente, a fin de que lo ponga en trabajo, mientras estoy en Madrid. Diríjase: «Directeur de París-América-14-16, Bd. Poisson[n]ière, Paris».[589]

Pablo querido, hasta el viernes. Un fuerte abrazo para Xavier y otro muy cariñoso para usted

César

Mil gracias por su bondadoso préstamo, Pablo querido.

---

588 Vallejo debió haber realizado este viaje a Madrid en el día indicado, es decir, el miércoles 12 de enero para llegar a Madrid un viernes.

589 Marcel Vuillermoz fue el gerente de la imprenta y casa editora parisina París-América, que editaba la revista del mismo nombre.

256

[Al margen izquierdo, en vertical:] Alguna vez podré corresponderle, en algo, sus reiterados rasgos generosos!

---

174 [NOTA MANUSCRITA DE CV A PABLO ABRIL DE VIVERO.]

....

Pablo:

Vine a verlo a las 12 para decirle que he ido a la Legación para cumplir su encargo, esta mañana. No han abierto la Legación. Hoy vuelvo en la tarde y vendré a verlo a las 5. Si no le encuentro le dejaré unas palabras y las cartas que pueda usted tener en la Legación.[590]

Un abrazo fortísimo

César
[París,] 1.º Febrero 1927. –

---

175 [CARTA MECANOGRAFIADA DE CV A RICARDO VEGAS GARCÍA, CON FIRMA AUTÓGRAFA Y CON EL MEMBRETE DE «LA SEMAINE PARISIENNE».]

....

PARIS, LE 2 de marzo de 1926 [*sic por* 1927][591]

Sr. Dn. Ricardo Vegas García,

Lima

Mi querido compañero:

No he tenido el gusto de recibir nuevas noticias de usted. De mi parte, envío a usted con frecuencia crónicas para «Variedades» y mi última carta personal para usted, data de hace pocas semanas.

---

590   Esta carta documenta la presencia de Pablo Abril de Vivero en París, seguramente en vísperas de su viaje a Lima que se realizó en febrero («L'Amérique Latine», *The New York Herald,* París, 11 de febrero de 1927, p. 5).

591   Aunque en el facsímil de la carta el número final del año es un 6, debe tratarse de un error, ya que de ser una carta de marzo de 1926 sería la primera dirigida a Vegas García, cuando está claro que la primera carta es la del 15 de mayo de 1926. Aparte de ello, el contenido de la carta (la referencia a crónicas ya publicadas en *Variedades* y el libro de Ventura García Calderón) nos hace datarla en 1927.

Aprovecho de la fina gentileza del señor doctor Juan Bustamante de la Fuente,[592] para suplicar a usted me haga el favor de poner a su disposición el valor de mis crónicas publicadas hasta ahora en «Variedades», que, según creo, asciende a quinientos francos.[593] El doctor Bustamante de la Fuente está autorizado para recoger ese dinero y enviármelo directamente a mí. Mil gracias a usted, mi querido Vegas, por sus bondadosas atenciones en mi favor.

He buscado el libro «Si Loti hubiera venido» de Ventura, sin resultado.[594] No se halla en ninguna parte. Al propio Ventura voy a pedírselo y tendré el gusto de enviarlo muy pronto, acompañado de otras publicaciones interesantes de París.

Espero siempre sus noticias y órdene[s] en el afecto sincero y fraternal de su agradecido amigo y compañero

César Vallejo

Dirija usted sus cartas a 11, avenida de la Ópera.

Vuelvo a rogar a usted tenga la bondad de hacer que se me envíe los números de «Variedades» donde se publique algo mío. Le agradeceré muchísimo.

---

258 176 [CARTA MANUSCRITA DE CV A PABLO ABRIL DE VIVERO. UNA CUARTILLA (DOS PÁGINAS Y UNA PÁGINA CENTRAL), CON EL MEMBRETE:] GRANJA «EL HENAR» S. A. | MADRID

....

[Madrid,] 14 Marzo 1927

Mi querido Pablo:

Con gran placer contesto su carta del 21 de Febrero.[595]

Hace tres días que vine de París y creo volverme mañana.

---

592 Juan Bustamante de la Fuente fue un abogado y diplomático peruano. En marzo de 1927 se embarcó en La Pallice con destino a El Callao, y es muy posible que él mismo haya entregado la misiva de Vallejo («L'Amérique Latine», *Le Gaulois,* París, 21 de marzo de 1927, p. 2).

593 Como se desprende de la carta a Vegas García del 20 de noviembre de 1926, Vallejo recibiría quinientos francos, adicionales a los ya recibidos, por sus ocho crónicas publicadas hasta octubre de 1926.

594 Ventura García Calderón (1886-1959) fue un escritor peruano afincado en París. Durante los años 20 fue una figura central en los círculos literarios y periodísticos franceses y latinoamericanos. Vallejo lo había conocido en París y había publicado una crónica sobre él («Ventura García Calderón», *El Norte,* Trujillo, 28 de marzo de 1924). El libro al que se refiere la carta es la novela corta *Si Loti hubiera venido* (París, Excelsior, 1926).

595 La carta del 21 de febrero, que no conocemos, debe haber sido enviada en vísperas de la partida de Pablo Abril de Vivero al Perú, y esta carta le debió haber sido remitida a Lima directamente. Abril de Vivero llegó a Lima hacia fines de marzo o comienzos de abril (véase *Le Gaulois,* París, 16 de abril de 1927, p. 2).

He traído el libro de lujo para el Ministro y le he explicado muy bien la causa de su retardo. Ha quedado completamente satisfecho.[596]

Supongo que habrá usted recibido ya los periódicos de París que le envié, relativos a su viaje y a su libro.[597]

Entregué su carta a Quijano[598] y me dijo que iba a escribirle.

Hace tres días puse al correo la entrevista al Ministro, dirijida a usted, para que se moleste en entregársela a Vegas. Ahora me apresuro a rogarle no se la entregue usted y la retenga en su poder. He pensado mucho en este artículo y me parece que él lleva cierto ribete obscuro de ambigüedad moral, que no está de acuerdo con mi manera de ser. He pensado mucho en esto y me disgustaría que se publique ese artículo. Hágame el favor, mi querido Pablo, de retenerlo en su poder y que nada de él trasluzca a nadie. Su fraternal cariño me asegura que usted aprobará mi actitud. Usted sabe por qué lo hago y espero su aprobación comprensiva y amplia.[599]

Supongo que mi artículito sobre su libro se haya publicado en «Mundial». En todo caso, le suplico hacer sacar una copia del ejemplar que llevó usted y hacerlo publicar en «Variedades». Ese ejemplar llevaba ciertas faltas y le suplico corregirlas. D{íga}selo a Vegas de mi parte y agradézcale (también de mi parte) anticipadamente. Ya sea en «Mundial» o «Variedades», le agradecería enviarme el número en que salga.[600]

---

596   Se refiere al ejemplar de lujo del libro *Ausencia* de Pablo Abril de Vivero.

597   Conocemos dos noticias muy similares: «M. Pablo Abril de Vivero, secrétaire de la légation du Pérou à Madrid, vient de s'embarquer pour l'Amérique et il será de retour en mai. M. Abril, qui est aussi un poète très distingué, a publié à Paris un volumen de poèmes avec une préface du grand écrivain espagnol Pérez de Myala [*sic*]» («Les colonies sud-américaines en Europe», *The Paris Times*, 11 de febrero de 1927, p. 4); y «M. Pablo Abril de Vivero, secrétaire de la légation du Pérou à Madrid, s'est embarqué pour l'Amérique, d'oú il será de retour au mois de mai. M. Abril, qui est un écrivain distingué, a publié à Paris un volumen de vers, préfacé par M. Pérez de Ayala» («L'Amérique Latine», *The New York Herald,* París, 11 de febrero de 1927, p. 5).

598   El índice de la edición de Juan Mejía Baca (*Cartas*, 1975, p. 172) identifica a esta persona como Carlos Quijano (1900-1984), el escritor y político uruguayo que durante su estadía en París formó parte de la Asociación General de Estudiantes Latinoamericanos.

599   En carta posterior, Vallejo accede a que se publique su entrevista al ministro Leguía, que apareció finalmente en *Variedades* bajo el título de «La diplomacia Latinoamericana en Europa. Con Eduardo S. Leguía, Ministro del Perú en España» (n.° 1013, 30 de julio de 1927). La «ambigüedad moral» a la que se refiere Vallejo tiene que ver con que el artículo puede leerse como un texto de propaganda para el gobierno peruano, y para Eduardo Leguía en particular.

600   El artículo sobre *Ausencia* se publicó solamente en *Variedades* bajo el título de «Contra el secreto profesional (A propósito de Pablo Abril de Vivero)» (n.° 1001, 7 de mayo de 1927), ilustrado con una retrato en tinta de Vallejo hecho por su sobrino, Aristides Vallejo. En el artículo, Vallejo toma *Ausencia* como pretexto para lanzar una crítica a los poetas de su generación: «La actual generación de América no anda menos extraviada que las anteriores. La actual generación de América es tan retórica y falta de honestidad espiritual, como las anteriores generaciones de las que ella reniega. Levanto mi voz y acuso a mi generación de impotente para crear o realizar un espíritu propio, hecho de verdad, de

En este momento estoy con Xavier. Está ya muy mejor y hasta un poco gordo. He cumplido con decirle que es conveniente conservar la beca a todo trance, por lo menos, hasta el regreso de usted del Perú. No tenga usted cuidado. Así lo hará.[601]

A «La Gaceta Literaria» de Torre voy a enviar también mi artículo sobre su libro. Veremos si lo publican.[602]

Envíele su «Ausencia» a Orrego, pues le he escrito diciéndole que usted va a dedicarle un ejemplar.[603]

Espero sus instrucciones acerca del libro que me dejó para la dama chilena, que no sé quién es ni dónde vive.[604]

Los amigos le recuerdan siempre y me encargan saludarlo. Vallecito está muy nervioso por su asunto pendiente. Dice que espera un cable de usted hoy o mañana.

Huidobro se ha embarcado a New York.[605]

Espero sus nuevas noticias referentes al éxito de su viaje y anunciándonos su regreso <u>triunfal</u>. Ruego a todos los Dioses por su triunfo absoluto en todos los frentes.

Respecto a sus gentiles deseos de pedir algo para mí al Gobierno, le ruego no molestarse, pues <u>estoy absolutamente seguro</u> de que no me darán nada. Mil gracias, Pablo querido.[606]

Un fortísimo abrazo de su fraternal amigo

César

---

vida, en fin, de sana y auténtica inspiración humana. Presiento desde hoy un balance desastroso de mi generación, de aquí a unos quince o veinte años». Sobre todo, el texto critica a los escritores latinoamericanos por seguir las modas de vanguardia: «Pero en América todas esas disciplinas, a causa justamente de ser importadas y practicadas por remedo, no logran ayudar a los escritores a revelarse y realizarse, pues ellas no responden a necesidades peculiares de nuestra psicología y ambiente, ni han sido concebidas por impulso genuino y terráqueo de quienes las cultivan. La endosmosis, tratándose de esta clase de movimientos espirituales, lejos de nutrir, envenena».

601 A comienzos de 1927 se publicó la ratificación de las dos becas al Perú «concedidas con carácter definitivo» para Vallejo y Xavier Abril («Confirmación de becas de estudios», *El Sol,* Madrid, 25 de enero de 1927, p. 6).

602 No sabemos si Vallejo llegó a enviar el artículo ni, de ser así, a quién. Lo cierto es que no apareció en *La Gaceta Literaria.* Guillermo de Torre sí comentaría el libro de Abril de Vivero (véase la nota a la carta siguiente).

603 No tenemos constancia de que Antenor Orrego haya recibido el libro de Abril de Vivero, ni de que haya escrito sobre él.

604 No se conoce la identidad de esta «dama chilena».

605 Vicente Huidobro viajó a Nueva York a principios de 1927. En los Estados Unidos recibió un premio por el guion cinematográfico de su novela *Cagliostro.* Huidobro regresaría a París a comienzos de marzo de 1928.

606 En la carta del 21 de febrero a que se hace referencia al comienzo de esta, Pablo Abril de Vivero debió haberle sugerido a Vallejo interceder por él para que obtener algún beneficio por la entrevista que le hizo al Ministro Leguía.

PARIS, LE 4 de abril de 1927

Mi querido Pablo:

Hasta estos momentos no he tenido el placer de recibir sus noticias tan ansiadas.
Supongo que todas sus gestiones marcharán a pedir de boca. Todos los días conver-
samos de usted con Emilio [Ribeiro] y rogamos a los dioses, mayores y menores, por
su pronto y victorioso retorno a Europa.

Aquí corren rumores de que se ha nombrado en reemplazo de usted a un
Canevaro o a Goyburu y no se dice dónde irá usted.[607] Nuestra angustia, en este caso,
es terrible. Esperamos su carta, que nos sacará de toda duda. Ya sabemos cuánta es
la maldad de las gentes. Cuídese usted, Pablo. Defiéndase a todo precio. Estrangule
usted, una vez siquiera, esa peruanidad, tan venenosa como nauseante. No se duerma usted. Los bandidos rondan, allá más que en ninguna parte.

En Madrid, los periódicos no se han ocupado aún de su libro. Algunos han inser-
tado solamente la noticia escueta de haber recibido el libro y nada más.[608] Ya veremos si lo comentan. Le avisaré. Hace poco, escribí una crónica pegándole a d'Ors, a
Guillermo de Torre y al propio Ayala. Son tipos que nos ignoran escandalosamente.[609]

261

---

607 José B. Goyburu Elías, segundo secretario en la Legación del Perú en Bruselas, entró interinamente
a la secretaría de la Legación en Madrid en 1927, muy probablemente debido al viaje de Pablo Abril
de Vivero. A su vez, César O. Canevaro remplazó a Goyburu en Bélgica (*Boletín del Ministerio de
Relaciones Exteriores*, Lima, 1927, p. 19).

608 Un acuse de recibo de *Ausencia* apareció en *La Gaceta Literaria* (n.º 6, 15 de marzo de 1927, p. 6) y
sería reseñado luego en la misma revista por Miguel Pérez Ferrero (n.º 8, Madrid, 15 de abril de 1927,
p. 4). Hay también una referencia a *Ausencia*, o más bien al prólogo de Pérez de Ayala, en la reseña
que publicó Rafael Cansinos Assens a *El ala del sur* de Pedro Garfias («Crítica literaria», *La Libertad*,
Madrid, 11 de marzo de 1927, p. 6). Si Vallejo conocía esta mención, debe haberla omitido en su
carta pues no es favorable, ya que en ella se afirma que el prólogo es un honor que agobia al libro
de Pablo Abril de Vivero. Una reseña anónima, muy favorable aunque tardía, se publicó en la *Revista
Diplomática*, en la que colaboraba Abril de Vivero («Los libros», *Revista Diplomática y Consular de
España*, n.º 4, Madrid, abril de 1928).

609 No se conoce ninguna crónica en que Vallejo critique a los escritores Eugenio D'Ors, Guillermo de Torre
o Ramón Pérez de Ayala. A pesar del comentario de Vallejo, Torre sí había comentado brevemente el
libro de Abril de Vivero en su «Revista literaria americana», *Revista de las Españas*, n.º 5-6, Madrid, ene-
ro-febrero de 1927, pp. 216-220. Refiriéndose al prólogo de Pérez de Ayala para *Ausencia*, escribió:
«Puesto a ejercitar su bien montado mecanismo cerebral sobre el concepto de la nueva poesía, Ayala
marca dos sectores: la "poesía centrífuga", que responde al nuevo tipo de civilización mecanicista", y la
"poesía centrípeta y quietista", que aspira a reflejar la "postrera exploración del yo más íntimo, obscuro,

En mi carta fechada en Madrid, le suplicaba hiciera usted insertar en Variedades o donde lo crea conveniente mi articulito sobre vanguardismo y sobre «Ausencia». Le ruego molestarse en enviarme un ejemplar del periódico o revista donde salga ese artículo.

Espero sus nuevas órdenes en todo lo que se refiera a usted y a nosotros. Usted sabe cuánto lo quiero y lo firme de mi cariño. Un fuertísimo abrazo de su fraternal amigo.

César

He recibido carta de Xavier. Está muy mejor. La primavera le sienta bien. En estos días ha vuelto a asistir a sus clases y está resuelto a conservar la beca, por lo menos, hasta que usted vuelva. No tenga usted cuidado, Pablo. Si ocurre alguna novedad, se lo avisaré en seguida.

[Sigue a mano:] Si hace usted algún cable, no se olvide que mi dirección es «Ameribo-Vallejo-París».

V.

A última hora decido que se publique la entrevista con Leguía. Le ruego hacérsela entregar a Vegas. Qué opina usted de ella? Le parece honesta? Temo que no lo sea. Pero veo que es inevitable que se publique.[610]

262

V.

[En el margen izquierdo, en vertical:] Espero sus let{r}as sobre todos est{o}s puntos. Si cree usted que esa entrevista me hace daño en alguna forma, no la haga publicar. Dejo a su criterio, que es el mío. En cuanto a mí, creo que debe publicarse.

V.

---

178 [CARTA MANUSCRITA DE CV A VÍCTOR VALLEJO, CON EL MEMBRETE EN FRANCÉS DE LES GRANDS JOURNAUX IBÉRO-AMÉRICAINS.]

....

Paris, le 23 abril 1927

Mi querido hermanito:

De la familia de allá no tengo noticias hace cerca de un año. Por qué no me escriben? Usted siquiera debía enviarme algunas letras de cuando en cuando.

---

subconsciente, intuitivo e inestable". En esta última demarcación pueden considerarse incluidos los breves y ligeros poemas de Abril de Vivero, movidos por un ritmo que pendula el corazón» (p. 219).

610 Para una lectura de esta entrevista, y de las reticencias de Vallejo por publicarla, véase Gianuzzi, *César Vallejo's Journalism in Context,* 2014, pp. 156-157.

De Néstor [Vallejo] recibí ayer una cartita, que hoy contesto. Yo siempre contesto las cartas de ustedes, a pesar de la agitada existencia de París.

Dónde están y qué hacen Manuel y Augusto [Vallejo]? Cómo están las hermanitas mujeres? Quiero saber cosas detalladas de ustedes. Escríbame largamente, querido hermano.

En cuanto a mí me ocupo actualmente de algunos asuntos que deben definir y arreglar una vez por todas mi porvenir económico.

Un abrazo muy grande para usted y para todos.

César

---

179 [CARTA MANUSCRITA DE CV A JUAN LARREA. DOS PÁGINAS, CON EL MEMBRETE EN FRANCÉS DE LES GRANDS JOURNAUX IBÉRO-AMÉRICAINS.]

....

Paris, le 5 Mayo 1927

Zorrillo:

Recibí tus líneas.

No he podido ir en abril a Madrid, por mil obstáculos invencibles. Iré, sin duda, el 15 y te buscaré en la calle Serrano.[611] Procura estar por allí alrededor del 16.

En cuanto a zorrillas, peleé con Georgette y he hecho volver a Henriette. Así son las cosas de inesperadas. En todo caso, estoy más tranquilo, porque, además, me he venido al Hotel Garibaldi, para evitarme complicaciones mujeriles.[612]

263

---

611 No es posible determinar si Vallejo viajó a Madrid en mayo de 1927. Sí estuvo en Madrid para cobrar su beca en junio de 1927, pues en esa visita, que hace junto a Xavier Abril, conoce a Juan Domingo Córdoba, según ha narrado este último (*César Vallejo del Perú profundo y sacrificado*, 1997, pp. 37-40).

612 Esta es la primera mención, en la correspondencia, de Georgette Philippart, la futura esposa de Vallejo. Henriette Maisse seguiría siendo su pareja sentimental hasta 1928. Según Juan Larrea, Vallejo debió haberse mudado al departamento de Georgette en enero de 1929: «Henriette [Maisse] no se allanaba a dejar sin más ni más el campo libre a la recién aparecida. En ocasión anterior, Henriette se había apoderado de los escritos de César y no se avino o [*sic*] soltarlos hasta lograr las que estimaba sus justas pretensiones. Al fin, muy en conformidad con las teorías materialistas, el conflicto se resolvió en términos económicos. Georgette le facilitó a Henriette unos miles de francos (no recuerdo la cantidad exacta que César me precisó) y todo quedó resuelto» («Valor de la verdad», 1974, p. 201). Según Georgette de Vallejo, ella comenzó a citarse con el poeta en febrero de 1927, y hacia mayo tuvo una discusión con Henriette Maisse, quien le increpó por sus intenciones (*Allá ellos*, 1978, p. 149). Ella data la ruptura de Vallejo con Henriette Maisse en octubre de 1928, «en víspera de su primer viaje a la Unión Soviética» (*Allá ellos*, 1978, p. 24). Juan Domingo Córdoba, por su parte, sostiene que Vallejo vivió aún con Henriette al regresar de su primer viaje a Rusia en noviembre de 1928. También afirma

Trabajo ahora y estoy tranquilo. Y tú? Duermes mucho? Trabajas? Cuéntame tu vida.

Estos zorrillos de Montparnasse siguen emborrachándose todos los días. Ellos practican la verdadera <u>sagesse</u>. Dichosos ellos! Parece que Agüeros y Julio se irán pronto a Barcelona, pues Julio perdió el atelier. Ha habido juicio de expulsión, etc., etc. C'est fini! Por eso, se va.[613]

Pienso pagarte lo que te debo, cuanto antes. Tu deuda me mortifica hoy más que nunca. Ya te la pagaré poco a poco. No siempre me ha de tener Dios en condición de deudor. Algún día debo ser acreedor, aunque es muy poca mi vocación para ello. Tú serás tan bueno de esperarme a que te vaya pagando poco a poco. Tú sabes que no podría hacerlo de otro modo. En todo caso, mi ansia de pagarte será demostrada <u>pagándote</u> aunque fuese peseta a peseta.

Hasta abrazarte en Madrid, te abraza desde aquí tu hermano

César

Madrid, 1.º de Julio de 1927

LEGACIÓN DEL PERÚ
Señor
Don César Vallejo
París.

Muy querido César:

Casi cinco meses sin una sola palabra mía! Ya supondrá usted hasta qué punto se me habrá complicado la vida en ese término. Me tiene usted de nuevo condenado a la galera de la secretaría y, como consecuencia, menos que nunca dueño de mí mismo.[614] Aprovecho una salida del ministro para enviarle a usted mis saludos y un

---

Córdoba que, según el propio Vallejo, «Georgette habló con Henriette y lo arregló todo» (*César Vallejo del Perú profundo y sacrificado*, 1995, pp. 210 y 213-214).

613 Se desconocen los detalles exactos sobre la pérdida del atelier de la calle Vercingétorix que el escultor costarricense Max Jiménez había cedido a Vallejo y a Julio Gálvez Orrego en noviembre de 1924 (véase la carta de Vallejo a aquel fechada 21 de diciembre de 1926).

614 Pablo Abril de Vivero partió de Lima en los últimos días de mayo de 1927 («Agasajos», *El Comercio*, Lima, 29 de mayo de 1927, p. 6) y volvió a Madrid hacia finales de junio de 1927, según se desprende de una noticia irónica aparecida en la prensa madrileña: «El primer secretario de la Legión [sic] del

fuerte abrazo. Espero ansiosamente la ocasión de verle, a fin de que charlemos largo. Qué le puedo decir ahora? Que no me arrepiento de mi viaje a Lima, pero que este no ha tenido, ni remotamente, la eficacia en que ingenuamente creímos. Me pagaron los reintegros: trescientas libras, que se fueron para no volver. Y el Presidente me ofreció ascenderme a primer secretario el año próximo. Encontré en el Ministerio un hervidero de pálidas envidias, que me abrazaban siempre y siempre me llamaban en diminutivo... Solo un amigo de verdad me tendió la mano: Luis Ernesto Denegri. El valiente artículo de usted sobre mi libro «Ausencia», que «Variedades» publicó, dio margen a que se produjera la plebeyez histérica de «Guerrilla».[615] «El Comercio» fusiló la información que noblemente hiciera un muchacho Miranda Nieto sobre el recital que di en «Entre Nous».[616] Luis Alberto Sánchez me auxilió con el cuentagotas de sus elogios y Ricardo Vegas García, desde «Variedades», me auspició cordialmente.[617] Eso fue todo. Ahora me parece Lima una minúscula e inútil gesticulación en el vacío. Da pena confirmarlo.

He hablado mucho de usted con todo el mundo. Eguren le recuerda siempre.[618] Pobre José María! Es un fantasma de sí mismo. Si usted lo viera! De tantas cosas tenemos que hablar, querido César. Cuándo viene a Madrid? Yo pasaré aquí todo el verano. En el mejor de los casos iré a San Sebastián por solo quince días. La

Perú, don Pobla [sic] Abril de Vivero, ha regresado de Lima a Madrid, en donde se ha hecho nuevamente cargo de su destino» («Ecos de sociedad», *La Opinión*, Madrid, 28 de junio de 1927, p. 3; véase también «L'Amérique Latine», *Le Gaulois*, París, 4 de julio de 1927, p. 2).

615 En la revista *Guerrilla* de Lima, el poeta peruano Serafín Delmar (Reynaldo Bolaños, 1901-1980) polemizó con el artículo «Contra el secreto profesional» de Vallejo, en su sección Broadcasting de Guerrilla: «El poeta pablo abril de vivero nació muerto—así lo atestigua su primer libro sin nombre, i vallejo trata de resucitar un cadáver en descomposición respondiendo a la única virtud de los esclavos: la gratitud», S[erafín]. D[elmar]., «El atraso de César Vallejo», *Guerrilla*, n.° 4, Lima, segunda quincena de mayo de 1927.

616 El recital de Pablo Abril de Vivero se llevó a cabo en Lima, en el local de la sociedad femenina Entre Nous, el 23 de mayo de 1927. *El Comercio* publicó una breve crónica anónima sobre el evento que debió ser escrita por Froylán Miranda Nieto (1904-1972), entonces redactor en ese diario («En la Sociedad Entre Nous: el recital de poeta Abril», *El Comercio*, 24 de mayo de 1927, p. 2).

617 Luis Alberto Sánchez comentó *Ausencia*, junto con otros libros en: «Libros nuevos», *Mundial*, n.° 356, Lima, 8 de abril de 1927. Por otra parte, tomado de *Ausencia*, «El poema del viaje» apareció en la revista *Variedades*, de la que Vegas García era redactor (n.° 993, 12 de marzo de 1927). Posteriormente, apareció en la misma revista una entrevista a Abril de Vivero («Instantáneas», n.° 997, 9 de abril de 1927) y una nota sobre su recital («El recital de Pablo Abril de Vivero», n.° 1004, 28 de mayo de 1927).

618 El aprecio y consideración que José María Eguren le tenía a Vallejo queda demostrado en una entrevista de 1926, en la que afirmaba: «Pero creo que más interesante sería hacer una antología de los poetas jóvenes peruanos que principian con Vallejo. Una verdadera selección de tres o cuatro poemas de cada uno de los nuevos, sería importantísima. Vallejo, no pertenece, es verdad, a los últimos por su edad, pero creo que de ninguna manera estaría entre ellos fuera de su sitio» (Armando Bazán, «Con José M. Eguren», *Libros y Revistas*, n.° 1, Lima, febrero de 1926, pp. 2-3).

situación de Xavier me aflige mucho. Su salud no marcha bien. Creo que tendrá que regresar a Lima muy en breve.[619]

Un gran favor: moléstese en decirle a Vuillermoz que me remita inmediatamente todos los ejemplares de «Ausencia» que le queden, comprendidos los de lujo. Dígale usted que desde Lima le envié un giro por mil francos, con cuya suma he cancelado mi deuda a la Editorial, y que no me ha acusado recibo de esa cantidad. Le adjunto el duplicado de dicho giro. No lo olvide.

A Ribeiro le escribiré muy pronto. Dele un abrazo de mi parte.

Y usted reciba el más fraternal de

Pablo.

---

181 [CARTA MECANOGRAFIADA DE CV A PABLO ABRIL DE VIVERO, CON FIRMA AUTÓGRAFA. UNA CUARTILLA (DOS PÁGINAS), CON EL MEMBRETE EN FRANCÉS DE LES GRANDS JOURNAUX IBÉRO-AMÉRICAINS.]

....

Paris, le 11 de julio de 1927.

Mi querido Pablo:

Ya esperaba yo sus noticias, escritas desde Madrid, pues me habían dicho que estaba usted de regreso hace varios días. A pesar de las dificultades y ascos que ha soportado usted en el Perú, felicitémonos, de todos modos, de que, por lo menos, haya logrado usted que le dejaran volver a Europa. El vivir fuera de Lima constituye ya un éxito para nosotros. A todos los buenos no les es dable la dicha de vivir, aunque fuese muriéndose de hambre, lejos del mísero ambiente peruano. Usted, querido Pablo, lo sabe muy bien. Yo me convenzo de esto día a día más. Si, por lo menos, pudiésemos quedarnos en Europa para toda la vida!

Le envío el recibo de Vuillermoz. Me dice que no se lo envió antes, porque sabía que estaba usted de viaje de regreso. Así mismo, me ha prometido enviarle, directamente, y en estos días, los ejemplares que aún le quedan de su libro, incluso los de lujo.

---

619 Al parecer la salud de Xavier Abril empeoró durante la estadía de su hermano en el Perú. En la correspondencia consular se conserva copia de un telegrama enviado a Lima por Eduardo S. Leguía, con fecha 5 de mayo de 1927: «Diga Abril hermano enfermo desea regresar» (Archivo del Ministerio de Relaciones Exteriores del Perú, Cuaderno copiador, Legaciones, varios expedidos y recibidos, enero-diciembre de 1927, p. 602).

También le envío, por paquete separado, los periódicos de París, donde he hecho anunciar la noticia de su vuelta a Madrid. En algunos de estos diarios le han brasileñizado, por error. He pedido que rectifiquen. Siempre, hasta en París, «errores de imprenta»... Además, algunos de tales periódicos han suprimido el «premier».[620] Yo mataría a los linotipistas y... hasta a los propios periodistas. (Esto gustaría mucho a Xavier.)

Cuánto quisiera charlar con usted! Pero yo no iré a Madrid, seguramente, hasta setiembre, si Dios quiere. Usted no podrá darse un saltito a París? Ya lo supongo muriéndose de calor y de España. Pero, entre Lima y Madrid, preferible es Chumbivilcas, Dios mío!

Ojalá logre Xavier restablecer de su salud, sin tener que regresar al Perú. Lo importante es que se cuide por propio interés suyo. De otra manera, donde quiera que vaya tendrá que sufrir y perder tiempo. Así le he dicho, siempre que hemos conversado de estas cosas. Sin duda alguna, su vida en Lima, en los últimos tiempos, le ha hecho mucho daño, en todo orden de cosas.

Tengo gusto que, al menos, Denegri le haya ayudado lealmente. Pero no habría habido de qué extrañarse, si la situación de usted, a su retorno de Europa, hubiese sido de comp[l]eto abandono por parte de todo el mundo. En Lima es difícil hallar, entre los {lim}eños singularmente, amigos verdaderos. Cuando usted partió de París, yo ya me hacía cargo de los desengaños y náuseas que iba usted a sufrir en el Perú. Consuélenos, repito, que haya usted regresado, al menos.

He buscado varias veces a Emilio [Ribeiro], sin encontrarle. Cumpliré con su encargo de un momento a otro.

Le ruego recomendarme, siempre que pueda, al Ministro. Pienso pedirle un favor muy pronto. Se trata de una gestión ante el Gobierno, que Vallecito conoce y alienta.[621] Que Vallecito le cuente y, cuando vuelva a escribirme usted, deme su valiosa opinión y fraternal consejo.

---

620   Sabemos de tres noticias que dan cuenta del regreso de Pablo Abril de Vivero en periódicos de París. Dos de ellas indican que se trata del primer secretario: «Le premier secrétaire de la légation du Pérou à Madrid, M. Pablo Abril de Vivero, a rejoint son poste, après avoir fait un séjour a Lima» («L'Amérique Latine», *Le Gaulois,* 4 de julio de 1927, p. 2); y «M. Pablo Abril de Vivero, premier sécretaire de la légation du Pérou à Madrid, est de retour de Lima, après qulques mois de vacances en Amérique» («Les colonies sud-américains en Europe», *The Paris Times,* 10 de julio de 1927, p. 4). La tercera nota incluye el error sobre la nacionalidad y omite el «prémier»: «M. Pablo Abril de Vivero, brilliant poète bréslien [*sic*] et sécretaire de la légation de son pays en Espagne, est rentré à Madrid après un court séjour a Lima» («L'Amérique Latine», *The New York Herald,* 6 de julio de 1927, p. 5).

621   Se trata de la solicitud al gobierno peruano para publicar la novela *Hacia el reino de los Sciris,* de la que se dan más detalles en la siguiente carta a Pablo Abril de Vivero.

Reciba usted, querido Pablo, un estrechísimo abrazo fraternal de su siempre agradecido amigo.

César

---

182 [CARTA DE PABLO ABRIL DE VIVERO A CV.]

....

Madrid, 21 de Julio de 1927

Legación del Perú

Mi querido César:

Con esta carta le dará Xavier un fuerte abrazo mío. El joven y entusiasta autor de «Boulevard», «Rayos Equiz» y «Taquicardia» no ha querido irse de España sin conocer Europa.[622] La sola idea de París lo estaba enflaqueciendo sin ningún provecho para nadie y es preferible que se enflaquezca, con razón, allá. Yo no dudo de que usted habrá de asistirle con la autoridad y la eficacia de sus buenos consejos. Haga usted que no pasen en balde para él los pocos meses de su permanencia en esa ciudad. Y anímelo a que estudie el francés.

Xavier le contará a usted, con pormenores, lo que significa como positivo negocio «El Libro de la Patria Peruana».[623] De lograrlo, tal como lo he planteado, conseguiría, sin duda, mi emancipación económica.

No he recibido hasta hoy los ejemplares de «Ausencia».

Vallecito no me ha dicho aún nada concreto acerca del asunto de usted con el Gobierno. Por Xavier estoy algo enterado. Espero que, a vuelta de correo, me envíe usted todos los datos, a fin de poder preparar el oficio que someteré luego a la firma de Leguía.

Desde ayer me tiene usted como Encargado de Negocios, aunque en condiciones idénticas a las del año pasado.[624] Esto quiere decir que «mis negocios» no mejo-

---

622   De los textos de Xavier Abril que menciona Pablo Abril de Vivero, dos se publicaron en *Amauta* de Lima: «Boulevard» (n.º 7, marzo de 1927, p. 20) y «Taquicardia» (n.º 10, diciembre de 1927, pp. 43-44). No conocemos el texto «Rayos Equiz» [*sic*].

623   No se conocen más detalles sobre este proyecto que, hasta donde alcanzamos, no se llevó a cabo.

624   Así lo informa una nota periodística en la que se anuncia el viaje del ministro: «En viaje de vacaciones ha marchado a varios países del Centro de Europa el ministro del Perú en España, D. Eduardo S. Leguía. Durante su ausencia queda al frente de la Legación, como encargado de Negocios, el primer secretario, D. Pablo Abril de Vivero» («Noticias», *El Liberal*, Madrid, 24 de julio de 1927, p. 6). Como se desprende de la carta siguiente, el ministro debió pasar por París.

rarán ni en un ápice. Qué le parece a usted mi estrella administrativa? Tengo que emplear este eufemismo que usted traducirá en lenguaje preciso.

Según me dicen, está usted expuesto a perder la beca de que «disfruta», si no se presenta usted a exámenes en el próximo Setiembre. Esto me intranquiliza mucho y me decide a suplicarle que venga a Madrid con anticipación para que preparemos juntos la materia a que quiera usted limitarse en esa prueba. Contésteme, querido César, con respecto a este importante asunto.

Un abrazo muy estrecho de su fraternal amigo que siempre lo recuerda.

Pablo.

---

183 [CARTA MANUSCRITA DE CV A PABLO ABRIL DE VIVERO. UNA CUARTILLA (DOS PÁGINAS Y UNA PÁGINA CENTRAL), CON EL MEMBRETE EN FRANCÉS DE LES GRANDS JOURNAUX IBÉRO-AMÉRICAINS.]

Paris, le 24 Julio 1927

Mi querido Pablo:

Ayer llegó Xavier y ya parece que está mejor de salud.[625] Me dice que su sola llegada le ha engordado «sur le champs». Tanto mejor. Es seguro que su permanencia aquí le hará mucho bien, con tal que afronte su vida vitalmente, desliteraturizándose en lo posible.

Ayer mismo, que supe por Xavier la llegada del Ministro, fui a verle. Está en cama, enfermo. Pero creo que hoy se había ya levantado mejor. Todavía no le he hablado nada sobre mi novela, pues espero la opinión de usted, para decidirme a la gestión.

Se trata de pedir al Gobierno auspicie económicamente la publicación en francés de mi novela de folklore americano, «Hacia el reino de los Shiris», que la tengo terminada y mecanografiada. Me apoyo, para esta gestión, en la labor, modesta, pero <u>efectiva</u>, que he hecho por la prensa en favor del Perú,[626] desde hace tiempo

---

625   Xavier Abril permanecería en París hasta comienzos de noviembre de 1927.

626   Vallejo había publicado varios artículos sobre el Perú y la cultura peruana en la prensa latina de París. Estos incluyen: «Literatura peruana: la última generación» (*L'Amérique Latine*, 20 de enero de 1924, p. 1); «Les jeunes écrivains du Pérou» (*La Vie Latine*, n.° 6, febrero de 1925, p. 34); «La presse au Pérou» (*La Vie Latine*, n.° 7, marzo de 1925, p. 31); «L'Amérique antique et le Monde moderne» (*Par-Sud-Am*, n.° 18, 30 de julio de 1925, p. 3); «L'immigration jaune au Pérou» (*L'Europe Nouvelle*, n.° 394, 5 de septiembre de 1925, pp. 1183-1186); «El Perú» (*L'Amérique Latine*, 20 y 27 de junio, y 4 de julio de 1926, p. 2); y «Aniversario de su Independencia» (*Par-Sud-Am*, n.° 54, 30 de julio de 1926, pp. 0-1).

y digo que el objeto de dicha versión francesa de mi novela, es la difusión y pro-paganda europea de la cultura indoamericana y, singularmente, peruana. Lo que pido para este libro, que irá ilustrado de maderas y grabados incaicos, es la suma de quinientas libras peruanas.[627] Naturalmente, toda la edición queda de propiedad del Estado y yo no tomaré sino unos cien ej. de ella. El tiraje será de 2.000 ej. en papel de obra, Ect[?]. Se podrá conseguir este pedido? Qué opina usted, personalmente, del asunto? Yo no sé si el Ministro asienta y la patr{o}cine eficazmente. De otro lado, la presencia de Salomón en el Gobierno, no entorpecerá mi solicitud?[628] En fin, le ruego, Pablo querido, se moleste contestarme a la mayor brevedad, expresándome su consejo, el cual me decidirá en uno u otro sentido. Ojalá sea antes que el Ministro abandone París, que creo será dentro de ocho días más.

En cuanto a la beca, yo no sé francamente qué hacer. Xavier le habrá referido las dificultades que día a día nos ponen. Más bien estoy por decidirme a dejarla, salga lo que salga. Para un joven de 20 o 25 años está ella muy bien, pero mi edad está ya muy vencida para seguir royendo una tan diminuta migaja. Por otro lado, si lo de mi novela no resulta, puede ser que yo me vaya a New York, a liquidar mi vida de un solo golpe. Estoy ya cansado. Hace 4 años que vivo aquí y sigo tan parásito como al comienzo. Es terrible. En fin, usted sabe, Pablo, cómo esto es insostenible.

El anuncio de su nuevo cargo en la Legación saldrá mañana, pues hoy es domin-go. Le enviaré los periódicos.[629] Es una lisura, solamente, que vuelva usted a trabajar, sin pago. ¿Cuándo llegará el día de las reparaciones?

Ya sabe usted cuánto lo quiero, Pablo. A Xavier le asistiré con igual cariño aquí. No se preocupe.

---

627 Pesimista del desenlace de la gestión ante el gobierno, Vallejo no llegará a hacerla, como se despren-de de la carta a Abril de Vivero del 3 de septiembre de 1927. Dos fragmentos desglosados de *Hacia el reino de los Sciris* se publicarían posteriormente: «Una crónica incaica» en *La Voz,* Madrid, 22 de mayo de 1931 (se reproduciría en *El Progreso,* Lugo, 27 de mayo de 1931, p. 3) y «La danza del situa» en *La Voz,* Madrid, 17 de junio 1931. *Hacia el reino de los Sciris* se publicó póstumamente en *Novelas y cuentos completos* (1967, pp. 129-166). Se conserva un mecanoscrito no autorial de la novela en la Biblioteca Nacional del Perú (E2290). La edición de 1967 incluye una serie de notas escritas por Vallejo que denotan que la obra seguía en proceso de corrección (p. 166).

628 Alberto Salomón Osorio (1877-1959) fue ministro de Relaciones Exteriores del Perú durante el gobierno de Leguía. No sabemos por qué razón exacta su presencia en el gobierno entorpecería la solicitud de Vallejo.

629   Hemos encontrado dos noticias publicadas días después: «Le gouvernement espagnol vient de réconnaitre M. Pablo Abril de Vivero comme chargé des affaires du Pérou à Madrid, pendant l'absen-ce de ministre, M. Eduardo S. Leguía» («L'Amérique Latine», *The New York Herald,* París, 28 de julio de 1927, p. 5») y «M. Pablo Abril de Vivero vient d'être reconnu par le gouvernement espagnol comme Chargé D'Affaires du Pérou à Madrid en absence du Ministre, M. Eduardo S. Leguía» («Les colonies sud-américains en Europe», *The Paris Times,* 30 de julio de 1927, p. 4).

Esperando sus prontas líneas fraternales, le envía un estrechísimo abrazo su agradecido e inalterable

César

---

184 [CARTA MANUSCRITA DE CV A PABLO ABRIL DE VIVERO. UNA CUARTILLA (DOS PÁGINAS), CON EL MEMBRETE EN FRANCÉS DE LES GRANDS JOURNAUX IBÉRO-AMÉRICAINS.]

Paris, le 4 Agosto 1927

Mi querido Pablo:

Espero recibir de un momento a otro sus líneas sobre el tenor de mi carta anterior.

Le envío algunos periódicos donde hay el anuncio de su nuevo cargo en la Legación.

Xavier sigue lo mismo en su enfermedad. Parece que el clima de París no le sienta bien. Un médico le ha visto y opina por que debe salir de París cuanto antes, pues tiene dolores en las rodillas. Yo le digo siempre que debe reposarse mucho, sin agitarse ni cometer excesos. Así lo hace, pero está visiblemente débil y postrado. Talvez convendría que abandonase París cuanto antes y volver a Madrid. El médico opina que le es necesario un clima cálido. Usted me escribirá lo que crea que debe hacerse. Entre tanto, yo le acompaño a Xavier todos los días, reanimándole y asistiéndole fraternalmente.

Le voy a pedir un gran favor, Pablo querido. Le ruego se moleste en mandar cobrar mi pensión de Julio en la Universidad y de enviármela en pesetas, es decir en billetes. Le suplico me excuse de esta nueva molestia, que la hago basándome en su bondad infinita para conmigo. Mil gracias adelantadas.

En la Universidad deben pagar del 6 al 8, pues así fue el mes pasado.

Espero leer sus gratas líneas cuanto antes y reciba usted el fraternal abrazo de su inalterable amigo

César

Un fuerte abrazo a Vallecito.

Xavier me dice que la Legación recibe «La Raza».[630]

---

630 Publicación parisina dirigida por Juan Héctor Picabia. No hemos podido consultarla. Conocemos un ejemplar del libro de Abril de Vivero, *Ausencia*, dedicado a ese periódico: «Al gran diario hispanoamericano "La Raza", con viva simpatía. | P. Abril de Vivero. | En Madrid, 1928».

Madrid, 9 de Agosto de 1927

LEGACIÓN DEL PERÚ

Mi querido César:

Correspondo a sus dos últimas cartas, afectuosas y gratas como todas las suyas.

Mi opinión sobre el asunto de la novela incaica es que debe usted pedir, mínimum, mil libras peruanas. Necesita usted presentar una solicitud bien fundamentada, haciendo ver, de paso, los servicios efectivos que, sin remuneración alguna hasta hoy, ha prestado usted en Europa por medio de la prensa, y encareciendo luego la importancia que tiene para el Perú la difusión de una obra, como la que usted ofrece al Gobierno, reconstructiva de la civilización aborigen. Al mismo tiempo que la solicitud, debe usted dirigirle una carta particular al Presidente. Yo me encargaré de recomendar una y otra a Denegri. Tengo fe en el buen éxito. Si logra usted las mil librejas, podrá usted pensar en la filmación de la novela. Su viaje a Cinelandia se impondría con este objeto.[631] No me dice usted lo más importante de todo esto: si habló con Eduardo Leguía y si este está dispuesto a proteger su solicitud. Espero esta noticia para poner manos a la obra. Ya usted sabe que procederé de la manera más eficaz.

Lo que me comunica usted respecto a Xavier me angustia sobremanera. Si usted lo juzga indispensable haré un esfuerzo para que regrese a Madrid y espere aquí el resultado de la gestión, ya hecha oficialmente, en cuanto a su pasaje para el Perú. No me explico cómo ha podido gastarse en una semana la suma que llevó para un mes. Mucho le agradezco, querido César, las atenciones que estoy seguro le seguirá usted prodigando. No deje usted de ver por él, aconsejándole como necesita.

El Habilitado de la Universidad me manifiesta que hasta el próximo mes no pagará la pensión correspondiente a Julio. Yo estoy en las últimas, pero si antes de esa fecha logro mi sueldo de un mes, le remitiré inmediatamente las 330 pesetas que usted espera. Como Xavier ya está pagado por ese mes, el envío que le haga corresponderá a Agosto. Conviene que usted se lo haga comprender, pues en materia de dinero él se gasta una tabla de valores inefablemente absurda. He tomado un pisito

---

631 La idea que plantea aquí Pablo Abril de Vivero permaneció en la mente de Vallejo, pues en carta del 16 de diciembre de 1929 a Pablo Abril de Vivero, pregunta por datos de Rosita Porras, quien buscaba hacer un film sobre el Perú.

en Claudio Coello, 47. Allí alojaría a Xavier en el caso extremo de que resuelva su venida.

Un fraternal abrazo de su amigo invariable.

Pablo.

· ·

Madrid, 12 de Agosto de 1927.

LEGACIÓN DEL PERÚ

Mi querido César:

Estoy esperando su respuesta a mi carta anterior. Todavía no me ha caído el maná de Londres. Lo que, contra todos mis deseos, me impide serle útil a usted.

He recibido una carta de Xavier, desesperada desde la primera palabra hasta la última. Es necesario que este muchacho se queme de verdad en la vida para que pueda darse cuenta de que en realidad la vida existe como un enemigo cotidiano a quien hay que vencer mañana, tarde y noche. Le rest c'est literature. Y de la más peligrosa. Espero la opinión de usted respecto del regreso de Xavier a Madrid. Usted se encargaría, querido César, de comprarle su pasaje e instalarlo, con toda clase de precauciones, en el tren. Le hago a usted esta[s] indicaciones porque Xavier no me inspira —en estas cosas que están al margen del poema puro— la menor confianza. Mucho me temo que, una vez con el dinero en el bolsillo, no quiera regresar a España. Su obsesión en este instante debe ser Niza. Hágale usted comprender que eso es imposible.

Como de pedirle a usted favores se trata en esta carta, debo señalarle el último: consiga usted que Vuillermoz me envíe sin mayor tardanza los ejemplares de «Ausencia» que le queden, acompañándome una relación de la distribución que haya hecho con los demás. Ya podía inclusive haber liquidado conmigo. No le parece a usted? Han pasado siete meses desde la aparición de mi libro.

Un fuerte abrazo fraternal de

Pablo.

273

Madrid, 17 de Agosto de 1927

LEGACIÓN DEL PERÚ

Mi querido César:

En este instante vengo de la Universidad. Me han pagado la beca de usted y la de Xavier (la mensualidad correspondiente a Julio ppdo.). Estoy sin un céntimo. Londres no nos ha abonado aún nuestro sueldo del mes en curso. Por esta circunstancia no puedo remitirle a Xavier, adelantada, la mensualidad de Agosto. Total: usted encontrará ci-joint sus trescientas treinta pesetas. Las ciento setenta restantes son para mi hermano. Hágale usted comprender que, a pesar de todo, realizo un gran esfuerzo al enviárselas. Me dijo el Habilitado que había recibido un largo telegrama de ustedes. Era innecesario, desde el momento en que yo le había avisado a usted la imposibilidad de cobrar antes del día de hoy. Espero ansiosamente las noticias de usted, querido César. No deje de escribirme. También le ruego agotar su influencia con Vuillermoz a fin de que este caballero cumpla con remitirme los ejemplares que le quedan de «Ausencia», junto con la liquidación correspondiente a los que haya vendido por medio de sus corresponsales.

Si insiste usted en la conveniencia de que Xavier regrese a mi lado, no deje de decírmelo sin tardanza.

Un fuerte abrazo para los dos, de

Pablo.

....

Paris, le 18 de agosto 1927

Mi querido compañero:

Cuán agradecido estoy a usted. Tan bueno ha sido usted siempre conmigo. Su espíritu de comprensión es grande.[632] Mi abrazo fraternal le abraza de todo corazón.

Le envío unos versos de la nueva cosecha. Usted sabe, mi querido Sánchez, que soy harto avaro de mis cosas inéditas y, si me doy así hacia usted, lo hago en gratísimo impulso de plena simpatía intelectual. Para amigos tan grandes como usted, todo. Por eso van esos versos a usted. Son los primeros que saco a la publicidad, después de mi salida de América.[633] Aun cuando se me ha solicitado poemas continuamente, mi voto de conciencia estética ha sido hasta ahora impertérrito: no publicar nada, mientras ello no obedezca a una entrañable necesidad mía, tan entrañable como extra-literaria. Ahora puede usted, mi querido compañero, publicar, si lo quiere, los poemas que le envío.[634] Y ojalá le gusten, pues de ello me alegraría sinceramente. De este modo, la lectura de esos versos le pagarían a usted en algo el generoso estímulo que yo he hallado siempre en usted.

Le ruego hacerme conocer sus nuevas obras e inquietudes intelectuales. Usted sabe que existe entre nosotros un bien sincero entendimiento espiritual y una entusiasta admiración de mi parte a cuanto usted escribe.

275

---

632 Luis Alberto Sánchez había resaltado la obra de Vallejo en diversas ocasiones. En una reseña, Sánchez se había quejado de que Vallejo no apareciera en la *Historia de la Literatura* de Julio Cejador y Frauca («Cejador y el 'vacío' Chocano», *Mundial,* n.º 77, 4 de noviembre de 1921). También había publicado una reseña sobre *Trilce* («Dos poetas», *Mundial* n.º 129, 3 de noviembre de 1922) y había discutido su poesía en la conferencia «La tristeza en la literatura peruana» (reproducida en *La Crónica,* Lima, 1 de octubre de 1924, pp. 5-6). En *Mundial* ya había publicado dos poemas de Vallejo, tomados de *Los heraldos negros,* «Los pasos lejanos» y «Ágape», precedidos de una nota encomiástica en la que afirmaba: «Este poeta brujo tiene acentos imprevistos» («Nuestros grandes poetas: César A. Vallejo», *Mundial,* n.º 323, 20 de agosto de 1926).

633 La afirmación de Vallejo no es del todo exacta. El poema «Trilce» se había publicado en *Alfar* de La Coruña (n.º 33, octubre de 1923, p. 19). Otros dos los había publicado él mismo en su revista parisina *Favorables París Poema:* «Me estoy riendo» en el primer número (julio de 1926, p. 15) y «He aquí que hoy saludo...» en el segundo (octubre de 1926, p. 2).

634 Dos de los nuevos poemas que Vallejo remite con esta carta, «Actitud de excelencia» y «Lomo de las sagradas escrituras», se publicaron en Luis Alberto Sánchez, «Nuevos versos de César Vallejo» (*Mundial* n.º 388, 18 de noviembre de 1927). En este artículo también se cita un fragmento de esta carta.

Escríbame y no me eche al olvido.

Un estrecho abrazo de su amigo y compañero inalterable.

César Vallejo

---

189 [CARTA MECANOGRAFIADA DE CV A PABLO ABRIL DE VIVERO, CON FIRMA AUTÓGRAFA.

UNA CUARTILLA (DOS PÁGINAS), CON EL MEMBRETE EN FRANCÉS DE LES GRANDS JOURNAUX IBÉRO-AMÉRICAINS.]

Paris, le 23 de agosto de 1927

Mi queridísimo Pablo:

Le agradezco de todo corazón sus molestias infinitas para el cobro y envío de mi beca de Julio. El dinero ha llegado, como siempre, a su hora, es decir, cuando el hambre llegaba ya a ser insoportable. Mil gracias por su telegrama, que también llegó oportunamente.

El telegrama al Habilitado se hizo, porque Xavier me dijo que usted pensaba salir de Madrid y que, seguramente, no había usted recibido mi carta para el cobro en la Universidad. De otro modo, no había para qué hacerse dicho despacho. Su ansiada carta del 9, en que me decía usted que solamente pagarían el 17, llegó a nuestras manos mucho después de hacer el telegrama. De todas maneras, le ruego, querido Pablo, me perdone por mis continuas súplicas y molestias, que solo su inmensa bondad me autoriza a formular fraternalmente.

Xavier ha leído su última carta y me dice que hoy le escribe detalladamente sobre todos los puntos que ella contiene. Su enfermedad sigue en el mismo estado, aunque está ya curándose en una forma más seria y regular. Vive en un hotelito muy cómodo, donde también come y disfruta de absoluto reposo. En cuanto a sus proyectos de Cannes, Niza y demás puntos turísticos del Mediterráneo, creo que ya no piensa en ellos. Le digo todos los días que es menester que se cure de preferencia, pues, en caso contrario, nada podrá hacer y ni siquiera escribir versos vanguardistas. Ojalá así lo haga, aunque creo que lo más prudente es que viva, por el tiempo de su enfermedad, bajo el cuidado y paternal dirección de usted. En fin, yo le avisaré después cómo sigue, para que usted tome la decisión que más convenga. Por el instante, está curándose y ya no piensa en locuras literario-suicidas. Tranquilícese usted, Pablo, y ya veremos después lo que haya que hacer con nuestro poeta ultra-avanzado.

He buscado en el Bois de Boulogne el Colegio de Nôtre-Dame, que usted me indica, sin lograr dar con él. He visitado dos colegios más, de la rue Nôtre-Dame des Champs y del Quartier Latin, donde no he hallado personal con quien tratar, pues están de vacaciones y todo el mundo, —niños y profesores,— están fuera de París. A consecuencia de encontrarme con el pie enfermo, de resultas de no sé qué endiablada lastimadura que se me ha complicado, no he seguido buscando otras escuelas. No salgo a la calle, porque no puedo ponerme el calzado. Esta también es la causa por la cual no le escribo sino hoy, debiendo haberlo hecho hace dos días. Habría yo querido enviarle en esta carta datos concretos sobre esto de los colegios. Pero no he querido retardar más mi carta y me reservo para mi {p}róxima, que será dentro de poquísimos días, el enviarl{e} números, documentos y datos definitivos sobre el particular. Apenas pueda calzarme, lo primero que haré es ocuparme de los colegios. Y luego le escribiré con los resultados.[635]

Vuillermoz me dice que ya le ha enviado, hace varios días, un paquete de libros «Ausencia» y cree que, si no ha llegado aún a sus manos, ello se debe al retardo de la aduana en la frontera. Respecto de su liquidación de cuentas y lista de las personas a quienes ha enviado el libro, lo hará en esta semana, —me ha asegurado formalmente.

Leguía se fue de París, antes de que reciba yo la carta de usted, en que me da ~~este~~ su consejo respecto a mi solicitud al gobierno. Así, pues, no le he hablado aún nada. Pero, vuelvo a creer que no conseguiré nada de lo que pretendo, mi querido Pablo. Estoy de ello absolutamente seguro. Ya sé lo que me dirá el Ministro: que se está haciendo economías. He vuelto a perder toda esperanza en el asunto y esto me obliga a no hacer tal solicitud ni pedir nada. Si otras personas, más destacadas que yo y mejor prestigiadas en todo orden, no consiguen nada de esto, qué ser{é y}o, que nada represento ante el gobierno ni ante nadie!... No sé si soy pesimista o, acaso, más bien, demasiado realista. Pero no tengo la menor confianza.

Con respecto a la beca, le hablaré en mis [sic] próxima carta. Sobre esto le escribiré largamente.

Reciba usted, queridísimo Pablo, todo el abrazo de su fraternal y agradecido amigo

César

---

635 Pablo Abril de Vivero había encargado a Vallejo buscar un colegio internado para el hijo que tuvo con Alina de Silva, y que vivía en París con su madre.

190 [CARTA MECANOGRAFIADA DE CV A PABLO ABRIL DE VIVERO, CON FIRMA AUTÓGRAFA. DOS PÁGINAS, CON EL MEMBRETE:] LA RAZÓN / DIRECTION - ADMINISTRATION / 739 AVENIDA DE MAYO 741 / BUE-NOS-AIRES / AGENCE A PARIS : 2. RUE SCRIBE / (EXPRINTER) TÉL. : CENTRAL 14-11

París, 3 de setiembre de 1927

Mi querido Pablo:

Al fin he podido reunir una media docena de prospectos de colegios. Se los envío en este sobre. Usted escogerá. En general, me aconsejan en los propios colegios de París, que convendría que los chicos entren a un colegio de la banlieu, donde estarán muy bien en cuanto a aire, higiene, reposo, etc. El mejor para este caso es el «Lycée Michelet», cuyo prospecto le envío. Vanves está en la campiña de París, a media hora de tranvía. Es un liceo muy prestigioso y se ha especializado en la educación de niños muy pequeños.

No he dado con el colegio de Nôtre-Dame del Bois de Boulogne.

Pocos colegios de París, es decir, de la misma ciudad, reciben internos pequeños. La mayor parte de ellos solo reciben medio-internos. Usted podrá enterarse de todo esto, por los prospectos que le envío.

Espero sus órdenes en esto de los colegios, así como en todo lo que usted desee. Usted sabe que soy de usted, con todo mi cariño.

Xavier está mejor. Se queja mucho de falta de dinero. Dice que así no podrá continuar en París y que está resuelto a volverse a Madrid. Supongo que en este sentido le escribe a usted con esta misma fecha, según me ha indicado. Su enfermedad ha disminuido mucho y su curación es diaria y constante. El médico dice que es cosa de un mes más.

Cumplió Vuillermoz con enviarle su libro y la lista de las personas a quienes mandó ejemplares en su nombre? Ese Vuillermoz es medio informal, me parece. Ya le he sorprendido muchos incumplimientos. Voy a volver a verle.

Leguía está aquí de nuevo, según me dice Emilio [Ribeiro], que le ha visitado. Yo no le he visto. Como le decía a usted en mi anterior, he decidido no hacer ninguna gestión sobre mi novela, que, de este modo, se quedará como una simple novela y nada más. Sigo pesimista o, más bien dicho, demasiado realista acerca de la bondad económica del gobierno para con este pobre peruano de París. Solo los cholos

Peñalozas gastan los dineros fiscales, en comisiones parlamentarias a París.[636] Los demás no tenemos derecho a nada.

Me tiene usted, como siempre, sin saber por dónde tirar ni qué hacer. Esto es trágico. Me veo comido de miseria y de incertidumbre. Hay cosa más torturante? No tengo ni presente ni futuro. La beca ha terminado y no me queda nada. Dónde podré ir? Pero, no hay tiempo ya de vacilar. He reflexionado ya bastante y me he decidido dejar la beca. Es imposible seguir con ella, porque en la Universidad me han empezado a exigir certificado de asistencia para pagarme, como sucedió ya en junio último. Además, la beca no me dejaba sino una piltrafa cada dos meses. Tengo 34 años y me avergüenza vivir todavía becado.[637] Pero si la beca alcanzase a «nourrir mon homme», por lo menos. ~~Pero~~ Así, pues, le ruego, querido Pablo, me haga el favor de pedir al gobierno mi pasaje y gastos de viaje, como se estila en estos casos.[638] Ojalá lo haga cuanto antes, porque, de esta manera, podrán venir esos dinerillos a la mayor brevedad. Creo que usted, Pablo querido, aprobará mi decisión, porque usted sabe que para ello tengo sobrada razón. No me queda otro camino.

---

636   Vallejo hace referencia a la delegación peruana que asistió a la XXIV Conferencia de la Unión Interparlamentaria en París en agosto de 1927 («L'Amérique Latine», *Le Gaulois*, París, 27 de agosto de 1927, p. 5). Entre los delegados se encontraba Augusto C. Peñaloza, diputado peruano que en noviembre de 1927 dictó una conferencia sobre la eugenesia en el Perú para la Sociedad de Americanistas de París («Chez les américains du Sud», *Paris-Midi*, 11 de noviembre de 1927, p. 3). Según su propio testimonio, Peñaloza coincidió con Vallejo en el funeral de Enrique Gómez Carrillo (*Instantes sin tapujos: páginas recordatorias*, Lima, Huancayoee, 1962, p. xɪɪɪ). Juan Domingo Córdoba narra una anécdota según la cual Vallejo consiguió una sala en la Sociedad Geográfica para una conferencia de Peñaloza. La conferencia no recibió la atención esperada hasta el momento final, debido a la aparición del conferencista siguiente, de mayor fama. Peñaloza tomó los aplausos para este conferencista como dirigidos a él (*César Vallejo del Perú profundo y sacrificado*, 1995, pp. 141-142).

637   En realidad, Vallejo tenía ya 35 años. André Coyné fue el primero en aclarar que la fecha de nacimiento de Vallejo debió ser el 16 de marzo de 1892 («Apuntes biográficos de César Vallejo», 1949, pp. 45-46), basándose en la partida de bautismo que él mismo divulgó. En un congreso sobre la obra de Vallejo, celebrado en Córdoba en 1959, Alcides Spelucín corroboró que esta era la fecha en que sus amigos celebraban su cumpleaños (Spelucín, «Contribución al conocimiento de César Vallejo y de las primeras etapas de mi evolución poética», *Aula Vallejo*, n.º 2-3-4, 1962, pp. 35-36). Hasta entonces, la fecha de nacimiento de Vallejo que circulaba era el 6 de junio de 1893, fecha que aparecía en su pasaporte. Así, 1893 fue la fecha de nacimiento que tuvo la primera tumba de Vallejo en el cementerio de Montrouge, y aparece también como año de nacimiento en la «Nota bio-bibliográfica» de Raúl Porras Barrenechea de la primera edición de *Poemas humanos* (París, Les Éditions de Presses Modernes au Palais Royale, 1939, p. 155). Esta última es la fecha que Vallejo adopta en esta carta. Hasta ahora no se ha explicado por qué Vallejo adoptó una fecha de nacimiento diferente al viajar a Europa.

638   Tras el goce de la beca para hispanoamericanos, el gobierno peruano solía financiar el regreso del becado al Perú con dinero para un pasaje. Este dinero era ordenado al consulado del Perú en Londres. Este pago, que se le había hecho anteriormente a Carlos Quízpez Asín y se le haría luego a Xavier Abril, tardaría muchos meses en llegar a Vallejo, por razones aún no verificadas, y será un tema importante de la correspondencia con Pablo Abril de Vivero hasta agosto de 1928.

Le voy a pedir un favor, a propósito. Yo desearía que la beca que hoy dejo fuera ocupada por Julio Gálvez, a quien usted conoce. Este pobre [*palabra ilegible tachada*] muchacho sigue en mala situación. La beca le permitiría estudiar y, sobre todo, no morir de hambre. En estos días se encuentra en Madrid. De tal manera que puede matricularse y seguir en Madrid. Me dirijo a usted en este sentido, y sin pretender comprometer en lo menor su libertad al respecto. Usted puede decidirlo, como lo estime conveniente. Yo no hago sino insinuarle fraternalmente el nombramiento de Gálvez. En caso de que usted aceptase mi insinuación, le ruego me diga cómo se puede gestionar el nombramiento y si debo o no dirijirme a Leguía. Todo esto lo dejo al criterio y decisión de Usted.

Gálvez es estudiante de medicina y posee su{s} certificados.[639]

Si Gálvez lograse ser el designado, quizás él podría compartir conmigo la pensión, reservándome cada mes una pequeña parte, que por muy corta que sea, me ayudará en algo.

He entrado a trabajar a «La Razón» de Buenos Aires, con un sueldito de quinientos francos y con un trabajo enorme, de 11 a doce y de dos a seis y media de la tarde. Soy aquí un poco secretario, porta-pliegos, traductor, portero, etc.[640] Como usted ve, he vuelto a caer en «amanuense», en la calidad económica de amanuense. Salí de los Grands Journaux y caigo ahora en esta otra cosa. Es irremediable. El que nació para <u>esto</u>, no puede ser <u>aquello</u>. Estaba escrito. Mientras tanto, los hay quienes son económicamente felices, con tanto o menos mérito <u>vital</u> que yo. Tanto peor. Le aseguro, Pablo, que tengo a veces momentos de fe en el «reino que no es de este mundo» de Nuestro Señor.[641] De otro modo, hay que concluir en que no hay justicia en el universo.

---

639 Tenemos constancia de que Gálvez realizó estudios de Ciencias Naturales (preliminares para estudiar Medicina), pues a mediados de abril de 1916 se matriculó en el segundo año de Ciencias Naturales en la Universidad de San Marcos de Lima; también el 12 de abril de 1917 quedó matriculado en el segundo año de Ciencias Naturales en las clases de Física y Botánica (quizá pendientes del curso anterior) y podría ser que en 1918 siguiese residiendo en Lima a juzgar por la carta de Vallejo a sus amigos de Trujillo del 27 de febrero de 1918. Sabemos de un viaje de Gálvez Orrego a Lima, documentado en las páginas de *La Reforma* de Trujillo del 8 de marzo de 1919, que también podría ser un indicio de que ese año estudió en la capital, ya que la fecha invita a pensar que regresó a Lima para reanudar sus estudios (incluso para examinarse de las asignaturas pendientes).

640 Esta es la primera referencia a la labor de Vallejo en el bureau parisino de *La Razón* de Buenos Aires. No se sabe la fecha exacta en la que dejó este trabajo, pero parece que estuvo empleado en *La Razón* por corto tiempo.

641 Vallejo había utilizado esta expresión bíblica, citando al Abate Brémond (1865-1933), en su artículo sobre Pablo Abril de Vivero, «Contra el secreto profesional»: «En la poesía seudonueva caben todas las mentiras y a ella no puede llegar ningún control. Es el "secreto profesional" que defiende Jean

Espero sus queridas noticias sobre su aprobación fraternal en mi renuncia de la beca y en mi solicitud a favor de Gálvez. No olvide, Pablo, que es usted completamente libre de acceder o no a mi súplica sobre Gálvez. Yo solamente le formulo una consulta y una insinuación fraternal y sin ningún propósito de comprometerle en lo mínimo. Usted ya me conoce, querido Pablo.

Le envío un fraternal y cariñoso abrazo

César

Además de los colegios cuyos prospectos le envío, he visto otros, tales como la École Pascal, del Bd Lannes de París, donde cobran 700 francos al mes, tout compris, y la École Lacordaire, de la rue Saint Didier de París, donde cobran 3.000 fra[n] cos al año. La École Lacordaire se está trasladando en estos días a Bellevue, de la banlieu, cerca de Sèvres, a media hora de tren de Montparnasse.

V.

---

191 [CARTA DE PABLO ABRIL DE VIVERO A CV.]

Madrid, 7 de Setiembre de 1927

LEGACIÓN DEL PERÚ

Mi querido César:

Ante todo, mil gracias por el envío de los prospectos, quiero decir por los trabajos que se ha tomado usted para conseguirlos. Creo como usted que el colegio más adecuado para lo que me propongo es el Michelet. Aparte de esta grata noticia, el resto de su carta me ha llenado de angustia. No quiero, sin embargo, verme ganado por su pesimismo y por eso me dispongo a alentarlo con mis más cordiales palabras. Por qué, querido César, se da usted por vencido en lo que respecta a la protección del Gobierno, que buscaba usted para su novela incaica? No lo comprendo. Yo he tenido fe —y sigo teniéndola— en el buen éxito de la gestión. La pauta para llegar al mejor fin era la que le señalé ha muchos días: hablarle a Eduardo Leguía y conseguir que este apoyara la solicitud de usted, amén de mi recomendación amplísima a Denegri. Aunque yo le resulte a usted pesado, insisto en que no debe usted

---

Cocteau; es "el reino que no es de este mundo" según el abate Brémond. La razón de Paul Souday, el buen gusto, la necesidad sagrada de la emoción auténtica y humana, no tienen allí entrada» (*Variedades*, n.º 1001, Lima, 7 de mayo de 1927).

abandonar la oportunidad de conseguir algo que —si no es seguro— por ningún concepto es imposible.

En cuanto a la beca, no sé, a la verdad, qué decirle. Ignoro a punto fijo si las circunstancias le impiden a usted seguir disfrutándola, es decir, si el impedimento emana de la Universidad. Me parece que si así no fuera, como me temo, nada le convendría más por el momento que venir a Madrid. Ya le dije la mala palabra. Venir a Madrid, dejar esos inmundos francos «argentinos», sacrificar por unos meses aunque sea el amor de París y esperar aquí el resultado de la petición que haga Leguía en favor de usted. Mis amistades diplomáticas podrían además valerle para sacar un semanario barato con copiosa información hispanoamericana, protegido por las Legaciones. Hoy, particularmente, creo que este proyecto sería de muy fácil realización. En esta empresa que estimo indispensable —cualquiera que sea el que la intente— le ayudaría yo con todo interés. No lo dude. Vamos a ver qué me contesta a todo esto. Espero que su respuesta me llegue a vuelta de correo, pues el año oficial de estudios se inaugura, según me dicen, el 15 del actual y antes de esa fecha necesito saber a qué atenerme para impedir que el Ministerio de Estado tenga que pasar a la Legación una nota por el estilo de la que se produjo con motivo de Quíspez Asín.[642] Si a pesar de las razones que yo le doy a usted, animado por mi fuerte cariño, se resolviera usted a abandonar la beca, sería urgente formular la renuncia por escrito, pretextando motivos graves. Si quiere usted que le cobre la mensualidad de Agosto, mándeme una carta-poder como la que me remitió el mes pasado. De este modo, además de cobrar, podré enterarme bien de cuanto se relacione con ustedes dos. Usted sabe hasta cuándo suelen pagar a los becados por concepto de vacaciones?

Sé por Juan Domingo Córdoba[643] que Xavier anda un poco alejado de usted. Es decir, que no va a buscarle con la frecuencia que yo creía y esperaba. Viven ustedes demasiado lejos uno de otro?

Puede usted considerar descontada mi acogida más favorable a la recomendación que me hace usted respecto de Julio Gálvez, pero lamentablemente aún no

---

642   Sobre los problemas de la beca de Quíspez Asín, véase la nota a la carta de Pablo Abril de Vivero a Vallejo del 12 de septiembre de 1926.

643   Sobre Juan Domingo Córdoba, véase «Perfiles biográficos». Vallejo conoció a Córdoba en junio de 1927. De ese encuentro se conservan tres fotografías de ambos, tomadas por Martín López de Romaña, en el Parque del Oeste y en el Paseo de Rosales, que datan del 12 de junio de 1927 (véase Vallejo, *Iconografía*, 2017, pp. 58-63).

puedo decirle con seguridad si las futuras circunstancias me permitirán hablarle a Leguía de este asunto. Usted me entiende.[644]

Bueno, querido César, ánimo, serenidad, esperanza y, más que todo —enfocando la situación en los estrictos límites de realidad que tiene— decisión inmediata, sin mayores contemplaciones. Deseo que su próxima carta tenga un tono optimista, de buen augurio.

Le envía un fraternal abrazo

Pablo.

---

192 [CARTA MECANOGRAFIADA DE CV A PABLO ABRIL DE VIVERO, CON FIRMA AUTÓGRAFA. UNA CUARTILLA (TRES PÁGINAS), CON EL MEMBRETE EN FRANCÉS DE LES GRANDS JOURNAUX IBÉRO-AMÉRICAINS.]

Paris, le 12 Setbre 1927

Mi querido Pablo:

Acabo de recibir su carta del 8,[645] la que ha sufrido retraso por cambio de dirección de «La Razón». Este bureau está ahora en 26, Avenue de l'Opéra, Exprinter.

Su carta me ha hecho reflexionar honda y gravemente. Su{s} indicaciones sobre la beca y mi novela son muy optimista{s}, debido al cariño y fraternal criterio con que usted acostumbra tratar cuanto se relaciona conmigo. Se lo agradezco, Pablo querido, con toda mi alma. Pero, por desgracia, atravieso actualmente por una aguda crisis de desconfianza en el éxito de todas mis gestiones. Existen motivos para esta desconfianza: el más fuerte está en los largos años de inútil y, quizás, hasta nocivo optimismo en que he vivido en Europa, atenido siempre a las vísperas eternas de un día mejor, que nunca ha llegado. Digo «nocivo optimismo», porque, como usted sabe, Pablo, nada es más espantoso y más suicida, que una <u>espera</u> prolongada. Dentro de esta espera, no podemos hacer nada, puesto que creemos que, de un instante a otro, las cosas van a cambiar y podremos enfocar la vida desde otro miraje. Hasta ahora vivo sumido en un paréntesis provisorio, a las puertas siempre de otro género de existencia, que, como repito, no llega nunca. Todo lo tomo así: con el carácter provisional. Y así han transcurrido cerca de cinco años en París.

---

644   Esta afirmación resalta el distanciamiento entre Pablo Abril de Vivero y el ministro Leguía. Hasta donde alcanzamos, la beca no le fue concedida a Julio Gálvez.

645   Por el contenido de esta misiva, debe tratarse de la carta anterior, fechada el 7 en la copia que conservó Pablo Abril de Vivero.

Cinco años de espera, sin poder abordar nada en serio, nada reposado, nada definitivo y agitado de un conti{nu}o sobresalto económico, que no me deja emprender ni tratar nada a fondo. Hay cosa más horrible? Y ya no es posible postergar por más tiempo esta engañosa situación. Empiezo a preferir la miseria definitiva, antes que sostenerme en tan equívoca y temblorosa inseguridad del porvenir. Empiezo a resignarme. Empiezo a reconocer en la suma miseria mi vía auténtica y única de existencia. Me parece que yerro, al buscar la comodidad económica o, al menos, el pan a su hora y el agua a su hora. Yo he nacido para pobre de solemnidad y cuanto haga yo en contra, será, como lo ha sido hasta ahora, estéril. Me parece que esto no es literatura, puesto que parto de la realidad y apunto a la realidad.

A usted le agradezco de corazón cuanto hace siempre para ayudarme a salir de esta situación, Pablo querido. Yo estoy cansado de esperar y ya no quiero fatigarlo a usted más con mis súplicas y gestiones.

Usted sabe lo que es Madrid. Nuestras gestiones irían a paso lento, interminable. Los españoles y su ambiente son invulnerables. Ya los tenemos bien conocidos. Y usted los conoce más que yo, porque ha sentido usted de cerca esa soporífera sensibilidad a la vizcaína. Mi miseria, fuera de Madrid, es posiblemente menos pesada que en esa villa y corte. Por otro lado, la Universidad me exije «certificado de asistencia». La última vez que estuve a cobrar, así fue. Esto no es una hipótesis de lo que puede suceder, sino que <u>ya me han exigido</u>. Yo tuve que apelar a Jiménez Asúa, en quien ni pensaba caer nunca, para poder cobrar.[646] De o{tr}a manera, me quedaba, <u>aun estando en Madrid</u>, sin poder hacer efectiva mi mensualidad.

He reflexionado mucho sobre todas estas cosas. He compulsado todo. Usted sabe que he sufrido ya bastante, para entrar en precipitaciones. Aquí, en París, me atendré por ahora a lo de «La Razón» y a los envíos aleatorios de Mundial y Variedades.[647] Y después, ya veremos lo que hago, cuando reciba el pasaje del Perú: me voy a New York o me quedo en París.[648]

---

646   El jurista y futuro político Luis Jiménez de Asúa (1889-1970) era catedrático de Derecho en la Universidad Central de Madrid desde 1918. Vallejo debe haberle pedido algún certificado de asistencia o similar para poder cobrar su beca. Jiménez de Asúa había tenido anteriormente una polémica con Pablo Abril de Vivero (véase la carta de este a Vallejo del 12 de septiembre de 1926).

647   Cabe notar que Vallejo ya no alude a sus colaboraciones con *El Norte*. La última colaboración con el periódico trujillano de la que se tiene constancia es «París en primavera» (*El Norte*, Trujillo, 12 de junio de 1927), aunque véase la nota a la carta de Antenor Orrego del 16 de noviembre de 1929.

648   No se sabe mucho más de este plan de Vallejo de viajar a los Estados Unidos (¿quizá inspirado por el viaje de Vicente Huidobro?), al que se hacía referencia también en la carta del 24 de julio de 1927. Finalmente, Vallejo utilizaría el dinero del pasaje de regreso al Perú para viajar, no a los Estados Unidos, sino a la Unión Soviética.

Me parece que las mensualidades de vacaciones corresponden hasta Setiembre, inclusive. Le ruego, en todo caso, enterarse con seguridad de todo esto. Córdoba se ofreció, al partir, para cobrar Agosto en mi nombre y, no queriendo molestarlo a usted de nuevo, le he dado el poder para que él haga el cobro. Mil gracias, Pablo, por su amable ofrecimiento. En cuanto a Xavier, ya le he indicado el contenido de su carta y me dice que hoy va a escribirle. Xavier vive lejos de mi hotel, en la Porte Champerret. Allí está más tranquilo, un poco cerca de la campiña de París.[649] Está mej{or} de su enfermedad y me dice que lo que le falta es solamente dinero para seguir curándose. Nos vemos con cierta frecuencia. No siempre, dada la distancia a que estamos. Le he observado que está dispuesto a volver a Madrid, a fines de este mes. Digo «observado», porque, como varía tanto de decisiones, no hay que atenerse mucho a lo que él dice «por medio de palabras». Convendría que así lo haga, es decir, que regrese a Madrid, cuanto antes. Muchas razones hay para ello: la tranquilidad de usted, la propia de él y, aun desde el punto de vista económico.

Lamento que no pueda usted venir a París, como habría sido necesario. Le habría hecho mucho bien a su salud y tranquilidad espiritual y habríamos conversado largamente sobre todas nuestras cuestiones. La vida aquí se hace cada día más cara, por desgracia. El franco se ha estabilizado de hecho, y, sin embargo, todo aumenta de precio. Esto es inaguantable. De todos modos, sería magnifico que encontrase usted la manera de hacer su viaje a París, aun con sacrificios. Espero sus noticias posteriores.

Escríbame lo que usted quiera que yo haga para el colegio de Paco.[650] Estoy siempre esperando sus instrucciones. Ya estoy bien del pie.

He buscado de nuevo a Vuillermoz y parece que está de vacaciones, fuera de París. Ya le he dicho a usted, que {es}te hombre empieza a revelarse como muy informal. Voy a cargar sobre él, todos los días.

No he recibido «La Gaceta» ni «El Sol». Le agradezco «el Boletín» de Puno, el mismo que le devolveré con mi carta próxima.[651]

---

649   En 1927, Porte de Champerret, la última estación del oeste de la línea 3 del metro, estaba en la periferia de la ciudad, muy cerca de las comunas de Levallois-Perret y Neuilly-sur-Seine, así como del Bois de Boulogne. Vallejo debía seguir viviendo en el Hotel Garibaldi, adonde se mudó hacia mayo de 1927.

650   Francisco Abril de Vivero (1919-2004), futuro pintor, fue hijo de Pablo Abril de Vivero y de la cantante y actriz Alina de Silva.

651   Pablo Abril debe haberle prometido a Vallejo ejemplares de las publicaciones en las que aparecieron comentarios de *Ausencia*. El libro de Abril de Vivero fue reseñado, positivamente, en *La Gaceta Literaria* por Miguel Pérez Ferrero («Escaparate de libros», *La Gaceta Literaria*, n.° 8, Madrid, 15 de abril de 1927, p. 4) y en *El Sol* por Ramón J. Sender («Revista de libros», *El Sol*, Madrid, 23 de mayo

«El Repertorio» acaba de publicar también mi artículo sobre usted.[652] Lo ha visto ya? Yo podría, en caso contrario, enviarle el número, tomándolo de Les Journaux.

Escríbame siempre a 11, avenue de l'opéra. Es más seguro.

Saludos afectuosos a Vallecito y para usted un abrazo fuertísimo de su fraternal y agradecido

César

---

193 [CARTA MANUSCRITA DE CV A PABLO ABRIL DE VIVERO. UNA CUARTILLA (DOS PÁGINAS), CON EL MEMBRETE EN FRANCÉS DE LES GRANDS JOURNAUX IBÉRO-AMÉRICAINS.]

Paris, le 21 Stbre 1927.

Mi querido Pablo:

A la ligera le pongo estas letras para acusarle recibo de su telegrama y de su carta para Javier [Abril].

Le ruego, Pablo, me haga el f{a}vor de decirme si debo o no hablarle al Ministro sobre la beca para Gálvez. Sé que Leguía debe venir a París hoy o mañana. Mi artículo sobre él se publicó ya en Variedades.[653] Sin duda, en el Perú dirán los malvados paisanos que yo he sido pagado para escribir ese artículo o que el Gobierno me tiene asalariado. Pero usted sabe que no es así. Y tal es {mi} destino. Mientras otros venden sus estupideces, yo solo cargo con el «se dice», sin sacar de ello un pan siquiera. Está muy bien. Cada cual debe seguir su vida, unos a la derecha y otros a la izquierda y otros en el centro. Así es la vida.

No sé todavía qué dice usted de mi renuncia a la beca y si se ha pedido mi pasaje a Lima.[654] Eso demorará mucho, sin duda. Por eso, justamente, habría deseado

---

de 1927, p. 2). Por otra parte, «Contra el secreto profesional» de Vallejo fue comentado y criticado por Gamaliel Churata en el *Boletín Titikaka* de Puno («Septenario», *Editorial Titikaka / Boletín* [n.º 10], Puno, mayo de 1927, p. 4): «vallejo juzga con criterio historicista primitivo formulando objeciones que circunvalan la periferia pero cuando se le ofrece oportunidad de ahondar en el organismo del movimiento se decide por una solución empírica —no es de otra manera explicable su posición respecto de la verdadera etiología de nuestra descastada vanguardia».

652   Tomado de *Variedades* de Lima, «Contra el secreto profesional» se reprodujo en *Repertorio Americano*, t. XV, n.º 6, San José (Costa Rica), 13 de agosto de 1927, pp. 92-93.

653   «La diplomacia Latinoamericana en Europa. Con Eduardo S. Leguía, Ministro del Perú en España», *Variedades*, n.º 1013, 30 de julio de 1927.

654   El ministro Eduardo S. Leguía noticia la renuncia de la beca y solicita el pasaje para Vallejo en un envío consular de París a Lima, fechado el 21 de septiembre de 1927: «Señor Ministro: / El estudiante

que se pida el pasaje cuanto antes. En su última no me dice usted nad{a} sobre el particular.

Xavier está muy mejor. Me dice que ayer le ha escrito una carta muy larga.

Esperando sus queridas líneas, le abraza estrechamente su muy agradecido y fraternal

César

---

194 [CARTA MANUSCRITA DE CV A JUAN DOMINGO CÓRDOBA. UNA CUARTILLA (DOS PÁGINAS), CON EL MEMBRETE EN FRANCÉS DE LES GRANDS JOURNAUX IBÉRO-AMÉRICAINS.]

....

Paris, le 22 Setbre 1927

Mi querido Domingo:

Ayer recibí las 325 pesetas. Te agradezco muchísimo las molestias que este envío te ha ocasionado.[655]

Solo te he enviado 5 cartas y no te enviaré más otras, conforme a tus instrucciones.

He cumplido con hablarle en tu nombre a la patrona del Hotel. Dice que no tengas cuidado.

¿Por qué no has tomado algunas pesetas para ti de la suma que me envías? De todos modos, supongo que a esta hora te habrán ya pagado en el Banco las 400 pesetas extraordinarias. Es extraño lo que hace contigo el Banco. Avísame si ya te pagaron y cuándo llegas a París para ir a recibirte a la Gare d'Orsay.

Ayer escribí a Pablo, hablándole sobre todos mis asuntos. Espero que me conteste muy pronto.

Dime para quién han solicitado la beca de Xavier. Es verdad que Fry está sin puesto?

Aquí sigue lloviendo día y noche. Como siempre.

---

peruano don César Vallejo, becado de nuestro Gobierno en la Facultad de Derecho de la Universidad Central de esta Corte, se ha visto precisado a renunciar la referida beca por las razones expuestas en la solicitud que acompaña al presente oficio. / En consecuencia, estimaré a U. se sirva concederle —conforme a los precedentes del caso— un pasaje de 1a. clase para regresar al Perú. / Dios guarde a U. / E. S. Leguía» (Archivo del Ministerio de Relaciones Exteriores del Perú, caja 977, file 4, folio 31, n.º 227). Lamentablemente, no se conserva una copia de la solicitud de Vallejo en este archivo.

655   Como se desprende de la carta a Pablo Abril de Vivero del 12 de septiembre, Juan Domingo Córdoba se ofreció a cobrar la beca de agosto por Vallejo en la Universidad Central de Madrid.

Del Perú no recibo todavía dinero por concepto de mis crónicas. Quizás dentro de ocho o diez días.

Sigo caliente y desesperado de mi situación. Mi vida es, como siempre, un tormento económico constante.

Que derrotes a Castillejo y vuelvas pronto.[656] Son los deseos de tu amigo que te abraza

César Vallejo

---

195 [CARTA MANUSCRITA DE CV A VÍCTOR VALLEJO, CON EL MEMBRETE EN FRANCÉS DE LES GRANDS JOURNAUX IBÉRO-AMÉRICAINS. EN EL MARGEN SUPERIOR DERECHO, DE VÍCTOR VALLEJO:] C | EN 12 DE NOV. | DE 1927

....

Paris, le 24 de Setbe 1927

Mi querido hermanito Víctor
Stgo. Chuco.

No recibo carta de ustedes hace tiempo. Por qué se han quedado así en silencio? Yo les escribo con frecuencia. Solamente de Néstor he recibido hoy, también después de seis meses de silencio, una carta.

Escríbame siempre con dirección a la Legación, como ustedes ya saben.

Quizás el próximo año vaya al Perú por unos cuantos meses, para volver de nuevo a París.[657] En cuanto yo sepa aproximadamente la fecha precisa de mi viaje, les avisaré sin pérdida de tiempo.

Entre tanto, espero las noticias de ustedes siempre.

Un fuerte abrazo para todos mis hermanitos y toda la familia. Otro para usted muy entrañable de su hermano

César

---

656   Se refiere al jurista José Castillejo (1877-1945). Según Córdoba Vargas: «En mis viajes a España, Vallejo me despedía en la estación del Quai D'Orsay con un "Que venzas a Castillejo", aludiendo al eminente humanista y profesor de derecho romano de la Universidad Central de Madrid» (*César Vallejo del Perú profundo y sacrificado*, 1995, p. 110).

657   Esta es la primera referencia a un regreso de Vallejo al Perú, tema que surge en la mayoría de las cartas a su familia.

Paris, le 2 octubre 1927

Mi querido Pablo:

Le envío una lista que, a duras penas, he arrancado a Vuillermoz, sobre su libro. Lo demás dice que debe usted haberlo recibido hace tiempo. Yo no sé si ha sucedido así. De lo contrario, conviene ajustarle su cuenta a este sujeto, que parece ser un bribón. Espero sus noticias.

Xavier está muy mejor. Dice que no ha recibido carta de usted hace tiempo y no sabe cuándo irá a Madrid.

En mi anterior le rogaba yo me dijera si debo o no hablarle al Ministro sobre el nombramiento de Gálvez para la beca. Emilio [Ribeiro] me dice que Leguía debe llegar a París en estos días y no sé si he de hablarle o no. Vuelvo, pues, a rogarle me diga usted o me aconseje lo que se puede hacer para no perder la beca y para que no la tome otro. Ya le he dicho que, en caso de que Gálvez la consiga, podrá pasarme una parte de ella, que por muy pequeña que sea, me ayudará de todos modos a vivir. En todo caso, yo me atendré a lo que usted decida sobre el particular, convencido como estoy de su solícito afecto que siempre ha demostrado en mi favor.

Deseoso de ver sus letras cuanto antes, le envía un estrecho abrazo fraternal su muy agradecido amigo

César

[A mano:] En este instante viene Xavier a decirme que está sin recursos y que le haga un telegrama pidiéndole un empréstito. Dice que no tiene ni para un café, pues lo que le envió usted no le alcanza para vivir un mes. Acabamos, pues, de hacerle el telegrama, conforme a los deseos de Xavier.[658]

V.

---

658 Debe tratarse del telegrama siguiente, entregado el 4 de octubre.

197 [TELEGRAMA DE CV A PABLO ABRIL DE VIVERO.]

[Matasellos:] -4 OCT 1927

= ABRIL SIN RECURSOS = CÉSAR =

198 [CARTA MANUSCRITA DE CV A PABLO ABRIL DE VIVERO, CON EL MEMBRETE EN CASTELLANO DE LES GRANDS JOURNAUX IBÉRO-AMÉRICAINS.]

Paris, le 8 octbre 1927.

Mi querido Pablo:

Espero recibir letras suyas en estos días, indicándome el procedimiento a seguir sobre la beca para Julio Gálvez. Yo no haré nada ni daré paso alguno sin las instrucciones de usted.

Le ruego me haga el favor de cobrar en la Universidad mi pensión de Stbre y enviármela cuanto antes. Atenido a su amable ofrecimiento para hacer este cobro, lo molesto de nuevo y le agradezco de antemano por tan señalado favor.

Así mismo le suplico se moleste en decirme cuándo se ha pedido mi pasaje a Lima o si todavía no ha sido solicitado. Sé que el de Xavier ha sido ya concedido y ojalá lo entregue Londres cuanto antes.[659]

Un fuerte abrazo de su muy fraternal y agradecido

César

---

659   El valor del pasaje le fue concedido a Xavier Abril el 19 de agosto de 1927, según se desprende de una acuse de recibo del ministro Leguía del 9 de noviembre de 1927 (Archivo del Ministerio de Relaciones Exteriores del Perú, caja 977, file 4, folio 26, n.º 222).

199 [CARTA MANUSCRITA DE CV A PABLO ABRIL DE VIVERO. DOS PÁGINAS, CON EL MEMBRETE:] CAFÉ DE LA RÉGENCE | SOCIÉTÉ À RESPONSABILITÉ LIMITÉE | AU CAPITAL DE 1.600.000 FRANCS | R. C. SEINE 23.270 | 161-163, RUE SAINT-HONORÉ | (PLACE DU THÉÂTRE FRANÇAIS) | TÉLÉPHONE CENTRAL 39-58 | RICHELIEU 99-94

Paris, le 19 Octubre 1927

Mi querido Pablo:

Acabo de recibir su telegrama, que contesto inmediatamente. No sabemos si para pagarnos basta nuestra presencia o si, una vez allí, se nos exija otro requisito, como por ej. el certificado de examen de Setbre. Me imagino que el Habilitado ignora que hemos renunciado a la beca y, por eso, exige que estemos ahora en Madrid, puesto que las labores escolares han empezado ya. Pero no sé si, para evitarnos el viaje, convenga decirle que ya no somos alumnos y que, por consiguiente, no tenemos obligación de estar en Madrid. Temo que hagamos un viaje inútil, gastando 700 frs. que no tenemos. Le aseguro, Pablo, que no sé qué hacer en este caso. Su telegrama me deja en una duda insoluble, porque quizás lo que se quiere de nosotros es certificado de examen. En tal situación, la pensión de Setbre está perdida y nuestra presencia no conduce a nada.

Me parece que, posiblemente, diciendo que ya no somos alumnos, nos evitarán el certificado de examen. Pero, si ya lo saben que hemos renunciado, y, aun así, se nos exige ir y haber dado examen, estamos perdidos y no queda ya nada por hacer. En fin, le ruego contestarme hasta qué punto es seguro que nos pagarán Setbre, con solo nuestra presencia y sin otros requisitos imposibles de satisfacer. Yo espero su respuesta, listo para tomar el tren el mismo día que llegue su telegrama, salvo que usted me diga que no debo ir, puesto que mi presencia no será bastante para el pago. En cuanto a Xavier, me dice que no tiene medios para ir a Madrid, ni ve de dónde sacar dinero para su viaje. Esto es terrible. Yo tampoco tengo un céntimo, pero voy a ver a quién le pido prestado unos 500 frs. Xavier está completamente pobre y estamos absolutamente desconcertados de su noticia, que nos ha caído inesperadamente.

Esta carta la recibirá usted pasado mañana viernes y le ruego se moleste enviarme un telegrama cuanto antes, para saber qué camino tomamos. Le suplico, Pablo, cuide usted de ganar tiempo, para tomar una decisión pronta y oportuna. Le pido, por este favor, mil perdones.

291

En espera de sus ansiadas letras, le envía un fuertísimo abrazo su fraternal amigo agradecido

César

A.D.

Si el asunto del cobro de Setbre está perdido, no se moleste en telegrafiarnos. Su silencio nos indicará que aquello no tiene remedio.

V.

---

200 [CARTA MANUSCRITA DE CV A PABLO ABRIL DE VIVERO. UNA CUARTILLA (DOS PÁGINAS), CON EL MEMBRETE EN FRANCÉS DE LES GRANDS JOURNAUX IBÉRO-AMÉRICAINS.]

Paris, le 29 octbre 1927

Mi querido Pablo:

Le agradezco de todo corazón cuanto ha hecho por mí para cobrar la beca de Setiembre. Esos dineros han llegado a su hora y esto es doble motivo para agradecérselo, querido Pablo.

Ha hecho usted bien en tomar algunas pesetas de allí. Por qué no tomó más? Me mortifica que así no lo haya hecho, desde que sabe usted cuánto fraternizo con sus angustias y dificultades de todo orden. Además, hemos podido compartir por mitad de esos dineritos, puesto que, según veo, usted lo necesitaba. Por lo demás, no se preocupe del envío de esa pequeñez y lo que me da pena es que mi situación no me permita serle útil en alguna cosa. Ya le he dicho cómo vivo ahora. Esto de «La Razón» me devora todo mi tiempo para ganar 500 frs., que solo me sirven para pagar mi cuarto. Creo que voy a dejarla, para lanzarme no sé adónde.[660]

Xavier ha decidido volver a Madrid el miércoles 9 de Novbre, en vista de las reflexiones que usted le hace. Espera solamente su pensión de Stbre para pagar sus deudas y para su pasaje a Madrid. Me dice que así le escribe ahora a usted, largamente. Yo cumplo siempre con sus instrucciones sobre la necesidad de encaminarlo por los caminos <u>reales</u> y <u>vitales</u> del mundo. De ello le hablo siempre, con todo mi cariño.

---

660   Esta es la última mención en la correspondencia del puesto en *La Razón,* por lo que se puede especular que Vallejo dejó este trabajo a fines de 1927.

Vuillermoz me dice que le ha enviado los libros hace un mes o más. Qué se puede hacer con este hombre? Demandarle ante la justicia? E{s}, a lo que vemos, un buen bribón. Pero, naturalmente, no sé qué podemos hacer de él. Podría usted escribirle, amenazándole de enjuiciarle, para ver si así cumple.

Espero sus líneas cuanto antes y le reitero mi cariñoso abrazo por el día 28.[661] Fraternalmente suyo.

César

---

201 [TELEGRAMA DE CV A PABLO ABRIL DE VIVERO.]

. . . .

[Matasellos:] 22 NOV 1927

RIBEIRO NO ENTREGÓ DINERO XAVIER = CÉSAR

---

202 [CARTA MANUSCRITA DE CV A XAVIER ABRIL, CON EL MEMBRETE EN FRANCÉS DE LES GRANDS JOURNAUX IBÉRO-AMÉRICAINS.]

. . . .

Paris, le 24 Novbre 1927

Mi querido Xavier:

Te devuelvo una carta de Pablo, abierta por mí según tus instrucciones.

Ojalá hayas cobrado tu beca y estés ya con dineros. Yo estoy siempre sin un céntimo. No olvides de escribirme, como me prometiste al partir. Tú sabes que aquí nadie se duele de nadie.

Te pongo estas líneas a la ligera. Apenas reciba tu carta, te escribiré más largamente.

Abraza a Pablo en mi nombre y tú recibe otro abrazo fraternal de

César

---

661   El día del cumpleaños de Pablo Abril de Vivero, 28 de octubre.

Madrid, 28 de Noviembre de 1927

LEGACIÓN DEL PERÚ

Mi querido César:

Le adjunto la autorización que exige Vuillermoz para entregar los ejemplares de mi libro. Le ruego, querido César, ser inflexible con ese bribón. Usted está bien enterado del asunto. Exíjale los ejemplares (ochocientos de la edición corriente y veinticinco de la de lujo) o las tres pesetas que significa cada uno de los que haya vendido. También he de agradecerle que me comunique telegráficamente el resultado de su entrevista, pues no me extrañaría que ese individuo tratase de seguir burlándome hasta el último momento... Todo lo dejo a la sagacidad y buen ánimo de usted.

Un fuerte abrazo fraternal de

Pablo.

294

LEGACIÓN DEL PERÚ

Por el presente documento autorizo ampliamente al señor don César Vallejo, escritor peruano avecindado en París, para que en mi nombre recoja de la Editorial París-América los ejemplares de mi libro de versos «Ausencia» (ochocientos de la edición corriente y veinticinco de la de lujo) cuyo importe he satisfecho ya, como consta de los recibos que tengo en mi poder. Asimismo faculto al expresado señor Vallejo para firmar el respectivo comprobante de entrega y para reclamar la liquidación de los ejemplares que dicha Editorial hubiera negociado con el tanto por ciento convenido.

Madrid, 28 de Noviembre de 1927.

Pablo Abril de Vivero

Paris, le 10 diciembre de 1927

Mi querido Pablo:

He gestionado de Vuillermoz la entrega de sus libros, conforme a sus instrucciones. Me dijo que los libros estaban en otro local y que me los enviaría el jueves
a mi cuarto, cosa que no ha cumplido.[662] En este momento acabo de buscarle y no
le he encontrado. Temo que este hombre se burle de mí y, por esto, me apresuro a
escribirle, dándole cuenta de mis gestiones y pidiéndole sus instrucciones, para el
caso de que Vuillermoz no cumpla con la entrega de los libros. Qué puedo hacer
entonces? Usted me dirá. Entre tanto, voy a agotar mis esfuerzos y medidas con-
ciliadoras. Le volveré a escribir sobre lo que haya. En fin, habrá que ir con calma
y paciencia, antes de acudir a procedimientos violentos y enojosos. Solo espero de
usted su opinión para el caso de ocurrir a medidas coercivas.

Xavier me escribe que no podrá venir a París antes del 5 de enero. Por de pronto
le felicito por la llegada de sus dineros de Lima.[663] Con ellos ya podrá orientarse y
tomar un camino más constructivo en estos momentos. Un poco más de experiencia habrá ganado, sin duda, con su permanencia en París.

Cumplí con su encargo para Emilio [Ribeiro]. Anda siempre muy nervioso, muy
angustiado. Me dice que le escribe a usted siempre y que es usted quien no le contesta nunca.

Le ruego saludar a Vallecito y usted reciba el fraternal abrazo de

César

Inmediatamente de recibir su carta, le llevé el sombrero a la señora del boulevard Magenta. Supongo que ya estará en su poder.[664]

V.

---

662 Esta carta está datada un sábado, 10 de diciembre.

663 Se trata del dinero del pasaje de regreso a Lima, concedido en agosto.

664 Desconocemos la identidad de esta persona.

Madrid, 2 de Enero de 1928

LEGACIÓN DEL PERÚ

Mi muy querido César:

Cuánto he deseado escribirle en estos pasados días para responder a su cariñosa carta de 10 de Diciembre último. Sigo explotado como de costumbre en esta maldita oficina que por algo es la «representación» del país. No veo las horas de librarme de ella o de algo que en ella me sofoca. Estoy seguro de que usted me comprende.

Xavier y yo lo recordamos con intenso cariño. Hubiésemos querido estar con usted en estas clásicas fechas que, por lo mismo que no tienen para nosotros el sentido espectacular que las distingue, hacen más viva nuestra ardiente fraternidad. Deseamos, querido César, que el nuevo año sea para los tres lo menos homicida que pueda ser un año más. Dios —o quien ahora lo represente— nos escuche.

296

Lo que me dice usted de Vuillermoz pasa ya todo límite. Le ruego que, si le es posible, le dé usted un ultimátum de tres días y que, si en este plazo definitivo tampoco cumple, presente usted en mi nombre la denuncia del caso ante la policía. Esta me parece será a la postre la única solución. Yo no estoy seguro del número de ejemplares de «Ausencia» que recibí del ya «mentado» Vuillermoz: no sé si fueron doscientos o trescientos. Este es un dato que usted necesitaba conocer. Dígame si es indispensable que yo le envíe a usted los recibos que acreditan haber abonado íntegramente el importe de la impresión de mi libro. Y perdóneme tantas molestias.

Es posible que yo vaya a París a fines de este mes. Espero, para decidirme, una carta de Emilio Ortiz de Zevallos.

Qué sabe usted de Emilio Ribeiro? Se marchó al Perú? Y usted, qué planes tiene por ahora? Espero sus muy gratas noticias y le abrazo muy estrecha y fraternalmente.

Pablo.

206 [CARTA MANUSCRITA DE CV A XAVIER ABRIL, CON EL MEMBRETE DEL CAFÉ DE LA RÉGENCE (SOCIÉTÉ À RESPONSABILITÉ LIMITÉE).]

. . . .

Paris, le 9 Enero 1928

Mi querido Xavier:

Bernales no está aquí, sino en Monte Carlo. Dime qué debo hacer con tu encargo y lo haré inmediatamente.

Dile a Pablo que le escribiré en pocos días más, después de ver qué resulta de Vuillermoz.

Cuándo vienes a París? Yo no sé qué haré en este nuevo año. Es una cosa terrible. Por de pronto estoy calato[665] y sin tener cómo pagar mi hotel. Hasta cuándo durará mi pobreza mortal? Pobreza al día, al año, a la eternidad.

Y ustedes?

No hay noticias de mi pasaje? Cuánto te dieron a ti? Cuéntame.

Un fuerte abrazo fraternal para ti y para Pablo de tu hermano

César

297

---

207 [CARTA MECANOGRAFIADA DE CV A PABLO ABRIL DE VIVERO, CON FIRMA AUTÓGRAFA Y CON EL MEMBRETE DE «LA SEMAINE PARISIENNE».]

. . . .

Paris, le 21 enero 1928

Mi querido Pablo:

Solamente hoy tengo el gusto de corresponder a su cariñosa carta de 2 del presente. Este retardo obedece al hecho de haber esperado de ver a Vuillermoz, a fin de comunicar a usted lo que pudiera haberme contestado. Por desgracia, no he podido encontrarle hasta ahora. En este sentido, usted puede enviarme toda la documentación necesaria, a fin de entablar la queja correspondiente ante la autoridad respectiva. Estoy, en esto como en todo, dispuesto a servirlo con todo mi cariño.

---

665 *Calato:* peruanismo coloquial: «Desnudo, en cueros» (RAE 1927). En esta carta significa, en sentido figurado, sin dinero.

Ojalá este año sea, como usted muy bien lo desea, más risueño para nosotros. Ya sé que no lo será en lo que a mí se refiere; pero mi anhelo no es menos cariñoso para que ustedes hallen mejores horizontes en la vida. Estoy seguro de que, una vez que usted haya triunfado, no me olvidará. Así, pues, reitero mis votos porque todos aquellos propósitos de que hemos hablado en más de una vez, los realice usted cuanto antes. Lo demás vendrá por añadidura.

Si llega usted a venir para fines de este mes, como me lo anuncia, le ruego hacérmelo saber oportunamente, para ir a abrazarlo en la estación.

Ribeiro está aquí todavía. Según me indica, no sabe aún cuándo se embarcará al Perú o si ya no irá acaso.[666]

Le devuelvo el recibo de la Universidad, con la firma del caso.

Discúlpeme, querido Pablo, que no sea más extenso en esta carta. Estoy algo enfermo y en este momento me voy a la cama. Es un poco de grippe, probablemente. En mi próxima, seré más extenso.

Con un fuertísimo abrazo para usted y para Xavier, se despide su fraternal e invariable amigo.

César

A.D. Un abrazo para Vallecito.

---

208 [CARTA MANUSCRITA DE CV A PABLO ABRIL DE VIVERO, CON EL MEMBRETE DE «LA SEMAINE PARISIENNE».]

....

Paris, le 30 Enero 1928

Mi querido Pablo:

No he tenido nuevas noticias de usted, después de mi última carta. Espero tenerlas en estos días.

Le voy a pedir un favor. Le agradeceré muchísimo me diga con qué fecha se pidió mi pasaje a Lima y cuánto se solicitó para gastos de viaje al Callao. Me parece que ya es tiempo de que llegue ese pasaje, pues hace 4 meses que el Ministro me dijo haber sido solicitado el pasaje. Le ruego decirme la fecha en que este fue solicitado y la clase de pasaje y de gastos de viaje solicitados. Comprendo que de Lima no se

---

666   Emilio Ribeiro había solicitado al gobierno peruano un pasaje de regreso al Perú. El 3 de diciembre de 1927, Eduardo Leguía informó a Lima que Ribeiro aún no ha podido realizar su viaje debido a motivos de salud (Archivo del Ministerio de Relaciones Exteriores del Perú, caja 977, file 4, folio 93, n.º 281).

consigue nada, sino a base de comadrerías y, por esto, quiero mover «tornillos» para que ese pasaje venga.

Espero saber cuándo viene usted a París, para ir a la Gare a recibirlo.[667]

Un estrecho abrazo fraternal para usted y otro para Xavier.

César

---

209 [TELEGRAMA DE CV A PABLO ABRIL DE VIVERO.]

....

[Matasellos:] 10 FEB 1928

RUÉGOLE DECIRME CUÁNDO PIDIOSE PASAJE AGRADECIDO = CÉSAR =

---

210 [CARTA DE CV A RAFAEL MÉNDEZ DÓRICH.]

....

Querido Rafael:[668]

He leído tus poemas y sé que hay en ti un poeta cazador de tiempo y poesía limpia.[669] Insiste, persiste y verás que las palabras llegan cuando se les llama muy temprano; espero que frecuentes «La Estación» para tomar ese néctar que llega de Ica. Mañana trataré de buscar el libro que me pides, lamentablemente no hay una librería que venda libros de reciente edición en España; tardan un poco pero llegan, te prometo que cumpliré.

César Vallejo
París 17 de febrero de 1928

---

667   Como se desprende de los mensajes del 3 y 7 de marzo de 1928, Abril de Vivero estuvo en París durante la primera quincena de marzo.

668   El poeta peruano Rafael Méndez Dórich (1903-1973) apenas conoció a Vallejo en Lima, hacia 1922-1923, pues visitó la casa de Acequia Alta solo en dos ocasiones, según su propio testimonio (Rafael Méndez Dórich, «José Manuel Sotero, Kierkegaard y Vallejo», en Ángel Flores (ed.), *Aproximaciones a César Vallejo,* Nueva York, Las Americas, 1971, t. 1, p. 135). Como se desprende de esta carta, Vallejo y Méndez Dórich pueden haber coincidido también en las tertulias de los bares de Lima.

669   Aunque se suele mencionar la existencia del libro *Sensacionario,* supuestamente publicado en Buenos Aires en 1925, hasta ahora no se conoce ningún ejemplar, y es posible que se trate de un libro ficticio. El primer libro conocido de Méndez Dórich se publicó hasta 1936 (*Dibujos animados,* Lima, Perú Actual, 1936), por lo que él le debió enviar manuscritos o recortes de poemas a Vallejo. Antes de 1928, poemas de Méndez Dórich habían aparecido en el semanario arequipeño *La Semana* y en las revistas limeñas *La Hoguera, Poliedro* y *Jarana.*

Paris, le 26 de febrero 1928.

Sr Dr Dn Carlos C. Godoy,
      Trujillo

Mi queridísimo doctor:

Acabo de recibir noticias de mi familia, en que se me dice que el Tribunal ha decretado, por fin, la prescripción del famoso proceso entablado contra mí y otros, por los sucesos de agosto de 1920.[670] Naturalmente, lo primero que hago es enviar a usted un fuerte abrazo de agradecimiento, por la desinteresada y valiente defensa que, durante todo el proceso, puso usted al servicio de la justicia en esta causa. Mi agradecimiento es mayor, cuanto que son raras las veces en que el talento de un abogado fraterniza, en América, con la vida y los derechos del artista.

Le ruego presentar mis atentos saludos a su digna familia y le aseguro que soy de usted el más agradecido amigo y afectísimo SS.

César Vallejo

Mi querido Pablo:

Ayer llamé por teléfono y me dijeron que había usted salido.

Hoy vine con Velásquez a verlo.[671] Lamentamos no encontrarlo.

---

670   Según André Coyné: «El proceso se va alargando cada vez más, y ya no nos interesa para Vallejo, cómo en los años 1928 y 1929 se simplifica paulatinamente por la prescripción sucesiva de las acciones penales contra los distintos acusados, sin dar satisfacción a los damnificados que habían gastado en él lo que quedaba del siniestro» («Apuntes biográficos», 1949, p. 70). La resolución de prescripción del proceso, fechada el 7 de febrero de 1928, se puede leer en Patrón Candela, *El proceso Vallejo*, 1992, pp. 452-453.

671   Sobre Juan Luis Velázquez, véase «Perfiles biográficos».

Lo llamaré mañana o pasado, por teléfono.

Muy suyo

César

[París,] 3 Marzo 1928. –

---

213 [NOTA MANUSCRITA DE CV A PABLO ABRIL DE VIVERO.]

....

Mi querido Pablo:

Qué es de su vida?

Tres veces he venido a {ve}rlo. Hoy también vine con [Juan Luis] Velásquez. No tenemos suerte.

Mañana procuraré telefonearle, por la mañana.

Le abraza

César

[París,] 7 Marzo 1928.

---

214 [NOTA MANUSCRITA DE CV A JOSÉ CARLOS MARIÁTEGUI EN UN EJEMPLAR DEL LIBRO «FAITS DIVERS» DE H. BARBUSSE.]

....

Para José Carlos Mariátegui, el gran escritor y generoso amigo.

Este libro de lucha, que acaba de aparecer esta mañana.[672]

César Vallejo

París, 16 Marzo 1928. –

---

672 Se trata de la primera edición de este libro: Henri Barbusse, *Faits divers*, París, Ernest Flammarion, 1928. El escritor francés Henri Barbusse (1873-1935), miembro del partido comunista de Francia desde 1923, ejerció un magisterio notable sobre los escritores de la generación de Vallejo. En un artículo de 1929 Vallejo lo cita: «La única forma de condenar la guerra y de trabajar por la paz, consiste en hacer la revolución. "Para ser sincero y realmente antiguerrero —dice Barbusse— hay que ser revolucionario. Utilicemos, al efecto, nuestro prestigio (habla de los antiguos combatientes) de testigos y actores de la gran guerra. El resto es literatura"» («Un libro sensacional sobre la guerra», *El Comercio*, Lima, 11 de agosto de 1929, p. 19). Vallejo traduciría al castellano su novela *Elevación* (Madrid, Cenit, 1931) y un fragmento de *El tungsteno* se publicaría en *Monde*, el semanario que dirigía Barbusse («Le Tungstène», *Monde*, n.º 175, París, 10 de octubre de 1931, p. 5).

PARIS, LE 16 marzo de 1928

Señor doctor don Luis Varela Orbegoso,

LIMA

Mi querido doctor:

El portador de la presente es el poeta Juan Luis Velásquez,[673] a quien debe usted conocer de nombre. Se lo presento, con la seguridad de que resultarán muy buenos amigos.

Conforme a sus amables deseos para que yo colabore en «El Comercio», me permito enviarle mi primer artículo.[674] Ojalá le guste. Me atendré, en lo sucesivo, a sus instrucciones relativas a los temas que debo tratar en mis crónicas. En general, procuraré darles el mayor interés posible.

He celebrado mucho sus triunfos obtenidos en la Argentina, en el sur del Perú y en las diversas ciudades que ha visitado usted últimamente. Estas noticias han circulado entre los amigos de aquí, mereciendo los más cariñosos comentarios.[675]

302

---

673 Juan Luis Velázquez (véase, sobre él, los «Perfiles biográficos») debió regresar al Perú poco después de escrita esta carta, en marzo de 1928. Una nota anónima tardía en la prensa parisina da cuenta de este regreso: «Recientemente han estado de paso en París o se han quedado en la gran urbe numerosos artistas de la nueva generación de América. Uno de ellos, el escritor peruano Juan Luis Velásquez, acaba de volver a Lima, después de una permanencia de seis meses entre nosotros. Su destacada figuración intelectual en el Perú, su firme independencia que rehúsa todas las filiaciones de la política circulante; su fuerza combativa y su auténtica prestancia renovadora han hecho de él una de las más nobles esperanzas del pensamiento hispano-americano. Velásquez pertenece a un hermoso grupo de nuevos espíritus que, como el peruano César Vallejo, el argentino Keller Sarmiento, el uruguayo Ortiz Saralegui, el mexicano Mariano Azuela y otros, realizan en América una obra intrínsecamente artística y libre de todo atisbo de propaganda de partido, así como de todo relente seudo-vanguardista. Son ellos quienes trabajan honradamente por abrir en el continente un mejor horizonte mental. / Velásquez tiene el propósito de regresar a París, donde piensa continuar sus labores literarias» («Juan Luis Velásquez», *The Chicago Tribune,* París, 20 de julio de 1928, p. 2).

674 Varela y Orbegoso había viajado a Ginebra en 1927. Hacia septiembre, permaneció unas semanas en París, donde se reunió con Vallejo. En calidad de redactor de *El Comercio,* lo invitó de viva voz a colaborar con ese periódico. No queda claro qué artículo es el que le envía Vallejo: hasta donde alcanzamos, él no volvería a colaborar con *El Comercio* de Lima hasta febrero de 1929.

675 Tras su regreso de Europa hacia septiembre de 1927, Varela y Orbegoso realizó una gira por Buenos Aires, invitado por la Universidad de la Plata para dar una charla sobre el Perú colonial («La vida

Le ruego decirme cuántos artículos debo de enviar al mes y el precio aproximado que me acordará el diario.

Muy reconocido a sus finezas y, recordándole siempre con especial afecto, le abraza cordialmente su afectísimo compañero.

César Vallejo

[A mano:] Mi dirección:

11, Avenue de l'Opéra.

---

216 [CARTA MECANOGRAFIADA DE CV A PABLO ABRIL DE VIVERO, CON FIRMA AUTÓGRAFA Y CON EL MEM-BRETE DE «LA SEMAINE PARISIENNE».]

PARIS, LE 17 marzo de 1928

Señor don Pablo Abril de Vivero,

MADRID

Mi querido Pablo:

He cumplido con sus encargos, al pie de la letra. A Vuillermoz no he podido verlo todavía. Apenas le vea, le entregaré su carta o, en caso contrario, se la mandaré por correo. Luego veré con Zevallos lo que haya que hacer para ajustarle su cuenta, conforme a sus instrucciones.

Le ruego, querido Pablo, me haga el favor de escribir a Solar, a Londres, para que se me envíe en efectivo el valor de mi pasaje, que debe llegar hoy o mañana a Londres.[676] No olvide de este encargo, que usted me prometió hacerlo con tan buena voluntad. Conforme a su promesa, ya no le he pedido este mismo favor a Zevallos, quien me habría recomendado a Mackennie.[677] Si a usted no le fuese posible hacer esta reco-mendación, le agradeceré me lo diga, a fin de buscar la recomendación de Zevallos o de cualquier otra persona. En todo caso, le ruego contestarme si ha escrito usted a Solar, para mi gobierno. Hoy le escribo a este señor, aludiendo a la carta de usted.

La verdad es que yo no debo merecer el más mínimo socorro, en concepto de los peruanos. El más desgraciado y obscuro de los vagabundos peruanos consigue

---

latino-americana», *The Chicago Tribune*, París, 26 de septiembre de 1927, p. 2). Como se desprende de esta carta de Vallejo, Varela volvería a Lima por el sur del Perú.

676 Emilio del Solar y Lastres (1885-?) se desempeñaba como primer secretario de la Legación peruana en Londres.

677 Carlos A. Mackehenie (1872-1943) fue contador y luego tesorero de la Legación peruana en Londres.

pasaje y pasaje en dinero. Las recomendaciones se cruzan en el aire y llueven en pasajes, pensiones, asignaciones, premios, regalos, etc. etc. Solo este pobre indígena se queda al margen del festín. Es formidable. Y se diría que hasta el azar ayuda a mi desgracia: un yerro curialicio en el ministerio, me priva hasta ahora de una cosa tan modesta e insignificante, que los otros obtienen al vuelo. Si nos atuviéramos a la tesis marxista, (de la que ha de dar a usted una densa idea Eastman), la lucha de clases en el Perú debe andar, a estas alturas, muy grávida de recompensas para los que, como yo, viven siempre debajo de la mesa del banquete burgués.[678] No sé muy bien si las revoluciones proceden, en gran parte, de la cólera del paria. Si así fuera, buen contingente encontrarían en mi vida, los «apóstoles» de América.

En fin, mejor es, por ahora, callarse.

Le envía un fuerte abrazo fraternal

César

---

217 [CARTA MECANOGRAFIADA DE CV A LUIS VARELA Y ORBEGOSO, CON FIRMA AUTÓGRAFA Y CON EL MEMBRETE DE «LA SEMAINE PARISIENNE». EN EL MARGEN SUPERIOR IZQUIERDO, DE LUIS VARELA Y ORBEGOSO:] C 31-V-928

304

. . . .

PARIS, LE 30 de marzo de 1928

Señor doctor don Luis Varela Orbegoso,

LIMA

Mi querido doctor:

Le envío mi segundo artículo para «El Comercio» y espero que sea de su gusto y se publique.[679]

---

678   La obra del escritor estadounidense Max Eastman fue una de las puertas de entrada de Vallejo al marxismo y al materialismo dialéctico. En algunos escritos, Vallejo cita su libro *Marx and Lenin: The Science of Revolution* (1927), que debió leer en traducción francesa (*La science de la révolution*, París, Gallimard, 1927; la traducción castellana se publicó hacia diciembre de 1928: *La ciencia de la revolución: Marx-Lenin*, Barcelona, Catalonia, 1928). Sobre este autor, véase el análisis de David Sobrevilla, quien discute la influencia de Eastman en los comienzos de las inclinaciones trotskistas de Vallejo (*César Vallejo: poeta nacional y universal y otros trabajos vallejianos*, Lima, Amaru, 1994, pp. 220-224). Un comentario sobre todas las menciones de Eastman en la obra vallejiana se puede leer en Gianuzzi, *César Vallejo's Journalism in Context*, 2014, pp. 198-204.

679   No conocemos este artículo y es probable que no se haya publicado. En carta del 28 de octubre de 1928, Vallejo le escribe a Varela y Orbegoso: «Aunque su amable invitación para colaborar en "El Comercio", no puede llevarse a cabo, por las razones que usted me expone, agradezco muy de veras la buena voluntad que ha tenido para mí, en este asunto y la doy como traducida en hechos».

Supongo que ya habrá usted recibido mi anterior, llevada por mi compañero, doctor Juan Luis Velásquez. A ella le adjuntaba yo mi primera crónica para «El Comercio». Como le decía en dicha carta, aguardo sus instrucciones relativas a mi colaboración regular en el diario, tales como el número de crónicas que debo enviar al mes, los temas preferentes, el precio de cada una, etc. Por anticipado, le envío mis infinitas gracias por esta gentileza.

El doctor don José se embarcó en el vapor pasado y ojalá vuelva a Europa cuanto antes.[680]

De Pepe recibo cartas de Manaos con frecuencia.[681] Me dice que, probablemente, venga a París muy pronto.

Escríbame de cuando en cuando, al menos, ya que sus múltiples ocupaciones no le permiten hacerlo con frecuencia. Yo haré lo mismo, desde aquí.

Un fuerte abrazo de su compañero y amigo.

César Vallejo

Mi dirección más directa y segura es la siguiente: 11, Avenue de l'Opéra. –

---

218 [CARTA MANUSCRITA DE CV A PABLO ABRIL DE VIVERO. DOS PÁGINAS, CON EL MEMBRETE DEL CAFÉ DE LA RÉGENCE (SOCIÉTÉ À RESPONSABILITÉ LIMITÉE).]

Paris, le 18 Abril 1928

Mi querido Pablo:

Acabo de recibir su carta del 13, con sumo atraso.

Como no recibía yo hasta ayer carta suya sobre su nombramiento de Primer Secretario, he hecho que los periódicos de aquí den cuenta de él como una cosa hecha. Pero, por su última sé que el zamarro de Rada quiere mortificarlo a usted también,[682] retardando su nombramiento, como ya me ha mortificado a mí retardando mi pasaje. Con todo, la noticia ha salido ayer precisamente y le envío algunos

---

680 José Varela y Orbegoso, hermano de Luis y primer secretario de la Legación peruana en Francia.

681 Según cuenta Córdoba Vargas, José Varela Arias, sobrino de Luis Varela, había sido declarado vicecónsul del Perú en Manaos (*César Vallejo del Perú profundo y sacrificado,* 1995, p. 185).

682 El político peruano Pedro José Rada y Gamio (1873-1938) fue ministro de Relaciones Exteriores del Perú durante la segunda mitad del oncenio de Leguía (entre 1926 y 1930). Como tal, era uno de los encargados en nombrar los cargos diplomáticos.

recortes.[683] Zevallos, a quien no he visto últimamente, le ha preguntado a Córdoba si el nombramiento o ascenso de usted será bien recibido en Madrid. A estas horas, toda la colonia peruana debe saberlo ya. Ojalá que la noticia sea confirmada cuanto antes. Usted sabe que así lo deseo de todo corazón. Como le decía yo en mi anterior, entregué sus cartas a Dibós[684] y Vuillermoz o, mejor dicho, se las envié inmediatamente. A este último no hay modo de que yo le halle. Vacilo emplear en el día la fuerza y la justicia, por los sinsabores que ello trae consigo. Pero tenemos que hacerlo, porque no se puede evitarlo. Voy a hablar con Zevallos al respecto y le aviso.

Respecto a mi pasaje, le agradezco sus cariñosas reflexiones y los datos que me transmite usted. No he recibido aún la respuesta de Leguía y le agradeceré me diga usted si se ha hecho el reclamo a Lima por oficio o por telégrafo. Temo a veces que en Lima haya alguna mala intención contra mí, para el pasaje. Me extraña que ni con la recomendación de Dulanto,[685] haya sido despachado hasta ahora. Hace diez días que marchó una carta de este mismo señor por la valija diplomática y vamos a ver qué resulta.[686] Me parece que allí hay algo obscuro e intencionado y que ello no es simplemente una indolencia o negligencia peruana.

Ya veremos en qué para esto del pasaje, que está resultando una empresa verdaderamente <u>gigantesca</u>, más que si se fuera a dar vuelta al mundo. Nada se queda impune entre los hombres. Todo tiene fin y compensación, tarde o temprano. Todo tiene fin y sanción, hoy o mañana, inclusive los crímenes del bizantinismo peruano.

A medida que vivo y que me enseña la vida (la letra, —dice el adagio—, con sangre entra), voy aclarándome muchas ideas y muchos sentimientos de las cosas y de los hombres de América. Me parece que hay la necesidad de una gran cólera y de un terrible impulso destructor de todo lo que existe en esos lugares. Hay que destruir y destruirse a sí mismo. Eso no puede continuar; no debe continuar. Puesto que no

---

683 Conocemos dos anuncios de la prensa parisina: «M. Pablo Abril de Vivero, le poète bien connu en Amérique du Sud, vient d'être promu au poste de premier sécretaire de la légation du Pérou en Espagne» («L'Amérique Latine», *The New York Herald*, 18 de abril de 1928, p. 5) y «Senor Pablo Abril de Vivero, one of the most eminent South American diplomats, as well as a brilliant writer, has been appointed First Secretary of the Peruvian Legation in Madrid» («Social and personal», *The Paris Times*, 18 de abril de 1928, p. 3). A pesar de los anuncios, se desprende de las cartas siguientes de Pablo Abril que el ascenso no se llegó a concretar; esta debe ser una de las razones por las que Abril de Vivero dejó la Legación en mayo de 1929.

684 No hemos podido identificar a esta persona.

685 El filósofo y abogado peruano Ricardo Dulanto (1896-1930) era diputado y había viajado a París en diciembre de 1927. Fue el defensor de José Santos Chocano en su juicio por el asesinato de Edwin Elmore y había sido secretario de Leguía, por lo que su influencia en el gobierno era relativamente importante.

686 No conocemos el paradero de esta carta.

hay hombres dirigentes con quienes contar, necesario es, por lo menos, unirse en un apretado haz de gen{t}es heridas e indignadas y reventar, haciendo trizas todo cuanto nos rodea o está a nuestro alcance. Y, sobre todo: <u>hay que destruirse a sí mismo</u> y, después, lo demás. Sin el sacrificio previo de uno mismo, no hay salud posible.

Sus cartas me traen siempre el tono de un espíritu fraternal e inteligente y me hacen mucho bien. Escríbame usted siempre y no me olvide. Un abrazo fraternal de

César

[En el margen izquierdo, en vertical:] En los otros periódicos también debe haberse publicado lo de su nombramiento. –

---

219 [CARTA MECANOGRAFIADA DE CV A PABLO ABRIL DE VIVERO, CON FIRMA AUTÓGRAFA Y CON EL MEMBRETE EN FRANCÉS DE LES GRANDS JOURNAUX IBÉRO-AMÉRICAINS.]

....

Paris, le 26 abril 1928

Mi querido Pablo:

He recibido la carta del Ministro Leguía. Ojalá se haga el reclamo a Lima cuanto antes. De mi parte, hace diez días que envié por la valija diplomática una carta del doctor Dulanto para Rada. Si con todo esto no sale nada, ya veremos lo que se hace. Lo cierto es que eso ha de arreglarse de algún modo. No le parece?

La carta de Leguía no podía ser más dura y hasta hostil. Mi situación no me permite contestarle en los términos que ella merece. Todo tiene su época.

Entre tanto, y como contaba con ese dinero que no viene, me muero de miseria. Ya se ve que en el Perú todos son unos ladrones: unos negando lo que se pide con derecho y otros quedándose con lo ajeno. Mi apoderado que cobra en los periódicos mis crónicas, se queda en silencio y solo cada medio año me envía lo que se le da la gana. No sé quién me está robando: él o las revistas. Lo cierto es que en casi todos los números de Mundial y de Variedades hay crónicas mías, lo que debía aportarme unos 1.200 francos mensuales, los mismos que nunca me llegan. Mientras tanto, estoy pasando horas negras y sin pan. Es una cosa desesperante.

Un fuertísimo abrazo fraternal.

César

[En el margen izquierdo, en vertical, a mano:] Si le fuera posible p{r}oporcionarme en préstamo cincuenta pesetas, se lo agradecería en el alma. Se las devolveré del dinero de mi pasaje, con toda religiosidad. Si no las tiene usted, no se moleste y de todos modos le agradezco.

---

220 [CARTA MANUSCRITA DE CV A PABLO ABRIL DE VIVERO. UNA CUARTILLA (DOS PÁGINAS), CON EL MEMBRETE EN FRANCÉS DE LES GRANDS JOURNAUX IBÉRO-AMÉRICAINS.]

....

Paris, le 30 Mayo 1928

Mi querido Pablo:

Le escribo en un estado de espíritu terrible. Hace un mes que estoy enfermo de una enfermedad de lo más complicada: estómago, corazón y pulmones. Estoy hecho un cadáver. No puedo ya ni pensar. Sufro también al cerebro. Un mes que no duermo. Una debilidad horrible. Mi temperatura no sube más allá de 35.8, en todo momento. Dispénseme que no le dé más detalles, porque el médico me ha prohibido escribir y leer absolutamente.

Como usted comprenderá, mis nervios vuelan y estoy con una desesperación galopante.

Le ruego decirme, lo más pronto posible, si se reclamó mi pasaje a Lima y si cree usted que vendrá. Estoy en la miseria absoluta y perezco de debilidad. Si me sucediese algo, no sería inesperado. Me apena solamente que termine yo tan pronto.

Me dan ganas de llorar y le abraza fraternalmente

César

---

221 [CARTA MANUSCRITA DE CV A PABLO ABRIL DE VIVERO. UNA CUARTILLA (DOS PÁGINAS), CON EL MEMBRETE EN FRANCÉS DE LES GRANDS JOURNAUX IBÉRO-AMÉRICAINS.]

....

Paris, le 19 junio 1928

Mi querido Pablo:

Le agradezco su cariñosa carta de 2 de los corrientes. Ella me ha reconfortado mucho.

No llega ninguna noticia del pasaje? Me parece que el Gobierno no quiere dármelo. No se explica de otra manera. El Gobierno no quiere dármelo, a causa de alguna mano oculta que se opone. De otro modo, es un misterio.

Sigo viviendo a pausas, mejor dicho, a puras penas. Sin recursos para nada y sin poder salir de París al campo.

Qué he hecho yo para que el Gobierno me niegue ese pasaje que me corresponde por derecho? Le ruego decirme lo que haya al respecto, porque no creo que el Ministerio resista al reclamo de Leguía y la recomendación de Dulanto, si no tiene un motivo fuerte en contra. Ya ve usted: Leguía lo reclama por cable y nada. A Quíspez le dieron su pasaje sin más trámite. A Javier también. Solo a mí no quieren dármelo.

Espero sus noticias fraternales cuanto antes y le abrazo con todo cariño

César

A Ribeiro le he visto una vez en 4 meses. No sé nada de su vida.

V.

---

222 [CARTA DE PABLO ABRIL DE VIVERO A CV.]

....

LEGACION DEL PERÚ

Mi querido César:

Perdone usted el retardo con que respondo a su muy afectuosa de 19 de Junio. Créame que deploro como propia la fatalidad que le persigue. Este dolor y el de verme aún sin ninguna fuerza para ir en su auxilio son, en realidad, la única razón de mi silencio. No lo va usted a dudar. Me encuentro absolutamente falto de recursos. Tengo todo empeñado y estoy todavía con el grillete de cien deudas contraídas, como usted sabe, a raíz de mi supuesto y fracasado ascenso a Primer Secretario. De Eduardo Leguía, ya se lo he dicho a usted, nada puedo esperar si no es la pérdida del puesto. A este punto han llegado las cosas.

La gestión que por intermedio de Vallecito se hizo acerca del pasaje de usted, no ha tenido hasta ahora ningún éxito. En un oficio recientemente llegado del Ministerio de Relaciones Exteriores, dicen que insistirán cerca del de Instrucción. Pero ya usted comprenderá lo que esta vaga respuesta significa. Es criminal lo que están haciendo con usted. Y lo peor de todo en este caso es nuestra impotencia para reaccionar frente a tanta crueldad y felonía. Le escribí a Ortiz de Zevallos hablándole de usted, pero aún no me ha contestado. Felipe Cossío y Antonio Bentín me aseguraron que irían a buscarle. Ambos están ya en París. No les ha visto? Averigüe usted la dirección de Antonio y no deje de escribirle dos líneas. Me consta que tiene por usted gran estimación y afecto. Véase usted con él de todas suertes. Me dice Ribeiro que ha estado enfermo y que por esta causa no ha podido ir a visitarle. Supongo que a la fecha ya hayan estado ustedes juntos. Si, como confío, me llega en este mes el adelanto de sueldos que he solicitado, le repito a usted mi vehemente deseo de contribuir a que desaparezcan sus graves inquietudes presentes.[687] Dios me oiga. Y le devuelva a usted bien pronto la salud que le falta.

Le escribiré muy en breve. Entre tanto, le abraza con el más hondo afecto su fraternal amigo de siempre.

Pablo.

---

223 [CARTA MECANOGRAFIADA DE CV A CARLOS C. GODOY, CON FIRMA AUTÓGRAFA Y CON EL MEMBRETE EN FRANCÉS DE LES GRANDS JOURNAUX IBÉRO-AMÉRICAINS.]

Paris, le 10 agosto 1928.

Sr Dr Dn Carlos Godoy,
    TRUJILLO

Mi querido doctor y amigo:

He estado enfermo varias semanas y esta circunstancia me ha privado del gusto de escribirle cuanto antes. Le ruego me excuse este retardo involuntario.

Vuelvo a agradecer a usted en todo lo que vale la generosa defensa que por espacio de varios años ha hecho usted de mí en el tribunal de esa ciudad. Quedo muy obligado, así mismo, del envío que me hace usted de la certificación de la sentencia absolutoria. Ha sido una gran fineza suya.

He indagado por el «Groupement Artistique et Commercial» y nadie me da razón de él en la rue Letort, 67. Se me ha dicho que tampoco se conoce a M. Waeterloot.

---

687   Se conserva la solicitud de adelanto de sueldo, enviada a Lima por vía del correo consular el 24 de mayo de 1928: «Señor Presidente: / Pablo Abril de Vivero, Secretario de 2a. clase de la Legación de la República en Madrid, ante U., respetuosamente solicita se digne concederme, en calidad de adelanto y para poder hacer frente a serios compromisos de índole personal, un trimestre de los haberes que me corresponden, reintegrables, por terceras partes, de los que en lo sucesivo devengue. / Es gracia que confío en alcanzar de la generosidad de U., Señor Presidente» (Archivo del Ministerio de Relaciones Exteriores del Perú, España, Entrada, 1928, 5-13, n.º 132).

En esta virtud le devuelvo el recibo que me envió, lamentando no poder darle un curso favorable.[688]

La poesía de Carlos César me ha sorprendido y me ha impresionado gratamente. Cómo se pasan los años! Ya debe de estar grande y su espíritu habrá cobrado un vuelo más grande todavía. Así lo infiero del tenor de sus versos, tan densos ya y repletos de inquietud. Ojalá me haga conocer siempre lo que escriba. Le ruego abrazarlo en mi nombre y felicitarle con todo mi cariño. Que me escriba y me envíe versos suyos. Ya sé que hay en él una poderosa inteligencia.[689]

Con mis afectuosos saludos para su respetable familia, envía a usted un apretado abrazo su invariable y agradecido amigo.

César Vallejo

---

224 [CARTA MECANOGRAFIADA DE CV A JUVENAL ORTIZ SARALEGUI, CON FIRMA AUTÓGRAFA[690] Y CON EL MEMBRETE EN FRANCÉS DE LES GRANDS JOURNAUX IBÉRO-AMÉRICAINS.]

· ·

Paris, le 18 agosto 1928.

311

Mi querido compañero:[691]

Su libro me ha impresionado de veras. No conocía hasta ahora nada suyo. Del Uruguay no nos llegan a París mayores novedades juveniles. Ha sido, por eso, una preciosa sorpresa la poesía, nueva y fuerte, de su libro.[692] Nueva y fuerte. Los dos

---

688   No sabemos exactamente a qué asunto se refiere.

689   El hijo mayor de Godoy, Carlos César Godoy Muñoz, participó de la escena literaria en Trujillo, aunque sus poemas no llegaron a recogerse en libro. Fue amigo del futuro novelista Ciro Alegría y del poeta Luis Valle Goicochea.

690   Salvo por el último párrafo y la despedida, se publicó por primera vez, en vida de Vallejo, en *Vanguardia*, n.º 1, Montevideo, septiembre de 1928, pp. 15-16, con la siguiente presentación: «Desde París, el celebrado escritor peruano César Vallejo, uno de los jefes de los movimientos literarios de vanguardia de la Península, escribe sobre "Palacio Salvo", de Juvenal Ortiz Saralegui».

691   Juvenal Ortiz Saralegui (1907-1959) fue un poeta y periodista uruguayo. A fines de 1928 fundó la revista *Vanguardia*. Colaboró con la revista *Alfar*, en su etapa uruguaya. Entre sus libros se encuentran *Palacio Salvo* (1927), de estilo vanguardista, *Línea del alba* (1931), *Poesía fiel* (1953) y *Diálogo con Julio J. Casal* (1955). No nos consta que haya conocido en persona a Vallejo; se conserva un ejemplar de *El tungsteno* dedicado a él y fechado en Madrid en mayo de 1931, que pudo haber sido enviado por correo.

692   Se trata del libro de Juvenal Ortiz Saralegui, *Palacio Salvo* (Montevideo, A. Barreiro y Ramos, 1927). El libro se abre con un epígrafe de César Vallejo, tomado de su texto «Poesía nueva», que había aparecido en el primer número de *Favorables París Poema* (julio de 1926, p. 14) y se había reproducido en el número 3 de *Amauta* (noviembre de 1926, p. 17): «La poesía nueva a base de palabras o de

valores juntos. Las grandes obras polarizan su mérito en estos dos extremos de belleza y en nada más. El resto es mero adjetivo. Decir a usted que su libro es esto, aquello o lo de más allá, me parecería circunstancializarlo, juzgándolo con rasero churrigueresco de decadencia china. La fuerza y la frescura, por el contrario, constituyen indicación de simplicidad, índice de substracto. Ambas calidades fundamentales obran muy por encima y muy al fondo de todas las demás.

Usted es de los que crean cosas nobles, humanas, naturales, eternas. Sin adornos, ni recovecos. Sin fórmulas, ni trucos. Sin manera, ni secreto profesional. Sin simbolismo, ni virtuosismo. Todo directo, elíptico, justo. Fraternizo hondamente con su estética.

Deme siempre a conocer cuanto escriba usted y los demás muchachos de Montevideo. Me gustaría hacerlos conocer entre los jóvenes franceses.

Un gran apretón de manos.

César Vallejo

Mi dirección: 11, Avenue del l'Opéra.

---

225 [CARTA DE PABLO ABRIL DE VIVERO A CV.]

....

Madrid, 26 de Agosto de 1928

LEGACIÓN DEL PERÚ
Sr. D. César Vallejo
París
Muy querido César:

No sabe usted mi alegría. Acabo de telegrafiarle anunciándole el envío del importe de su pasaje, llegado de Londres esta misma mañana. No cabe duda de que es a Dulanto a quien se debe este milagro. Y lo llamo así porque, a juzgar por las respuestas del Ministerio de Relaciones Exteriores a esta Legación, yo daba por perdido este asunto. Ya que he sufrido la tortura de no poder servirle a usted de nada en estos últimos meses de sus mayores angustias, cuánto me satisface el resultado que le comunico. Ahora, querido César —y perdone la fraternal cordialidad de mi consejo— salga inmediatamente de París. Vaya en busca del buen clima y de los

---

metáforas nuevas, se distingue por su pedantería de novedad y, en consecuencia, por su complicación y barroquismo. La poesía nueva a base de sensibilidad nueva es, al contrario, simple y humana y a primera vista se la tomaría por antigua o no atrae la atención sobre si es o no moderna».

cuidados materiales que necesita y olvídese de todo aquello que no signifique para usted reposo del cuerpo y del espíritu.

He tomado un pisito muy confortable —Serrano, 106, Principal Centro Izquierda— que, no necesito decírselo, esta a su entera disposición. Tengo en él una habitación que le esperará siempre.

Creo que debe usted escribirle inmediatamente a Ricardo Dulanto. Yo recibí carta suya hace muy pocos días. Está aún en Cambo-les-Bains, Villa Beaulieu. Dulanto es un amigo excelentísimo. Yo estoy seguro de que por su intermedio podrá usted lograr en París una buena pensión del Gobierno.[693] Mañana le escribiré, recomendándole de la mejor manera este punto.

Ribeiro, Ortiz de Zevallos, Bentín y algún amigo más que debieron darme noticias de usted, no lo han hecho hasta hoy. Espero recibirlas directamente y saber por ellas que va usted mejor de sus achaques. Ánimo, querido César. Su hora de triunfo —nadie lo merece más que usted— tiene que sonar pronto. Usted sabe cuán de corazón se lo deseo. Un firme abrazo fraternal de

Pablo.

226 [CARTA MECANOGRAFIADA DE CV A PABLO ABRIL DE VIVERO, CON FIRMA AUTÓGRAFA. UNA CUARTILLA (TRES PÁGINAS), CON EL MEMBRETE EN FRANCÉS DE LES GRANDS JOURNAUX IBÉRO-AMÉRICAINS.]

Paris, le 8 setiembre 1928

Mi querido Pablo:

Con harto atraso correspondo a su cariñosa carta de 26 de agosto último. Este atraso se debe a que no vivo actualmente en París, sino en un campo de los alrededores de Fontainebleau.[694] A París voy solo de cuando en cuando.

---

693   Como ha quedado anotado, el hombre de leyes Ricardo Dulanto era cercano a los Leguía. Moriría en abril de 1930.

694   Junto a Juan Domingo Córdoba Vargas y en compañía de Henriette Maisse, Vallejo pasó el verano de 1928 fuera del centro de París, en la comuna de Ris-Orangis. Como cuenta Códoba Vargas: «Se instaló con Henriette en Chez Nanty de propiedad del juez de paz, Mr. Nanty [...] situada al final de la Rue Du Clos a la que se llegaba también bordeando el pueblo a la izquierda por la Rue Nationale para ascender por una suave colina que desembocaba en una planicie de prados y trigales, dominando una gran extensión del valle del Sena y un largo recorrido del río que ofrecían a la vista un hermoso panorama» (Córdoba, *César Vallejo del Perú profundo y sacrificado,* 1995, p. 204). De la estadía de Vallejo fuera de París también da cuenta Armando Bazán, quien debió visitarlo en el campo, en una postal a José Carlos Mariátegui del 8 de septiembre de 1928: «Estoy de nuevo en París después de

Ya podrá usted suponer la sorpresa que me ha dado el envío del pasaje, pues, del mismo modo que usted, yo también daba el asunto por perdido. De todas maneras, esto se lo debo a usted, en primer lugar, y, luego, como muy bien lo dice usted, a Dulanto. Le envío, pues, mi fuerte abrazo de agradecimiento. Me doy exactamente cuenta de la sincera efusión de alegría fraternal, que me trae su carta. A Dulanto le escribo hoy mismo, agradeciéndole también su valiosa y decisiva recomendación.

Su cariñoso consejo relativo a la necesidad de reposarme, viene a confirmar el esfuerzo económico que he hecho, hace un mes, para venirme al campo. Para ello he tenido la generosa ayuda de Bentín. De otro modo, hasta ahora seguiría yo abatido en París. Voy a continuar, pues, en el campo el mayor tiempo posible. No sabe usted el beneficio que me ha hecho el aire campesino. He ganado en un mes cinco kilos. Mi espíritu se ha fortalecido y, hoy más que nunca, advierto lo mal que he estado en París. Fue una crisis terrible y muy grave. Hoy me siento como resucitado.[695] Los meses de junio y mayo fueron verdaderamente trágicos para mí y para la pobre chica que me acompaña y que, dicho sea de paso, se ha portado con mucha nobleza en ese trance.[696]

A Ribeyro no le he visto nunca. Solamente Ortiz de Zevallos, a quien le veía con frecuencia, me ha ayudado en mi enfermedad.

En esos días negros pedí prestado dinero a más de un amigo. Una señora francesa me llegó a proporcionar más de setecientos francos, de veinte en veinte.[697] A la patrona de mi hotel le he estado debiendo cerca de dos mil franco{s} y tuve que hacer

---

haber pasado algunos días en compañía de Vallejo. Del sitio donde estuve le escribí una carta y creo que él hizo lo mismo» (disponible en el Archivo José Carlos Mariátegui, <archivo.mariategui.org/index.php/tarjeta-postal-de-armando-bazan-8-9-1928>).

695   Cuenta Juan Domingo Córdoba el bien que le hizo a Vallejo su estadía fuera de París: «Los días en Ris-Orangis fueron de tranquilo vivir y sano esparcimiento, que lo alejaban de sus preocupaciones, inundando su espíritu con la grandeza de la naturaleza de alegres amaneceres, luz radiante en la plenitud y la serenidad de sus atardeceres que lo sumían en una contemplación penetrante y silenciosa. Desde temprano nos lanzábamos por los caminos y las sendas, animosos y alegres, a disfrutar todo lo que el campo y el río nos ofrecía» (*César Vallejo del Perú profundo y sacrificado*, 1995, p. 204).

696   Esta es la última referencia a Henriette Maisse en la correspondencia de Vallejo.

697   No conocemos la identidad de esta señora francesa. Por otro lado, Alfonso Chase ha destacado el papel que jugó Max Jiménez en un viaje fuera de París este año: «En 1928 Max Jiménez y César Vallejo se reúnen de nuevo en París, en marzo o abril, y siendo el estado del peruano calamitoso [...], Max Jiménez decide enviarlo con su compañera al campo, donde Vallejo descansa hasta reponerse, y escribir luego a Max una pequeña nota de agradecimiento, que refleja respeto y cariño entre colegas, así como la enigmática visión de que esas crisis son periódicas, y desea al costarricense lo mejor en su trabajo de artes plásticas y en la futura publicación de su libro Gleba (1929)» («Historia de una amistad», *La Prensa Libre*, San José, 28 de noviembre de 1992, p. 13). No conocemos la nota a Jiménez que menciona Chase.

que fuera a la Legación para obtener una garantía de Zevallos, que me permitiese salir del hotel, sin pagar, para venirme al campo. En fin, querido Pablo, usted comprende muy bien que en casos semejantes, solo se pasa el mar a costa de todos los esfuerzos. La vida se defiende no importa cómo. Con tal de que la dignidad se salve.

No podía ser de otra manera: en Lima se han quedado con tres mil francos de mis crónicas. Mientras yo perecía aquí de miseria, mis apoderados cobraban un dinero que no ha llegado a mis manos. «Mundial» acaba de enviarme una liquidación, según la cual he dejado de recibir más o menos tres mil francos, que mi apoderado ha cobrado en esa revista por mi cuenta. Qué le parece, querido Pablo! Hay derecho para robar así a un hombre pobre y enfermo? Y lo pe{o}r del caso es que, como vivo tan lejos de Lima, no podré castigar ni hacerme reintegrar por el ladrón esta suma. Ya podré gritar cuanto quiera: todo será inútil. Porque así son los peruanos...

Supongo que el Ministro estará fuera de Madrid, en vacaciones. Ojalá dure su ausencia toda la vida, a fin de que usted no se sienta tan roído por tan terrible rata de bureau.

Le ruego saludar a Vallecito y felicitarle con un abrazo en mi nombre, por su triunfo del premio «Zozaya».[698]

No sé nada sobre su ascenso. Supongo que vendrá muy pronto. Los bandidos del Ministerio no han de ir ya más lejos contra usted. He visto que sigue en la cartera Rada, razón por la cual convendría que redoble usted su cuidado para que no vayan a traspapelar para siempre el ascenso que con tanto derecho debe usted exigir. Hay por allí tanto zángano, que trepa los grados de la carrera con una rapidez desconcertante. Espero sus noticias — y las espero satisfactorias y cuanto antes.

Una vez que me sienta restabl{ec}ido, no sé todavía lo que haré: quedarme en París o salir de Francia y con qué destino. En fin, por el momento, no debo pensar más que en reposarme. Ya se verá después.

De Xavier no he tenido noticias, fuera de las que usted me ha dado. No sé si ha empezado a trabajar para volver a Europa cuanto antes.[699]

---

698   En julio de 1928, Félix del Valle fue galardonado con el Premio Zozaya, en el concurso de crónica del periódico *La Libertad*. El premio constaba de dos mil pesetas. Véase el fallo del jurado en *La Libertad*, 22 de julio de 1928, p. 1. La crónica ganadora se publicó días después: «Un día en Sevilla», *La Libertad*, 24 de julio de 1928, p. 1.

699   Xavier Abril debió regresar a Lima hacia mediados de 1928, haciendo uso del pasaje de vuelta concedido por el gobierno peruano. Todavía está en Madrid en febrero de 1928 pues en ese mes se realizó la exposición de poemas suyos con dibujos de Juan Devéscovi en el Lyceum Club Femenino (véase *La Gaceta Literaria*, Madrid, 1 de febrero de 1928, p. 2).

Le agradezco, Pablo querido, su cariñoso ofrecimiento de su piso de Serrano, para el caso de un viaje por Madrid. Siempre he creído que nuestra noble amistad cabía dentro de un mismo hogar en la vida.

Ojalá pudiésemos, más tarde, combinar y hacer viable algún negocio juntos. Creo que deberíamos pensar siempre en independizarnos de algún modo, de la terrible traba económica. Ya veremos luego, cuando yo me halle c{om}pletamente bien de salud.

Ansioso siempre de recibir sus cartas, que tanto bien me hacen, por el noble afecto que ellas me traen, le abraza con todo mi cariño su invariable y fraternal amigo.

César

---

227 [CARTA MECANOGRAFIADA DE ANDRÉ PIERRE[700] A CV, CON FIRMA AUTÓGRAFA Y EL MEMBRETE:] TOUS LES SAMEDIS | L'EUROPE | NOUVELLE | 53, RUE DE CHATEAUDUN - TRUDAINE 38-28 | 67-16 | REC. COM. SEINE 100-053 | CHEQUE POSTAL 70-20

Paris, le 12 Septembre 1928

Monsieur César VALLEJO
11, avenue de l'Opéra.

<u>PARIS</u>

Mon cher Confrère,

A la suite de notre entretien de ce soir, nous avons décidé de vous faire parvenir le numéro du 5 septembre 1925 auquel vous avez collaboré.

Ce numéro sera à votre disposition demain matin, à partir de 9 heures 1/2 à la rédaction de notre journal, et je crois qu'il suffira comme témoignage de votre collaboration à l'Europe Nouvelle.

Croyez, mon cher Confrère, à mes meilleurs sentiments.

le rédacteur en chef :

André Pierre

[TRADUCCIÓN:]

---

700   El periodista y traductor francés André Pierre (1887-1966) fue redactor de *L'Europe Nouvelle*. Posteriormente sería secretario de redacción en el periódico *Les Temps*.

París, 12 de septiembre de 1928

Sr. César VALLEJO

11, Avenida de la Ópera.

PARÍS

Mi querido colega,

Después de nuestra entrevista de esta tarde, hemos decidido entregarle el número del 5 de septiembre de 1925 en el que usted contribuyó.

Este número estará a su disposición mañana por la mañana, a partir de las 9:30, en la redacción de nuestro diario, y creo que será prueba suficiente de su colaboración con *L'Europe Nouvelle*.[701]

Crea, querido colega, en mis mejores sentimientos.

el jefe de redacción:

André Pierre

---

228 [CARTA MANUSCRITA DE CV A PABLO ABRIL DE VIVERO. UNA CUARTILLA (DOS PÁGINAS), CON EL MEMBRETE EN FRANCÉS DE LES GRANDS JOURNAUX IBÉRO-AMÉRICAINS.]

Paris, le 24 Setbre 1928.

Mi querido Pablo:

Le confirmo mi carta anterior y espero, de un día a otro, tener el placer de recibir noticias suyas.

Un amigo mío, Luis Bustamante,[702] me pide un favor: el de escribir a usted rogándole se tome la molestia de influir ante el Consulado de Cuba en Madrid, a fin de que legalice sus certificados universitarios, registrados ya en el Consulado

---

701 No sabemos exactamente para qué fin Vallejo requería confirmación de haber colaborado en *L'Europe Nouvelle,* aunque se puede especular que ello haya tenido que ver con su próximo viaje a la Unión Soviética. El artículo que en esa revista publicó Vallejo fue «L'immigration jaune au Pérou», *L'Europe Nouvelle,* n.º 394, París, 5 de septiembre de 1925, pp. 1183-1186.

702 Luis F. Bustamante Santisteban había sido Presidente de la Federación de Estudiantes del Perú. Estudiante de medicina, vivía exiliado en Europa desde 1927. Formaba parte de la célula aprista de París y colaboraba en la revista *Amauta,* como reseñista de libros de ciencia y política (sobre él, véase Ricardo Melgar Bao, «El testimonio de Wilfredo Rozas (1905-1984): Los apristas en París», *Pacarina del Sur,* n.º 41, octubre-diciembre de 2019, nota 29). Según Juan Domingo Córdoba Vargas, hacia 1930 «era atendido en el Hospital de La Pitie de una afección cardíaca y nosotros lo visitábamos con frecuencia»; fallecería poco después (*César Vallejo del Perú profundo y sacrificado,* 1995, pp. 162-163). Armando Bazán, que se refiere a él en su biografía novelada bajo el alias de «Juan Pablo Menéndez», afirma que Bustamante, «uno de los mejores discípulos peruanos de Freud», trató

de Cuba en Lima y que deben servirle para graduarse de Médico en España. Si esta legalización del Cónsul Cubano en Madrid, no fuese bastante, le ruego ver cualesquiera otra manera de validar tales certificados, ya sea por el Consulado del Perú o por la Legación, para que tengan eficacia oficial en las Universidades Españolas y para que Bustamante pueda graduarse sin dificultades por parte del intercambio de estudios universitarios. Tal vez <u>si sea bastante el vi⟨s⟩ado[?] de⟨l Cónsul de Cuba o del Cóns⟨ul⟩ Peruano, para legalizar dicho Certificado y para hacerlo valer ante las Universidades de España.[703]</u> De antemano, le agradezco muy de veras por tan señalada fineza.

Un fuerte abrazo fraternal

César

---

229 [CARTA MANUSCRITA DE CV A LUIS VARELA Y ORBEGOSO. UNA CUARTILLA (DOS PÁGINAS), CON EL MEMBRETE EN FRANCÉS DE LES GRANDS JOURNAUX IBÉRO-AMÉRICAINS. EN EL MARGEN SUPERIOR IZQUIERDO, DE LUIS VARELA Y ORBEGOSO:] C 28-X-928.

....

318

Paris, le 25 de Setbre 1928

Sr Dr Dn
Luis Varela Orbegoso
    Lima

Mi querido doctor:

No he tenido el gusto de recibir noticias suyas, en respuesta a mis cartas de meses pasados. Lo supongo muy ocupado.

Tampoco sé la suerte de acogida que le han merecido mis crónicas para «El Comercio», que yo he escrito correspondiendo cordialmente a su fina y cariñosa invitación, hecha en París. Como no he recibido carta suya, ni veo «El Comercio», ignoro si tales artículos han sido publicados y en qué condiciones debo seguir escribiéndolos o si debo cesar en mi colaboración.[704] Con todo, su silencio me ha dado a entender que, hasta <u>nueva orden</u>, debo cesar en el envío de tales crónicas. Mucho le

---

a Vallejo de un complejo de Edipo en 1928 (*César Vallejo: dolor y poesía,* 1958, p. 128). Bazán se lo confirmó a Juan Larrea en una carta que este cita parcialmente («Valor de la verdad», 1974, p. 198).

703   El subrayado está hecho con tinta de otro color y es posible que no sea de Vallejo.

704   Vallejo no colaboraría en *El Comercio* hasta 1929, gracias a la intermediación de Aurelio Miró Quesada (su artículo «La megalomanía de un continente» se publicaría el 3 de febrero de ese año).

agradecería, querido doctor, me ponga unas cuantas líneas, siquiera sea para saber a qué atenerme en este asunto. Se lo agradezco de antemano y muy de veras.

Con un fuerte abrazo, le ruego disponga como guste de su invariable compañero

César Vallejo

11, Avenue de l'Opéra . –

---

230 [CARTA MECANOGRAFIADA DE CV A PABLO ABRIL DE VIVERO, CON FIRMA AUTÓGRAFA. DOS PÁGINAS.]

París, 19 de octubre de 1928

Mi querido Pablo:

Hoy parto para Moscú.[705] Mi pensamiento, al partir, va hacia usted y le pongo estas líneas para enviarle mi apretado abrazo fraternal.

De este viaje ya le había hablado hace mucho tiempo. Hoy lo hago, después de haberme reposado cerca de tres meses en el campo. Me siento rehecho y capaz de afrontar de nuevo a la vida y todos sus reveses.

Pablo querido: en medio de mi convalecencia, me siento otra vez, y acaso más que nunca, atormentado por el problema de mi porvenir. Y es, precisamente, movido del deseo de resolverlo, que emprendo este viaje. Me doy cuenta de que mi rol en la vida no es este ni aquel y que aún no he hallado mi camino. Quiero, pues, hallarlo. Quizás en Rusia lo halle, ya que en este otro lado del mundo donde hoy vivo, las cosas se mueven por resortes más o menos semejantes a las enmohecidas tuercas de América. En París no haré nunca nada. Quizás en Moscú me defienda mejor del porvenir.

De Rusia le escribiré continuamente. No sé si podré quedarme allí definitivamente, que sería mi ideal. Y si vuelvo, no sé todavía cuándo. Lo único que me da miedo es el terrible frío de Rusia. Ya le escribiré, apenas llegue a Moscú.

Por desgracia, el pasaje que me vino solo fue de segunda clase, es decir, 50 libras. De otra manera, mi viaje a Moscú me ofrecería menos peligros.[706] Sin embargo, tengo que hacerlo, salga lo que salga.

319

---

705   Como se desprende de su correspondencia y de sus artículos, en su primer viaje a Rusia Vallejo pasó también algún tiempo en Berlín, Varsovia y Budapest. No conocemos el itinerario exacto del viaje, ni sabemos si visitó otras ciudades rusas aparte de Moscú.

706   Aunque la solicitud original realizada por Leguía fue por un viaje de primera clase (véase la nota a la carta del 21 de septiembre e 1927), se concedió uno de segunda. De esta carta se desprende que Vallejo utilizó parte del dinero de su pasaje de regreso al Perú para financiar su viaje a Rusia.

Si no le ha sido posible hacer nada en mi recomendación sobre Bustamante, ya no se moleste ni haga nada. Parece que este amigo ha arreglado ya todo su asunto. Le agradecería, más bien, devolver los papeles, dirijiéndolos en un sobre a Bustamante, Consulado del Perú en París. Mil gracias, querido Pablo.

Escríbame usted sobre su ascenso. Qué de nuevo ha sabido usted? Ojalá se lo den cuanto antes. Ya sabe usted cuánto lo quiero y que todo cuanto se relaciona con usted, lo siento yo como cosa mía. Yo sé que el día que usted esté bien, me ayudará, como ya lo ha hecho tantas veces y con tanta nobleza.

Hasta escribirle de Moscú, reciba el cariñoso abrazo de su fraternal e invariable amigo.

César

---

231 [CARTA MANUSCRITA DE CV A JOSÉ VARALLANOS.][707]

. . . .

Moscú, 24 de octubre 1928

Mi querido compañero:

No he contestado a usted antes, acusándole recibo de su libro de poemas,[708] debido a haber estado en viaje fuera de París, primero en Berlín y luego en Varsovia.[709] Ahora lo hago felicitándolo por el coraje de su estética y por los reales granos de buena poesía, que hay en su obra. Seguramente, le saldrá al paso pronto o más tarde, la jauría de zoilos que, con el collar de «vanguardia», andan por América formando una nueva especie académica. No olvide usted que está escrito que los creadores han nacido con una cruz al hombro. Pero, nada de esto le arredre. Antes bien, la incomprensión ambiente debe alentarlo, dándole la seguridad de su fuerza. Dentro

---

707   El escritor peruano José Varallanos (1907-1996) comenzó su carrera literaria como poeta de vanguardia de tema indigenista. Nacido en Huánuco, migró a la capital hacia 1925 para estudiar en San Marcos, por lo que no conoció personalmente a Vallejo. Junto a su hermano, el narrador Adalberto Varallanos, formó parte del círculo de Mariátegui y publicó su primer libro en la editorial Minerva. Posteriormente, trabajó como abogado y se destacó como historiador del departamento de Huánuco, del que fue senador. Recogió parte de su obra poética bajo el título *El caudal de los años* (Lima, Andimar, 1972).

708   José Varallanos, *El hombre del ande que asesinó su esperanza*, Lima, Minerva, 1928.

709   Vallejo escribió sobre su paso por Berlín y Varsovia en sus artículos «Variaciones sobre Berlín» (*Perú*, t. II, n.º 1, Leipzig, enero de 1929), «En la frontera rusa» (*Mundial*, n.º 462, Lima, 26 de abril de 1929), «De Varsovia a Moscú» (*Mundial*, n.º 484, Lima, 27 de septiembre de 1929) y «En un circo alemán» (*El Comercio, Suplemento Dominical*, Lima, 6 de octubre de 1929, p. 1). El viaje en tren pudo haber inspirado «El movimiento dialéctico de un tren» (*Mundial*, n.º 460, Lima, 12 de abril de 1929).

320

de pocos días volveré a París. Allí espero recibir con frecuencia noticias y poemas suyos, para darlos a conocer a los jóvenes escritores de París.

Un abrazo de admiración de su compañero

César Vallejo

Mi dirección en París:

11, Avenue de l'Opéra.

---

232 [CARTA MANUSCRITA DE CV A RICARDO VEGAS GARCÍA.]

· ·

Moscú, 28 octubre 1928 –

Sr. Ricardo Vegas García
      Lima

Mi querido compañero:

Por noticias que recibo del Dr. Ernesto de la Rosa,[710] mi apoderado para cobrar mis crónicas de «Variedades», sé que la especial situación administrativa de la revista impide por el momento el pago de mi colaboración. Comprendo y me explico muy bien esta situación.[711] Sin embargo, me permito suplicarle haga lo posible, de su parte, a fin de que sea yo pagado cuanto antes. Cuento para ello con la seguridad de su gentileza y amable camaradería.

Dentro de pocos días vuelvo a París, de donde continuaré escribiendo para «Variedades».

Muchos recuerdos para todos los compañeros de esa casa y, para usted reciba el cariñoso abrazo de su amigo agradecido

César Vallejo

---

710   Ernesto La Rosa Llosa (1906-1994) fue un abogado peruano. Estudió Letras en la Universidad de San Marcos y luego realizó el doctorado de Derecho en Barcelona entre 1925 y 1927. Su amistad con Vallejo debió datar de esta estancia europea. A su regreso al Perú, actuó como apoderado de Vallejo para la publicación y el cobro de sus crónicas. En los años cuarenta se desempeñó como secretario del presidente José Luis Bustamante y Rivero. Además de mantener un estudio de abogados, trabajó como Auditor de la Segunda Zona Militar del Ejército hasta su jubilación.

711   Según cuenta Aurelio Miró Quesada: «En aquella época (fines de 1928), Vallejo se hallaba en París y enviaba colaboraciones semanales o quincenales a *Mundial* y *Variedades* pero por esos días esta última revista había cambiado de manos y, con las modificaciones producidas, quedaban excedentes varios de sus escritores habituales. [Ernesto] La Rosa habló conmigo; el director de *El Comercio* aprobó muy gustoso la nueva colaboración; y al comenzar el año de 1929 empezaron a llegar los artículos [de Vallejo]» («César Vallejo en *El Comercio*», 20 de agosto de 1961, p. 2).

Moscú, 28 de Octubre 1928

Sr. Dr Luis Varela Orbegoso

Lima

Mi querido doctor y amigo:

Hasta aquí me ha llegado su amable carta de Mayo último, cuyo gran retraso no me explico. Sin duda, debe ser el correo peruano. Aunque su amable invitación para colaborar en «El Comercio», no puede llevarse a cabo, por las razones que usted me expone, agradezco muy de veras la buena voluntad que ha tenido para mí, en este asunto y la doy como traducida en hechos. Mil gracias.[712]

De París he de tener el gusto de escribirle con frecuencia y en espera de sus gratas noticias, le abraza cordialmente su buen amigo y compañero

César Vallejo

322

[Matasellos:] 31 10 28

M.

Juan Domingo Córdoba

32, rue Ste. Anne (1er)

París.

(France)

Mi querido zorrillo:

Llegué, vi y no he acabado aún de verlo todo. Es un país formidable este de Rusia. Lenin, un genio. Brutal! Retén aún mis cartas.

Un abrazo fraternal

---

712   Como ha quedado anotado, Vallejo comenzaría a colaborar continuamente con *El Comercio* en 1929 gracias a la gestión de Aurelio Miró Quesada.

César

Moscú, 28 de octbre 1928.

235 [TARJETA POSTAL DE CV A JOSÉ EULOGIO GARRIDO. MOTIVO: DOS BÚHOS BLANCOS, Y LA LEYENDA EN EL REVERSO, EN RUSO Y FRANCÉS:] ZOOPARC DE MOSCOU | CHOUETTES BLANCHES POLAIRES

[Matasellos:] 31 10 28

Sr.

José Eulogio Garrido

Trujillo

«La Industria».

Perú

América del Sur

Mi querido José Eulogio:

Desde este gran país de Lenin y de Dostoiesky, del Kremlin y de la nieve, del pasado y del porvenir, le envío un fraternal abrazo.

César

Moscú, 28 Octubre 1928.

236 [CARTA MANUSCRITA DE CV A PABLO ABRIL DE VIVERO.]

Moscú, 29 Octubre 1928

Mi querido Pablo:

No creo que podré quedarme en Moscú. Lo del idioma es terrible. Volveré a París dentro de pocos días y de allí le escribiré de nuevo.[713]

Lo del Soviet es una cosa formidable. Más todavía: milagrosa. Ya le contaré en breve con detalles. De París, lo haré pronto. Un fuerte abrazo fraternal

César

---

713   No se sabe la fecha exacta en que Vallejo regresó a París de Rusia, pero a partir de esta carta se puede especular que haya sido en los primeros días de noviembre. Según Córdoba Vargas, a su regreso de Rusia «volvió a instalarse en el Mary Hotel en compañía de Henriette que lo esperaba en Versalles» (*César Vallejo del Perú profundo y sacrificado*, 1995, p. 210).

Le ruego perdone la brevedad de estas líneas. Estoy apurado y no quiero tardar más en escribirle. Cariñosamente.

César

. . . .

[Matasellos:] 31 10 28

Sr. Dr.

Luis Alberto Sánchez

~~c/o Revista «Mundial»~~

~~Apartado 938.~~

Pacae Lima

Peru 960

Bajos

América del Sur

Mi querido compañero:

Desde este milagroso país de Lenin y de Tolstoi, le recuerda afectuosamente

César Vallejo
Moscú, octbre 1928.

. . . .

Madrid, 13 de Diciembre de 1928

LEGACIÓN DEL PERÚ

Mi querido César:

Usted es el único culpable de que yo no haya vuelto a escribirle. Su única carta de Moscú —29 de octubre— me decía que estaba usted en vísperas de regresar a París, desde donde me enviaría usted sus detalladas impresiones soviéticas. No sabe usted la ansiedad e inquietud que puse en el viaje de usted y el descorazonamiento que me produjo la súbita noticia de su forzosa reincorporación a la vida que nos niega la vida. Supondrá usted el malestar que me causa no recibir hasta hoy una sola noticia suya. Dónde se encuentra? Yo preferiría saberlo todavía en Rusia, pues me cabría pensar que las dificultades con que tropezó a su llegada solo fueron aparentemente insuperables.

Sigo sin remediar mi situación. Y aunque el ministro se decidió por fin a solicitar oficialmente mi ascenso a Primer Secretario, mucho me temo que el m...[714] ese de Rada vuelva a hacer conmigo una de sus deshonestas piruetas de payaso de feria. En Enero sabré a qué atenerme.

Con motivo de la publicación de su novela «El Pueblo sin Dios», César Falcón fue homenajeado anoche en el Hotel Nacional. Le acompaño un recorte de «El Sol» de esta mañana.[715] Yo no pude asistir al banquete. Hubo una prohibición tácita, de parte del hermano de Bernardino.[716] Falcón está aquí muy bien colocado. Tiene una editorial —Historia Nueva— y una de las mejores clientelas de escritores. Yo creo que usted podría intentar algo por ese lado.[717]

Si me ascienden en Enero y ha regresado usted a Francia sin un plan serio y productivo de trabajo, será preciso que venga usted a Madrid. Ya sabe usted que aquí no han de faltarle casa y comida como cuestión previa. No podemos dejar pasar impunemente ni nuestros años de vida ni las iniquidades del país que se limitó a vernos nacer. Todavía tenemos arrestos para esta lucha sin cuartel en la que, aunque el Presupuesto me haya concedido algunas treguas, me siento al lado de usted —y de cuantos tienen hambre no solo de pan— beligerante indeclinable. Cuente usted conmigo siempre, querido César, en todo y para todo. Usted es uno de los pocos que

---

714 Esta palabra aparece así en la primera publicación. No está claro si se trata de una censura de la edición o si es fiel al texto de la carta.

715 El banquete a César Falcón se ofreció el 13 de diciembre de 1928 en el hotel Gran Vía. La noticia que remite Pablo Abril de Vivero es «En honor de César Falcón», *El Sol*, Madrid, 14 de diciembre de 1928, p. 5. En el homenaje, al que asistieron «un centenar de escritores y publicistas», pronunciaron unas palabras Luis Jiménez de Asúa, Ramón Gómez de la Serna y Falcón mismo. *El pueblo sin Dios*, novela de corte indigenista, se publicó ese año en la editorial Historia Nueva. Una segunda edición apareció en 1929.

716 Se refiere al ministro Eduardo S. Leguía (hermano de Augusto *Bernardino* Leguía). El apelativo irónico, que contrasta con el usual «don Eduardo», pone de relieve el distanciamiento entre Pablo Abril de Vivero y el ministro. Aunque había sido enviado a Madrid como propagandista del régimen de Leguía en 1919, a partir de 1923 César Falcón se distanció del gobierno y trabajó como corresponsal de *El Sol* en Londres, donde vivió hasta 1929. De ahí la prohibición para asistir al homenaje.

717 La editorial Historia Nueva había publicado en 1928: *Libertad de amar y derecho a morir*, de Luis Jiménez de Asúa; *El blocao*, de José Díaz Fernández; *Nacionalismo e hispanismo y otros ensayos*, de Andrenio; *El convidado de papel*, de Benjamín Jarnés; y una reedición de *Plantel de inválidos*, del propio Falcón. En 1929 pasaría a ser una Sociedad Anónima, según le informa Falcón a José Carlos Mariátegui en carta del 27 de abril de 1929 (disponible en el Archivo José Carlos Mariátegui, <archivo. mariategui.org/index.php/carta-de-cesar-falcon-27-4-1929>). Hasta donde alcanzamos, Vallejo no intentó publicar nada en esta editorial.

no tienen una versión equivocada de mi espíritu. Me bastaría con que fuera usted el único que no estuviese en el error.

Escríbame lo más pronto posible. Y levantemos nuestra fe en nosotros mismos con este grito prestado a los judíos: el año próximo en Jerusalén.

Un fuerte abrazo fraternal de

Pablo.

---

239 [CARTA MECANOGRAFIADA DE CV A PABLO ABRIL DE VIVERO, CON FIRMA AUTÓGRAFA. UNA CUARTILLA (DOS PÁGINAS), CON EL MEMBRETE EN FRANCÉS DE LES GRANDS JOURNAUX IBÉRO-AMÉRICAINS.]

Paris, le 27 diciembre 1928

Mi querido Pablo:

Contesto con todo cariño a su carta de 11 del pte.[718] En verdad, soy yo el culpable de que no haya recibido sus noticias cuanto antes. Pero a mi llegada a París, he estado tan acaparado por una serie de «cuidados pequeños», que no he podido escribirle la larga carta que quería enviarle sobre mi viaje. Después de haber vuelto al campo y regresar, de nuevo, a París, —donde ahora estoy,— solo ahora puedo escribirle.

Comparto con usted su indignación contra el Ministerio de Relaciones, en el que parece que sigue la conspiración para no ascenderle. Ya sabe usted que lo que se haga con usted, lo siento como cosa propia. Y si en algo puedo contribuir para contrarrestar a la canalla oficial que así lo combate «con premeditación, alevosía y ensañamiento», disponga usted de mi cariño fraternal en cualquier momento. Pero, qué se puede hacer contra nuestros opresores? Qué se puede hacer contra gentes cuyos valores vitales andan por tan opuestas zonas de los nuestros?

Quizás al empezar este año, venga, por fin, su ascenso, una vez que sus enemigos caigan en la zancadilla de la justicia inmanente del destino. Ojalá que así sea, querido Pablo. Se lo deseo, de todo corazón.

Con mi viaje a Moscú, he conseguido, por lo menos, la colaboración en algunos periódicos rusos, donde se me pagará muy regularmente.[719] He empezado ya a enviar desde aquí mis artículos sobre América y espero que las cosas vayan tal como las arreglé allá.

---

718 Debe tratarse de la carta del 13.

719 No conocemos ningún artículo de Vallejo publicado en la prensa rusa.

Fuera de esto, y de haber conocido la maravillosa organización soviética, no pude sacar más del viaje. El idioma y las dificultades materiales de un medio pobre en recursos fundamentales de vida, me obligaron a volver grupas inmediatamente. El problema de la habitación es, por sí solo, insoluble, aun para alojar al mismo Stalin. Salvo cuando se gana un sueldo fantástico, que permite vivir en hoteles. Pero los salarios no son allá tan anchos, que puedan pagar cien francos diarios por cuarto de hotel.

He vuelto, pues, a mis pastele{s}. El pago de Mundial se ha normalizado, debido al interés que ha puesto en ello un buen amigo de Lima. En consecuencia, he empezado a enviar crónicas para todos los números de esa revista. Por otro lado, he empezado a colaborar en «El Comercio» de Lima, con dos artículos mensuales.[720] Esto es todo lo que va a venirme del Perú, como cosa fija. En Bogotá he obtenido la colaboración para «Cromos», que es el Mundial colombiano.[721] Este es solo un artículo mensual. En Chile tengo, así mismo, un artículo mensual.[722] En resumen: si estos pagos llegan a realizarse <u>exactamente</u>, podría yo vivir con relativa tranquilidad. Veremos si así lo hacen.

Estoy de nuevo en el hotelito que tenía yo en la rue Molière, que usted conoció alguna vez.[723] Estoy dispuesto a trabajar cua{nt}o pueda, al servicio de la justicia económic{a} cuyos errores actuales sufrimos: usted, yo y la mayoría de los hombres, en provecho de unos cuantos ladrones y canallas. Debemos unirnos todos los que sufrimos de la actual estafa capitalista, para echar abajo este estado de cosas. Voy sintiéndome revolucionario y revolucionario por <u>experiencia vivida</u>, más que por <u>ideas aprendidas</u>.

Escríbame siempre, Pablo. Yo haré otro tanto. Y reciba todo el cariño fraternal de su invariable y agradecido amigo.

César

327

720 Entre febrero de 1929 y diciembre de 1931, Vallejo publicaría 23 artículos en ese diario.

721 No se sabe exactamente cómo logró Vallejo esta colaboración. Gracias a Jorge Kishimoto, sabemos solamente de una crónica publicada en esta revista ilustrada colombiana: «Oyendo a Krishnamurti», *Cromos*, n.º 627, Bogotá, 22 de septiembre de 1928.

722 No conocemos artículos de Vallejo de estos años enviados directamente a publicaciones chilenas.

723 Se trata del Hotel Richelieu (20, rue Molière), donde Vallejo había vivido brevemente cuando trabajaba para los Grands Journaux Ibéro-Américains, entre 1925 y 1926.

[París, 29 de diciembre de 1928.]

A los compañeros del Perú:

Camaradas:

Después de una apreciación tan objetiva como es posible obtenerla desde aquí, de la realidad social-económica del Perú y de América Latina, después del prolongado debate sostenido sobre esenciales puntos doctrinarios, en vista de las declaraciones publicadas editorialmente en «Amauta» y «Labor»,[725] hemos decidido constituir una célula del Partido Socialista del Perú, la que se halla actualmente en funciones.

La ideología que adoptamos es la del marxismo y la del leninismo militantes y revolucionarios, doctrina que aceptamos integralmente, en todos sus aspectos: filosófico, político y económico-social. Los métodos que sostenemos y propugnamos son los del socialismo revolucionario ortodoxo. No solamente rechazamos sino que combatimos y combatiremos en todas las formas, los métodos y las tendencias de la social-democracia y de la II Internacional.

Nuestra tarea en París, tiende a una doble finalidad: la primera, formar militantes capaces, preparados para interpretar la realidad, mediante un conocimiento integral de la ciencia marxista-leninista, que más tarde se pongan al servicio

---

724 Ricardo Martínez de la Torre presenta este comunicado así: «Los elementos de izquierda, los más cercanos al movimiento ideológico del proletariado, influenciados directamente por el grupo de Lima, acordaron constituir, dentro de la célula del Apra, en París, la célula del Partido Socialista del Perú. Este acuerdo nos fue comunicado con fecha 29 de Diciembre» (*De la Reforma Universitaria al Partido Socialista: Apuntes para una interpretación marxista de la historia social del Perú*, Lima, Ediciones Frente, 1943, p. 100). Nuestra transcripción de este documento es del libro de Martínez de la Torre y cabe llamar la atención que aún no conocemos ninguna publicación de este documento en la prensa contemporánea, ni se tiene constancia del paradero del original. Hemos omitido las comillas que encierran cada párrafo.

725 Se hace referencia al editorial «Aniversario y balance» de José Carlos Mariátegui, en el que este propone los lineamientos para un socialismo peruano, señalando tácitamente su deslinde con la posición de Víctor Raúl Haya de la Torre, quien proponía un movimiento liderado por él como frente único de izquierdas. Afirmaba Mariátegui: «No queremos, ciertamente, que el socialismo sea en América calco y copia. Debe ser creación heroica. Tenemos que dar vida, con nuestra propia realidad, en nuestro propio lenguaje, al socialismo indoamericano. He aquí una misión digna de una generación nueva». El editorial se publicó en *Amauta* (n.º 17, Lima, septiembre de 1928, pp. 1-3) y se reprodujo en el periódico *Labor* (n.º 1, Lima, 10 de noviembre de 1928, p. 8).

exclusivo de la clase obrera. La segunda finalidad es la de mantenernos en constante comunicación con todos los grupos y centros que se constituyan en el Perú o que se hallen constituidos.

Para llenar la primera finalidad, ampliando nuestra acción, hemos fundado el «Centro Latinoamericano de Estudios Marxistas», cuyas actividades han comenzado ya. En él tendrá cabida todos los elementos simpatizantes.

La célula queda constituida por los camaradas: Bazán Armando, Paiva Juan J.; Rabines Eudocio, Seoane Jorge, Tello Demetrio[726] y Vallejos [*sic*] César. El compañero Rabines, ha sido elegido Secretario General. Esperando que ustedes quieran exigir de nosotros todo lo que sea necesario dar al movimiento. Saludamos a Uds. todos cordialmente. ¡Proletarios de todos los países, uníos!

---

726   El escritor peruano Armando Bazán (1902-1962) conoció a Vallejo, según su testimonio, en 1922 y por mediación de Juan José Lora. Luego coincidió con él en París en 1928 («Juicios recientes», *Aula Vallejo*, n.º 5-6-7, Córdoba, Argentina, 1967, pp. 327-329). Bazán había publicado un libro de poemas (*La urbe doliente*, Lima, Lux, 1925) y había sido director de la publicación vanguardista limeña *Poliedro* (1926). Discípulo de Mariátegui, viajó a Rusia en 1927 y 1928, radicándose luego en Europa. Publicó una biografía novelada: *César Vallejo: dolor y poesía* (Buenos Aires, Mundo América, 1958). Juan Jacinto Paiva Medina (1904-1986) vivió en París desde 1925, estudió en la Sorbona y volvió al Perú en 1929. Fue parte de las Brigadas Internacionales durante la Guerra Civil española y se desempeñó luego como diputado en Perú. El escritor y político peruano Eudocio Ravines Pérez (también firmaba como Rabines, 1897-1979) debió haber conocido a Vallejo en París. Regresó al Perú en 1929 y en 1930 fue líder del Partido Comunista del Perú tras la muerte de José Carlos Mariátegui. Posteriormente renegó del socialismo y publicó libros de corte anti-comunista como *La gran estafa: la penetración del Kremlin en Iberoamérica* (México, Libros y Revistas, 1952). Jorge Seoane fue estudiante de Medicina en París y hermano del futuro líder aprista Manuel Seoane. Aunque se sabe poco sobre su relación con Vallejo, Larrea lo incluye entre los detenidos por la policía francesa en 1930, detención que resultó en la expulsión de Vallejo del territorio francés. Por su parte, Gonzalo More lo ubica en el lecho de muerte de Vallejo (véase Larrea, «Valor de la verdad», 1974, p. 181). Demetrio Tello (1903-1989), estudiante peruano en París, conoció a Vallejo, según su testimonio, a los pocos días de haber llegado a la capital francesa: «un día en que iba a Montparnasse para encontrarme con Haya de la Torre, me señalaron a Vallejo que en ese momento atravesaba, sin sombrero, el boulevard. Lo llamaron y me lo presentaron» (Ernesto More, «Vallejo se despide del arte por el arte», *1949*, 7 de noviembre de 1949, p. 25). En otra entrevista, precisó que lo conoció por intermedio de Antonio de los Ríos: «De los Ríos, que se había educado en el Colegio Nacional San Juan, de Trujillo, conocía a Víctor Raúl Haya de la Torre y a César Vallejo. Un día, De los Ríos me dijo: "oye, ¿conoces a Haya de la Torre?". Le dije: "yo le he visto en Lima, pronunciando un discurso en el patio de la Universidad de San Marcos; pero personalmente no lo conozco". "¿Quieres conocerlo?". "Con todo gusto", le dije. Entonces nos citamos para el 3 de setiembre de 1926. Me dijo: "Tengo cita con él ese día, a las tres de la tarde en el café de la Rotonde". Nos presentamos allí. Estaban Vallejo y Haya de la Torre. De manera que a los dos los conocí simultáneamente. De esa manera logré trabar una amistad muy estrecha» (César Lévano, «Vallejo: las cartas perseguidas», *Sí*, n.º 59, Lima, 11-18 de abril de 1988, p. 81).

[Tesis sobre la acción por desarrollar en el Perú][727]

Realidad económica y política

A raíz de la última repartición de los mercados, realizada después de la Gran Guerra y como consecuencia del predominio del imperialismo yanki en la economía y en la política mundiales, nuestro país ha experimentado una honda transformación, en todos los órdenes, transformación que día a día viene haciéndose más neta y más objetiva.

Los elementos de un sector heterogéneo, denominado con el ancho calificativo de «la vanguardia», ha venido discutiendo nuestras cuestiones, tratando de crear organismos activos, de mostrar la solución de los problemas, de enfocar e interpretar la realidad peruana con mayor o menor acierto.

Creemos que el debate se ha agotado totalmente o está por agotarse. Juzgamos que la primera etapa está cumplida, que la campaña preparatoria ha llegado a su fin y que es urgente encausarla por nuevas vías, si queremos evitar la decadencia de un movimiento llamado a perdurar en la realidad viva del país. Consideramos definitivamente cancelada la etapa de filisteísmo demagógico, de dramaticidad romántica y espectacular. Es urgente comenzar la verdadera tarea de construcción. Obedeciendo a la realidad, tenemos el deber de crear las bases efectivas de la acción, los organismos fundamentales que han de ser, más tarde, los factores de la función social que debemos llevar a cabo.

Con la finalidad de contribuir a esta obra de organización efectiva, presentamos nuestros puntos de vista, en las presentes tesis:

—

El golpe de Estado del 4 de Julio de 1919, marca el punto de partida, en el Perú, de una etapa distinta. El leguiísmo[728] de la primera hora estuvo formado, en su mayor parte, por los elementos de la raquítica burguesía nacional, antagónicos de la oligarquía feudal del viejo civilismo. La campaña inicial del leguiísmo tuvo todos los

---

727   Según Ricardo Martínez de la Torre, esta «tesis» acompañaba la comunicación precedente (*De la Reforma Universitaria al Partido Socialista*, 1943, p. 100). La incluimos aquí pues también se trata de un documento suscrito por Vallejo.

728   Movimiento que lideraba el presidente del Perú, Augusto B. Leguía, quien había llegado al poder tras un golpe de Estado en 1919. Su gobierno se conoció como la Patria Nueva y hoy se le conoce también como el Oncenio de Leguía (1919-1930).

matices del billinghurismo[729] fenecido. Sin embargo, malgrado el éxito de golpe de Estado y la toma del poder, la burguesía no estaba capacitada para ejercerlo. Su debilidad se demostró bien pronto, cuando se limitó a cambiar las fórmulas, sin atreverse a llevar a cabo una transformación económica. El imperialismo yanki, desde el comienzo, hizo sentir su intromisión, como lo prueba que la ley de confiscaciones no llegó a ser promulgada, a causa de la intervención del ministro de los EE.UU., por orden de su gobierno.[730]

Sobreviene, como era lógico, la transacción con los elementos feudales; los descontentos y hasta los servidores del antiguo régimen, se incorporaron en las filas de la Patria Nueva. Muchos de los fautores de la Patria Nueva fueron eliminados y expulsados. Con la última tentativa abortada del «germancismo», la nueva fórmula se consolida y se establece.[731] Tanto que la gran mayoría de los grandes propietarios y valets del viejo civilismo reintegraron el régimen o se resignaron a soportarlo.

Un nuevo factor interviene durante este período, conquistando el lugar preponderante en la vida social, económica y política del país. El imperialismo pronuncia su invasión económica y su dominio político. Las concesiones se multiplican, el terreno para obtener empréstitos se prepara, por medio de misiones de toda especie, las franquicias a las empresas explotadoras —yankis sobre todo— se amplían. La batalla entre el imperialismo inglés y el yanki se desarrolla sin más hondas proyecciones, a causa de la imposibilidad material en que se encontraba entonces Inglaterra para contener a su nuevo rival, quien consolida en el Perú una de sus más fáciles victorias.

Las inversiones yankis en el Perú, ascendían a 35 millones de dólares en 1912. A principios de 1928, alcanzan a 170 millones de dólares, contra 100 millones de dólares de capitales ingleses y 120 millones de dólares invertidos por otros países. La Deuda Pública no solamente ha sido acrecentada, sino que respaldada por garantías y rentas materiales, ha sido centralizada en manos de Seligman & Co. y del National City Bank. Una invasión económica de tal especie y en la forma en que ella se ha

---

729   Referencia al gobierno de Guillermo Billinghurst (1851-1915) quien fue presidente del Perú entre 1912 y 1914. Fue rival del Partido Civil («civilistas»), de corte oligárquico.

730   La ley de confiscaciones, que reglamentaba la nacionalización de bienes por gastos y perjuicios incurridos contra el Estado, fue declarada sin efecto por el Congreso Ordinario de 1920.

731   Se llamó «Germancismo» a un movimiento surgido dentro del leguiísmo y liderado por Germán Leguía y Martínez (1961-1928), ministro de gobierno entre 1919 y 1922, y primo del presidente. Germán Leguía se opuso a la reelección presidencial, por lo que en octubre de 1922 renunció a su cargo. Fue desterrado a Panamá en 1923.

realizado, significa la dominación del país por el imperialismo y su conversión en una semi-colonia del imperialismo norteamericano.

Queremos subrayar que el imperialismo sigue dos procesos diferentes en los países en los que el capitalismo ha alcanzado una etapa de relativo desarrollo. Los invasores se ven obligados a realizar transacciones con el capitalismo nacional, a reforzar la burguesía nativa, a elevar el nivel y las condiciones de producción y a abandonar a la burguesía nativa la gestión de la política interna, limitándose a ejercer la presión que esta consiente. En los países atrasados, como el nuestro, el proceso es mucho más violento. El empréstito no significa simplemente una operación de crédito, sino una hipoteca, un préstamo prendario; la inversión, no es solamente el usufructo de una explotación determinada, sino que entraña el derecho absoluto de propiedad, la concesión amparada por la bandera del país invasor, la conquista efectiva de territorio. Tal es la forma que reviste el proceso de la invasión imperialista en nuestro país.

Los Bancos que dominan el movimiento económico del Perú son Bancos norteamericanos; el Banco de Reserva, controlador del mercado de capitales, del cambio de la taza de intereses y de descuento, organismo que, como en todos los países, norma la marcha de la producción y de las transacciones, se halla en manos de los dos prestamistas yankis: el National City Bank y Seligman & Co. Hasta el director-Gerente de dicho Banco de Reserva, es personero de Seligman & Co., y ha sido nombrado por ellos.

El National City Bank y el Royal Bank of Canada, son Bancos yankis. El Banco Internacional ha sido recientemente adquirido por W. R. Grace Co., firma yanki. El Banco del Perú y Londres se halla casi totalmente bajo el control yanki. La antigua Caja de Depósitos y Consignaciones y la Compañía Recaudadora de Impuestos, se hallan hoy fusionadas, de hecho bajo el control yanki, a causa del consorcio de su casa matriz con los banqueros yankis. El movimiento técnico del capital se halla pues, totalmente dominado por el imperialismo yanki.

La Standard Oil posee el 70% de la producción del petróleo. La industria minera está totalmente en manos de firmas y empresas yankis. Las fábricas más importantes de Lima pertenecen a W. R. Grace & Co., y en cuanto a la producción azucarera, el predominio del imperialismo es indiscutible. Fósforos, tabaco, fuerza eléctrica, comunicaciones, todo está en manos del imperialismo. Los puertos más importantes están cedidos a largo plazo a la explotación del imperialismo. Los ferrocarriles pertenecen a la Peruvian Corporation. El transporte aéreo establecido o por establecer pertenece en un 50% a W. R. Grace y en un 50% a The Aviation Corporation of the Americas. Las carreteras más importantes y productivas, se hallan en poder de The Foundation Co. Los transportes marítimos —vapores, buques, veleros, lanchas— pertenecen a W. R. Grace & Co. y a Wessel & Duval, en más del 50%.

El Comercio de exportación esta íntegramente en manos del imperialismo. Standard Oil, Cerro de Pasco, Mng. Vanadium Corp., Chicama Ltda., Grace, Wessel Duval, Duncan Fox, Graham Rowe, son las firmas que monopolizan la exportación de todos los productos del país. Y el comercio de importación es fuertemente tributario de Grace, Wessel Duval, Duncan Fox, firmas que tienen sucursales establecidas en todos y cada uno de los puertos del Perú y en las ciudades más importantes del interior.

Este proceso se acentúa progresivamente. El imperialismo, lejos de engendrar una burguesía nacional, más o menos vigorosa, toma por sí mismo la dirección económica y política del país. Así, económicamente, marchamos hacia el monopolio, hacia la explotación del pequeño capitalista, hacia el aplastamiento de diversos sectores de la pequeña burguesía y aún del feudalismo, hacia la pauperización de las clases medias de la etapa precapitalista, y, lo que nos corresponde enfocar seriamente, hacia la racionalización de la producción y la mayor expoliación del proletariado.

En el terreno político, el absolutismo se hace más y más violento y la masa popular se ve dominada doblemente, por una oligarquía feudalo-mercantil y por una oligarquía financiera e imperialista.

En el campo social, el imperialismo consolida y afirma la posición del feudalismo y hace de la clase feudal su mejor servidor y su mejor cliente. La servidumbre continúa y se agrava, tomando nuevas formas; la propiedad de la tierra se concentra más aún y el nuevo monopolio se instala modificando lentamente la contextura del antiguo. El monopolio, la oligarquía y el absolutismo se reúnen así poniendo al país el yugo del imperialismo.

De somera exposición deducimos que el problema del capitalismo en el Perú se consustancia con el imperialismo. Toda batalla librada contra el capitalismo forzosamente tiene que ser una batalla contra el imperialismo. Toda reivindicación política del proletariado, implica una lucha contra el absolutismo y contra la opresión de la oligarquía feudal y financiera.

La solución de cualquiera de nuestros problemas exige la previa solución del problema de la tierra. Este no puede ser resuelto sino con la abolición de la servidumbre y del feudalismo, abolición que solo puede ser realizada después del triunfo sobre la clase feudal y sobre su aliado y sostén, el imperialismo.

La realidad social

Dentro de este proceso, las capas y las clases sociales ofrecen una heterogeneidad abigarrada. Solo una clase se distingue claramente: el proletariado. Él es el único que no tiene ya vínculos con la propiedad, no tiene nada que vender sino su fuerza de trabajo. Pero entre él y el feudalismo nos es dable constatar la existencia de una verdadera gama de estratos sociales cuyas relaciones y situación sociales, varían de acuerdo con la propiedad de que disponen. Tratemos de esclarecer y diferenciar estas capas.

La oligarquía que detenta la gestión y el gobierno del país, está formada por un conglomerado feudalo-mercantil. En rigor no podemos hablar de una burguesía nacional digna de tomarse en cuenta; mejor dicho no podemos hablar de capitalismo nacional. Es indudable que dentro de esta clase, consideramos incluidos a todos los clientes, valets intelectuales ganapanes y «lumpemproletariat» que ayudan y sirven al régimen en cualquier forma. No creemos innecesario señalar el antagonismo que indudablemente existe entre los elementos netamente feudales y los elementos mercantiles. Ustedes observarán mejor que nosotros el antagonismo que debe pronunciarse, a veces encubierta, a veces plenamente, dentro de las filas del leguiísmo. Tal antagonismo tiene que ir agravándose más y más, hasta llegar a ser uno de los factores no menos importantes de la crisis.

Frente a esta clase, que constituye la clase opresora, tenemos la gran masa de clases oprimidas: la pequeña burguesía comercial, engendrada ya por el capitalismo; la pequeña burguesía pre-capitalista (Clases medias) formada por los artesanos, colonos, yanaconas,[732] manufactureros de provincias, etc. Como miembros, procedentes de ambas clases, tenemos a los estudiantes, en su mayoría, maestros de escuela, oficiales jóvenes, por lo general, funcionarios, empleados etc. Luego tenemos el proletariado, al lado de quien debemos considerar a todos los indios desprovistos de tierra, peones y hasta a los miembros de las comunidades indígenas, siempre que su situación económica y la forma de vida en lo que a los medios se refiere, sea de tal género que puedan ser colocados al lado de los simples peones, sin tierra. Todas estas clases son antagónicas del feudalismo, en todas sus formas: los intereses de todas ellas se ven amenazados por el imperialismo. El Perú, presenta pues, todos los aspectos de un país atrasado y semi-colonial. Por consiguiente, nuestra táctica de

---

732   Campesinos y expertos en el cultivo de la tierra que no poseían capital o propiedades agrícolas.

lucha tiene que ser la que está determinada por el leninismo para tal clase de países o regiones.

La necesidad del frente único

A pesar de la diferencia y el antagonismo inconciliable que existe entre el proletariado y las demás clases oprimidas, vinculadas, en cualquier forma, a la propiedad privada, es necesario propugnar una alianza con las demás clases oprimidas, para luchar contra enemigos comunes: el imperialismo y el feudalismo. Por esta razón y apoyándonos en todas las que damos en el informe adjunto, presentado por los camaradas Rabines, Paiva y Bazán ante la célula del Apra en París, aceptamos y propugnamos un Frente Único.[733]

Frente Único de lucha que comprenda a las clases oprimidas, solamente. Pero, teniendo en consideración, que los intereses del proletariado solo pueden ser defendidos por el organismo genuino del proletariado, es decir, por los trabajadores mismos, sostenemos la creación de un Partido proletario que colocándose siempre en su propio terreno, terreno de lucha de clases, llegue a pactar la alianza necesaria para atacar y vencer al imperialismo y al feudalismo.

Tal, es la discusión que actualmente se lleva a cabo en la célula del Apra en París. Nosotros sostenemos y sostendremos a todo evento, la independencia del proletariado, dentro de su propio partido de clase. Tal punto está casi unánimemente aceptado. Se discute la forma en que el Frente Único se realizaría: nuestros puntos de vista son que la Alianza debe estar constituida por dos partidos: el Partido Nacionalista, cuyo programa está especificado en el Plan de Méjico,[734] y previas las modificaciones que exigimos, y el Partido Socialista del Perú. La oposición a esta tesis, encabezada por el camarada Bustamante,[735] sostiene que el Frente Único se organizaría como un Partido Único, en cuyas filas estarían los elementos proletarios del Partido Socialista, quienes defenderían en el seno del P. N. sus principios y sus puntos de vista socialistas. Se sostiene que en tal forma, el proletariado tiene la ventaja de hallarse organizado en su partido independiente y al propio tiempo la de

---

733   Este informe, que según Ricardo Martínez de la Torre se presentó ante la Asamblea de la Célula del APRA en París el 1 de diciembre de 1928, se puede leer en *De la Reforma Universitaria al Partido Socialista*, 1943, pp. 94-100.

734   El «Esquema del Plan de Méjico», que delineaba la estrategia política del Partido Nacionalista Revolucionario, puede verse en Martínez de la Torre, *Apuntes para una interpretación marxista de la historia social del Perú*, II, Lima, Empresa Editora Peruana, 1948, pp. 290-293.

735   Sobre Luis F. Bustamante, véase la nota a la carta del 24 de septiembre de 1928.

controlar la marcha de un partido, en el que la gran masa militante tiene que estar formada por la pequeña burguesía y el campesinado. Próximamente elaboraremos los puntos de vista en los que lleguemos a un acuerdo y los someteremos al conocimiento y a la a probación de Uds.

La tarea inmediata de ustedes

Les instamos terminantemente, a organizar los cuadros del Partido Proletario, sobre la base de las células de barrio y células de fábrica. El organismo político del proletariado debe constituirse, aún en la forma más embrionaria e inmediatamente, si es que el trabajo en tal sentido no se halla avanzado. El Partido proclamará la lucha de clases, en todo momento, y tratará de explicar el porqué de nuestra alianza temporal con las otras clases oprimidas. La forma en que tal formación y tales explicaciones se realicen, es cuestión que les atañe directamente. Lo imprescindible, lo urgente, es que el Partido se organice, legal o ilegalmente. Si fuere posible, y si ello no trajere una represión violenta y si se creyere que no provoca una división entre el proletariado, el Partido debe pronunciarse sobre su adhesión y su afiliación dentro del movimiento internacional.

El Partido deberá ser constituido como un Block obrero-campesino. Proletariado, campesinos sin tierra, soldados, marineros, deben fraternizar dentro del organismo. Los elementos de la pequeña burguesía serán aceptados, solamente en el caso de que renuncien a sus puntos de vista personales, y acepten la disciplina, el programa, los puntos de vista y las reivindicaciones proletarias. Artesanos, empleados, estudiantes, escritores, solo podrán ingresar siempre que acepten en todo momento someterse a la disciplina impuesta por los obreros, así como a la disciplina internacional.

Los puntos principales del programa del Partido, serán:

1) Expropiación, sin indemnización, de los latifundios: entrega de una parte a los ayllus[736] y comunidades, prestando todo el contingente de la técnica agrícola moderna. Repartición del resto entre los colonos, arrendatarios y yanacones.

2) Confiscación de las empresas extranjeras: minas, industrias, bancos y de las empresas más importantes de la burguesía nacional.

3) Desconocimiento de la Deuda del Estado y liquidación de todo control, por parte del imperialismo.

336

---

736 Núcleo comunitario andino.

4) Jornada de 8 horas, en la ciudad y en las dependencias agrícolas del Estado y abolición de toda forma de servidumbre o de semi-esclavitud.

5) Armamento inmediato de los obreros y campesinos y transformación del ejército y de la policía en milicia obrera y campesina.

6) Instauración de los municipios de obreros, campesinos y soldados, en lugar de la dominación de clase de los grandes propietarios de la tierra y de la Iglesia.

El programa puede ser, como es natural, ampliado por ustedes. Queda asimismo a su cargo la elaboración de un programa de conquistas inmediatas o programa mínimo.

Es urgente que ustedes actúen cuanto antes: una crisis económica y política no está lejana. Bien puede ser provocada por los elementos del viejo civilismo, que no han perdido la esperanza de regresar al poder. Es verosímil y hasta probable que dichos elementos intenten un golpe audaz para tratar de realizar sus propósitos. En este momento nosotros debemos estar preparados para combatirlos sin descanso, debemos estar organizados para obtener todas las ventajas que se desprenden de un hecho de tal naturaleza.

La crisis económica deben mirarla venir seguramente. Agotada la capacidad de hipoteca del país, los banqueros no otorgarán sino muy difícilmente algunos empréstitos más. Los mayores impuestos no harán sino arrollar y pauperizar a la pequeña burguesía y acrecentar el descontento general. La organización del presupuesto y su control por los banqueros, causará mayores descontentos de lo que puede parecer a simple vista. Los déficits del presupuesto existente hasta hoy y cada año mayores, tienen que obligar a restringir el despilfarro y el robo. A esto se unirá el factor del antagonismo entre los elementos latifundistas y mercantiles. El comercio de importación tiene que sufrir a consecuencia de la pauperización y de la baja de la capacidad de compra de la masa popular. El comercio de exportación sufrirá también serios golpes: acaba de constituirse un consorcio de todos los productores de petróleo, que comenzará a funcionar el 1.º de Enero de 1929. Los productores se comprometen a disminuir la producción para evitar la crisis de precios. Esto tiene que repercutir sobre el Perú. El año próximo, la seda artificial, industria que se viene desenvolviendo vertiginosamente, podrá venderse al precio del algodón. Se estima que habrá superproducción de esta fibra. Además se anuncia la constitución de un poderoso trust que explotará comercialmente el descubrimiento de obtener petróleo mediante la destilación del carbón. Ustedes comprenden que una serie de factores se reúnen y una crisis no está demasiado lejana. Es necesario preparar el organismo, cuyo rol tiene que ser, en todos los casos, de una importancia capital.

Camaradas: desde aquí y desde donde nos encontremos, estaremos siempre listos a colaborar en la obra, al lado del proletariado. La misión de ustedes es urgente, es imprescindible, es apremiante. Ustedes son los directamente responsables del porvenir. Si mañana una nueva tiranía se instala, sobre los escombros de esta, si el proletariado es burlado por la burguesía grande o pequeña, si no se halla en condiciones de intervenir eficazmente, la responsabilidad entera caerá sobre ustedes. Es necesario que inmediatamente inicien la acción.

¡Proletarios de todos los países, uníos!

¡Viva el Socialismo!

¡Viva el Partido Socialista del Perú!

Eudocio Rabines, Secretario General de la Célula. – Armando Bazán, Juan J. Paiva; Jorge Seoane; Demetrio Tello; César Vallejo. – París, 29 de Diciembre de 1928.[737]

---

737 Según Martínez de la Torre: «Aunque estas tesis no fueron aceptadas en su totalidad por el grupo de Lima, denotaban la presencia de una voluntad encaminada a salir del caos a que conducía el Aprismo, tomando seriamente el trabajo de organizar al proletariado en un partido propio, independiente, de clase» (*De la Reforma Universitaria al Partido Socialista*, 1943, p. 105). Según un comunicado fechado el 1 de mayo y firmado por Armando Bazán, la célula del APRA en París se disolvió meses después, «en vista de la situación objetiva de los demás grupos similares de la América Latina, cuya descomposición orgánica es evidente y cuya existencia es en la actualidad más formal que efectiva; constatando que existe un profundo desacuerdo entre sus miembros sobre la orientación y la praxis del movimiento, sin que haya podido obtenerse, desde la fundación del Apra, hasta el presente, ni una táctica más o menos precisa de la lucha anti-imperialista, ni una ideología más o menas definida, ni ningún movimiento de masas, aún de mediocre importancia, ni una disciplina política entre sus componentes, y, finalmente, ante la imposibilidad de llegar a una entente que esclarezca la posición, las tendencias y las finalidades de la Alianza Popular Revolucionaria Americana» («Documentos», *Amauta*, n.º 5, Lima, julio-agosto de 1929, p. 91). Este comunicado obtuvo la respuesta del secretario general de APRA, Luis E. Heysen (1903-1980) quien, en carta abierta datada el 7 de noviembre de 1929 y dirigida a Mariátegui, cuestionaba la imagen disminuida que del Aprismo daba Bazán. En esta afirmaba que la disolución de la sección de París estaba derivada «de un simple pase de bandola aprovechado por seis miembros (sobre veinticinco, excluidos los simpatizantes) para dar por terminada con su colaboración y fe aprista». Según él, la disolución «no ha afectado en sus más nimios aspectos la marcha de la referida sección» («Una rectificación del APRA», *La Sierra*, n.º 31, Lima, [diciembre de] 1929, pp. 72-75).

Anexo

DOSSIER FOTOGRÁFICO

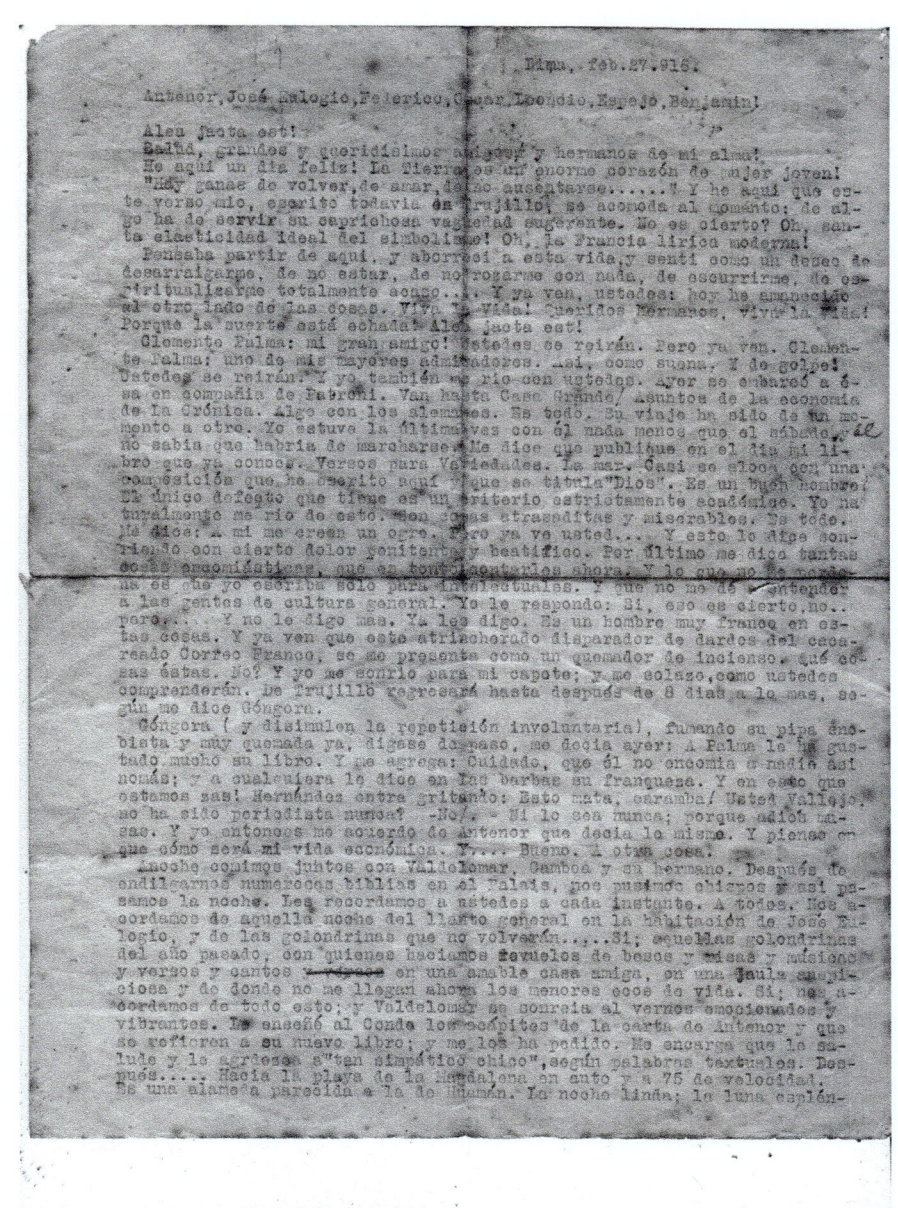

1A. Carta a sus amigos de Trujillo, 27 de febrero de 1918.
Archivo Juan Espejo Asturrizaga.

dida. El humo de un enorme puro encanizaba el azul del aire despejado.
La playa, al borde de un escarpado peñoncito. Las olas revueltas y espumantes, alguien con manos invisibles, mar afuera, lavaba intangibles te-
las con un jabón inacabable y de nieve. Y las lavazas iban, venían sin
sosiego. Allá, a la derecha, La Punta muestra sus luces; y con ellas, fin-
gíase lengua de tierra, el hocico gigantesco de un caimán que se metía-
ra al mar, abiertas las fauces de dientes luminosos, para aprehender
la presa que se escapa. Oh, qué lindo! Y a la izquierda, Chorrillos brillante y lejano. Después... el retorno.. el malecón solitario, y alguna
pareja de novios juntos, muy juntos, calladitos, suspirando, y mirando
"la noche dormida que sobre los amantes tiende de su velo el dosel nupcial; la noche que prende sus claros diamantes en el terciopelo del cielo estival." Por último, nos echamos en mitad de la alameda, sobre la
grama, bajo finos eucaliptus apacibles, bajo la noche, bajo lo dulce, bajo la belleza máxima, bajo Dios! Y Valdelomar nos cuenta una historia de
amor suya, de este modo: Una chica bonita e inteligente a quien yo quería
sonreía 24 años ingenuos y románticos. Ella también me amaba, y por aquí-
ser este sitio, nos paseábamos en las noches de luna. Después, vino un ban-
delero cualquiera, la enamoró y se la tiró! Ella, después, se asustó de lo
que había hecho, que padres la desterraron a Moquegua, porque era de una
familia decente, a quien naturalmente afrentaba aquella falta de la muchacha desembozada. Y hace poco supe que había muerto ya. [Aquí el Conde se
pone triste; y después nos dice: al saber su muerte yo escribí unos versos epitálicos que empiezan así: Cuando te vi la última vez...!
Y así nos sorprende la noche... Y nos regresamos a Lima. Oh, qué nocturno más hermoso, que nunca olvidaré!

Quier que recibí cartas de ustedes, estuve en La Punta con Clovis...
...itaba y un amer apacible. Desde la terraza del abuelo de Aníbal
...gitábamos versos el buen viento de la tarde que pasaba. La sinfonía de versos mayor de Rubén... Y más que nada, unos estupendos versos de
poquísimo a Verlain de un poeta amiguito, que yo no conocía, tan respon
dolorido y místico! Varela los recitó, y mientras los leía, yo miraba el verdear crepuscular y elloso.... Una estrofita decía:

.....Y hasta la misma Vida,
madrasta de los buenos,
quizás arrepentida
lloró mucho por ti!....

¿Qué cosa más linda! Y qué cosa más cierta y dolorosa, también!
Con estas últimas emociones, queridos hermanos. Todo me hace creer que
tengo el alma alegre y que me siento feliz.

Y ustedes? Cómo los quisiera tener aquí! Cómo me desespero por aquel
ambiente fraternal y único de nuestras horas pasadas! Cómo me valdría la
voz de ustedes aquí donde hay tanta falsedad y puerilidad, con las que
...aquello que pasó! Crean, hermanos, que les llevo a cada rato.
Ojalá se acuerden ustedes de mí siempre, y no me olviden. Un mes me
han usado inescribirme. Y esto me reviente... es claro. Para qué me
han enviado!

Estoy decidido a editar mi libro. No hay más. Y ni más a Trujillo. Ya
les comunicaré todo lo nuevo que haya.

Que voto les murmir, que sólo les sepa a miel en la vida, y sobre todo, que se amen tanto o más que antes, son los deseos del hermano que
les quiere y les extraña tanto

Saludos de Domingo y Julio.
Anterior: a Julio le diras rogado dice que le ha escrito ya y que al contrario usted es quien no le escribe.

vale.

1B. Carta a sus amigos de Trujillo, 27 de febrero de 1918.
Archivo Juan Espejo Asturrizaga.

Lima, Octubre 16 de 1918

Mi querido hermano Manuel

Santiago Chau

No he recibido hasta hoy ni una sola letra de ustedes de Santiago. Todo en silencio. Yo vivo muriéndome; y yo no sé a dónde me irá a dejar esta vida miserable y traidora.

En este mundo no me queda nada ya. Apenas el bien de la vida de nuestro papacito. Y el día que esto haya terminado, me habré muerto yo también para la vida y el porvenir y mi camino se irá cuesta abajo. Estoy desquiciado y sin saber qué hacer, ni para qué vivir. Así pasan mis días huérfanos lejos de todos y loco de dolor!

Tu hermano que te ama

César

2. CARTA A MANUEL VALLEJO, 16 DE OCTUBRE DE 1918.
Archivo Juan Larrea de la Residencia de Estudiantes de Madrid.

3. Mensaje a sus amigos de Trujillo en un ejemplar de *Los heraldos negros* [julio de 1919].
Archivo Juan Espejo Asturrizaga.

...ierno en deter-
...ino Urquieta. Se
...lemania acredita
...bélicos chilenos.
...de un ministro

...ue ese diario ha hecho
...de la firma.
...vo estupendo éxito ar-
...barítono Stracciari en
..."Rigoletto".
...dico doctor Castañeda
...una interesante confe-
...jueves próximo en la
...n de Estudiantes.
...local de la Sociedad de
...situado en la calle "El
...bautizóse el pabellón de
...Sociedad obrera que
...fundarse, actuando
...drino el Ministro de

...tinúan recibiéndose
...es para la Pró-Mari-

...Callao, en el populoso
...denominado de "Peta-
...sucidóse disparándose
...revólver el obrero N

...Mercurio" de Santiago
...cínica noticia de que
...ha descubierto en la
...ilena un ministro clau-
...el Perú que tenía esta-
...legación en la calle de
...a y que actuaba sigilo-
...Dice, además, que tenía
...conexiones con los
...es anarquistas repar-
...ertes cantidades de di-
...revolucionar el país,
...rio afirma que pronto
...ompletamente aclara-
...terio.
...uy deplorado el falleci-
...currido en Arequipa del
...Mariano Lino Urquie-

...udáronse las clases en
...sidad Popular.

...rar los calambres, diarrea y di-
sentería es tomar EL PAINKI-
LLER. Esta medicina ha sostenido su reputación durante sesenta años. Rehuse todo substi-
tuto. No hay más que un PAIN-
KILLER, el de PERRY DAVIS.

Los sucesos de Santiago de Chuco

Huamachuco, agto 12 de 1920.
Señores editores de «La Reforma».
                    Trujillo.

Muy señores míos:
En la fecha dirijo á «La Industria» de esa ciudad las siguientes
palabras:
«Huamachuco, agto 12 de 1920
Señores editores de «La Industria».
                    Trujillo.

Muy señores míos:
Acabo de leer en el número del
7 del presente mes de ese prestigioso diario, una denuncia telegráfica dirigida á particular por
Carlos Santa María de Santiago
de Chuco, sobre supuesta culpabilidad de varios caballeros y
mía en el incendio y saqueo
habidos, según el denunciante, en
su tienda de comercio de aquella
ciudad.
Me he quedado sorprendido y
admirado de la calumnia tan
brutal con la que se pretende morderme dicho Santa María. Protesto enérgicamene de ella, en
tanto hago valer mis derechos
en frente de semejante infamia,
ante la justicia.
No faltaba más.
Que aguarde ese Santa María
el fallo penal por tamaña calumnia que hoy denuncio.
Ruego á ustedes señores editores la publicación de la presente.
Muy agradacidos por este
favor atto y SS.
      César A. Vallejo."
De ustedes, señores editores,
atento servidor.
      César A. Vallejo.

Viviendo nuestro Centenario

De mis *Anales de Cabildo*

El 17 de agosto de 1820, recibió el Cabildo de Trujillo el a-
gradecimiento del Marqués de
Torre Tagle por las muchas y
expresivas felicitaciones que de
él recibiera, á la vez que el anun-

—Mañana cumpleaños
ñor Fortunato Luna Vic

LOS QUE LLEGAN

De Chiclayo han regre
señor Alvaro Pinillos Goi
el doctor Luis H. Bouron
señor Juan de Dios Ganoz
También ha venido de e
dad el señor Carlos Arauj

INVITACION

En nuestra sociedad e
culando la que sigue:
El Gerente del Banco M
til Americano del Perú y l
ra de Gamarra, tienen e
de saludar al señor.........
vitarle á la recepción que
rán en su casa calle Boliv
608 el día miércoles 18 de
to á h 10 30 p. m., en c
ción del aniversario de la
ción del Banco en la local
Trujillo, agosto 14
Se bailará.
Sabemos que por enfe
de la señora de Gamarra
cepción se ha postergado
el sábado 21 de los corrie

VIAJEROS

En el vapor de ayer se
rigido á Lima el señor To
C. Conroy, que ha ven
sempeñando la superin
cia de los ferrocarriles de
vincia, acompañado de s
sa señora Ramona Dieg
Conroy. Fueron á de
los esposos Conroy una
y numerosa concurrencia.
También se han dirigid
ma el señor Federico S
su esposa señora Obdulia
za, y el señor Juan J. Ca

Al margen del c

La acción máxim en la India

Es hacia la India á que
rige la acción bolsevika
tualidad No se trata de
quistar solamente la Pers
de alcanzar las colonias l
cas de Asia y conmoverla
zandolas con el imperiali
menazante de los inglest
así como lo ha declarado
legado del Soviet en F
Krassini, despues de la e
ta que tuvo en Londres
premier ingles Lloyd Geo

---

4. CARTA ABIERTA A LOS EDITORES DEL DIARIO *LA REFORMA*, 12 DE AGOSTO DE 1920.
Biblioteca Nacional del Perú. Hemeroteca.

5A. Carta a Óscar Imaña, 12 de febrero de 1921.

De *Visión del Perú*, n.º 4, Lima, julio de 1969.

5B. Carta a Óscar Imaña, 12 de febrero de 1921.
De *Visión del Perú*, n.º 4, Lima, julio de 1969.

Lima, 16 de Junio de 1923.

Sr. Dr. Carlos C. Godoy

Trujillo

Mi querido doctor:

Mañana me embarco con rumbo a París. Allí espero las gratas noticias de usted, con mis mejores anhelos de que ellas me digan siempre de su buena conservación y la de su digna familia. Habría querido bajar, a mi paso, en Salaverry, mas, lamentablemente, no toca el "Oroya" en ese puerto, y me quedo con la mano en el aire, sin alcanzar a estrechar las de los queridísimos amigos que, como usted, ocupan mi corazón. Qué vamos a hacer. Ya lo haré a mi retorno.

Me permito rogarle, si ello no lo distrajera mayormente, tenga la bondad de dar un vistazo por el expediente sobre el juicio de Agosto, el que, según me noticion, ha vuelto al tapete negro del tribunal de Trujillo. Hágalo, doctor, por mi ausencia y por la tranquilidad de los míos, por cuya suerte, me voy inquietado nuevamente. Yo se lo agradeceré con toda mi alma.

Ya le escribirán sobre el particular, de Santiago, y en todo caso, mis hermanos se dirigirán a usted en su oportunidad.

Mis respetuosos saludos para su señora, hermanos y niños, a todos los cuales recuerdo con fervorosa gratitud, y usted reciba un afectuoso abrazo de su amigo

César Vallejo

6B. Carta a Carlos C. Godoy, 16 de junio de 1923.
Biblioteca Nacional del Perú. Colección Juan Mejía Baca.

7. Tarjeta postal a Néstor Vallejo, 11 de julio de 1923.
Biblioteca Nacional del Perú. Colección Juan Mejía Baca.

Paris, Novbre 25/924

Mi querido amigo:

Le agradezco muy de veras la publicación de mi artículo sobre el Sr. Arrigoni.

Hoy me permito enviarle un artículo sobre una empresa que creo puede interesar a nuestros públicos. Le ruego hacerlo insertar en "El Comercio". Por este nuevo favor, mis nuevos agradecimientos.

Siempre fué usted tan fino y gentil para conmigo; y mi alta consideración personal y mental por usted, ha crecido paralelamente a su benevolencia.

Un fuerte apretón de manos de su compañero afectísimo

César A. Vallejo

8. Carta a Luis Varela y Orbegoso, 25 de noviembre de 1924.
Biblioteca Nacional del Perú. Colección Raúl Porras Barrenechea.

Paris , 26 de abril de 1926

Teléfono : CENTRAL 54-93
Dirección Telegráfica : AMERIBO

Mi querido Manuel:

Con qué emoción he leído tu carta del 25 de marzo ppdo. Ella me ha hecho revivir años ya lejanos, y me ha traído a la memoria, sobre todo, el recuerdo de tu casa de Lima, de tu digna y bondadosa familia y de ti, amigo queridísimo, que tan bueno fuiste siempre para conmigo. Tu carta me ha hurgado hondamente el alma. De veras: yo he vivido mucho! En Lima, en Trujillo, en la miseria, en la embriaguez, en la orfandad, en la prisión, en duros trances siempre. Y siempre he tenido la suerte de que me auxilie y me acompañe algún espíritu fraternal, que, como el tuyo, me ha salvado a menudo de tal o cual crisis lamentable. Cuántos años hace ya, desde 1921! Hace ya 5 años, nada menos!

Antes no te he escrito por que ignoraba tu dirección. A Cristóbal le he escrito hasta cansarme, sin que haya yo recibido nunca una letra suya. Una vez aquí, me vi lejos de todos los amigos de Lima. Nadie se acuerda de mí. Probablemente creen que me he muerto. Ni Carlos Espejo, ni el gordo Quesada, ni Cucho, ni Sánchez Urteaga, ni Lora, ni nadie. Cuando tuve necesidad de un amigo para que cobrase mis crónicas en "Mundial", mi memoria no me dio ningún nombre. No podía contar con nadie, puesto que todos se habían quedado en el más completo silencio. Es cierto que yo no cultivo mucho el género epistolar de que aprovechan otros para mantener latente una amistad. Mi culpa habrá sido acaso, de que todos ustedes me olviden. A Carlos Manuel me dirigí a tientas de su dirección exacta. Y me decidí a escribirle a él, por que con él no estaba yo resentido, desde que nuestra camaradería no había llegado a ser tan estrecha que me diese derecho a acusarle de la misma ingratitud que acuso a ustedes.

Tu carta ha reparado esa falta de todos los amigos. Tu carta me ha reconciliado con todos ellos. Que te lo agradezcan. Desde ahora te escribiré siempre, querido Manuel.

Conservo siempre en mi alma el amparo bondadoso, el amparo sin límites, que tu generosa familia tuvo para mí en Lima. Ella fué tan buena, tan caritativa conmigo, que su increíble bondad no la olvidaré nunca. Así hazme el favor de decirles. No llegará algún día en que yo pueda pagarles en alguna medida su generosidad? Entre tanto, que sepan que no olvido jamás ese hogar cariñoso y puro, tan noble y tan colmado siempre de inmerecidas amarguras.

Recibe para tu respetable familia mi afectuoso saludo y para ti todo el cariño de tu hermano de siempre.

Díaz

LA SEMAINE PARISIENNE

JOURNAL ILLUSTRÉ D'INFORMATION MONDIALE

RÉDACTION ET ADMINISTRATION

12, RUE LINCOLN (CHAMPS-ÉLYSÉES)

PARIS (8ᵉ)

TÉLÉPH. : ÉLYSÉES 18-67
22-77

PARIS, LE 2 de marzo de 192 6

Sr Dn Ricardo Vegas García,

Lima

Mi querido compañero:

No he tenido el gusto de recibir nuevas noticias de usted. De mi parte, envio a usted con frecuencia cronicas para "Variedades" y mi última carta personal para usted, data de hace pocas semanas.

Aprovecho de la fina gentileza del señor doctor Juan Bustamante de la Fuente, para suplicar a usted me haga el favor de poner a su disposicion el valor de mis cronicas publicadas hasta ahora en "Variedades", que, según creo, asciende a quinientos francos. El doctor Bustamante de la Fuente está autorizado para recoger ese dinero y enviármelo directamente a mi. Mil gracias a usted, mi querido Vegas, por sus bondadosas atenciones en mi favor.

He buscado el libro "Mi Loti hubiera venido" de Ventura, sin resultado. No se halla en ninguna parte. Al propio Ventura voy a pedirselo y tendré el gusto de enviarlo muy pronto, acompañado de otras publicaciones interesantes de Paris.

Espero siempre sus noticias y ordene en el afecto sincero y fraternal de su agradecido amigo y compañero

César Vallejo

Dirija usted sus cartas a 11, avenida de la Opera.
Vuelvo a rogar a usted tenga la bondad de hacer que se me envie los números de "Variedades" donde se publique algo mio. Le agradeceré muchisimo.

10. CARTA A RICARDO VEGAS GARCÍA, 2 DE MARZO DE 1927.

De *Desde Europa*, edición de Jorge Puccinelli (Lima, 1987).

Paris, 19 de octubre de 1928

Mi querido Pablo:

Hoy parto para Moscú. Mi pensamiento, al partir, va hacia usted y le pongo estas líneas para enviarle mi apretado abrazo fraternal.

De este viaje ya le había hablado hace mucho tiempo. Hoy lo hago, después de haberme reposado cerca de tres meses en el campo. Me siento rehecho y capaz de afrontar de nuevo a la vida y todos sus reveses.

Pablo querido: en medio de mi convalecencia, me siento otra vez, y acaso más que nunca, atormentado por el problema de mi porvenir. Y es, precisamente, movido del deseo de resolverlo, que emprendo este viaje. Me doy cuenta de que mi rol en la vida no es éste ni aquél y que aún no he hallado mi camino. Quiero, pues, hallarlo. Quizás en Rusia lo halle, ya que en este/lado del mundo/las cosas se mueven otro   donde hoy vivo, por resortes más o menos semejantes a las enmohecidas tuercas de América. En Paris no haré nunca nada. Quizás en Moscú me defienda mejor del porvenir.

De Rusia le escribiré continuamente. No sé si podré quedarme allí definitivamente, que sería mi ideal. Y si vuelvo, no sé todavía cuándo. Lo único que me da miedo es el terrible ~~frio~~ frío de Rusia. Ya le escribiré, apenas llegue a Moscú.

Por desgracia, el pasaje que me vino sólo fue de segunda clase, es decir, 50 libras. De otra manera, mi viaje

11A. Carta a Pablo Abril de Vivero, 19 de octubre de 1928.
Biblioteca Nacional de Uruguay.

a Moscu me ofrecería menos peligros. Sin embargo, tengo que hacerlo, salga lo que salga.

Si no le ha sido posible hacer nada en mi recomendación sobre Bustamante, ya no se moleste ni haga nada. Parece que este amigo ha arreglado ya todo su asunto. Le agradecería, más bien, devolver los papeles, dirijiéndolos en un sobre a Bustamante, Consulado del Perú en Paris. Mil gracias, querido Pablo.

Escríbame usted sobre su ascenso. Qué de nuevo ha sabido usted? Ojalá se lo den cuanto antes. Ya sabe usted cuánto lo quiero y que todo cuanto se relaciona con usted, lo siento yo como cosa mía. Yo sé que el día que usted este bien, me ayudará, como ya lo ha hecho tantas veces y con tanta nobleza.

Hasta escribirle de Moscú, reciba el cariñoso abrazo de su fraternal e invariable amigo.

César

11B. Carta a Pablo Abril de Vivero, 19 de octubre de 1928.
Biblioteca Nacional de Uruguay.

SOBRE LOS EDITORES

Carlos Fernández (Universidad Autónoma de Madrid) y Valentino Gianuzzi (Universidad de Mánchester) llevan más de quince años investigando sobre la vida y la obra de César Vallejo. Han publicado los siguientes libros: *César Vallejo: textos rescatados* (2009), *César Vallejo en Madrid en 1931* (2012; 2ª ed. 2022), *Imagen de César Vallejo: iconografía completa* (2012, 2ª ed. 2017) y *La Bohemia de Trujillo: 100 años después* (2020), catálogo de la exposición que coordinaron para el Centro Cultural Inca Garcilaso de la Vega. Además han editado los escritos de poética de César Vallejo, *Ser poeta hasta el punto de dejar de serlo: pensamientos, apuntes, esbozos* (2018). En 2022 coordinaron la exposición «Contra todas las contras: 100 años de *Trilce*», llevada a cabo en la Biblioteca Nacional del Perú, y de la cual preparan el catálogo.

Printed and bound by CPI Group (UK) Ltd, Croydon, CR0 4YY

23/12/2024

01811041-0001